Guttentagsche Sammlung
Nr. 174. Deutscher Reichsgesetze. Nr. 174.
Textausgaben mit Anmerkungen und Sachregister.

Internationale Schiedssprechung

Eine Sammlung der für das Deutsche Reich verbindlichen

Verträge und Vertragsbestimmungen,

die sich auf internationale Gerichtsbarkeit, Schiedsgerichtsbarkeit sowie Vergleichsverfahren beziehen, nebst den dazugehörigen

deutschen Regierungsdenkschriften.

Herausgegeben und eingeleitet von

Dr. Herbert Kraus

Professor des öffentlichen Rechts an der Universität Göttingen.

Berlin und Leipzig 1929.

Walter de Gruyter & Co.

vormals G. J. Göschen'sche Verlagshandlung — J. Guttentag, Verlagsbuchhandlung — Georg Reimer — Karl J. Trübner — Veit & Comp.

Inhaltsverzeichnis.

Staatsvertragliche Bestimmungen, die friedliche Erledigung internationaler Streitigkeiten betreffend.

A. Allgemeine Schiedsgerichts- und Vergleichsverträge.

B. Schiedsgerichtsbestimmungen in Spezialverträgen.

I. Handelsverträge.

II. Verträge, betreffend die Regelung von Grenzfragen.

Vorbemerkung.

Die nachstehende Sammlung will eine systematische Zusammenstellung derjenigen Staatsverträge und Vertragsbestimmungen geben, die sich auf die friedliche Erledigung internationaler Streitigkeiten in justizähnlich geordneten Verfahren beziehen, soweit Deutschland daran beteiligt ist.

Der dafür gewählte Titel ist wissenschaftlich nicht ganz korrekt. Zwar ist bei seiner Wahl nicht G. E. Lessings Rezept befolgt, der in der Hamburgischen Dramaturgie Nr. XXI gesagt hat: „Ein Titel muß kein Küchenzettel sein. Je weniger er von dem Inhalt verrät, desto besser ist er."

Aber dem gewählten Titel kann vorgeworfen werden, daß er zu eng sei, weil er den Ausdruck Schiedssprechung in einer über seinen wissenschaftlich korrekten Sprachgebrauch hinausgehenden Sinne verwende.

Mit Schiedssprechung (Arbitration) im engeren Sinne bezeichnet man in der Tat nur jenes friedliche Streiterledigungsverfahren, das vor Schiedshöfen (Cours d'arbitrage) stattfindet. Außerdem nimmt man vielleicht noch das Verfahren der Schiedsgerichtshöfe (Cour de justice Arbitrale) hinzu, auf das ganz korrekt der Ausdruck (procédure de) justice arbitrale anzuwenden ist.*) Nicht

*) Der Unterschied zwischen arbitrage im eigentlichen Sinne und justice arbitrale ist mit völliger Deutlichkeit seitens der 2. Haager Friedenskonferenz gemacht worden. Sie hat die im 1. Haager Abkommen zur friedlichen Erledigung internationaler Streitfälle eingesetzte Organisation „Ständigen Schiedshof" (Cour Permanente d'Arbitrage) genannt. Für den in der Anlage zu dem zweiten von ihr geäußerten

jedoch ist Schiedssprechung im eigentlichen Sinne technischer Verwendung des Wortes die internationale Gerichtsbarkeit, wie sie vor allem die Cour Permanente de Justice internationale übt. Noch weniger ist technisch

---

Wunsche vorgesehenen Streiterledigungsmechanismus hingegen hat sie die Bezeichnung Schiedsgerichtshof (Cour de justice arbitrale) vorgeschlagen.

Hinzuzufügen ist allerdings, daß die 2. Haager Konferenz sich bezüglich dieser Unterscheidung nicht ganz treu geblieben ist. Sie hat Kap. I des Titel IV (l'arbitrage internationale) des 1. Haager Abkommens mit der Überschrift versehen: de la justice arbitrale. Diese Benennung übersetzt die deutsche Regierung sachlich korrekter mit Schiedswesen, nicht mit Schiedsgerichtsbarkeit. Im Art. 47 Abs. 2 allerdings macht auch sie sich einer sachlichen Unkorrektheit schuldig. Dort sind die in den französischen Text willkürlich eingesetzten, dem sonstigen Sprachgebrauch widersprechenden Worte jurisdiction de la Cour mit Schiedsgerichtsbarkeit statt mit Gerichtsbarkeit übersetzt. Dies ist eine sachliche Verbesserung der französischen Wendung, aber keine vollkommene Richtigstellung.. Dazu hätte das Wort Gerichtsbarkeit völlig vermieden und an seiner Stelle Schiedssprechung (Arbritration) gesagt werden müssen.

Die Völkerbundssatzung hat diese Sprachverwirrung vermehrt. Sie nennt das Verfahren vor der von ihr vorgesehenen justizmäßig verfaßt gedachten Streiterledigungsinstanz arbitrage und spricht in bezug auf dieses Verfahren von solution arbitrage. Das knüpft deutlich an Sprache und Denkweise des 1. Haager Abkommens von 1907 an. Anderseits benennt sie die betr. Instanz Cour permanente de justice internationale. Das knüpft wiederum direkt an die Anlage zum zweiten Wunsche der Haager Konferenz von 1907 an, geht sogar über dessen Sprachgebrauch hinaus. Indem die Völkerbundsatzung hier jede Anknüpfung an Worte wie arbitration oder arbitrale unterläßt, stellt sie neben die Cour d'arbitrage und die Cour de justice arbitrale die Cour de justice, neben Schiedshof und Schiedsgerichtshof den Gerichtshof.

Größere Klarheit haben hier erst die Amendements zu Art. 12 der Völkerbundssatzung gebracht. Sie führen in den

Schiedssprechung das Konziliationsverfahren, das im eigentlichen Sinne nicht einmal mehr Rechtspflegeakt, sondern Verwaltungsverfahren darstellt.

Zur Rechtfertigung oder wenigstens Entschuldigung des gewählten Titels läßt sich anführen, einmal, daß er einem noch weitverbreiteten, wenn nicht sogar herrschenden Sprachgebrauch entspricht, zum anderen, daß bisher eine bessere Benennung des Oberbegriffs für die Begriffe Schiedssprechung, Schiedsgerichtsbarkeit, Gerichtsbarkeit (Rechtspflege) und Vergleichsverfahren noch nicht gefunden ist.

Endlich darf auch darauf hingewiesen werden, daß das Problem des wesentlichen Unterschiedes zwischen Schiedsgerichtsbarkeit und Schiedssprechung im engeren Sinne, Gerichtsbarkeit und Vergleichsverfahren wissenschaftlich noch ungeklärt ist, insbesondere dabei die Frage nach dem Unterschied der Schiedsgerichtsbarkeit von der Gerichtsbarkeit noch offen steht*).

Sprachgebrauch der Völkerbundsatzung eine scharfe Trennung ein zwischen **Schiedsgerichtsbarkeit** (dort procédure d'arbitrage, arbitration genannt), und **gerichtlichem Verfahren** (règlement judiciaire, judicial settlement).

Zwischen Arbitration und justice arbitrale unterscheiden sie nicht.

Die seitens Deutschland mit **einem** anderen Staate abgeschlossenen Verträge zur friedlichen Erledigung internationaler Streitigkeiten sprechen durchweg von **Schiedsgerichtsbarkeit**, nicht von **Gerichtsbarkeit**. Allerdings tauchen gelegentlich auch in diesen Verträgen die Worte **Gericht** und Richter, statt Schiedsgericht und Schiedsrichter auf. Näheres ergibt sich aus dem angefügten Index unter den betreffenden Stichworten.

*) Lammasch (Die Lehre von der Schiedsgerichtsbarkeit in ihrem ganzen Umfange, Berlin, Stuttgart, Leipzig 1914) sagt z. B. S. 8ff.: „Das Wesen des **internationalen Schiedsgerichts** erschöpft sich darin, daß es in Kraft des Willens

Die Zusammenstellung umfaßt eine Zeitspanne, die etwa einem Menschenalter entspricht. Sie reicht vom Schiedsabkommen der Haager Friedenskonferenz von 1899 bzw. 1907 über die Locarnoverträge zum sog. Kelloggpakt vom 27. August 1928, wie das Haager Schiedsabkommen ein Weltrechtsvertrag — um einen seit Philipp Zorns Prägung häufig gebrauchten, wenn auch nicht gerade glücklichen Ausdruck anzuwenden.

Damit erstreckt sie sich über eine abgeschlossene Epoche der Schiedsbewegung.

Nichts wäre zwar falscher als die Annahme, daß mit dem Kelloggpakt*) etwa die Schiedsbewegung überhaupt

---

der im Streite befangenen Staaten zur Schlichtung dieses Streites auf Grund solcher Normen berufen ist, die allgemeiner Anwendung fähig sind." . . . „Das wesentliche des Schiedsgerichts ist die Zulässigkeit der Kündigung." Das paßt haarscharf auf die Cour Permanente de justice internationale, die kein Schiedsgericht, sondern ein Gericht ist.

*) Mit dem Ausdruck Kelloggpakt begeht man allerdings insofern eine Ungerechtigkeit, als Staatssekretär Kellogg eine Idee aufgenommen hat, die — historisch tief in den Gedanken der Scholastiker wurzelnd (vgl. hierzu besonders Vanderpol Les Idées scolastiques oc.) — unmittelbar auf die Bemühungen des Chicagoer Rechtsanwalts Salomon O. Levinson zurückführt, dem es gelang, den Senator Borah für aktives Eintreten zugunsten dieser Idee zu gewinnen. Die sog. Borah-Resolution, deren Annahme den politischen Sieg der Idee der Outlawry of war in den Vereinigten Staaten darstellt, trägt das Datum des 12. Dezember 1927 (70. Congr. l. Sess. Sen. Res. 45; vergleiche schon die mit ihr weitgehend übereinstimmende Sen. Res. 441, 67. Congr. l. Sess. vom 13. Februar 1923; ferner die Capper-Resolution vom 16. Dezember 1927, 7. Congr. l. Sess. House Joint Res. Nr. 14).

Jedenfalls ist die Benennung als Kelloggpakt durchaus jener unlogischen und falschen Bezeichnung als Kriegsächtungspakt vorzuziehen. Man ächtet keine Vorgänge, sondern

oder die auf Abschluß eines mondialen Vertrages zur friedlichen Erledigung internationaler Streitfälle gerichtete Bewegung irgendwie abgeschlossen sei. Dazu ist der Kelloggpakt viel zu inhaltsarm. Dem steht ferner entgegen, daß das Organisationsproblem noch ungelöst und durch ihn nicht gefördert worden ist und es bleiben wird, bevor nicht die Vereinigten Staaten und Rußland — Adhärenten des Kelloggpaktes, aber keine Teilnehmer der Gerichtsgemeinschaft der Cour Permanente — entweder dieser Gemeinschaft beigetreten sein werden, oder ein neues „Welt"-Gericht entstanden oder wenigstens funktionelle Ordnung in das Durcheinander der immer zahlloser werdenden internationalen Streiterledigungsinstanzen gelangt ist.

Im Gegenteil: vom Kelloggpakt wird ein starker Impuls für die Fortbildung der Schiedsbewegung ausgehen, der sowohl die mondiale wie die bilaterale Tendenz dieser Bewegung beleben muß und vor allem an den bereits abgeschlossenen Verträgen nicht halt machen wird*).

Trotzdem ist dieser Pakt Endpunkt einer abgeschlossenen Periode der Schiedsbewegung, eine Periode, die mit dem

---

Rechtssubjekte, und der Kelloggpakt ächtet überhaupt nichts, enthält vielmehr eine von einer Mißbilligung begleitete obligatorische Verpflichtung der Parteien, keinen Krieg zu führen, vielmehr sich bei Streiterledigungen auf friedliche Mittel zu beschränken.

Da die Verpflichtung lediglich obligatorisch ist, geht es auch nicht an, von einem Kriegsverzichtspakt zu sprechen.

*) Was Deutschland anlangt, so hat der Deutsch-Schweizerische Schiedsgerichts- und Vergleichsvertrag vom 3. Dezember 1921 (unten Nr. 3, S. 83) bereits eine Abänderung erlitten, die allerdings bei Abschluß der Drucklegung der vorliegenden Sammlung noch nicht rechtskräftig geworden ist.

Der Zweck dieser Abänderung ist offensichtlich, den Deutsch-Schweizerischen Schiedsvertrag mit der Tatsache der inzwischen erfolgten Bindung des Deutschen Reichs wie der Schweiz

ersten Mondialvertrag über die friedliche Erledigung internationaler Streitigkeiten, dem 1. Haager Abkommen, beginnt.

Besser wie lange Ausführungen beweisen zwei Sätze, daß mit dem Kelloggpakte eine Periode endet, die mit der 1. Haager Konferenz begann.

Die 1. Haager Konferenz von 1899 schrieb in den ersten schüchternen Versuch, einen multilateralen Schiedsvertrag zu schaffen, in das erste Haager Abkommen zur friedlichen Erledigung internationaler Streitigkeiten, folgende Worte:

> Art. 1: Um in den Beziehungen zwischen den Staaten die Anrufung der Gewalt, soweit als möglich, zu verhüten, erklären sich die Signatarmächte einverstanden, alle ihre Bemühungen aufwenden zu wollen, um die friedliche Erledigung der internationalen Streitfragen zu sichern.

Und das 1. Abkommen von 1907 fügte vorsichtig der Bestimmung der justiziablen Streitigkeiten den Satz an:

> „Demzufolge wäre es wünschenswert, daß bei Streitigkeiten über die vorerwähnten Fragen die Vertragsmächte eintretendenfalles die Schiedssprechung anrufen, soweit es die Umstände gestatten".

Der Kelloggpakt von 1928, ebenfalls ein Mondialvertrag, dessen Teilnehmerzahl zurzeit allerdings noch nicht feststeht, und der bisher noch für keinen Staat*) völkerrechtlich verbindlich geworden ist, enthält hingegen die Worte:

> Art. 1. Die hohen Vertragschließenden Parteien erklären feierlich im Namen ihrer Völker, daß sie den Krieg als Mittel für die Lösung

---

an das Statut der Cour Permanente wie an die „Optionalklausel" in Einklang zu bringen (vgl. unten Nr. 2b—d, S. 51).

Weitere derartige Abjustierungen, der dem genannten Vertrag entsprechend gefaßten Verträge — z. B. des finnischen — sind notwendig.

*) Vgl. unten Nr. 12, S. 267.

internationaler Streitfälle verurteilen und auf ihn als Werkzeug nationaler Politik in ihren gegenseitigen Beziehungen verzichten.

Art. 2. Die hohen vertragschließenden Parteien vereinbaren, daß die Regelung und Entscheidung aller Streitigkeiten oder Konflikte, die zwischen ihnen entstehen könnten, welcher Art oder welchen Ursprungs sie auch sein mögen, niemals anders als durch friedliche Mittel angestrebt werden soll.

In erster Linie enthält diese Sammlung die sog. allgemeinen Schiedsgerichts- und Vergleichsverträge, an denen das Deutsche Reich teil hat — zusammen mit dem Haager Abkommen, dem Vertrag über die Gerichtsgemeinschaft der Cour Permanente und dem Kelloggpakt an Zahl 18 Verträge, wenn man den Vertrag von Versailles und den Westpakt mitzählt.

Daß das 1. Haager Abkommen über die friedliche Erledigung internationaler Streitigkeiten mit abgedruckt und an den Anfang der Sammlung gestellt ist, versteht sich nach dem Ausgeführten von selbst.

Außerdem rechtfertigt sich sein Abdruck insbesondere noch deshalb, weil spätere Verträge zahlreiche Verweisungen auf seinen Inhalt enthalten. So wird in den Schiedsgerichts- und Vergleichsverträgen aus der Zeit nach dem Weltkriege regelmäßig bestimmt, daß die Richter der betr. Schiedsgerichte in einer Anzahl von Verträgen auf der Grundlage des Verzeichnisses der Mitglieder des durch das Haager Abkommen von 1907 organisierten Haager Schiedshofes gewählt werden sollen.*)

*) Vgl. Vertrag mit Schweiz, unten Nr. 3, Art. 6, S. 88, mit Schweden, unten Nr. 4, Art. 6, S. 124; mit Finnland, unten Nr. 5, Art. 6, S. 144; mit Niederlande, unten Nr. 9, Art. 5, S. 212; mit Dänemark, unten Nr. 9, Art. 5 S. 232.

Darüber hinaus ist ebenfalls nicht selten mit Vorbehalt abweichender Bestimmungen allgemein das Schieds- und Vergleichsverfahren des Haager Abkommens von 1907 für die Parteien als maßgeblich erklärt worden*).

Die Locarno-Schiedsverträge mit Belgien, Frankreich, Polen, Tschechoslowakei bestimmen in Art. 9 übereinstimmend, daß sich die dort vorgesehene Ständige Vergleichskommission, wenn sie nicht einstimmig anderweitig beschließt, an die Bestimmungen des Titels III (Internationale Untersuchungskommission) des Haager Abkommens von 1907 hält**).

Der Schiedsgerichtsvertrag mit den Vereinigten Staaten von Amerika vom 5. Mai 1928 (unten Nr. 11 b, S. 260ff.) bestimmt sogar in seinem Artikel I, daß als Schiedsgericht wahlweise zuständig sein soll der durch das Abkommen vom 18. Oktober 1907 eingesetzte Ständige Schiedshof im Haag oder ein anderes Gericht.

Weiter hat z. B. das (zurzeit noch nicht rechtsverbindliche) Abkommen, zwischen Deutschland und Frankreich über die Einrichtung der Grenzbahnhöfe vom 6. Juli 1927 (oben Nr. 42, S. 311) in Art. 41 eine Schiedsklausel vor-

---

*) Vgl. Vertrag mit der Schweiz, unten Nr. 3, Art. 191, S. 95; mit Schweden, unten Nr. 4, Art. 24, S. 131; mit Finnland, unter Nr. 5, Art. 21, S. 151; mit Estland, unten Nr. 6, Art. 21, S. 165.

Locarnovertrag mit Belgien, unten Nr. 7c, Art. 16, S. 184; mit Frankreich, unter Nr. 7d, Art. 16, S. 191; mit Polen, unten Nr. 7e, Art. 16, S. 198; mit Tschechoslowakei, unten Nr. 7f, Art. 16, S. 206; Sch.-V. mit Schweiz unten Nr. 3, Art. 19, S. 95; Schweden unten Nr. 4, Art. 24, S. 131; Finnland Nr. 5, Art. 218, S. 151: mit den Niederlanden, unten Nr. 8, Art. 20, S. 220; mit Dänemark, unten Nr. 9, Art. 20, S. 240; mit Italien, unten Nr. 10, Art. 11, S. 251.

**) Vgl. unten Nr. 8c, S. 183; Nr. 7d, S. 190; Nr. 7e, S. 197; Nr. 7f, S. 205.

gesehen. Nach ihr soll das dort bestimmte Schiedsgericht vorbehaltlich anderer Vereinbarung nach dem 1. Haager Abkommen verfahren. Dabei ist ausdrücklich die Anwendbarkeit der Artikel 23 und 75 für die Leistung von Amtshilfe vorgesehen*).

So hat das 1. Haager Abkommen, mag der darin vorgesehene Hof vor der Cour Permanente de Justice International als Entscheidungsorgan vor dem ständigen internationalen Gerichtshof in den Schatten getreten sein**), in

*) Es sei in diesem Zusammenhang noch darauf hingewiesen, daß auch das Deutsch-Mexikanische Abkommen vom 16. März 1925 betreffend die Regelung deutscher Ansprüche aus mexikanischen Revolutionsschäden (RGBl. 1926, Tl. II, Nr. 6, S. 129) auf eine Einrichtung des 1. Haager Abkommens Bezug nimmt.

In dem zurzeit gegenstandslosen Art. 1 dieses Deutsch-Mexikanischen Abkommens ist nämlich bestimmt, daß der Präsident des Verwaltungsrats des Ständigen Schiedshofs im Haag (der deutsche Text nennt ihn irrtümlich Schiedsgerichtshof, der spanische Text sagt korrekt: Corte Permanente de Arbitraje de la Haya) den Vorsitzenden der dort vorgesehenen Reklamationskommission zu ernennen hat, falls sich die Präsidenten des Deutschen Reichs und der Vereinigten Staaten von Mexiko auf eine Persönlichkeit für einen derartigen Posten nicht in näher bestimmter Zeit einigen sollten.

Vgl. ferner die zwischen dem Präsidenten der Cour Permanente de Justice Internationale und dem niederländischen Außenminister über die Vorrechte und Befreiungen der Richter und Sekretariatsbeamten getroffenen Vereinbarungen (abgedruckt im IV. Rapport Annuel de la Cour 1928, Verlag A. W. Sijthoff, Leyden, S. 48).

Nach Ziffer IV der dabei aufgestellten Principes Généraux ist dem Greffier de la Cour dieselbe Stellung eingeräumt wie dem Generalsekretär des Haager Hofes „telle quelle a été établi par la pratique."

**) Das Deutsche Reich hat in zwei Fällen — beide Male vor dem Kriege — vor dem Hof Recht genommen, nämlich

der Reihe der Schiedsverträge eine besondere Bedeutung, weil es vielfach als Muster für andere Streiterledigungsvorschriften genommen worden ist.

Anderseits konnte die vorliegende Sammlung — wollte sie ihren Zweck erfüllen, einen Einblick in die praktische Ausgestaltung des Schiedsgerichtsgedankens durch das Deutsche Reich zu geben — sich nicht auf die Allgemeinen Schiedsgerichts- und Vergleichsverträge beschränken, an denen Deutschland teil hat. Ergänzend mußten auch die für Deutschland verbindlichen Schiedsklauseln in anderen als Schiedsgerichts- und Vergleichsverträgen aufgenommen werden.

Sie finden sich sehr zerstreut in den verschiedensten Spezial-Verträgen, wie ein Blick über das Inhaltsverzeichnis unmittelbar zeigt.

Grundsätzlich beschränkt sich diese Zusammenstellung auf diejenigen Verträge und Vertragsklauseln, die für das Deutsche Reich bereits völkerrechtlich und landesrechtlich verbindlich geworden sind. Es sind also diejenigen Be-

---

1. im sog. Venezuela-Prioritätsstreit auf Grund des Schiedsvertrags zwischen dem Deutschen Reich, England und Italien einerseits, Venezuela, Belgien, Frankreich, Mexiko, den Niederlanden, den Vereinigten Staaten von Amerika, Schweden-Norwegen und Spanien anderseits vom 7. Mai 1903. Der Schiedsspruch vom 22. Februar 1904 ist als Anhang zu der Würdigung dieses Prozesses abgedruckt, die von Bar in dem von W. Schücking herausgegebenen Werk von Haag, 2. Serie, die Gerichtlichen Entscheidungen, Erster Teil (München und Leipzig, 1917), S. 249 gegeben hat;

2. im Casablanca-Streitfall auf Grund des Schiedsvertrags zwischen Deutschland und Frankreich vom 24. November 1908. Schiedsspruch vom 22. Mai 1908, abgedruckt und gewürdigt durch die in dem soeben erwähnten Schücking-schen Sammelwerk, Teil II, S. 1ff. ebenfalls von von Bar veröffentlichten Abhandlung.

stimmungen nicht mit aufgeführt, bei denen der Ratifikationsaustausch oder gar die Zustimmung des Reichstages noch aussteht.

Von dieser Regel ist nur für besondere Fälle abgegangen worden; nämlich einmal für den Kelloggpakt (Nr. 12, S. 267), zum anderen für die beiden Verträge mit den Vereinigten Staaten von Amerika vom 5. Mai 1928 (Nr. 11, S. 256). Hier sind die Gründe der Veröffentlichung ersichtlich. Außerdem habe ich es für angemessen gehalten, das Deutsch-Französische Abkommen über die Errichtung der Grenzbahnhöfe vom 6. Juli 1927 zum Abdruck zu bringen (unten Nr. 42, S. 311), obgleich das Reichsgesetzblatt noch keine Mitteilung über einen erfolgten Ratifikationsaustausch enthält. Entsprechendes gilt für das Deutsch-Poln. Grenzabkommen v. 14. 3. 25 (unter Nr. 25 S. 288), sowie die beiden Luftverkehrsabkommen mit der Tschechoslowakei (Nr. 31 S. 295) und Italien (Nr. 32 S. 295)

Dagegen war kein Anlaß, den bisher noch nicht veröffentlichten Deutsch-Litauischen Schiedsgerichts- und Vergleichsvertrag vom 29. Januar 1928 sowie die Schiedsklauseln aus den übrigen mit Litauen unterzeichneten, ebenfalls noch nicht veröffentlichten Verträgen, aus den der Ratifikation harrenden Handelsverträgen mit Estland, Panama*), der südafrikanischen Union**) oder aus dem Washingtoner Welttelegraphenvertrag von 1927***) zu bringen.

Auch die Schiedsklausel in Artikel 8 des noch nicht in Kraft getretenen Genfer Übereinkommens über die Sklaverei vom 25. September 1926 (Reichsgesetzbl. 1929 Tl. II Nr. 6 S. 63) gehört noch nicht in diese Sammlung. In ihm ist die Übertragung aller Streitigkeiten aus dem

*) RGBl. 1928 Tl. II Nr. 50 S. 639
**) RGBl. 1929 Tl. II Nr. 3015
***) noch nicht veröffentlicht

Übereinkommen an den Ständigen Internationalen Gerichtshof und, insoweit die Parteien des Streits nicht zu dieser Gerichtsgemeinschaft gehören, evtl. auch an den Haager Hof vereinbart.

Nicht mit abgedruckt sind Schiedsklauseln mit nur zeitweiligen Geltung:

Als solche kommen vor allem alle im Vertrag von Versailles enthaltenen oder auf ihn zurückführenden Schiedsklauseln in Betracht, abgesehen von den Bestimmungen, die sich auf die Cour Permanente und auf das Vergleichsverfahren durch den Rat beziehen (unten Nr. 2, S. 43) sowie der die Streiterledigung in Arbeitsfragen behandelnde Art. 423 VV (unten Nr. 49, S. 323). Diese Bestimmungen sind auf die Dauer getroffen.

Demgemäß ist vor allem der Abdruck allen Materials unterblieben, das sich auf die gemischten Schiedsgerichtshöfe bezieht, wie sie auf Grund der Bestimmungen des Tl. X Abschnitt VI (Art. 304 ff.) V Verrichtet worden sind*).

In Betracht kommen dabei folgende Materialien:

Prozeßordn. d. deutsch-franz. Schiedsgerichts v. 2. April 1920, RGBl. S. 526. 1. Änd. hierzu RGBl. 1921, S. 161; 2. Änd. hierzu RGBl. 1921, S. 509; 3. Änd. hierzu RGBl. 1921, S. 1262; 4. Änd. hierzu RGBl. 1921, S. 1369; 5. Änd. hierzu RGBl. 1922, II, S. 777; 6. Änd. hierzu RGBl. 1926, II, S. 423; 7. Änd. hierzu RGBl. 1928, II, S. 45.

Prozeßordn. d. deutsch-belg. Gem. Schiedsgerichts v. 19. Okt. 1920, RGBl. 1921, S. 108. 1. Änd. hierzu RGBl.

---

*) Vgl. hierzu die ausführlichen Nachweisungen in dem vom AA., Geschäftsstelle für die Friedensverhandlungen 1919, herausgegebenen Sachverzeichnis zum Friedensvertrag sub Schiedsgerichte und die folgenden Stichworte S. 115 f.

1921, S. 509; 2. Änd. hierzu RGBl. 1922, S. 271; 3. Änd. hierzu RGBl. 1924, II, S. 93; 4. Änd. hierzu RGBl. 1926, II, S. 427.

Prozeßordn. d. deutsch-poln. Gem. Schiedsgerichts v. 29. Sept. 1921, RGBl. S. 1558. 1. Änd. hierzu RGBl. 1923, S. 44; 2. Änd. hierzu RGBl. 1924, II, S. 65; 3. Änd. hierzu RGBl. 1924, II, S. 234.

Prozeßordn. d. deutsch-tschechoslow. Gem. Schiedsgerichts v. 9. Nov. 1921, RGBl. 1541.

Prozeßordn. d. deutsch-jugoslav. Gem. Schiedsgerichts v. 14. Mai 1921, RGBl. S. 693.

Prozeßordn. d. deutsch-rumän. Gem. Schiedsgerichts v. 9. März 1922, RGBl. S. 87. 1. Änd. hierzu RGBl. 1924, II, S. 131; 2. Änd. hierzu RGBl. 1924, II, S. 419.

Prozeßordn. d. deutsch-griech. Gem. Schiedsgerichts v. 16./3. Aug. 1920, RGBl. S. 1742.

Prozeßordn. d. deutsch-siames. Gem. Schiedsgerichts v. 22. Dez. 1920, RGBl. 1921, S. 346. Druckfehlerberichtigung RGBl. 1921, S. 736.

Prozeßordn. d. deutsch-engl. Gem. Schiedsgericht v. 4. Sept. 1920, RGBl. S. 1872. 1. Änd. hierzu RGBl. 1925, II, S. 99; 2. Änd. hierzu RGBl. 1925, II, S. 854.

Prozeßordn. d. deutsch-japan. Gem. Schiedsgerichts v. 12. Nov. 1920, RGBl. 96.

Prozeßordn. d. deutsch-ital. Gem. Schiedsgerichts v. 20. Dez. 1921, RGBl. 1922, S. 157. 1. Änd. hierzu RGBl. 1924, II, S. 95; 2. Änd. hierzu RGBl. 1928, II, S. 501.

Zu unterbleiben hatte nach der hiermit gezogenen Begrenzung ferner der Abdruck des bereits oben erwähnten Abkommens zwischen dem Deutschen Reiche und den Vereinigten Staaten von Mexiko über die Regelung der deutschen Ansprüche aus mexikanischen Revolutionsschäden vom 16. März 1925

(RGBl. 1926, Tl. II, Nr. 6, S. 129) nebst Zusatz-Abkommen v. 20. Dez. 1927 (RGBl. 1928, Tl. II, Nr. 23, S. 375*).

Unterblieben ist weiter der Abdruck der ausführlichen Schiedsbestimmungen im deutsch-polnischen Abkommen über Oberschlesien vom 15. Mai 1922 (RGBl. Tl. II, Nr. 10, S. 237 ff.**), insbesondere Tl. VI: Gemischte Kommission und das Schiedsgericht für Oberschlesien Art. 562 bis 605***).

Ebenso fehlen alle Bestimmungen über schiedsvertragliche Erledigung, die in den Londoner Vereinbarungen vom 16. August 1924 enthalten sind (RGBl. Tl. II, S. 289***)).

---

*) Dieses Abkommen — auf eine Anregung des Präsidenten der Vereinigten Staaten von Mexiko hin abgeschlossen — stellt sich die Aufgabe, die deutschen Reichsangehörigen durch Geld bei Schäden und Verlusten zu entschädigen, die sie durch revolutionäre Handlungen, begangen in der Zeit vom 20. November 1910 bis zum 31. Mai 1920, einschließlich, erlitten haben.

Besonderes Interesse erregt die folgende Bestimmung des Art. III dieses Abkommens: „. . . Mexiko willens ist, den Geschädigten den Schaden freiwillig zu ersetzen und nicht etwa deswegen, weil seine Verpflichtung aus den Bestimmungen des Art. XVIII, des in Kraft befindlichen Freundschafts-, Handels- und Schiffahrtsvertrages zwischen dem Deutschen Reiche und den Vereinigten Staaten von Mexiko hergeleitet werden könnte. Es genügt daher nachzuweisen, daß der behauptete Schaden entstanden ist und sich auf eine der im Art. IV dieses Abkommens aufgeführten Ursachen zurückführen läßt, damit Mexiko sich „ex gratia, geneigt sieht, eine Entschädigung zu leisten."

**) Vgl. dazu Art. 87—98 VV, Zusatzerklärung vom 29. Juli 1922 (RGBl. Tl. II, Nr. 27, S. 765), ferner Änderungsbekanntmachung vom 4. März 1924 (RGBl. Tl. II, S. 47); Ratifik.-Bekanntmachung vom 12. Juni 1922 (RGBl. Tl. II, S. 233); Zusatzabkommen vom 13. Dezember 1923 (RGBl. Tl. II, S. 814 vom 15. August 1924 (RGBl. Tl. II, S. 233).

***) Das instruktive, von Fr. Raab herausgegebene Hand-

Geben diese fortgelassenen Materialien nur beschränkt oder gar nicht Auskunft über die Einstellung des Deutschen Reichs und der deutschen Regierung zum Schiedsproblem, so sind sie doch wenigstens dann mit heranzuziehen, wenn nach dem tatsächlichen Umfang der Bindungen Deutschlands an Schiedsbestimmungen gefragt wird.

Ueberhaupt nicht hierher gehört hingegen das Genfer Protokoll über Schiedsklauseln im Handelsverkehr vom 24. September 1923 (RGBl. 1925, Tl. II, Nr. 6, S. 47*)), oder das Deutsch-Russische Abkommen über Schiedsgerichte in Handelssachen und anderen bürgerlichen Angelegenheiten vom 12. Oktober 1925 (RGBl. 1926, Tl. II, Nr. 1,

---

buch der Londoner Vereinbarungen, Berlin, Deutsche Verlagsgesellschaft für Politik und Geschichte, 1925, enthält ab S. 348 eine schematische Zusammenstellung der Bestimmungen über Schiedsrichter, Schiedsgerichte, Schiedskommissionen usw.

Vgl. hierzu das Handbuch des Deutschtums in Polnisch-Oberschlesien. Eine Sammlung der im Abtretungsgebiete geltenden Gesetze für die Nationale Minderheit. Herausgegeben vom Deutsch-Oberschlesischen Volksbund für Polnisch-Schlesien zur Wahrung der Minderheitsrechte E. V., Kattowitz 1922.

Vgl. ferner die von M. Schoch in der Sammlung „Politische Wissenschaft," Schriftenreihe der Deutschen Hochschule für Politik in Berlin und des Instituts für Auswärtige Politik in Hamburg (Berlin 1927) herausgegebenen Entscheidungen des Internationalen Schiedsgerichts zur Auslegung des Dawes-Planes.

*) Vgl. dazu Bekanntmachung des Reichsministers des Auswärtigen über den Beitritt des Deutschen Reiches zu den am 24. September 1923 vom Völkerbund in Genf aufgelegten Protokollen über die Schiedsklauseln im Handelsverkehr vom 7. Februar 1925, ferner die Beitrittsbekanntmachungen vom 24. September 1923 (RGBl. 1926, Tl. II, Nr. 19, S. 250; vom 16. Dezember 1926 (RGBl. Tl. II, Nr. 50, S. 791) und vom 30. Dezember 1927 (RGBl. 1928, Tl. II, Nr. 1).

S. 41 *)). Denn hier handelt es sich nicht um die Einrichtung von Institutionen zur friedlichen Erledigung von Staatenstreitigkeiten, vielmehr um die Voraussetzungen, unter denen die Parteien gegenseitig nationale Schiedssprüche in bestimmten Streitigkeiten zwischen Privatpersonen anzuerkennen haben **).

Immerhin ist ein Hinweis auf diese Abmachungen im Zusammenhang einer Sammlung interstaatlicher Schiedsklauseln angebracht, weil sie zeigen, wie die Schiedsidee im internationalen Denken mehr und mehr Wurzeln faßt.

* * *

Besonderer Wert ist auf den Abdruck der Bemerkungen der deutschen Regierung zu den für Deutschland verbindlichen Schiedsgerichts- und Vergleichsverträgen gelegt; wie sie dem Reichstag mit dem Entwurf des entsprechenden Zustimmungsgesetzes vorgelegt worden sind.

Dies ist bisher in allen Fällen erfolgt mit Ausnahme der Verträge von Locarno; diese sind dem Reichstage ohne jede erläuternde Denkschrift unterbreitet worden.

Für den Kelloggpakt ist bisher eine Reichstagsvorlage nicht vorhanden.

In zwei Fällen sind gemeinsame Denkschriften für je zwei Vertragsentwürfe vorgelegt worden: Der deutsch-niederländische Schiedsgerichts- und Vergleichsvertrag vom 20. Mai 1926 (unten Nr. 8, S. 209) ist nämlich zusammen mit dem deutsch-dänischen Schiedsgerichts- und Vergleichsvertrage vom 2. Juni 1926 (unten Nr. 9,

---

*) Vgl. dazu Anl. 7 z. Dtsch.-Russ. Wirtschaftsprot. v. 21. 12. 28 (RGBl. 1929 Tl. II Nr. 5 S. 53.)

**) Über die ergänzenden Tendenzen zur Schaffung eines Abkommens über die Vollstreckbarkeit ausländischer Schiedssprüche vgl. den Aufsatz von Volkmar in der Zeitschr. die Wirtschaft und das Recht III (1928), Nr. 1, S. 9 ff.

S. 229) mit einer gemeinsamen Denkschrift dem Reichstage unterbreitet worden (unten S. 223). — Entsprechendes gilt vom deutsch-schwedischen Schiedsgerichts- und Vergleichsvertrage vom 29. August 1924 (unten Nr. 4, S. 120) und vom deutsch-finnischen Schiedsgerichts- und Vergleichsvertrage vom 14. März 1925 (unten Nr. 5, S. 140). Die gemeinsame Denkschrift findet sich ab S. 134 wiedergegeben.

An der Spitze dieser Denkschriften stehen die auf Schiedssprechung bezüglichen Ausführungen der deutschen Regierung in ihrer Denkschrift zur 2. Haager Friedenskonferenz (unten S. 38). Nichts gibt schneller und anschaulicher ein Bild von dem Wandel der Grundanschauungen der deutschen Regierung zu den Problemen der Schiedssprechung, als ein Vergleich dieser Denkschrift mit ihren Nachkriegsdenkschriften zu den verschiedenen Schiedsgerichts- und Vergleichsverträgen.

Der Hauptgrund für den Abdruck dieser Denkschriften liegt in folgendem: Über den Wert derartiger „Motive" für die völkerrechtliche Auslegung besteht keinerlei Übereinstimmung. Er ist jedenfalls geringer, als der Wert der Motive zu Landesgesetzen. Soweit jene Denkschriften zu internationalen Verträgen Auskunft über von den Vertragsparteien übereinstimmend Gewolltes geben, kann ein anderer Vertragsbeteiligter noch immer die Richtigkeit der betreffenden Aussage in Abrede stellen. Deshalb sind diese Denkschriften lediglich als amtliche Präcisionen des deutschen Standpunktes zu verwenden und bedeutungsvoll. Gegebenenfalls haben sie darüber hinaus wissenschaftlich-kommentatorischen Wert.

Meist ist der Ertrag in beiden Richtungen recht gering. Denn es kann beinahe als Regierungsmaxime bezeichnet werden, in solchen Denkschriften an das Parlament, wenn sie überhaupt gebracht werden, möglichst wenig zu sagen und sie so inhaltsmager zu gestalten, wie nur irgendmöglich.

Von wissenschaftlichen Leistungen haben sie dann nichts an sich.

Hiervon machen einige der hier abgedruckten Denkschriften — die zum deutsch-schweizerischen Schiedsgerichts- und Vergleichsvertrage vom 3. Dezember 1921 gefertigte an der Spitze (unten S. 97) — eine Ausnahme. Sie geben ausführliche Interpretationen des Beabsichtigten und Geschaffenen, stellen den betreffenden Vertrag in das Ganze der modernen Schiedsbewegung, vergleichen ihn mit den vorher abgeschlossenen Schiedsabreden und erklären die mit diesem Vertrage verfolgten Absichten der deutschen Reichsregierung mehr oder weniger ausgiebig.

Daß die Arbeit auf deutsche Materialien beschränkt werden mußte, ergibt sich aus ihrer ganzen Anlage. Gern hätte ich darüber hinaus insbesondere auch noch die Materialien zur Geschichte der Cour permanente de Justice internationale gegeben. Anderseits ist zu berücksichtigen, daß das Deutsche Reich an der Schaffung dieses Gerichtes mitbeteiligt gewesen ist. Die betreffenden Materialien sind daher zwar interessant, aber für Deutschland nicht irgendwie maßgeblich.

Von viel direkterem Interesse für den Standpunkt Deutschlands zur Frage der Schiedssprechung sind die betreffenden Artikel der deutschen Vorschläge für die Errichtung eines Völkerbundes, wie sie seitens der Deutschen Friedensdelegation mit Note vom 9. Mai 1909 dem Präsidenten der Friedenskonferenz, Clemenceau, übermittelt worden sind, um unbeachtet zu bleiben.*)

*) Vgl. den Text in Kraus-Roediger, Urkunden zum Friedensvertrage, Tl. I, Berlin 1920, S. 209; vgl. dazu Vorläufige Antwort Clemenceaus vom 10. Mai 1919 (l. c. S. 223). Ausführliche Antwort Clemenceaus vom 20. Mai 1919 (l. c. S. 257); vgl. ferner die Bemerkungen der Deutschen Friedensdelegation zu den Friedensbedingungen vom 29. Mai 1919 (Tl. I der Völkerbund) (l. c. S. 453).

Der 3. Teil dieses Entwurfs — von dem es inzwischen ganz still geworden ist — handelt von der friedlichen Schlichtung internationaler Streitigkeiten. Er enthält in Art. 29 ein uneingeschränktes Bekenntnis zur friedlichen Erledigung internationaler Streitigkeiten, die wahlweise durch ein Schiedsgerichtsverfahren oder durch ein Vergleichsverfahren zu erfolgen hat.

Besonders bemerkenswert ist dabei eine deutliche Abneigung gegen Zersplitterung und eine daraus folgende Tendenz, alle Staatenstreitigkeiten an ein zentrales Organ zu bringen. Dieses Zentralorgan — der Entwurf bezeichnet es als regelmäßiges Organ — ist für Entscheidungen „der internationale Gerichtshof". Bemerkenswert ist ferner eine kluge Anpassung des Entwurfs an den durch das Abkommen vom 18. Oktober 1907 verfaßten Haager Hof. Der Entwurf bestimmt ausdrücklich in seinem Artikel 34, daß die Verfahrensordnung, die der Gerichtshof sich zu entwerfen habe, auf der Grundlage des Haager Abkommens vom 18. Oktober 1907 aufgebaut sein solle.

Besonders bedauere ich, daß die Materialien zum Kelloggpakt nicht — auch nicht in Auswahl — abgedruckt werden konnten. Das gilt vor allen Dingen von der sehr ausführlichen Explikativnote, die der Botschafter der Vereinigten Staaten von Amerika dem Deutschen Reichsminister des Auswärtigen unter dem 23. Juni 1928 hat zugehen lassen, und auf die die deutsche Regierung sachlich nichts entgegnet hat*).

* * *

Raummangel gebot vor allem Beschränkung auf den Abdruck ausschließlich deutscher Texte. Und zwar ist

*) Die Note ist abgedruckt in dem Deutschen Weißbuch 1, 1928: „Materialien zum Kriegsächtungspakt".

Ende Januar 1929 ist als Deutsches Weißbuch Nr. 1, 1929, eine dritte ergänzte Ausgabe dieser Materialien erschienen.

dies nicht nur bei Verträgen erfolgt, die entweder in deutscher Sprache abgeschlossen wurden (wie das z. B. bezüglich des Deutsch-Schweizerischen Schiedsgerichts- und Vergleichsvertrags der Fall ist) oder wo die deutsche Sprache wenigstens für eine der beiden maßgeblichen Sprachen erklärt wurde, wie in allen mehrsprachig verfaßten bilateralen Schiedsgerichts- und Vergleichsverträgen.

Deutsche Texte sind auch dann gegeben, wo die maßgebliche Sprache nicht die deutsche ist. Dies ist vor allem bezüglich der Verfassung der Cour permanente, aber z. B. auch des Haager Hofs nach dem Abkommen von 1907 der Fall.

Soweit möglich, ist in diesen Fällen die amtliche deutsche Übersetzung gegeben, dies auch dann, wenn sie nicht korrekt schien.

Bei den Änderungen der Völkerbundssatzung (unten Nr. 2a, S. 43) konnte auf keinen amtlichen Text zurückgegriffen werden, da diese Änderungen deutscherseits amtlich nicht verlautbart worden sind*).

Entsprechend der Beschränkung auf deutsche Texte habe ich die Fundstellen, soweit möglich, ausschließlich aus dem Reichsgesetzblatt angegeben. Insbesondere ist es unterblieben, die entsprechenden Nachweisungen für die vom Völkerbunde seit September 1920 unter dem Namen Treaty Series (Recueil des traités) herausgegebene Sammlung der beim Völkerbundssekretariat eingetragenen Staatsverträge beizufügen.

---

*) Auch eine amtliche deutsche Übersetzung der (in vorliegender Sammlung übrigens nicht mit zum Abdruck gelangten) Geschäftsordnung des Ständigen Internationalen Gerichtshofs im Haag vom 24. März 1922 liegt bislang noch nicht vor. Im Lehrbuch von von Liszt, 12. Aufl. (1925) ist sie S. 674 in französischer Sprache gegeben. Sie hat gegenüber dem dort abgedruckten Text inzwischen einige Änderungen erfahren.

Diese Beschränkung auf deutsche Texte und auf deutsche Nachweisungen glaube ich mit den praktischen Zwecken dieser Zusammenstellung und dem Rahmen, in dem sie als Teil der Guttentagschen Sammlung deutscher Reichsgesetze erscheint, verantworten zu können.

* * *

Den Zweck der Zusammenstellung aber habe ich vornehmlich in einem doppelten erblickt.

Sie soll einmal ein Nachschlagebuch und Studienhilfsmittel sein, denn sie will dem Studenten wie dem Praktiker als Handwerkszeug zu schneller, wie zu eingehender Unterrichtung über die moderne Schiedsvertragsbewegung dienen, soweit das Deutsche Reich an ihr unmittelbar beteiligt ist.

Zum anderen soll diese Sammlung einen Einblick in die praktischen Ergebnisse vermitteln, die die neue Einstellung Deutschlands gegenüber der Idee schiedlicher Erledigung internationaler Streitfälle für Deutschland bisher gezeitigt hat.

Der Unterschied zwischen einst und jetzt springt dabei in die Augen. Er wird sehr klar, wenn man sich vergleichsweise den Umfang der Bindungen des Deutschen Reichs an Schiedsverträge und Klauseln vor dem Weltkriege kurz vor Augen führt.

Theodor Niemeyer hat in einer verdienstlichen Arbeit, die er unter dem Titel „Die internationale Schiedsgerichtsbarkeit und des Deutschen Reiches Beteiligung an ihrer Entwicklung" in Niemeyers Zeitschrift für Internationales Recht, Bd. XXVII veröffentlicht hat, einen Überblick über die vertraglichen Bindungen gegeben, die das Deutsche Reich vor dem Weltkriege eingegangen ist*).

*) Vgl. auch A. Hommerich, Deutschtum und Schiedsgerichtsbarkeit mit einer Einleitung von Ph. Zorn, Freiburg i. B. 1918.

Chronologisch geordnet können wir dabei die im Anschluß an Niemeyer folgende Verträge feststellen, in denen Schiedsklauseln enthalten sind:

1. Weltpostvertrag vom 9. Oktober 1874.

2. Generalakte der Brüsseler Anti-Sklaverei-Konferenz vom 2. Juli 1890 (RGBl. 1892, S. 605) Art. 54 ff.*).

3. Erstes Abkommen der 1. Haager Friedens-Konferenz vom 29. Juli 1899.

4. Telegraphenvertrag mit Holland vom 27. Juli 1901**). (Journal télégraphique, 1903, Nr. 9 und Mertens. N. R. G., 3. ser., VII, p. 272).

5. Handelsvertrag von Belgien vom 22. Juni 1904.

6. Schiedsvertrag mit England vom 12. Juli 1904***).

7. Handelsvertrag mit Rumänien vom 8. Oktober/25. September 1904.

8. Handelsvertrag mit der Schweiz vom 12. November 1904.

9. Handelsvertrag mit Serbien vom 29./16. November 1904.

---

*) Hier ist ein Schiedsverfahren für den Fall vorgesehen, daß ein Schiff wegen Verdachts der Verletzung der Vorschriften der Brüsseler Anti-Sklavereiakte sistiert, von der prüfenden Landesbehörde aber exkulpiert worden ist, die ihm dabei gemäß Art. 53 einen Entschädigungsanspruch zugesprochen hat, und Meinungsverschiedenheiten mit dem aufbringenden Kapitän entstehen.

Vgl. jetzt das oben bereits erwähnte Abkommen über die Sklaverei vom 25. September 1926 (RGBl. 1929 Tl. II Nr. 6. S. 63).

**) Dieses Abkommen ist durch Fusion der deutsch-niederländischen mit der deutsch-atlantischen Telegraphengesellschaft erloschen.

***) Dieser Vertrag ist nicht im Reichsgesetzblatt, sondern nur im Reichsanzeiger, Nr. 165 vom 15. Juli 1904, veröffentlicht worden. Unmittelbar vor Ausbruch des Weltkrieges ist er außer Kraft getreten.

10. Handelsvertrag mit Italien vom 3. Dezember 1904.

11. Handelsvertrag mit Österreich-Ungarn vom 25. Januar 1905.

12. Handelsvertrag mit Bulgarien vom 1. August 1905.

13. Telegraphenvertrag mit Norwegen vom 25.—30. April 1906. (Journal télégraphique, 1906, Nr. 12; auch Martens, Nr. 129, III. Sér. VII, S. 275).

14. Handelsvertrag mit Portugal vom 30. November 1908, mit Schweden vom 2. Mai 1911.

15. Vertrag mit Frankreich über Marokko und Äquatorial-Afrika vom 4. November 1911.

16. Internationaler Funkentelegraphenvertrag vom 5. Juli 1912.

Von diesen Verträgen sind heute nur noch das Haager Abkommen über die friedliche Erledigung internationaler Streitfälle in der von der 2. Haager Friedenskonferenz am 18. Oktober 1907 angenommenen Fassung, der Weltpostvertrag in der Fassung vom 28. August 1924 sowie der Internationale Funkentelegraphenvertrag vom 5. Juli 1912 in Kraft.*)

An Stelle der Handelsverträge vor dem Weltkriege sind in vermehrter Zahl neue getreten, insbesondere die Verträge mit Großbritannien, Frankreich, Jugoslavien und Griechenland.

Daneben haben sich verschiedene andere Vertragstypen mit Schiedsklauseln eingefunden.

Vor allen Dingen finden wir sie in Grenzverträgen, Verkehrsverträgen, darunter vor allem in Luftverkehrsverträgen sowie in Eisenbahnabkommen. Sie sind in Verträge über Zollregelung ebenso eingedrungen, wie in inter-

*) Ob der Telegraphenvertrag mit Norwegen noch gilt, habe ich einwandfrei nicht festzustellen vermocht.

nationale Abmachungen über Schiffahrts- und Gesundheitswesen, über Sittlichkeit, über Arbeiterfragen usw.

Vor allen Dingen aber liegen jetzt 16 Allgemeinverträge zur schiedlichen Erledigung internationaler Streitigkeiten vor*), mit dem Haager Abkommen am Anfang, dem Kelloggpakt am Ende der Reihe, gegen 2 vor dem Kriege (Haager Abkommen, Vertrag mit Großbritannien).

Das Deutsche Reich steht nach einer Zusammenstellung in der Oktober-November-Nummer der Friedenswarte 1928, soweit allgemeine Schiedsrichter- und Vergleichsverträge in Betracht kommen, an 4. Stelle.**)

Im ganzen ist Deutschland heute etwa an 50 Verträge gebunden, die es zu schiedlichen Lösungen internationaler Streitigkeiten verpflichten.

Diese Gegenüberstellung zeigt in der Tat ein sehr verändertes Bild zwischen einst und jetzt, ganz abgesehen von den entsprechenden inhaltlichen Vertiefungen und Verbreiterungen, die sich in den Schiedsbestimmungen der Nachkriegszeit gegen früher eingefunden hatten. Es spiegelt zwei Tatsachen: einmal den fortschreitenden Sieg des Schiedsgedankens überhaupt, zum anderen die Wandelung Deutschlands dieser Idee gegenüber***).

---

*) Mit den Vereinigten Staaten sind zwei Verträge geschlossen worden.

**) An erster Stelle steht Schweden mit 21 Verträgen, es folgt die Schweiz mit 20, Dänemark mit 17, Deutschland mit 16 (Wehberg zählt 14), Finnland mit 14, Italien und Polen mit 11, Frankreich mit 10, Belgien und Spanien mit 9, Österreich mit 8, Norwegen und die Tschechoslowakei mit je 7, die Niederlande mit 5, Estland, Griechenland, Litauen Rumänien mit je 4, Jugoslavien, Portugal, Ungarn mit je 3, Lettland, Luxemburg mit je 2, Albanien und Großbritannien mit je 1, Bulgarien mit einem Vertrage.

***) Eine brauchbare Übersicht über die Geschichte der Schiedsbewegung seit 1914 gibt die Zusammenstellung, die A. Nie-

Anderseits muß aber auch festgestellt werden, daß die Schiedsbewegung heute noch weit davon entfernt ist, den gesamten Vertragsverkehr der Staaten zu beherrschen.

Man kann nicht einmal sagen, daß Schiedsklauseln regelmäßige Bestandteile der internationalen Abmachungen unserer Zeit geworden sind, ganz zu schweigen davon, daß sie etwa darum stereotype Bestandteile bildeten.

Das sich darbietende Bild ist noch recht uneinheitlich und erratisch. Man sucht im modernen Vertragssystem bezüglich der Schiedsklauseln vergebens nach einem einheitlichen Prinzip. Einen besonders anschaulichen Beleg bilden die Handelsverträge der Nachkriegszeit. Nur in 11 dieser Deutschland bindenden Verträge sind bisher Schiedsklauseln hineingelangt*).

Keine Schiedsklauseln finden sich in sehr wichtigen internationalen Multilateral-Verträgen, die durchaus ihre Aufnahmen vertragen könnten.

---

meyer unter dem Titel: Register der Schiedsgerichts- und Vergleichsverträge seit 1914 in Ber. XXXIX der Niemeyerschen Zeitschrift für internationales Recht gegeben hat.

Vgl. in diesem Zusammenhang auch A. Kaufmann: Die Fortbildung der internationalen Schiedsgerichtsbarkeit seit dem Weltkriege besonders durch den Locarnopakt, Leipzig 1927.

*) Besonders bemerkenswert ist es, daß sich im Handelsvertrag mit Belgien vom 22. Juni 1904 eine Schiedsklausel fand. Im vorläufigen Handelsabkommen zwischen Deutschland und der belgisch-luxemburgischen Wirtschaftsunion vom 4. April 1925 (RGBl. Tl. II, Nr. 44, S. 883) hingegen fehlt eine derartige Klausel.

Entsprechendes gilt im Verhältnis zu Schweden (vgl. einerseits den Handelsvertrag vom 2. Mai 1911, Art. 22, anderseits den deutsch-schwedischen Handels- und Schiffahrtsvertrag vom 10. Juli 1926 (RGBl. Tl. II, Nr. 32, S. 387; sowie ein Verhältnis zu Portugal (Vorl. Abk. vom 30. November 1908 sowie anderseits Abk. v. 20. März 1926, RGBl. 1926, Tl. II, Nr. 24, S. 289).

Zum Teil werden derartige Lücken durch die **Allgemeinen** Schiedsgerichts- und Vergleichsverträge überbrückt. Immerhin berechtigt das sich ergebende Bild zu dem Wunsche nicht nur nach weiterer Entwicklung und Vertiefung, sondern auch noch der Vereinheitlichung und Konzentrierung der Schiedsverträge und Schiedsklauseln.*)

* * *

Die vorliegende Zusammenstellung ist ein erster Versuch, der vermutlich mehr wie eine Lücke aufweist. Für Hinweise auf solche Lücken ebenso wie auf Fehler in der Zusammenstellung wäre ich im Interesse der Sache dankbar.

Göttingen, Weihnachten 1928.

H. Kraus.

*) Vgl. in diesem Zusammenhang auch den Versuch des Völkerbundes, die Schiedsgerichts- und Vergleichsideen dadurch zu fördern, daß er den Mitgliedsstaaten wie den Nicht-Mitgliedsstaaten mit Beschluß der Völkerbundsversammlung vom 20. Sept. 1928 drei Entwürfe zu bilateralen Modellverträgen betr. Vergleichsverfahren, Schiedsgerichtsverfahren und Gerichtsverfahren als Muster empfohlen hat. (Die Texte sind abgedruckt in S.D.N. Journal Off. Suppl. spéc. Nr. 63 (Oktober 1928) S. 16 f.; S. 20 ff.).

Staatsvertragliche Bestimmungen, die friedliche Erledigung internationaler Streitigkeiten betreffend.

A. Allgemeine Schiedsgerichts- und Vergleichs-Verträge.

1.

(Erstes Haager) Abkommen zur friedlichen Erledigung internationaler Streitfälle.

Vom 18. Oktober 1907[1] [2] [3]. (RGBl. 1910, Nr. 2 S. 5).

Seine Majestät der Deutsche Kaiser, König von Preußen, der Präsident der Vereinigten Staaten von

---

[1]) Der deutsche (im Reichsgesetzblatt mit veröffentlichte) Text stellt eine Übersetzung des authentischen französischen Textes dar.

[2]) Signatare bzw. Abhärenten des I. Abkommens der Ersten Haager Konferenz vom 29. Juli 1899: Argentinien, Österreich-Ungarn, Belgien, Bolivia, Brasilien, Bulgarien, Chile, China, Colombia, Cuba, Dänemark, Dominikanische Republik, Equador, Frankreich, Deutsches Reich, Großbritannien, Griechenland, Guatemala, Haiti, Italien, Japan, Luxemburg, Mexiko, Montenegro, Niederlande, Nicaragua, Norwegen (-Schweden), Panama, Paraguay, Persien, Peru, Portugal, Rumänien, Rußland, Salvador, Serbien, Siam, Spanien, Schweiz, Türkei, Vereinigte Staaten von Amerika, Uruguay, Venezuela.

Reservationen zum I. Haager Abkommen haben dabei erklärt: Rumänien, Serbien, Türkei (nur in der Hauptversammlung vom 25. Juli 1899), Vereinigte Staaten von Amerika.

Signatare bzw. Abhärenten des I. Abkommens der Zweiten Haager Konferenz vom 18. Oktober 1907 sind Argen-

Amerika, der Präsident der Argentinischen Republik, Seine Majestät der Kaiser von Österreich, König von

---

tinien (nicht rat.), Österreich-Ungarn, Belgien, Bolivia, Brasilien, Bulgarien (nicht rat.), Chile (nicht rat.), China, Columbia (nicht rat.), Cuba, Dänemark, Dominikanische Republik (nicht rat.), Ecuador (nicht rat.), Frankreich, Deutsches Reich, Großbritannien (nicht rat.), Griechenland (nicht rat.), Guatemala, Haiti, Italien (nicht rat.), Japan, Luxemburg, Mexiko, Montenegro (nicht rat.), Niederlande, Nicaragua (abh.), Norwegen, Panama, Paraguay (nicht rat.), Persien (nicht rat.), Peru (nicht rat.), Portugal, Rumänien, Rußland, Salvador, Serbien (nicht rat.), Siam, Spanien Schweden, Schweiz, Türkei (nicht rat.), Vereinigte Staaten von Amerika, Uruguay (nicht rat.), Venezuela (nicht rat.).

Zum I. Abkommen von 1907 haben bei der Unterzeichnung Reservationen erklärt: Brasilien, Chile, Griechenland, Japan, Rumänien, Schweiz, Türkei, Vereinigte Staaten von Amerika. Diese sind sämtlich bei Ratifikation aufrechterhalten worden, soweit solche erfolgt ist.

Das Deutsche Reich hat das I. Abkommen von 1899 vorbehaltlos am 4. September 1900, das I. Abkommen von 1907, gleichfalls vorbehaltlos, am 27. November 1909 ratifiziert.

Über die Unterzeichungen, Ratifikationen und Adhäsionen zu den Abkommen sowohl der ersten wie der zweiten Haager Friedenskonferenz gibt zuverlässige Auskunft die übersichtliche Zusammenstellung, die die Carnegie Endowment for International Peace Division of International Law als Pamphlet Nr. 3 1914, Washington unter dem Titel: „Signatures, Ratifications, Adhesions, and reservations to the Conventions and Declarations of the first and second Hague Peace Conferences veröffentlicht hat.

[3]) Aus der sehr angeschwollenen Literatur über die Haager Friedenskonferenzen seien folgende Veröffentlichungen besonders hervorgehoben:

Materialsammlungen: Für die Materialien vgl. außer den unten erwähnten Werken von Scott und Higgins und verschiedenen Buntbüchern der beteiligten Regierungen die von der holländischen Regierung für beide Konferenzen

Böhmen usw. und Apostolischer König von Ungarn, Seine Majestät der König der Belgier, der Präsident der Republik Bolivien, der Präsident der Republik der Vereinigten Staaten von Brasilien, Seine König-

---

je herausgegebenen, in der holländischen Nationaldruckerei gedruckten Actes et documents (1899 und 1907).

Sehr nützlich für den Handgebrauch ist die von Hans Wehberg unter dem Titel: Die Abkommen der Haager Friedenskonferenzen usw. als Bd. 99 der Guttentagschen Sammlung deutscher Reichsgesetze, Berlin 1910 herausgegebene und mit einer ausführlichen Einleitung versehene Zusammenstellung. In zweiter Auflage unter folgendem Titel erschienen: Die Pariser Völkerbundsakte nebst den Urkunden über die Pariser Verhandlungen, Das Haager Schiedsabkommen usw., Berlin 1919.

Für die Diplomatische Geschichte der beiden Konferenzen vgl. jetzt: Die Große Politik der Europäischen Kabinette 1871—1914, Bd. XVI. (Rings um die I. Haager Friedenskonferenz), Berlin 1924, sowie Bd. XXIII, 1, 2, Die II. Haager Friedenskonferenz usw. 1925.

Erste Konferenz: Holls: The Peace Conference at the Hague and its bearings on international Law policy, London 1900. 1. Chr. Meurer, Die Haager Friedenskonferenz I. Bd.: Das Friedensrecht, München 1905; II. Bd.: Das Kriegsrecht, München 1907. — Zweite Konferenz: O. Nippold, Die Zweite Haager Friedenskonferenz, 2 Teile, Leipzig 1908, 1911. — E. Lémonon, La seconde Conférence de la Paix, Préf., L. Bourgeois, 2 Ed., Paris 1921. — Merignhac, La deuxième conférence de la Paix, Paris 1908.

Beide Konferenzen: Scott, James Brown, The Hague Peace conferences of 1899 and 1907, 2 Bde, Baltimore 1909 (mit wertvollem Dokumentenmaterial). — A. Pearce Higgins, The Hague Peace Conferences and other International Conferences concerning the Laws and usuages of war, Texts of Conventions with Commentaries, Cambridge 1909. — Kraus H., Haager Friedenskonferenzen, im Handbuch der Rechtswissenschaft. — Ph. Zorn, Die beiden

liche Hoheit der Fürst von Bulgarien, der Präsident der Republik Chile, Seine Majestät der Kaiser von China, der Präsident der Republik Kolumbien, der einstweilige Gouverneur der Republik Kuba, Seine Majestät der König von Dänemark, der Präsident der Dominikanischen Republik, der Präsident der Republik Ekuador, Seine Majestät der König von Spanien, der Präsident der Französischen Republik, Seine Majestät der König des Vereinigten Königreichs von Großbritannien und Irland und der Britischen überseeischen Lande, Kaiser von Indien, Seine Majestät der König der Hellenen, der Präsident der Republik Guatemala, der Präsident der Republik Haïti, Seine Majestät der König von Italien, Seine Majestät der Kaiser von Japan, Seine Königliche Hoheit der Großherzog von Luxemburg, Herzog zu Nassau, der Präsident der Vereinigten Staaten von Mexiko, Seine Königliche Hoheit der Fürst von Montenegro, Seine Majestät der König von Norwegen, der Präsident der Republik Panama, der Präsident der Republik Paraguay, Ihre Majestät die Königin der Niederlande, der Präsident der Republik Peru, Seine Kaiserliche Majestät der Schah von Persien, Seine Majestät der König von Portugal und Algarvien usw., Seine Majestät der König von Rumänien, Seine Majestät der Kaiser aller Reußen, der Präsident der Republik Salvador, Seine Majestät der König von Serbien, Seine Majestät der König von Siam, Seine Majestät der König von

---

Haager Friedenskonferenzen von 1899 und 1907, Berlin, Stuttgart, Leipzig 1915.

Nicht zu entbehren ist endlich das von W. Schücking herausgegebene, leider nicht fortgesetzte Sammelwerk: Das Werk vom Haag, München und Leipzig ab 1912 (vgl. dort spez. Ser. 2: Die gerichtlichen Entscheidungen. Bd. I. Die Judikatur des Ständigen Schiedshofs 1899—1913).

Schweden, der Schweizerische Bundesrat, Seine Majestät der Kaiser der Osmanen, der Präsident des Orientalischen Freistaats Uruguay, der Präsident der Vereinigten Staaten von Venezuela,

2. von dem festen Willen beseelt, zur Aufrechterhaltung des allgemeinen Friedens mitzuwirken,

3. entschlossen, mit allen ihren Kräften die friedliche Erledigung internationaler Streitigkeiten zu begünstigen,

4. in Anerkennung der Solidarität, welche die Glieder der Gemeinschaft der zivilisierten Nationen verbindet,

5. gewillt, die Herrschaft des Rechtes auszubreiten und das Gefühl der internationalen Gerechtigkeit zu stärken,

6. überzeugt, daß die dauernde Einrichtung einer allen zugänglichen Schiedsgerichtsbarkeit im Schoße der unabhängigen Mächte wirksam zu diesem Ergebnis beitragen kann,

7. in Erwägung der Vorteile einer allgemeinen und regelmäßigen Einrichtung des Schiedsverfahrens,

8. mit dem Erlauchten Urheber der Internationalen Friedenskonferenz der Ansicht, daß es von Wichtigkeit ist, in einer internationalen Vereinbarung die Grundsätze der Billigkeit und des Rechtes festzulegen, auf denen die Sicherheit der Staaten und die Wohlfahrt der Völker beruhen,[1])

9. von dem Wunsche erfüllt, zu diesem Zwecke größere Sicherheit für die praktische Betätigung der Untersuchungskommissionen und der Schiedsgerichte zu gewinnen und für Streitfragen, die ein abgekürztes Verfahren gestatten, die Anrufung der Schiedssprechung zu erleichtern,

10. haben für nötig befunden, das von der Ersten Friedenskonferenz hergestellte Werk zur friedlichen Er-

ledigung internationaler Streitfälle in gewissen Punkten zu verbessern und zu ergänzen.

Die hohen vertragschließenden Teile haben beschlossen, zu diesem Ende ein neues Abkommen zu treffen, und haben zu Ihren Bevollmächtigten ernannt:

folgen die Namen der Bevollmächtigten nach der Reihenfolge des französischen Alphabets,

welche, nachdem sie ihre Vollmachten hinterlegt[2]) und diese in guter und gehöriger Form befunden haben, über folgende Bestimmungen übereingekommen sind:

[1]) Die folgenden Abschnitte der Präambel fehlen im I. Abkommen von 1899.

Dort steht statt dessen:

von dem Wunsch geleitet, zu diesem Zwecke ein Abkommen zu schließen, haben zu ihren Bevollmächtigten ernannt . . . . . .

[2]) 1899: „nachdem sie sich ihre Vollmachten mitgeteilt usw. . . ."

Erster Titel.

Erhaltung des allgemeinen Friedens.

Art. 1. Um in den Beziehungen zwischen den Staaten die Anrufung der Gewalt soweit wie möglich zu verhüten, erklären sich die Vertragsmächte[1]) einverstanden, alle ihre Bemühungen aufwenden zu wollen, um die friedliche Erledigung der internationalen Streitfragen zu sichern.

[1]) Das Abkommen von 1899 spricht in der deutschen, amtlichen Übersetzung durchweg von Signatarmächten, statt von Vertragsmächten.

Zweiter Titel.

Gute Dienste und Vermittelung.

Art. 2. Die Vertragsmächte kommen überein, im Falle einer ernsten Meinungsverschiedenheit oder eines

Streites, bevor sie zu den Waffen greifen, die guten Dienste oder die Vermittelung einer befreundeten Macht oder mehrerer befreundeter Mächte anzurufen, soweit dies die Umstände gestatten werden.

Art. 3. Unabhängig hiervon halten die Vertragsmächte es für nützlich und wünschenswert[1]), daß eine Macht oder mehrere Mächte, die am Streite nicht beteiligt sind, aus eigenem Antriebe den im Streite befindlichen Staaten ihre guten Dienste oder ihre Vermittelung anbieten, soweit sich die Umstände hierfür eignen.

Das Recht, gute Dienste oder Vermittelung anzubieten, steht den am Streite nicht beteiligten Staaten auch während des Ganges der Feindseligkeiten zu.

Die Ausübung dieses Rechtes kann niemals von einem der streitenden Teile als unfreundliche Handlung angesehen werden.

[1]) 1899 fehlt „und wünschenswert".

Art. 4. Die Aufgabe des Vermittlers besteht darin, die einander entgegengesetzten Ansprüche auszugleichen und Verstimmungen zu beheben, die zwischen den im Streite befindlichen Staaten etwa entstanden sind.

Art. 5. Die Tätigkeit des Vermittlers hört auf, sobald, sei es durch einen der streitenden Teile, sei es durch den Vermittler selbst festgestellt wird, daß die von diesem vorgeschlagenen Mittel der Verständigung nicht angenommen werden.

Art. 6. Gute Dienste und Vermittelung, seien sie auf Anrufen der im Streite befindlichen Teile eingetreten oder aus dem Antriebe der am Streite nicht beteiligten Mächte hervorgegangen, haben ausschließlich die Bedeutung eines Rates und niemals verbindliche Kraft.

Art. 7. Die Annahme der Vermittelung kann, unbeschadet anderweitiger Vereinbarung, nicht die Wirkung haben, die Mobilmachung und andere den Krieg vorbereitende Maßnahmen zu unterbrechen, zu verzögern oder zu hemmen.

Erfolgt sie nach Eröffnung der Feindseligkeiten, so werden von ihr, unbeschadet anderweitiger Vereinbarung, die im Gange befindlichen militärischen Unternehmungen nicht unterbrochen.

Art. 8. Die Vertragsmächte sind einverstanden, unter Umständen, die dies gestatten, die Anwendung einer besonderen Vermittelung in folgender Form zu empfehlen:

Bei ernsten, den Frieden gefährdenden Streitfragen, wählt jeder der im Streite befindlichen Staaten eine Macht, die er mit der Aufgabe betraut, in unmittelbare Verbindung mit der von der anderen Seite gewählten Macht zu treten, um den Bruch der friedlichen Beziehungen zu verhüten.

Während der Dauer dieses Auftrags, die, unbeschadet anderweitiger Abrede, eine Frist von dreißig Tagen nicht überschreiten darf, stellen die streitenden Staaten jedes unmittelbare Benehmen über den Streit ein, welcher als ausschließlich den vermittelnden Mächten übertragen gilt. Diese sollen alle Bemühungen aufwenden, um die Streitfrage zu erledigen.

Kommt es zum wirklichen Bruche der friedlichen Beziehungen, so bleiben diese Mächte mit der gemeinsamen Aufgabe betraut, jede Gelegenheit zu benutzen, um den Frieden wiederherzustellen.

Dritter Titel.

Internationale Untersuchungskommissionen.

Art. 9. Bei internationalen Streitigkeiten, die weder die Ehre noch wesentliche Interessen berühren und einer verschiedenen Würdigung von Tatsachen entspringen, erachten die Vertragsmächte es für nützlich und wünschenswert[1]), daß die Parteien, die sich auf diplomatischem Wege nicht haben einigen können, soweit es die Umstände gestatten, eine internationale Untersuchungskommission einsetzen mit dem Auftrage, die Lösung dieser Streitigkeiten zu erleichtern, indem sie durch eine unparteiische und gewissenhafte Prüfung die Tatfragen aufklären.

[1]) 1899 fehlt „und wünschenswert".

Art. 10[1]). Die internationalen Untersuchungskommissionen werden durch besonderes Abkommen der streitenden Teile gebildet.

Das Untersuchungsabkommen gibt die zu untersuchenden Tatsachen an; es bestimmt die Art und die Frist, in denen die Kommission gebildet wird, sowie den Umfang der Befugnisse der Kommissare.

Es bestimmt gegebenenfalls ferner den Sitz der Kommission und die Befugnis, ihn zu verlegen, die Sprache, deren die Kommission sich bedienen wird, und die Sprachen, deren Gebrauch vor ihr gestattet sein soll, den Tag, bis zu dem jede Partei ihre Darstellung des Tatbestandes einzureichen hat, sowie überhaupt alle Punkte, worüber die Parteien sich geeinigt haben.

Erachten die Parteien die Ernennung von Beisitzern für nötig, so bestimmt das Untersuchungsabkommen die Art ihrer Bestellung und den Umfang ihrer Befugnisse.

[1]) Abs. 1 wie Art. 10 Abs. 1 des Abkommens von 1899. Abs. 2 des Abkommens von 1899 lautet:

Das Untersuchungsabkommen bestimmt die zu untersuchenden Tatsachen und den Umfang der Befugnisse der Kommissare.

Abs. 3. Es regelt das Verfahren.

Abs. 4. Die Untersuchung erfolgt kontradiktorisch.

Abs. 5. Die zu wahrenden Formen und Fristen werden, soweit sie nicht durch das Untersuchungsabkommen festgesetzt sind, durch die Kommission selbst bestimmt.

Art. 11[1]). Hat das Untersuchungsabkommen den Sitz der Kommission nicht bezeichnet, so hat diese ihren Sitz im Haag.

Der einmal bestimmte Sitz kann von der Kommission nur mit Zustimmung der Parteien verlegt werden.

Hat das Untersuchungsabkommen die zu gebrauchenden Sprachen nicht bestimmt, so wird darüber von der Kommission entschieden.

[1]) Art. 11 des Abkommens 1907 fehlt im Abkommen 1899.

Art. 12. Sofern nicht ein anderes verabredet ist, werden die Untersuchungskommissionen in der in den Artikeln 45, 57 dieses Abkommens bezeichneten Weise gebildet.

Art. 13[1]). Im Falle des Todes, des Rücktritts oder der aus irgendeinem Grunde stattfindenden Verhinderung eines Kommissars oder eines etwaigen Beisitzers erfolgt sein Ersatz in der für seine Ernennung vorgesehenen Weise.

[1]) Von hier aus bis zu Art. 36 sind die Bestimmungen des I. Haager Abkommens von 1907 gegenüber dem Abkommen von 1899 neu bis auf Art. 23, Abs. 1 mit den dort angemerkten Änderungen und Art. 35. Im übrigen enthält das Abkommen 1899 in Art. 13 folgende Bestimmung:

„Art. 13.

Die Internationale Untersuchungskommission legt den streitenden Mächten ihren von allen Beteiligten der Kommission unterzeichneten Bericht vor."

Art. 14. Die Parteien haben das Recht, bei der Untersuchungskommission besondere Agenten zu bestellen mit der Aufgabe, sie zu vertreten und zwischen ihnen und der Kommission als Mittelspersonen zu dienen.

Sie sind außerdem berechtigt, Rechtsbeistände oder

Anwälte, die sie ernennen, mit der Darlegung und Wahrnehmung ihrer Interessen vor der Kommission zu beauftragen.

Art. 15. Das Internationale Bureau des Ständigen Schiedshofs dient den Kommissionen, die ihren Sitz im Haag haben, für die Bureaugeschäfte und hat sein Geschäftslokal und seine Geschäftseinrichtung den Vertragsmächten für die Tätigkeit der Untersuchungskommission zur Verfügung zu stellen.

Art. 16. Hat die Kommission ihren Sitz anderswo als im Haag, so ernennt sie einen Generalsekretär, dessen Bureau ihr für die Bureaugeschäfte dient.

Dem Bureauvorstande liegt es ob, unter der Leitung des Vorsitzenden die äußeren Vorkehrungen für die Sitzungen der Kommission zu treffen, die Protokolle abzufassen und während der Dauer der Untersuchung das Archiv aufzubewahren, das später an das Internationale Bureau im Haag abzugeben ist.

Art. 17. Um die Einsetzung und die Tätigkeit der Untersuchungskommissionen zu erleichtern, empfehlen die Vertragsmächte die nachstehenden Regeln, die auf das Untersuchungsverfahren Anwendung finden, soweit die Parteien nicht andere Regeln angenommen haben.

Art. 18. Die Kommission soll die Einzelheiten des Verfahrens bestimmen, die weder in dem Untersuchungsabkommen noch in dem vorliegenden Abkommen geregelt sind; sie soll zu allen Förmlichkeiten schreiten, welche die Beweisaufnahme mit sich bringt.

Art. 19. Die Untersuchung erfolgt kontradiktorisch.

Zu den vorgesehenen Zeiten übermittelt jede Partei der Kommission und der Gegenpartei gegebenenfalles die Darlegungen über den Tatbestand und in jedem Falle die Akten, Schriftstücke und Urkunden, die sie zur Ermittelung der Wahrheit für nützlich erachtet, sowie eine Liste der Zeugen und Sachverständigen, deren Vernehmung sie wünscht.

Art. 20. Die Kommission ist befugt, mit Zustimmung der Parteien sich zeitweilig an Orte zu begeben, wo sie dieses Aufklärungsmittel anzuwenden für nützlich erachtet, oder dorthin eins oder mehrere ihrer Mitglieder abzuordnen. Die Erlaubnis des Staates, auf dessen Gebiete zu der Aufklärung geschritten werden soll, ist einzuholen.

Art. 21. Alle tatsächlichen Feststellungen und Augenscheinseinnahmen müssen in Gegenwart oder nach gehöriger Ladung der Agenten und Rechtsbeistände der Parteien erfolgen.

Art. 22. Die Kommission hat das Recht, von beiden Parteien alle Auskünfte oder Aufklärungen zu verlangen, die sie für nützlich erachtet.

Art. 23[1]**).** Die Parteien verpflichten sich, der Untersuchungskommission in dem weitesten Umfange, den sie für möglich halten, alle zur vollständigen Kenntnis und genauen Würdigung der in Frage kommenden Tatsachen notwendigen Mittel und Erleichterungen zu gewähren.

Sie verpflichten sich, diejenigen Mittel, über welche sie nach ihrer inneren Gesetzgebung verfügen, anzuwenden, um das Erscheinen der vor die Kommission geladenen Zeugen und Sachverständigen, die sich auf ihrem Gebiete befinden, herbeizuführen.

Sie werden, wenn diese nicht vor der Kommission erscheinen können, deren Vernehmung durch ihre zuständigen Behörden veranlassen.

[1]) Wie Art. 12 Abs. 1, 1899 jedoch steht dort „die streitenden Mächte" statt Parteien. Die Kommission ist dort internationale Untersuchungskommission genannt.

Art. 24. Die Kommission wird sich zur Bewirkung aller Zustellungen, die sie im Gebiet einer dritten

Vertragsmacht herbeizuführen hat, unmittelbar an die Regierung dieser Macht wenden. Das gleiche gilt, wenn es sich um die Herbeiführung irgendwelcher Beweisaufnahmen an Ort und Stelle handelt.

Die zu diesem Zweck erlassenen Ersuchen sind nach Maßgabe derjenigen Mittel zu erledigen, über welche die ersuchte Macht nach ihrer inneren Gesetzgebung verfügt. Sie können nur abgelehnt werden, wenn diese Macht sie für geeignet hält, ihre Hoheitsrechte oder ihre Sicherheit zu gefährden.

Auch steht der Kommission stets frei, die Vermittelung der Macht in Anspruch zu nehmen, in deren Gebiete sie ihren Sitz hat.

Art. 25. Die Zeugen und die Sachverständigen werden durch die Kommission auf Antrag der Parteien oder von Amts wegen geladen, und zwar in allen Fällen durch Vermittelung der Regierung des Staates, in dem sie sich befinden.

Die Zeugen werden nacheinander und jeder für sich in Gegenwart der Agenten und Rechtsbeistände und in der von der Kommission bestimmten Reihenfolge vernommen.

Art. 26. Die Vernehmung der Zeugen erfolgt durch den Vorsitzenden.

Doch dürfen die Mitglieder der Kommission an jeden Zeugen die Fragen richten, die sie zur Erläuterung oder Ergänzung seiner Aussage oder zu ihrer Aufklärung über alle den Zeugen betreffenden Umstände für zweckdienlich erachten, soweit es zur Ermittelung der Wahrheit notwendig ist.

Die Agenten und die Rechtsbeistände der Parteien dürfen den Zeugen in seiner Aussage nicht unterbrechen, noch irgendeine unmittelbare Anfrage an ihn richten; sie können aber den Vorsitzenden bitten, ergänzende Fragen, die sie für nützlich halten, dem Zeugen vorzulegen.

Art. 27. Dem Zeugen ist es bei seiner Aussage nicht gestattet, einen geschriebenen Entwurf zu verlesen. Doch kann er von dem Vorsitzenden ermächtigt werden, Aufzeichnungen oder Urkunden zu benutzen, wenn die Natur der zu bekundenden Tatsachen eine solche Benutzung erheischt.

Art. 28. Über die Aussage des Zeugen wird während der Sitzung ein Protokoll aufgenommen, das dem Zeugen vorgelesen wird. Der Zeuge darf dazu die ihm gut scheinenden Änderungen und Zusätze machen, die am Schlusse seiner Aussage vermerkt werden.

Nachdem dem Zeugen seine ganze Aussage vorgelesen ist, wird er zur Unterzeichnung aufgefordert.

Art. 29. Die Agenten sind befugt, im Laufe oder am Schlusse der Untersuchung der Kommission und der Gegenpartei solche Ausführungen, Anträge oder Sachdarstellungen schriftlich vorzulegen, die sie zur Ermittelung der Wahrheit für nützlich halten.

Art. 30. Die Beratung der Kommission erfolgt nicht öffentlich und bleibt geheim.

Jede Entscheidung ergeht nach der Mehrheit der Mitglieder der Kommission.

Die Weigerung eines Mitglieds, an der Abstimmung teilzunehmen, muß im Protokolle festgestellt werden.

Art. 31. Die Sitzungen der Kommission sind nur öffentlich und die Protokolle und Urkunden der Untersuchung werden nur veröffentlicht auf Grund eines mit Zustimmung der Parteien gefaßten Kommissionsbeschlusses.

Art. 32. Nachdem die Parteien alle Aufklärungen und Beweise vorgetragen haben und nachdem alle Zeugen vernommen worden sind, spricht der Vorsitzende den Schluß der Untersuchung aus; die Kommission vertagt sich, um ihren Bericht zu beraten und abzufassen.

Art. 33. Der Bericht wird von allen Mitgliedern der Kommission unterzeichnet.

Verweigert ein Mitglied seine Unterschrift, so wird dies vermerkt; der Bericht bleibt gleichwohl gültig.

Art. 34. Der Bericht der Kommission wird in öffentlicher Sitzung in Gegenwart oder nach gehöriger Ladung der Agenten und Rechtsbeistände der Parteien verlesen.

Jeder Partei wird eine Ausfertigung des Berichts zugestellt.

Art. 35[1]). Der Bericht der Kommission, der sich auf die Feststellung der Tatsachen beschränkt, hat in keiner Weise die Bedeutung eines Schiedsspruchs. Er läßt den Parteien volle Freiheit in Ansehung der Folge, die dieser Feststellung zu geben ist.

[1]) Inhaltlich übereinstimmend Art. 14 des Abkommens 1899.

Art. 36. Jede Partei trägt ihre eigenen Kosten selbst und die Kosten der Kommission zu gleichem Anteile.

Vierter Titel.

Internationale Schiedssprechung.

Erstes Kapitel.

Schiedswesen.

Art. 37[1]). Die internationale Schiedssprechung hat zum Gegenstande die Erledigung von Streitigkeiten zwischen den Staaten durch Richter ihrer Wahl auf Grund der Achtung vor dem Rechte.

Die Anrufung der Schiedssprechung schließt die Verpflichtung in sich, sich nach Treu und Glauben dem Schiedsspruche zu unterwerfen[2]).

[1]) Ist Art. 15 des Abkommens 1899.

[2]) Abs. 2 des Art. 37 fehlt im Abkommen 1899; doch steht im Art. 18 Abs. 2 des Abkommens von 1899ff.: „Das Schiedsabkommen schließt die Verpflichtung in sich, sich nach Treu und Glauben dem Schiedsspruch zu unterwerfen.

Art. 38[1]). In Rechtsfragen und in erster Linie in Fragen der Auslegung oder der Anwendung internationaler Vereinbarungen wird die Schiedssprechung von den Vertragsmächten als das wirksamste und zugleich der Billigkeit am meisten entsprechende Mittel anerkannt, um die Streitigkeiten zu erledigen, die nicht auf diplomatischem Wege haben beseitigt werden können.

Demzufolge wäre es wünschenswert, daß bei Streitigkeiten über die vorerwähnten Fragen die Vertragsmächte eintretendenfalles die Schiedssprechung anrufen, soweit es die Umstände gestatten[2]).

[1]) Ist Art. 16 des Abkommens 1899.

[2]) Abs. 2 des Art. 38 fehlt im Abkommen 1899.

Art. 39[1]). Schiedsabkommen werden für bereits entstandene oder für etwa entstehende Streitverhältnisse abgeschlossen.

Sie können sich auf alle Streitigkeiten oder nur auf Streitigkeiten einer bestimmten Art beziehen[2]).

[1]) Art. 17 des Abkommens 1899.

[2]) Abs. 2 fehlt im Abkommen 1899.

Art. 40[1]). Unabhängig von den allgemeinen und besonderen Verträgen, die schon jetzt den Vertragsmächten die Verpflichtung zur Anrufung der Schiedssprechung auferlegen, behalten diese Mächte sich vor[2]), neue allgemeine oder besondere Übereinkommen abzuschließen, um die obligatorische Schiedssprechung auf alle Fälle auszudehnen, die ihr nach ihrer Ansicht unterworfen werden können.

[1]) Art. 19 des Abkommens 1899.

[2]) Im Abkommen 1899 folgen nach „vor" die Worte: „sei es vor der Ratifikation des vorliegenden Abkommens oder später."

Zweites Kapitel.
Ständiger Schiedshof.

Art. 41[1]). Um die unmittelbare Anrufung der Schiedssprechung für die internationalen Streitfragen zu erleichtern, die nicht auf diplomatischem Wege haben erledigt werden können, machen sich die Vertragsmächte anheischig, den Ständigen Schiedshof, der jederzeit zugänglich ist und, unbeschadet anderweitiger Abrede der Parteien, nach Maßgabe der in diesem Abkommen enthaltenen Bestimmungen über das Verfahren tätig wird, in der ihm von der Ersten Friedenskonferenz gegebenen Einrichtung zu erhalten[2]).

[1]) Art. 20 des Abkommens 1899.
[2]) Das Abkommen 1899 spricht von Organisation dieses Hofs.

Art. 42[1]). Der Ständige Schiedshof ist[2]) für alle Schiedsfälle zuständig, sofern nicht zwischen den Parteien über die Einsetzung eines besonderen Schiedsgerichts Einverständnis besteht.

[1]) Art. 21 des Abkommens 1899.
[2]) Abkommen 1899: soll... sein.

Art. 43[1]). Der Ständige Schiedshof hat seinen Sitz im Haag.

Ein Internationales Bureau dient dem Schiedshofe für die Bureaugeschäfte. Es vermittelt die auf den Zusammentritt des Schiedshofs sich beziehenden Mitteilungen; es hat das Archiv unter seiner Obhut und besorgt alle Verwaltungsgeschäfte.

Die Vertragsmächte machen sich anheischig, dem Bureau möglichst bald[2]) beglaubigte Abschrift einer jeden zwischen ihnen getroffenen Schiedsabrede sowie eines jeden Schiedsspruchs mitzuteilen, der sie betrifft und durch besondere Schiedsgerichte erlassen ist.

Sie machen sich anheischig, dem Bureau ebenso die Gesetze, allgemeinen Anordnungen und Urkunden mitzuteilen, die gegebenenfalls die Vollziehung der von dem Schiedshof erlassenen Sprüche dartun.

[1]) Abs. 1 fehlt 1899; jedoch vgl. Art. 25, der folgendermaßen lautet:

Das Schiedsgericht hat regelmäßig seinen Sitz im Haag.

Abgesehen von dem Falle höherer Gewalt darf der Sitz vom Schiedsgericht nur mit Zustimmung der Parteien verlegt werden.

Der Art. 22 von 1899 beginnt folgendermaßen:

Ein im Haag errichtetes Internationales Bureau... und enthält inhaltlich die Bestimmung des Abs. 2 Art. 43 des Abkommens von 1907.

[2]) „möglichst bald" fehlt im Abkommen 1899.

Art. 44[1]). Jede Vertragsmacht benennt höchstens vier Personen von anerkannter Sachkunde in Fragen des Völkerrechts, die sich der höchsten sittlichen Achtung erfreuen und bereit sind, ein Schiedsrichteramt zu übernehmen.

Die so benannten Personen sollen unter dem Titel von Mitgliedern des Schiedshofs in eine Liste eingetragen werden; diese soll allen Vertragsmächten durch das Bureau mitgeteilt werden.

Jede Änderung in der Liste der Schiedsrichter wird durch das Bureau zur Kenntnis der Vertragsmächte gebracht.

Zwei oder mehrere Mächte können sich über die gemeinschaftliche Benennung eines Mitglieds oder mehrerer Mitglieder verständigen.

Dieselbe Person kann von verschiedenen Mächten benannt werden.

Die Mitglieder des Schiedshofs werden für einen

Zeitraum von sechs Jahren ernannt. Ihre Wiederernennung ist zulässig.

Im Falle des Todes oder des Ausscheidens eines Mitglieds des Schiedshofs erfolgt sein Ersatz in der für seine Ernennung vorgesehenen Weise und für einen neuen Zeitraum von sechs Jahren[2]).

[1]) Art. 23 des Abkommens 1899.

Doch ist Benennung binnen 3 Monaten vorgeschrieben.

[2]) Die Worte „nur für einen neuen Zeitraum von 6 Jahren" fehlen im Abkommen 1899.

Art. 45[1]). Wollen die Vertragsmächte sich zur Erledigung einer unter ihnen entstandenen Streitfrage an den Schiedshof wenden, so muß die Auswahl der Schiedsrichter, welche berufen sind, das für die Entscheidung dieser Streitfrage zuständige Schiedsgericht zu bilden, aus der Gesamtliste der Mitglieder des Schiedshofs erfolgen.

In Ermangelung einer Bildung des Schiedsgerichts mittels Verständigung[2]) der Parteien wird in folgender Weise verfahren:

Jede Partei ernennt zwei Schiedsrichter[3]), von denen nur einer ihr Staatsangehöriger sein oder unter den von ihr benannten Mitgliedern des Ständigen Schiedshofs ausgewählt werden darf. Diese Schiedsrichter wählen gemeinschaftlich einen Obmann.

Bei Stimmengleichheit wird die Wahl des Obmanns einer dritten Macht anvertraut, über deren Bezeichnung sich die Parteien einigen.

Kommt eine Einigung hierüber nicht zustande, so bezeichnet jede Partei eine andere Macht, und die Wahl des Obmanns erfolgt durch die so bezeichneten Mächte in Übereinstimmung.

Können sich diese beiden Mächte binnen zwei Monaten nicht einigen, so schlägt jede von ihnen zwei Personen vor, die aus der Liste der Mitglieder des

Ständigen Schiedshofs, mit Ausnahme der von den Parteien benannten Mitglieder, genommen und nicht Staatsangehörige einer von ihnen sind. Das Los bestimmt, welche unter den so vorgeschlagenen Personen der Obmann sein soll[4]).

[1]) Art. 24 Abkommen 1899.

[2]) Abkommen 1899 spricht von unmittelbarer Verständigung der Parteien.

[3]) Die folgenden Worte des Satzes 1 des 3. Absatzes fehlen im Abkommen 1899. Der Schlußsatz über die Wahl des Obmannes bildet den 2. Absatz des Abkommens 1899.

[4]) Der letzte Absatz des Art. 45 fehlt im Abkommen 1899.

Art. 46[1]). Sobald das Schiedsgericht gebildet ist, teilen die Parteien dem Bureau ihren Entschluß, sich an den Schiedshof zu wenden, den Wortlaut ihres Schiedsvertrags und die Namen der Schiedsrichter mit.

Das Bureau gibt unverzüglich jedem Schiedsrichter den Schiedsvertrag und die Namen der übrigen Mitglieder des Schiedsgerichts bekannt.

Das Schiedsgericht tritt an dem von den Parteien festgesetzten Tage zusammen. Das Bureau sorgt für seine Unterbringung.

Die Mitglieder des Schiedsgerichts[2]) genießen während der Ausübung ihres Amtes und außerhalb ihres Heimatlandes die diplomatischen Vorrechte und Befreiungen.

[1]) sachlich wie Art. 24 Abs. 6 ff. des Abkommens 1899. Ein dem Abs. 2 des Art. 46 entsprechender Satz fehlt im Abkommen 1899.

Die Worte: „das Bureau sorgt für seine Unterbringung" fehlen im Abkommen 1899.

[2]) Abkommen 1899 spricht von Schiedshof.

Art. 47[1]). Das Bureau ist ermächtigt, sein Geschäftslokal und seine Geschäftseinrichtung den Vertragsmächten für die Tätigkeit eines jeden besonderen Schiedsgerichts zur Verfügung zu stellen.

Die Schiedsgerichtsbarkeit des Ständigen Schiedshofs kann unter den durch die allgemeinen Anordnungen festgesetzten Bedingungen auf Streitigkeiten zwischen anderen Mächten als Vertragsmächten oder zwischen Vertragsmächten und anderen Mächten erstreckt werden, wenn die Parteien übereingekommen sind, diese Schiedsgerichtsbarkeit anzurufen.

[1]) Art. 26 des Abkommens 1899.

Art. 48[1]). Die Vertragsmächte betrachten es als Pflicht, in dem Falle, wo ein ernsthafter Streit zwischen zwei oder mehreren von ihnen auszubrechen droht, diese daran zu erinnern, daß ihnen der Ständige Schiedshof offen steht.

Sie erklären demzufolge, daß die Handlung, womit den im Streite befindlichen Teilen die Bestimmungen dieses Abkommens in Erinnerung gebracht werden, und der im höheren Interesse des Friedens erteilte Rat, sich an den Ständigen Schiedshof zu wenden, immer nur als Betätigung guter Dienste angesehen werden dürfen.

Im Falle eines Streites zwischen zwei Mächten kann stets eine jede von ihnen an das Internationale Bureau eine Note richten, worin sie erklärt, daß sie bereit sei, den Streitfall einer Schiedssprechung zu unterbreiten.

Das Bureau hat die Erklärung sogleich zur Kenntnis der anderen Macht zu bringen[2]).

[1]) Art. 27 des Abkommens 1899.

[2]) vorletzter und letzter Absatz des Art. 48 fehlen im Abkommen 1899.

Art. 49[1]). Der Ständige Verwaltungsrat, der aus den im Haag beglaubigten diplomatischen Vertretern der Vertragsmächte und dem Niederländischen Minister der Auswärtigen Angelegenheiten als Vorsitzenden besteht, hat das Internationale Bureau unter seiner Leitung und Aufsicht[2]).

Der Verwaltungsrat erläßt seine Geschäftsordnung sowie alle sonst notwendigen allgemeinen Anordnungen.

Er entscheidet alle Verwaltungsfragen, die sich etwa in Beziehung auf den Geschäftsbetrieb des Schiedhofs erheben.

Er hat volle Befugnis, die Beamten und Angestellten des Bureaus zu ernennen, ihres Dienstes vorläufig zu entheben oder zu entlassen.

Er setzt die Gehälter und Löhne fest und beaufsichtigt das Kassenwesen[3]).

Die Anwesenheit von neun Mitgliedern in den ordnungsmäßig berufenen Versammlungen genügt zur gültigen Beratung des Verwaltungsrats. Die Beschlußfassung erfolgt nach Stimmenmehrheit.

Der Verwaltungsrat teilt die von ihm genehmigten allgemeinen Anordnungen unverzüglich den Vertragsmächten mit. Er legt ihnen jährlich einen Bericht vor über die Arbeiten des Schiedshofs, über den Betrieb der Verwaltungsgeschäfte und über die Ausgaben. Der Bericht enthält ferner eine Zusammenstellung des wesentlichen Inhalts der dem Bureau von den Mächten auf Grund des Artikel 43 Abs. 3, 4 mitgeteilten Urkunden.

[1]) Abkommen 1899, Art. 28.

[2]) Das Abkommen 1899 richtet den Verwaltungsrat ein. Die betr. Bestimmung lautet:

Ein ständiger Verwaltungsrat... soll in diesem Staat gebildet werden, sobald wie möglich nach der Ratifikation dieses Abkommens, doch mindestens 9 Mächte.

Dieser Verwaltungsrat soll damit betraut sein, das

Internationale Bureau zu errichten und einzurichten. Dieses soll unter seiner Leitung und Aufsicht bleiben.

Er gibt den Mächten von der Bildung des Schiedshofes Nachricht und trägt für dessen weitere Einrichtung Sorge. Abs. 2—5, wie Abs. 4—7 des Art. 28 des Abkommens 1899.

[3]) Auch die beiden folgenden Absätze stimmen überein, doch verlangt das Abkommen 1899 nur die Anwesenheit von 5 Mitgliedern für gültige Beratungen des Verwaltungsrates. Der letzte Satz des letzten Absatzes des Abkommens 1907, Art. 49, fehlt im Abkommen 1899.

Art. 50[1]). Die Kosten des Bureaus werden von den Vertragsmächten nach dem für das Internationale Bureau des Weltpostvereins festgestellten Verteilungsmaßstabe getragen.

Die Kosten, die den beitretenden Mächten zur Last fallen, werden von dem Tage an berechnet, wo ihr Beitritt wirksam wird[2]).

[1]) Abkommen 1899, Art. 29.

[2]) Abs. 2 fehlt im Abkommen 1899.

Drittes Kapitel.
Schiedsverfahren.

Art. 51[1]). Um die Entwicklung der Schiedssprechung zu fördern, haben die Vertragsmächte folgende Bestimmungen festgestellt, die auf das Schiedsverfahren Anwendung finden sollen, soweit nicht die Parteien über andere Bestimmungen übereingekommen sind.

[1]) Abkommen 1899, Art. 30.

Art. 52[1]). Die Mächte, welche die Schiedssprechung anrufen, unterzeichnen einen Schiedsvertrag[2]), worin der Streitgegenstand, die Frist für die Ernennung der Schiedsrichter, die Form, die Reihenfolge und die Fristen für die im Artikel 63 vorgesehenen Mitteilungen sowie die Höhe des von jeder Partei als Kostenvorschuß zu hinterlegenden Betrags bestimmt werden[3]).

Der Schiedsvertrag bestimmt gegebenen Falles ferner die Art der Ernennung der Schiedsrichter, alle etwaigen besonderen Befugnisse des Schiedsgerichts, dessen Sitz, die Sprache, deren es sich bedienen wird, und die Sprachen, deren Gebrauch vor ihm gestattet sein soll, sowie überhaupt alle Punkte, worüber die Parteien sich geeinigt haben.

[1]) Abkommen 1899, Art. 31.

[2]) Abkommen 1899 steht: eine bes. Urkunde (Schiedsvertrag).

[3]) Abkommen 1899 umschreibt den Inhalt des Schiedsvertrages folgendermaßen: „worin der Streitgegenstand sowie der Umfang der Befugnisse der Schiedsrichter klar bestimmt werden".

Es enthält ferner im Art. 31 den Satz: „Diese Beurkundung schließt die Verpflichtung der Parteien in sich, sich dem Schiedsspruche nach Treu und Glauben zu unterwerfen."

Art. 53[1]). Der Ständige Schiedshof ist für die Feststellung des Schiedsvertrags zuständig, wenn die Parteien einig sind, sie ihm zu überlassen.

Er ist ferner auf Antrag auch nur einer der Parteien zuständig, wenn zuvor eine Verständigung auf diplomatischem Wege vergeblich versucht worden ist und es sich handelt:

1. um einen Streitfall, der unter ein nach dem Inkrafttreten dieses Abkommens abgeschlossenes oder erneuertes allgemeines Schiedsabkommen fällt, sofern letzteres für jeden einzelnen Streitfall einen Schiedsvertrag vorsieht und dessen Feststellung der Zuständigkeit des Schiedshofs weder ausdrücklich noch stillschweigend entzieht. Doch ist, wenn die Gegenpartei erklärt, daß nach ihrer Auffassung der Streitfall nicht zu den der obligatorischen Schiedssprechung unterliegenden Streitfällen gehört, die Anrufung des Schiedshofs nicht zulässig, es sei denn, daß das Schieds-

abkommen dem Schiedsgerichte die Befugnis zur Entscheidung dieser Vorfrage überträgt;

2. um einen Streitfall, der aus den bei einer Macht von einer anderen Macht für deren Angehörige eingeforderten Vertragsschulden herrührt und für dessen Beilegung das Anerbieten schiedsgerichtlicher Erledigung angenommen worden ist. Diese Bestimmung findet keine Anwendung, wenn die Annahme unter der Bedingung erfolgt ist, daß der Schiedsvertrag auf einem anderen Wege festgestellt werden soll.

[1]) Art. 53 und 54 fehlen im Abkommen 1899.

Art. 54. In den Fällen des vorstehenden Artikels erfolgt die Feststellung des Schiedsvertrags durch eine Kommission von fünf Mitgliedern, welche auf die im Artikel 45 Abs. 3 bis 6 angegebene Weise bestimmt werden.

Das fünfte Mitglied ist von Rechts wegen Vorsitzender der Kommission.

Art. 55[1]). Das Schiedsrichteramt kann einem einzigen Schiedsrichter oder mehreren Schiedsrichtern übertragen werden, die von den Parteien nach ihrem Belieben ernannt oder von ihnen unter den Mitgliedern des durch dieses Abkommen festgesetzten Ständigen Schiedshofs gewählt werden.

In Ermangelung einer Bildung des Schiedsgerichts durch Verständigung der Parteien wird in der im Artikel 45 Abs. 3 bis 6 angegebenen Weise verfahren[2]).

[1]) Abkommen 1899, Art. 32.

[2]) Abkommen 1899 sieht hier etwa das Verfahren vor, das im Art. 45 Abs. 3—5 des Abkommens 1907 geregelt ist.

Art. 56[1]). Wird ein Souverän oder ein sonstiges Staatsoberhaupt zum Schiedsrichter gewählt, so wird das Schiedsverfahren von ihm geregelt.

[1]) Abkommen 1899, Art. 33.

Art. 57[1]**).** Der Obmann ist von Rechts wegen Vorsitzender des Schiedsgerichts.

Gehört dem Schiedsgerichte kein Obmann an, so ernennt es selbst seinen Vorsitzenden.

[1]) Abkommen 1899, Art. 34.

Art. 58[1]**).** Im Falle der Feststellung des Schiedsvertrags durch eine Kommission, so wie sie im Artikel 54 vorgesehen ist, soll, unbeschadet anderweitiger Abrede, die Kommission selbst das Schiedsgericht sein.

[1]) Fehlt im Abkommen 1899.

Art. 59[1]**).** Im Falle des Todes, des Rücktritts oder der aus irgendeinem Grunde stattfindenden Verhinderung eines der Schiedsrichter erfolgt sein Ersatz in der für seine Ernennung vorgesehenen Weise.

[1]) Abkommen 1899, Art. 35.

Art. 60[1]**).** In Ermangelung einer Bestimmung durch die Parteien hat das Schiedsgericht seinen Sitz im Haag.

Das Schiedsgericht kann seinen Sitz auf dem Gebiet einer dritten Macht nur mit deren Zustimmung haben.

Der einmal bestimmte Sitz kann von dem Schiedsgerichte nur mit Zustimmung der Parteien verlegt werden.

[1]) Abkommen 1899, Art. 36 Abs. 1 bestimmt:

Der Sitz des Schiedsgerichts wird von den Parteien bestimmt.

Abs. 1 Satz 2, wie Abs. 1, Art. 60, Abkommen 1907.

Abs. 2 des Art. 36, Abkommens 1899 lautet:

„Abgesehen von dem Falle höherer Gewalt darf der so bestimmte Sitz vom Schiedsgerichte nur mit Zustimmung der Parteien verlegt werden."

Art. 61[1]**).** Hat der Schiedsvertrag die zu gebrauchenden Sprachen nicht bestimmt, so wird darüber durch das Schiedsgericht entschieden.

[1]) Art. 61 fehlt im Abkommen 1899. Doch ist durch Art. 38 f. bestimmt:

Das Schiedsgericht entscheidet über die zu wählenden Sprachen, deren es sich bedienen wird und deren Gebrauch vor ihm gestattet sein soll.

Art. 62[1]). Die Parteien haben das Recht, bei dem Schiedsgerichte besondere Agenten[2]) zu bestellen mit der Aufgabe, zwischen ihnen und dem Schiedsgericht als Mittelspersonen zu dienen.

Sie sind außerdem berechtigt, mit der Wahrnehmung ihrer Rechte und Interessen vor dem Schiedsgerichte Rechtsbeistände oder Anwälte zu betrauen, die zu diesem Zwecke von ihnen bestellt werden.

Die Mitglieder des Ständigen Schiedshofs dürfen als Agenten, Rechtsbeistände oder Anwälte nur zugunsten der Macht tätig sein, die sie zu Mitgliedern des Schiedshofs ernannt hat[3]).

[1]) Abkommen 1899, Art. 37.

[2]) Abkommen 1899 spricht von „Delegierten oder Agenten".

[3]) Abs. 3 Art. 62 fehlt im Abkommen 1899.

Art. 63[1]). Das Schiedsverfahren zerfällt regelmäßig in zwei gesonderte Abschnitte: das schriftliche[2]) Vorverfahren und die Verhandlung.

Das schriftliche[2]) Vorverfahren besteht in der von den betreffenden Agenten an die Mitglieder des Schiedsgerichts und an die Gegenpartei zu machenden Mitteilung der Schriftsätze, der Gegenschriftsätze und der etwa weiter erforderlichen Rückäußerungen[3]); die Parteien fügen alle in der Sache in Bezug genommenen Aktenstücke und Urkunden bei. Diese Mitteilungen erfolgen unmittelbar oder durch Vermittelung des Internationalen Bureaus in der Reihenfolge und in den Fristen, wie solche durch den Schiedsvertrag bestimmt sind.

Die im Schiedsvertrage festgesetzten Fristen können verlängert werden durch Übereinkommen der Parteien oder durch das Schiedsgericht, wenn dieses es für notwendig erachtet, um zu einer gerechten Entscheidung zu gelangen[4]).

Die Verhandlung besteht in dem mündlichen Vortrage der Rechtsbehelfe der Parteien vor dem Schiedsgerichte.

[1]) Art. 39, Abkommen 1899.

[2]) Das Wort „schriftlich" fehlt im Abkommen 1899.

[3]) Abkommen 1899 sagt „Mitteilung aller gedruckten oder geschriebenen Aktenstücke und aller Urkunden, welche die in der Sache geltend gemachten Rechtsbehelfe enthalten. Diese Mitteilung soll in der Form und innerhalb der Fristen erfolgen, die von dem Schiedsgericht gemäß Art. 49 bestimmt werden".

[4]) Abs. 2 von den Parteianträgen bis Schluß und Abs. 3 fehlen im Abkommen 1899.

Art. 64[1]). Jedes von einer Partei vorgelegte Schriftstück muß der anderen Partei in beglaubigter Abschrift mitgeteilt werden.

[1]) Art. 40, Abkommen 1899. Dort ist jedoch Beglaubigung noch nicht gefordert.

Art. 65[1]). Abgesehen von besonderen Umständen tritt das Schiedsgericht erst nach dem Schlusse des Vorverfahrens zusammen.

[1]) fehlt im Abkommen 1899.

Art. 66[1]). Die Verhandlung wird vom Vorsitzenden geleitet.

Sie erfolgt öffentlich nur, wenn ein Beschluß des Schiedsgerichts mit Zustimmung der Parteien dahin ergeht.

Über die Verhandlung wird ein Protokoll aufgenommen von Sekretären, die der Vorsitzende ernennt. Dieses Protokoll wird vom Vorsitzenden und einem der Sekretäre unterzeichnet; es hat allein öffentliche Beweiskraft[2]).

[1]) Wie Art. 41, Abkommen 1899.

[2]) Fassung des Abkommens 1899 etwas verschieden; materiell jedoch kein Unterschied.

Art. 67[1]). Nach dem Schlusse des Vorverfahrens ist das Schiedsgericht befugt, alle neuen Aktenstücke oder Urkunden von der Verhandlung auszuschließen, die ihm etwa eine Partei ohne Einwilligung der andern vorlegen will.

[1]) Art. 42, Abkommen 1899.

Art. 68[1]). Dem Schiedsgerichte steht es jedoch frei, neue Aktenstücke oder Urkunden, auf welche etwa die Agenten oder Rechtsbeistände der Parteien seine Aufmerksamkeit lenken, in Betracht zu ziehen.

In diesem Falle ist das Schiedsgericht befugt, die Vorlegung dieser Aktenstücke oder Urkunden zu verlangen, unbeschadet der Verpflichtung, der Gegenpartei davon Kenntnis zu geben.

[1]) Art. 43, Abkommen 1899.

Art. 69[1]). Das Schiedsgericht kann außerdem von den Agenten der Parteien die Vorlegung aller nötigen Aktenstücke verlangen und alle nötigen Aufklärungen erfordern. Im Falle der Verweigerung nimmt das Schiedsgericht von ihr Vermerk.

[1]) Art. 44, Abkommen 1899.

Art. 70[1]). Die Agenten und die Rechtsbeistände der Parteien sind befugt, beim Schiedsgerichte mündlich alle Rechtsbehelfe vorzubringen, die sie zur Verteidigung ihrer Sache für nützlich halten.

[1]) Art. 45, Abkommen 1899.

Art. 71[1]). Sie haben das Recht, Einreden sowie einen Zwischenstreit zu erheben. Die Entscheidungen des Schiedsgerichts über diese Punkte sind endgültig und können zu weiteren Erörterungen nicht Anlaß geben.

[1]) Art. 46, Abkommen 1899.

Art. 72[1]). Die Mitglieder des Schiedsgerichts sind befugt, an die Agenten und die Rechtsbeistände der Parteien Fragen zu richten und von ihnen Aufklärungen über zweifelhafte Punkte zu erfordern.

Weder die gestellten Fragen noch die von Mitgliedern des Schiedsgerichts im Laufe der Verhandlung gemachten Bemerkungen dürfen als Ausdruck der Meinung des ganzen Schiedsgerichts oder seiner einzelnen Mitglieder angesehen werden.

[1]) Art. 47, Abkommen 1899.

Art. 73[1]). Das Schiedsgericht ist befugt, seine Zuständigkeit zu bestimmen, indem es den Schiedsvertrag sowie die sonstigen Staatsverträge, die für den Gegenstand angeführt werden können, auslegt und die Grundsätze des Rechtes[2]) anwendet.

[1]) Art. 48, Abkommen 1899.
[2]) Abkommen 1899 sagt „Grundsätze des Völkerrechts".

Art. 74[1]). Dem Schiedsgerichte steht es zu, auf das Verfahren sich beziehende Anordnungen zur Leitung der Streitsache zu erlassen, die Formen, die Reihenfolge[2]) und die Fristen zu bestimmen, in denen jede Partei ihre Schluß[3])anträge zu stellen hat, und zu allen Förmlichkeiten zu schreiten, welche die Beweisaufnahme mit sich bringt.

[1]) Abkommen 1899, Art. 49.
[2]) Reihenfolge fehlt 1899.
[3]) Abkommen 1899 sagt nur Anträge.

Art. 75[1]). Die Parteien verpflichten sich, dem Schiedsgericht in dem weitesten Umfange, den sie für möglich halten, alle für die Entscheidung der Streitigkeit notwendigen Mittel zu gewähren.

[1]) Entsprechende Bestimmungen fehlen im Abkommen 1899.

Art. 76[1]. Das Schiedsgericht wird sich zur Bewirkung aller Zustellungen, die es im Gebiet einer dritten Vertragsmacht herbeizuführen hat, unmittelbar an die Regierung dieser Macht wenden. Das gleiche gilt, wenn es sich um die Herbeiführung irgendwelcher Beweisaufnahmen an Ort und Stelle handelt.

Die zu diesem Zwecke erlassenen Ersuchen sind nach Maßgabe derjenigen Mittel zu erledigen, über welche die ersuchte Macht nach ihrer inneren Gesetzgebung verfügt. Sie können nur abgelehnt werden, wenn diese Macht sie für geeignet hält, ihre Hoheitsrechte oder ihre Sicherheit zu gefährden.

Auch steht dem Schiedsgerichte stets frei, die Vermittelung der Macht in Anspruch zu nehmen, in deren Gebiet es seinen Sitz hat.

[1]) Eine entsprechende Bestimmung fehlt im Abkommen 1899.

Art. 77[1]). Nachdem die Agenten und die Rechtsbeistände der Parteien alle Aufklärungen und Beweise zugunsten ihrer Sache vorgetragen haben, spricht der Vorsitzende den Schluß der Verhandlung aus.

[1]) Art. 50, Abkommen 1899.

Art. 78[1]). Die Beratung des Schiedsgerichts erfolgt nicht öffentlich und bleibt geheim.

Jede Entscheidung ergeht nach der Mehrheit der Mitglieder des Schiedsgerichts[2]).

[1]) Art. 51 Abs. 1, Abkommen 1899 lautet: Die Beratung des Schiedsgerichts erfolgt geheim. Der zweite Absatz stimmt wörtlich mit Abkommen 1907 überein.

[2]) Abkommen 1899, Art. 51, enthält noch folgenden weiteren Absatz: Die Weigerung eines Mitglieds, an der Abstimmung teilzunehmen, muß im Protokoll festgestellt werden.

Art. 79[1]**).** Der Schiedsspruch ist mit Gründen zu versehen. Er enthält die Namen der Schiedsrichter und wird von dem Vorsitzenden und dem Bureauvorstand oder dem dessen Tätigkeit wahrnehmenden Sekretär unterzeichnet.

[1]) Abkommen 1899, Art. 52 lautet:

„Der nach Stimmenmehrheit erlassene Schiedsspruch ist mit Gründen zu versehen. Er wird schriftlich abgefaßt und von jedem Mitgliede des Schiedsgerichtes unterzeichnet.

Die in der Minderheit gebliebenen Mitglieder können bei der Unterzeichnung die Verweigerung ihrer Zustimmung feststellen".

Art. 80[1]**).** Der Schiedsspruch wird in öffentlicher Sitzung des Schiedsgerichts in Gegenwart oder nach gehöriger Ladung der Agenten und Rechtsbeistände der Parteien verlesen.

[1]) Abkommen 1899, Art. 53, lautet:

Der Schiedsspruch wird in öffentlicher Sitzung des Schiedsgerichts verlesen, sofern die Agenten und die Rechtsbeistände der Parteien anwesend sind oder gehörig geladen waren.

Art. 81[1]**).** Der gehörig verkündete und den Agenten der Parteien zugestellte Schiedsspruch entscheidet das Streitverhältnis endgültig und mit Ausschließung der Berufung.

[1]) Sachlich wie Abkommen 1899, Art. 54.

Art. 82[1]**).** Alle Streitfragen, die etwa zwischen den Parteien wegen der Auslegung und der Ausführung des Schiedsspruchs entstehen, unterliegen, unbeschadet anderweitiger Abrede, der Beurteilung des Schiedsgerichts, das den Spruch erlassen hat.

[1]) Fehlt im Abkommen 1899.

Art. 83[1]**).** Die Parteien können sich im Schiedsvertrage vorbehalten, die Nachprüfung (Revision) des Schiedsspruchs zu beantragen.

Der Antrag muß in diesem Falle, unbeschadet anderweitiger Abrede, bei dem Schiedsgericht angebracht werden, das den Spruch erlassen hat. Er kann nur auf die Ermittelung einer neuen Tatsache gegründet werden, die einen entscheidenden Einfluß auf den Spruch auszuüben geeignet gewesen wäre und bei Schluß der Verhandlung dem Schiedsgerichte selbst und der Partei, welche die Nachprüfung beantragt hat, unbekannt war.

Das Nachprüfungsverfahren kann nur eröffnet werden durch einen Beschluß des Schiedsgerichts, der das Vorhandensein der neuen Tatsache ausdrücklich feststellt, ihr die im vorstehenden Absatze bezeichneten Merkmale zuerkennt und den Antrag insoweit für zulässig erklärt.

Der Schiedsvertrag bestimmt die Frist, innerhalb deren der Nachprüfungsantrag gestellt werden muß.

[1]) Abkommen 1899, Art. 55.

Art. 84[1]). Der Schiedsspruch bindet nur die streitenden Parteien[2]).

Wenn es sich um die Auslegung eines Abkommens handelt, an dem sich noch andere Mächte beteiligt haben, als die streitenden Teile, so benachrichtigen diese rechtzeitig[3]) alle Signatarmächte. Jede dieser Mächte hat das Recht, sich an der Streitsache zu beteiligen. Wenn eine oder mehrere von ihnen von dieser Berechtigung Gebrauch gemacht haben, so ist die in dem Schiedsspruch enthaltene Auslegung auch in Ansehung ihrer bindend.

[1]) Abkommen 1899, Art. 56. [2]) Abkommen 1899: „Die Parteien, die den Schiedsvertrag geschlossen haben."

[3]) rechtzeitig fehlt im Abkommen 1899.

Art. 85[1]). Jede Partei trägt ihre eigenen Kosten selbst[2] und die Kosten des Schiedsgerichts zu gleichem Anteile.

[1]) Abkommen 1899, Art. 57. [2]) selbst fehlt 1899.

Viertes Kapitel[1]).

Abgekürztes Schiedsverfahren.

Art. 86. Um die Betätigung des Schiedswesens bei Streitigkeiten zu erleichtern, die ihrer Natur nach ein abgekürztes Verfahren gestatten, stellen die Vertragsmächte die nachstehenden Regeln auf, die befolgt werden sollen, soweit nicht abweichende Abmachungen bestehen, und unter dem Vorbehalte, daß geeigneten Falles die nicht widersprechenden Bestimmungen des dritten Kapitels zur Anwendung kommen.

Art. 87. Jede der streitenden Parteien ernennt einen Schiedsrichter. Die beiden so bestellten Schiedsrichter wählen einen Obmann. Wenn sie sich hierüber nicht einigen, so schlägt jeder zwei Personen vor, die aus der allgemeinen Liste der Mitglieder des Ständigen Schiedshofs, mit Ausnahme der von den Parteien selbst benannten Mitglieder, genommen und nicht Staatsangehörige einer von ihnen sind; das Los bestimmt, welche unter den so vorgeschlagenen Personen der Obmann sein soll.

Der Obmann sitzt dem Schiedsgerichte vor, das seine Entscheidungen nach Stimmenmehrheit fällt.

Art. 88. In Ermangelung einer vorherigen Vereinbarung bestimmt das Schiedsgericht, sobald es gebildet ist, die Frist, binnen deren ihm die beiden Parteien ihre Schriftsätze einreichen müssen.

Art. 89. Jede Partei wird vor dem Schiedsgerichte durch einen Agenten vertreten; dieser dient als Mittelsperson zwischen dem Schiedsgerichte und der Regierung, die ihn bestellt hat.

Art. 90. Das Verfahren ist ausschließlich schriftlich. Doch hat jede Partei das Recht, das Erscheinen von Zeugen und Sachverständigen zu verlangen. Das

---

[1]) Neu gegenüber Abkommen 1899.

Schiedsgericht ist seinerseits befugt, von den Agenten der beiden Parteien sowie von den Sachverständigen und Zeugen, deren Erscheinen es für nützlich hält, mündliche Aufklärungen zu verlangen.

Fünfter Titel[1]).
Schlußbestimmungen.

Art. 91[2]). Dieses Abkommen tritt nach seiner Ratifikation für die Beziehungen zwischen den Vertragsmächten an die Stelle des Abkommens zur friedlichen Erledigung internationaler Streitfälle vom 29. Juli 1899.

[1]) Im Abkommen von 1899 folgt hier ein „Allgemeine Bestimmungen" überschriebener Absatz, der im wesentlichen den Inhalt des 5. Titels des Abkommens von 1907 enthält.

[2]) fehlt im Abkommen 1899.

Art. 92[1]). Dieses Abkommen soll möglichst bald ratifiziert werden.

Die Ratifikationsurkunden sollen im Haag hinterlegt werden.

Die erste Hinterlegung von Ratifikationsurkunden wird durch ein Protokoll festgestellt, das von den Vertretern der daran teilnehmenden Mächte und von dem Niederländischen Minister der auswärtigen Angelegenheiten unterzeichnet wird.

Die späteren Hinterlegungen von Ratifikationsurkunden erfolgen mittels einer schriftlichen, an die Regierung der Niederlande gerichteten Anzeige, der die Ratifikationsurkunde beizufügen ist.

Beglaubigte Abschrift des Protokolls über die erste Hinterlegung von Ratifikationsurkunden, der im vorstehenden Absatz erwähnten Anzeigen sowie der Ratifikationsurkunden wird durch die Regierung der Niederlande den zur Zweiten Friedenskonferenz eingeladenen

Mächten sowie den anderen Mächten, die dem Abkommen beigetreten sind, auf diplomatischem Wege mitgeteilt werden. In den Fällen des vorstehenden Absatzes wird die bezeichnete Regierung ihnen zugleich bekanntgeben, an welchem Tage sie die Anzeige erhalten hat.

[1]) Abkommen 1899, Art. 58 Abs. 1, 2.

Abs. 3 des Abkommen 1899, der an Stelle des Abschnittes 3 bis 6, des Art. 92 des Abkommens 1907 steht, lautet:

Über die Hinterlegung einer jeden Ratifikationsurkunde soll ein Protokoll aufgenommen werden. Von diesem soll eine beglaubigte Abschrift auf diplomatischem Wege allen Mächten mitgeteilt werden, die auf der Internationalen Friedenskonferenz im Haag vertreten gewesen sind.

Art. 93[1]). Die Mächte, die zur Zweiten Friedenskonferenz eingeladen worden sind, dieses Abkommen aber nicht gezeichnet haben, können ihm später beitreten.

Die Macht, die beizutreten wünscht, hat ihre Absicht der Regierung der Niederlande schriftlich anzuzeigen und ihr dabei die Beitrittsurkunde zu übersenden, die im Archive der bezeichneten Regierung hinterlegt werden wird.

Diese Regierung wird unverzüglich allen anderen zur Zweiten Friedenskonferenz eingeladenen Mächten beglaubigte Abschrift der Anzeige wie der Beitrittsurkunde übersenden und zugleich angeben, an welchem Tage sie die Anzeige erhalten hat.

[1]) Abkommen 1899, Art. 59 fordert von den Beitretenden Mitteilung des Beitrittes an die Regierung der Niederlande, die davon die übrigen Teilnehmer benachrichtigen muß.

Art. 94[1]). Die Bedingungen, unter denen die zur Zweiten Friedenskonferenz nicht eingeladenen Mächte diesem Abkommen beitreten können, sollen den Gegenstand einer späteren Verständigung zwischen den Vertragsmächten bilden.

[1]) Abkommen 1899, Art. 60 (sinngemäß).

Art. 95[1]). Dieses Abkommen wird wirksam für die Mächte, die an der ersten Hinterlegung von Ratifikationsurkunden teilgenommen haben, sechzig Tage nach dem Tage, an dem das Protokoll über diese Hinterlegung aufgenommen ist, und für die später ratifizierenden oder beitretenden Mächte sechzig Tage, nachdem die Regierung der Niederlande die Anzeige von ihrer Ratifikation oder von ihrem Beitritt erhalten hat.

[1]) Fehlt im Abkommen 1899.

Art. 96[1]). Sollte eine der Vertragsmächte dieses Abkommen kündigen wollen, so soll die Kündigung schriftlich der Regierung der Niederlande erklärt werden, die unverzüglich beglaubigte Abschrift der Erklärung aller anderen Mächte mitteilt und ihnen zugleich bekanntgibt, an welchem Tage sie die Erklärung erhalten hat.

Die Kündigung soll nur in Ansehung der Macht wirksam sein, die sie erklärt hat, und erst ein Jahr, nachdem die Erklärung bei der Regierung der Niederlande eingegangen ist.

[1]) Abkommen 1899, Art. 61 Abs. 1—2 sinngemäß nur in Übereinstimmung mit dem anderen Notifikationsverfahren.

Art. 97[1]). Ein im Niederländischen Ministerium der Auswärtigen Angelegenheiten geführtes Register soll den Tag der gemäß Artikel 92 Abs. 3, 4 erfolgten Hinterlegung von Ratifikationsurkunden angeben sowie den Tag, an dem die Anzeigen von dem Beitritt (Artikel 93 Abs. 2) oder von der Kündigung (Artikel 96 Abs. 1) eingegangen sind.

Jede Vertragsmacht hat das Recht, von diesem Register Kenntnis zu nehmen und beglaubigte Auszüge daraus zu verlangen.

[1]) Fehlt im Abkommen 1899.

Zu Urkund dessen haben die Bevollmächtigten dieses Abkommen mit ihren Unterschriften versehen[1]).

[1]) Abkommen 1899 verlangt auch Siegelung.

Geschehen im Haag am achtzehnten Oktober neunzehnhundertsieben in einer einzigen Ausfertigung, die im Archive der Regierung der Niederlande hinterlegt bleiben soll und wovon beglaubigte Abschriften den Vertragsmächten auf diplomatischem Wege übergeben werden sollen.

Folgen die Namen der Bevollmächtigten.

Anlage.

Aus der Denkschrift der Deutschen Regierung über die Zweite Internationale Friedenskonferenz*) (S. 2—5).

I. Abkommen zur friedlichen Erledigung internationaler Streitfälle (Anlage 3).

Durch dieses Abkommen, das an die Stelle des bestehenden Haager Schiedsabkommens treten soll, sind dessen Bestimmungen erheblich verbessert worden. Insbesondere hat eine Ausgestaltung des dritten Titels über die internationalen Untersuchungskommissionen stattgefunden, wobei auch die Erfahrungen der aus Anlaß des Huller Streitfalls eingesetzten Untersuchungskommission berücksichtigt worden sind. Ferner sind wesentliche Lücken in dem Ver-

*) Der genaue Titel der ohne Erscheinungsort und -jahr veröffentlichten Denkschrift lautet: „Ergebnisse der im Jahre 1907 im Haag abgehaltenen Zweiten Internationalen Friedenskonferenz."

fahren vor dem Haager Schiedsgericht ausgefüllt worden, so namentlich durch die im Art. 45 (früher 24) enthaltenen Bestimmungen über die Zusammensetzung des Gerichts und durch die in den Artikeln 53, 54 neu getroffenen Bestimmungen über das Zustandekommen des in jedem einzelnen Falle abzuschließenden Schiedsvertrags. Endlich ist im vierten Titel ein viertes Kapitel hinzugefügt, wodurch ein abgekürztes Schiedsverfahren neu eingeführt wird.

Dagegen haben auf der Konferenz zwei im Zusammenhange mit dem Haager Schiedsabkommen behandelte Gegenstände nicht zum Abschlusse gebracht werden können, nämlich die Errichtung eines ständigen internationalen Schiedsgerichtshofs und die Einführung der obligatorischen Schiedssprechung.

Internationaler Schiedsgerichtshof.

Die Errichtung eines solchen Schiedsgerichtshofs war von den Vereinigten Staaten von Amerika auf der Konferenz angeregt worden. Die Anregung bezweckte die möglichste Erleichterung der Schiedssprechung, indem ein ständiger, in bestimmter Weise zusammengesetzter Weltgerichtshof jährlich im Haag zusammentreten sollte, um alle ihm von den Vertragsmächten unterbreiteten Streitigkeiten kostenlos zu entscheiden. Eine solche Einrichtung erschien als ein durchaus zweckmäßiger Schritt, der auch den von Deutschland angestrebten Zielen entsprach. Die Deutsche Delegation hat daher diese Anregung lebhaft unterstützt und eine entsprechende Vorlage gemeinsam mit der Amerikanischen und der Britischen Delegation ausgearbeitet und eingebracht. Zum Abschluß eines Vertrags hat die Vorlage auf der Konferenz nicht geführt, weil man sich dort über die Zusammensetzung des Gerichtshofs nicht einigen konnte. Die Konferenz hat aber mit dem in der Schlußakte von ihr geäußerten ersten Wunsche

(S. 40) den Mächten empfohlen, den auf der erwähnten Vorlage beruhenden Entwurf (Anlage 17)*) anzunehmen, sobald eine Verständigung über eine geeignete Organisation herbeigeführt sein würde. Deutschland ist gern bereit, seine Mitwirkung hierzu eintreten zu lassen.

Obligatorische Schiedssprechung.

Wegen Einführung der obligatorischen Schiedssprechung, die übrigens nicht auf dem russischen Programme stand, lagen verschiedene Anträge vor. Diese liefen im wesentlichen darauf hinaus, alle streitigen Rechtsfragen, insbesondere solche über die Anwendung und Auslegung internationaler Verträge, der Schiedssprechung zu unterstellen, unter der Voraussetzung, daß weder die Lebensinteressen noch die Unabhängigkeit oder die Ehre einer der streitenden Parteien entgegenständen; die Anrufung dieser sogenannten Ehrenklausel sollte indes bei verschiedenen Gegenständen, namentlich bei Verträgen bestimmten Inhalts, nicht statthaft sein. Ein solcher Weltschiedsvertrag erschien der Deutschen Delegation nicht annehmbar, da nach dem Ergebnisse der auf der Konferenz gepflogenen Verhandlungen sowohl seine Begrenzung wie seine Ausführung wie auch seine Wirkungen zu den größten Schwierigkeiten geführt hätten.

Was zunächst die Begrenzung des Vertrags betrifft, so bestand auf der Konferenz darüber Einverständnis, daß der obligatorischen Schiedssprechung die Interessenfragen als Fragen politischer Natur nicht unterstellt werden sollten, da solche Fragen dem Gebiete der Mediation angehören. Die Konferenz hat aber keine Formel finden können, die geeignet war, die Interessenfragen von den bloßen Rechtsfragen in klarer Weise zu trennen; hierauf mußte schon deshalb besonderer Wert gelegt werden, weil der

*) Hier nicht mit abgedruckt.

Begriff der Rechtsfrage in den einzelnen Ländern einer verschiedenen Deutung fähig ist. Eine weitere Schwierigkeit in der Begrenzung bestand darin, daß die vorgeschlagenen Formulierungen nicht die Streitigkeiten untergeordneter Bedeutung auszuscheiden vermochten, obwohl sich solche für eine Schiedssprechung schon im Hinblick auf den damit verbundenen erheblichen Zeit- und Kostenaufwand im allgemeinen nicht eignen.

Sodann erschien die Ausführung des Weltschiedsvertrags nicht als hinreichend gesichert. Einerseits stellte die erwähnte Ehrenklausel die Ausführung des Vertrags in das freie Ermessen der Mächte, zumal da jede Partei sie mit durchgreifender Wirkung hätte anrufen können. Andererseits war keine genügende Vorsorge getroffen, um in jedem einzelnen Falle das Zustandekommen des zur Regelung der Fragestellung und der sonstigen Bedingungen des Verfahrens erforderlichen besonderen Schiedsvertrags (Artikel 52 des neuen Schiedsabkommens) zu sichern, da die Artikel 53, 54 hierzu nicht ausreichten und die weitergehenden deutschen Anträge abgelehnt wurden. Dazu kam, daß nach der Verfassung verschiedener Länder zum Abschlusse des besonderen Schiedsvertrags in jedem einzelnen Falle die Genehmigung der gesetzgebenden Körperschaften erforderlich wäre, so daß sich für die einzelnen Länder eine verschiedene Art der rechtlichen Bindung ergeben hätte. Alle diese Vorbehalte waren geeignet, dem Weltschiedsvertrage seinen obligatorischen Charakter zu nehmen und ihn damit illusorisch zu machen.

Endlich herrschte auf der Konferenz keine Einigkeit über die Wirkungen der Schiedssprechung. Vor allem bestand Meinungsverschiedenheit darüber, in welchem Verhältnisse die Sprüche der Schiedsgerichte zu den Urteilen der nationalen Gerichte stehen, insbesondere ob sie die Kraft haben sollten, die bereits ergangenen Urteile eines solchen Gerichts umzustoßen oder dieses wenigstens für die Zukunft an die von dem Schiedsgerichte gegebene Auslegung der Rechtsfrage zu binden. Sodann war eine befriedigende Regelung nicht zu erzielen für den Fall, wo eine Macht durch Schiedsspruch verpflichtet wird, zur Ausführung eines internationalen Vertrags ihre Gesetzgebung in gewissem Sinne zu ändern, die gesetzgebenden Körperschaften sich aber weigern, die erforderlichen Änderungen zu beschließen. Außerdem bestand in Ansehung der Verträge, an denen mehr als zwei Mächte beteiligt sind, das Bedenken, daß über dieselbe Frage einander widersprechende Schiedssprüche ergehen könnten, die zu einer ganz verschiedenen Handhabung des Vertrags führen würden.

Bei dieser Sachlage konnte von dem in Aussicht genommenen Weltschiedsvertrag eine Förderung des Schiedsgerichtsgedankens nicht erwartet werden. Vielmehr bestand die begründete Besorgnis, daß über die Anwendung und Auslegung eines solchen Vertrags ernste Streitigkeiten entstehen könnten, die der Sache des Friedens nicht dienlich sein würden. Die Delegation des Reichs hat daher den von der Mehrheit der Konferenz aufgestellten Vorschlägen über die obligatorische Schiedssprechung nicht zuzustimmen vermocht; derselbe Standpunkt ist von einer Reihe anderer Mächte, darunter von mehreren Großmächten, vertreten worden. Mit Rücksicht hierauf hat sich die Konferenz mit der in der Schlußakte enthaltenen Erklärung (S. 39) begnügt, daß sie grundsätzlich in der Anerkennung der obligatorischen Schiedssprechung einig sei und daß sich für die vorbehaltlose Durchführung dieses Grundsatzes insbesondere Streitigkeiten über die Anwendung und Auslegung internationaler Vertragsabreden eignen.

Dieser Erklärung konnte die Deutsche Delegation unbedenklich zustimmen. Denn Deutschland hat bereits obligatorische Schiedsverträge mit Großbritannien und mit den Vereinigten Staaten von Amerika vereinbart, von denen der erstere sofort in Kraft getreten ist; auch sind in die neuen deutschen Handelsverträge Schiedsklauseln aufgenommen worden, wonach alle Streitigkeiten über Tariffragen besonderen Schiedsgerichten unterbreitet werden sollen. Auf diesem Wege des Abschlusses von Einzelverträgen beabsichtigt die Kaiserliche Regierung, soweit es den deutschen Interessen entspricht, weiter fortzuschreiten. Denn die Bedenken, die gegen einen Weltschiedsvertrag sprechen, erledigen sich zum großen Teile, wenn es sich um Schiedsabreden zwischen einzelnen Staaten, deren gegenseitige Beziehungen sich übersehen lassen, oder um die Einrückung der Schiedsklausel in einzelne bestimmte Verträge handelt. Hier kann auf begrenztem Gebiete von der Schiedssprechung eine gute Wirkung erwartet werden.

2.

Verfassung des Ständigen Internationalen Gerichtshofs *)**).

a) Vertrag von Versailles.

Vom 28. Juni 1919 (RGBl. Nr. 140 Seite 687).

Art. 12. (1) Alle Bundesmitglieder kommen überein, eine etwa zwischen ihnen entstehende Streitfrage, die zu einem Bruche führen könnte, entweder der Schiedsgerichtsbarkeit *oder einem gerichtlichen Verfahren* oder der Prüfung durch den Rat zu unter-

*) Die Völkerbundssatzung (Vertrag von Versailles) hat seit ihrem Inkrafttreten eine Reihe Abänderungen erfahren, die übrigens der deutschen Öffentlichkeit nirgends amtlich zur Kenntnis gebracht sind. Soweit sie sich auf die oben zum Abdruck gelangten Bestimmungen beziehen, sind sie seit dem

breiten. Sie kommen ferner überein, in keinem Falle vor Ablauf von drei Monaten nach dem Spruch der Schiedsrichter oder der gerichtlichen Entscheidung oder dem Berichte des Rates zum Kriege zu schreiten.

---

26. September 1924 in Kraft. Sie sind im Text durch den Druck hervorgehoben.

Die Numerierung der Absätze entspricht einem in der 4. ordentlichen Völkerbundsversammlung gefaßtem Beschlusse vom 21. September 1926.

**) Auskünfte über Zuständigkeit, Organisation und Tätigkeit des Ständigen Internationalen Gerichtshofs geben die vom Gerichtshof herausgegebenen, bei A. W. Sijthoff verlegten Jahresberichte, deren bisher vier erschienen sind. Ebenso die 3. Ausgabe der Collection des Textes gouvernant la Compétence de la Cour (Serie D Nr. 5) mit 2 Zusätzen im 3. und 4. Jahresbericht der Cour.

Ferner sind sämtliche andern Publikationen des Gerichtshofs zu vergleichen, über die Auskunft zu geben, nicht Aufgabe dieser Sammlung ist, die sich lediglich auf die Stellung des Deutschen Reichs zum Gedanken prozessualer Erledigung internationaler Streitfälle bezieht.

Sehr ausführliche Literaturübersichten enthalten die Jahresberichte. Zu bemerken ist, daß bisher kein Deutscher der Richterbank der Cour Permanente angehört. Allerdings haben in den Deutschland betreffenden Fragen jedesmal Deutsche als nationale Richter in diesem Grenium gesessen.

Das Deutsche Reich ist bisher an folgenden Verfahren beteiligt gewesen.

A Schiedsgerichtsverfahren:

1. Wimbledonfall (Urteil vom 17. April 1923. Serie A Nr. 1).
2. Deutsche Interessen in Polnisch-Oberschlesien (Zuständigskeitsfrage) (Urteil vom 25. August 1925. Serie A Nr. 6).
3. Deutsche Interessen in Polnisch-Oberschlesien (Sachentscheidung) (Urteil vom 25. Mai 1926. Serie A Nr. 7).

(2) In allen in diesem Artikel vorgesehenen Fällen ist die Entscheidung[1]) binnen angemessener Frist zu erlassen und der Bericht des Rates binnen sechs Monaten nach dem Tage zu erstatten, an dem er mit der Streitfrage befaßt worden ist.

[1]) Ursprünglich stand „Der Spruch des Schiedsrichters"; der englische Zusatztext lautet übrigens (abweichend vom französischen) „the award of the judicial decision".

Art. 13. (1) Die Bundesmitglieder kommen überein, daß, wenn zwischen ihnen eine Streitfrage entsteht, die nach ihrer Ansicht einer schiedsrichterlichen oder gerichtlichen Lösung zugänglich ist und die auf diplomatischem Wege nicht zufriedenstellend geregelt werden kann, die Frage in ihrer Gesamtheit der Schiedsgerichtsbarkeit oder der gerichtlichen Regelung unterbreitet werden soll.

(2) Streitfragen über die Auslegung eines Vertrags, über alle Fragen des internationalen Rechtes, über das Bestehen jeder Tatsache, welche die Verletzung einer internationalen Verpflichtung bedeuten würde,

---

4. Chorzówfall (Zuständigkeitsfrage) (Urteil vom 26. Juli 1927. Serie A Nr. 9).
5. Chorzówfall-Entschädigungen (Urteil vom 21. November 1927. Serie A Nr. 12).
6. Interpretationsurteil zu Entscheidung Nr. 8 und 9 (Urteil vom 16. Dezember 1927. Serie A Nr. 13).
7. Minderheitenschulen in Oberschlesien (Urteil vom 26. April 1928. Serie A Nr. 15).
8. Chorzówfall-Entschädigung (Urteil vom 13. September 1928. Serie A Nr. 17).

B. Gutachtenverfahren:

9. Deutsche Ansiedler in Polen (Gutachten vom 10. September 1923. Serie B Nr. 6).
10. Erwerb der polnischen Staatsangehörigkeit (Gutachten vom 15. September 1923. Serie B Nr. 7).

oder über Umfang und Art der Wiedergutmachung im Falle einer solchen Verletzung gelten allgemein als solche, die einer schiedsrichterlichen oder gerichtlichen Lösung zugänglich sind.

(3) Der Streitfall wird dem Ständigen Internationalen Gerichtshof[1]) oder einer zwischen den Parteien zu vereinbarenden oder in früheren Verträgen vereinbarten Rechts- oder Gerichtsinstanz unterbreitet[2]).

(4) Die Bundesmitglieder verpflichten sich, den erlassenen Schiedsspruch nach Treu und Glauben auszuführen und gegen kein Bundesmitglied, das sich dem Schiedsspruch fügt, zum Kriege zu schreiten. Im Falle der Nichtausführung des Spruches schlägt der Rat die Schritte vor, die ihm Wirkung verschaffen sollen.

[1]) In der englischen Fassung ist noch hinzugefügt: „established in accordance with article 4".

[2]) Der ursprüngliche Text lautete: „Als Schiedsgericht, dem der Streitfall unterbreitet wird, wird das Gericht tätig, das von den Parteien bestimmt wird oder das in früheren Übereinkommen von ihnen vereinbart ist".

Art. 14. Der Rat wird mit dem Entwurf eines Planes zur Errichtung eines ständigen internationalen Gerichtshofs betraut und hat den Plan den Bundesmitgliedern zu unterbreiten. Dieser Gerichtshof befindet über alle ihm von den Parteien unterbreiteten internationalen Streitfragen. Er erstattet ferner gutachtliche Äußerungen über jede ihm vom Rate oder der Bundesversammlung vorgelegte Streitfrage oder sonstige Angelegenheiten.

Art. 15. (1) Entsteht zwischen Bundesmitgliedern eine Streitfrage, die zu einem Bruche führen könnte, und wird diese Streitfrage nicht, wie im Artikel 13 vorgesehen, der Schiedsgerichtsbarkeit oder einem gerichtlichen Verfahren unterbreitet, so kommen die Bundesmitglieder überein, sie vor den Rat zu bringen. Zu diesem Zwecke genügt es, wenn eine der Parteien den Generalsekretär von der Streitfrage benachrichtigt; dieser veranlaßt alles Nötige zu erschöpfender Untersuchung und Prüfung.

(2) Die Parteien haben ihm binnen kürzester Frist eine Darlegung ihres Falles mit allen einschlägigen Tatsachen und Belegstücken mitzuteilen; der Rat kann deren sofortige Veröffentlichung anordnen.

(3) Der Rat bemüht sich, die Schlichtung der Streitfrage herbeizuführen. Gelingt es, so veröffentlicht er, soweit er es für zweckdienlich hält, eine Darstellung des Tatbestandes mit den zugehörigen Erläuterungen und dem Wortlaut des Ausgleichs.

(4) Kann die Streitfrage nicht geschlichtet werden, so erstattet und veröffentlicht der Rat einen auf einstimmigen Beschluß oder Mehrheitsbeschluß beruhenden Bericht, der die Einzelheiten der Streitfrage und die Vorschläge wiedergibt, die er zur Lösung als die gerechtesten und geeignetsten empfiehlt.

(5) Jedes im Rate vertretene Bundesmitglied kann gleichfalls eine Darstellung des Tatbestandes der Streitfrage und seine eigene Stellungnahme dazu veröffentlichen.

(6) Wird der Bericht des Rates von denjenigen seiner Mitglieder, die nicht Vertreter der Parteien sind, einstimmig angenommen, so verpflichten sich die Bundesmitglieder, gegen keine Partei, die sich dem Vorschlag fügt, zum Kriege zu schreiten.

(7) Findet der Bericht des Rates nicht einstimmige Annahme bei denjenigen seiner Mitglieder, die nicht Vertreter der Parteien sind, so behalten sich die Bundesmitglieder das Recht vor, die Schritte zu tun, die

sie zur Wahrung von Recht und Gerechtigkeit für nötig erachten.

(8) Macht eine Partei geltend, und erkennt der Rat an, daß sich der Streit auf eine Frage bezieht, die nach internationalem Rechte zur ausschließlichen Zuständigkeit dieser Partei gehört, so hat der Rat dies in einem Berichte festzustellen, ohne eine Lösung der Frage vorzuschlagen.

(9) Der Rat kann in allen in diesem Artikel vorgesehenen Fällen die Streitfrage vor die Bundesversammlung bringen. Die Bundesversammlung hat sich auch auf Antrag einer der Parteien mit der Streitfrage zu befassen; der Antrag ist binnen vierzehn Tagen zu stellen, nachdem die Streitfrage vor den Rat gebracht worden ist.

(10) In jedem der Bundesversammlung unterbreiteten Falle finden auf das Verfahren und die Befugnisse der Bundesversammlung die Bestimmungen dieses Artikels und des Artikel 12, die sich auf das Verfahren und die Befugnisse des Rates beziehen, mit der Maßgabe Anwendung, daß ein Bericht, den die Bundesversammlung unter Zustimmung der Vertreter der dem Rate angehörenden Bundesmitglieder und der Mehrheit der anderen Bundesmitglieder immer mit Ausschluß der Vertreter der Parteien verfaßt, dieselbe Bedeutung hat wie ein Bericht des Rates, den seine Mitglieder mit Ausnahme der Vertreter der Parteien einstimmig gutheißen.

Art. 16. (1) Schreitet ein Bundesmitglied entgegen den in den Artikeln 12, 13 und 15 übernommenen Verpflichtungen zum Kriege, so wird er ohne weiteres so angesehen, als hätte es eine Kriegshandlung gegen alle anderen Bundesmitglieder begangen. Diese verpflichten sich, unverzüglich alle Handels- und Finanzbeziehungen zu ihm abzubrechen, ihren Staatsangehörigen jeden Verkehr mit den Staatsangehörigen des vertragsbrüchigen Staates zu untersagen und alle finanziellen, Handels- und persönlichen Verbindungen zwischen den Staatsangehörigen dieses Staates und jedes anderen Staates, gleichviel ob Bundesmitglied oder nicht, abzuschneiden.

(2) In diesem Falle ist der Rat verpflichtet, den verschiedenen beteiligten Regierungen vorzuschlagen, mit welchen Land-, See- oder Luftstreitkräften jedes Bundesmitglied für sein Teil zu der bewaffneten Macht beizutragen hat, die den Bundesverpflichtungen Achtung zu verschaffen bestimmt ist.

(3) Die Bundesmitglieder sagen sich außerdem wechselseitige Unterstützung bei Ausführung der auf Grund dieses Artikels zu ergreifenden wirtschaftlichen und finanziellen Maßnahmen zu, um die damit verbundenen Verluste und Nachteile auf das Mindestmaß herabzusetzen. Sie unterstützen sich gleichfalls wechselseitig in dem Widerstand gegen jede Sondermaßnahme, die der vertragsbrüchige Staat gegen eines von ihnen richtet. Sie veranlassen alles Erforderliche, um den Streitkräften eines jeden Bundesmitglieds, das an einem gemeinsamen Vorgehen zur Wahrung der Bundesverpflichtungen teilnimmt, den Durchzug durch ihr Gebiet zu ermöglichen.

(4) Jedes Mitglied, das sich der Verletzung einer aus der Satzung entspringenden Verpflichtung schuldig macht, kann aus dem Bunde ausgeschlossen werden. Die Ausschließung wird durch Abstimmung aller anderen im Rate vertretenen Bundesmitglieder ausgesprochen.

Art. 17. (1) Bei Streitfragen zwischen einem Bundesmitglied und einem Nichtmitglied oder zwischen Staaten, die Nichtmitglieder sind, werden der Staat oder die Staaten, die Nichtmitglieder sind, aufgefordert, sich für die Beilegung der Streitfrage den den Bundesmitgliedern obliegenden Verpflichtungen zu unterwerfen, und zwar unter den vom Rat für gerecht erachteten Bedingungen. Wird dieser Aufforderung Folge geleistet, so gelangen unter Vorbehalt der Änderungen, die der Rat für erforderlich erachtet, die Bestimmungen der Artikel 12 bis 16 zur Anwendung.

(2) Zugleich mit dem Erlaß dieser Aufforderung eröffnet der Rat eine Untersuchung über die Einzelheiten der Streitfrage und schlägt die Schritte vor, die er in dem besonderen Falle für die besten und wirksamsten hält.

(3) Lehnt der so aufgeforderte Staat es ab, die Verpflichtungen eines Bundesmitglieds für die Beilegung der Streitfrage auf sich zu nehmen, und schreitet er zum Krieg gegen ein Bundesmitglied, so finden die Bestimmungen des Artikel 16 auf ihn Anwendung.

(4) Weigern sich beide Parteien auf die Aufforderung hin, die Verpflichtungen eines Bundesmitglieds für die Beilegung der Streitfrage auf sich zu nehmen, so kann der Rat alle zur Vermeidung von Feindseligkeiten und zur Schlichtung des Streites geeigneten Maßnahmen ergreifen und Vorschläge machen[1]).

[1]) Interessant zu vergleichen sind die „Deutschen Vorschläge für die Errichtung eines Völkerbundes", den die Deutsche Friedensdelegation anläßlich ihrer Anwesenheit in Versailles der Friedensdelegation der A. und A. Mächte mit Note vom 9. Mai 1919 übermittelte. (Abgedruckt in der Sammlung von Kraus-Roediger: Urkunden zum Friedensvertrage von Versailles" vom 28. Juli 1919, I. Teil. (Berlin 1920, S. 209ff.).

b) Zeichnungsprotokoll zum Statut des Ständigen Internationalen Gerichtshofs, der durch Artikel 14 der Völkerbundssatzung vorgesehen ist.

Vom 16. Dezember 1920*)

(RGBl. 1927, Teil II Nr. 19, S. 229).

Die Mitglieder des Völkerbundes, welche durch die in gehöriger Form ermächtigten Unterzeichneten ver-

---

*) In englischer und französischer Sprache abgefaßt. Mit deutscher Übersetzung im Reichsgesetzblatt veröffentlicht.

Unter der Veröffentlichung des Zeichnungsprotokolls vom 16. Dezember 1920 im Reichsgesetzblatt sind die Namen der Bevollmächtigten folgender 50 Signatare mitgeteilt worden:

Südafrikanische Union (unter ausdrücklichem Vorbehalt der Genehmigung der Regierung der Südafrikanischen Union),
Albanien,
Das Deutsche Reich,
Australien,
Österreich,
Belgien,
Bolivien,
Brasilien,
Bulgarien,
Canada,
Chile,
China,
Columbien,
Costarica,
Cuba,
Dänemark,
Dominikanische Republik (unter ausdrücklichem Vorbehalt der Ratifikation),
Spanien,
Estland,
Abessinien,
Finnland,
Frankreich,
Das Britische Reich,
Griechenland,
Haiti,
Ungarn (unter ausdrücklichem Vorbehalt der Ratifikation),
Indien,
Italien,
Japan,
Lettland,
Liberia,
Litauen,
Luxemburg,
Neu-Seeland,
Norwegen,
Panama,
Paraguay,
Die Niederlande,
Persien,
Polen,
Portugal,

4*

treten werden, erklären hiermit, das beiliegende, von der Völkerbundsversammlung in Genf am 13. Dezember 1920 einstimmig genehmigte Statut des Ständigen Internationalen Gerichtshofs anzuerkennen.

Dementsprechend erklären sie, die Gerichtsbarkeit des Gerichtshofs den Bestimmungen des Statuts gemäß und unter den darin vorgesehenen Bedingungen anzunehmen.

Dieses dem Beschluß der Völkerbundsversammlung vom 13. Dezember 1920 gemäß ausgefertigte Protokoll soll ratifiziert werden. Jede Macht wird ihre Rati-

---

Rumänien,
Salvador,
Das Königreich der Serben, Kroaten und Slovenen,
Siam,
Schweden,
Schweiz,
Tschechoslowakei,
Uruguay,
Venezuela.

Zeichnungsporotokoll und Statut sind mit folgender Bekanntmachung über den Beitritt des Deutschen Reichs zum Ständigen Internationalen Gerichtshof im Haag vom 13. April 1927 (a. a. O. S. 227) bekanntgemacht worden:

Bekanntmachung über den Beitritt des Deutschen Reichs zum Ständigen Internationalen Gerichtshof im Haag.

Vom 13. April 1927.

Das Zeichnungsprotokoll vom 16. Dezember 1920 für das Statut des in Art. 14 der Völkerbundsatzung (Reichsgesetzblatt 1919, S. 729) vorgesehenen Ständigen Internationalen Gerichtshofs ist deutscherseits am 10. Dezember 1926 in Genf unterzeichnet worden. Die in Abs. 3 dieses Protokolls vorgesehene Ratifikation ist erfolgt. Die deutsche Ratifikationsurkunde ist am 11. März 1927 dem Generalsekretär des Völkerbundes übermittelt und im Archiv des Völkerbundes in Genf niedergelegt worden. .Das Protokoll ist damit für Deutschland wirksam geworden.

Bis jetzt haben außer Deutschland folgende Signatarstaaten das Zeichnungsprotokoll ratifiziert und ihre Ratifikationsurkunden im Archiv des Völkerbundes niedergelegt:

fikationsurkunde dem Generalsekretär des Völkerbundes übermitteln; dieser wird veranlassen, daß alle anderen Signatarstaaten von der Ratifikation in Kenntnis gesetzt werden. Die Ratifikationsurkunden werden im Archiv des Generalsekretariats des Völkerbundes niedergelegt.

Südafrikanische Union,
Österreich,
Britisches Reich,
China,
Spanien,
Finnland,
Haiti,
Freistaat Irland,
Lettland,
Neu-Seeland,
Portugal,
Siam,
Die Tschechoslowakei,
Albanien,
Belgien,
Bulgarien,
Cuba,
Estland,
Frankreich,
Ungarn.
Italien,
Litauen,
Die Niederlande,
Rumänien,
Schweden,
Uruguay,
Australien,
Brasilien,
Canada,
Dänemark,
Abessinien,
Griechenland,
Indien,
Japan,
Norwegen,
Polen,
Das Königreich der Serben, Kroaten und Slovenen,
Die Schweiz,
Venezuela.

Das Zeichnungsprotokoll und das Statut werden nebst deutscher Übersetzung nachstehend veröffentlicht.

Berlin, den 13. April 1927.

Der Reichsminister des Auswärtigen
Dr. Stresemann.

Laut Bekanntmachung des Reichsministers des Auswärtigen vom 8. September 1928 (RGBl. II, Nr. 40, S. 607) ist außerdem die Ratifikationsurkunde der Republik Chile zu dem Zeichnungsprotokoll vom 20. Juli 1928 im Archiv des Völkerbundes in Genf niedergelegt worden.

Dieses Protokoll steht den Mitgliedern des Völkerbundes**) und den im Anhange zur Völkerbundssatzung genannten Staaten zur Unterzeichnung offen.

Das Statut des Gerichtshofs soll nach Maßgabe des vorerwähnten Beschlusses in Kraft treten.

Geschehen in Genf, in einem einzigen Exemplar, wovon der französische und der englische Wortlaut maßgebend sind.

c) Statut des Ständigen Internationalen Gerichtshofs, der durch Art. 14 der Völkerbundssatzung vorgesehen ist.

Art. 1. Unabhängig von dem durch die Haager Abkommen von 1899 und 1907 errichteten Ständigen Schiedshof und den besonderen Schiedsgerichten, denen die Staaten auch in Zukunft ihre Streitigkeiten zur Entscheidung vorlegen können, wird auf Grund des Artikel 14 der Völkerbundssatzung ein Ständiger Internationaler Gerichtshof errichtet.

Abschnitt I.
Verfassung des Gerichtshofs.

Art. 2. Der Ständige Internationale Gerichtshof setzt sich zusammen aus unabhängigen Richtern, die ohne Rücksicht auf ihre Staatsangehörigkeit aus der Reihe der das höchste sittliche Ansehen genießenden Personen gewählt werden und die die zur Ausübung der höchsten richterlichen Ämter in ihrem Lande erforderlichen Voraussetzungen erfüllen oder Völkerrechtsgelehrte von anerkanntem Rufe sind.

Art. 3. Der Gerichtshof besteht aus fünfzehn Mitgliedern, elf ordentlichen Richtern und vier Hilfs-

---

**) Anm. im Reichsgesetzbl.: „Im französischen Text fehlen die Worte „den Mitgliedern des Völkerbundes und".

richtern. Die Zahl der ordentlichen Richter und Hilfsrichter kann auf Antrag des Völkerbundsrats durch die Völkerbundsversammlung auf fünfzehn ordentliche Richter und sechs Hilfsrichter erhöht werden.

Art. 4. Die Mitglieder des Gerichtshofs werden durch die Versammlung und den Rat auf Grund einer von den nationalen Gruppen des Ständigen Schiedshofs vorgelegten Liste entsprechend den nachfolgenden Bestimmungen gewählt.

Was die im Ständigen Schiedshofe nicht vertretenen Mitglieder des Völkerbundes betrifft, so werden die Bewerberlisten durch nationale Gruppen aufgestellt, welche zu diesem Zwecke von ihren Regierungen unter denselben Bedingungen gebildet werden, wie sie für die Mitglieder des Ständigen Schiedshofs in Artikel 44 des Haager Abkommens von 1907 zur friedlichen Regelung internationaler Streitfälle festgesetzt sind.

Art. 5. Mindestens drei Monate vor der Wahl ladet der Generalsekretär des Völkerbundes schriftlich diejenigen Mitglieder des Ständigen Schiedshofs, die den im Anhange zur Satzung genannten oder den dem Völkerbunde später beigetretenen Staaten angehören, sowie die auf Grund von Artikel 4 Abs. 2 bestimmten Personen ein, innerhalb einer festgelegten Frist nach nationalen Gruppen Personen vorzuschlagen, die in der Lage sind, das Amt eines Mitgliedes des Gerichtshofs zu übernehmen.

In keinem Falle darf eine Gruppe mehr als vier Personen, davon höchstens zwei ihrer eigenen Staatsangehörigkeit, vorschlagen. In keinem Falle darf die Gesamtzahl der vorgeschlagenen Bewerber die Zahl der zu besetzenden Stellen um mehr als das Doppelte übersteigen.

Art. 6. Jeder nationalen Gruppe wird empfohlen, vor Bestimmung der Bewerber den obersten Gerichtshof ihres Landes, die rechtswissenschaftlichen Fakultäten und Schulen, die dem Rechtsstudium gewidmeten nationalen Akademien und die nationalen Abteilungen internationaler Akademien zu Rate zu ziehen.

Art. 7. Der Generalsekretär des Völkerbundes fertigt eine alphabetische Liste aller so benannten Personen an; nur diese Personen sind wählbar, unbeschadet des im Abs. 2 des Artikel 12 vorgesehenen Falles.

Der Generalsekretär reicht diese Liste der Versammlung und dem Rat ein.

Art. 8. Unabhängig voneinander schreiten Versammlung und Rat zur Wahl, zuerst der ordentlichen Richter und dann der Hilfsrichter.

Art. 9. Bei jeder Wahl ist von den Wählern darauf zu achten, daß die künftigen Mitglieder des Gerichtshofs nicht nur jedes für sich die gestellten Vorbedingungen erfüllen, sondern daß sie auch in ihrer Gesamtheit die Vertretung der hauptsächlichsten Formen der Zivilisation und der hauptsächlichsten geltenden Rechtssysteme der Welt gewährleisten.

Art. 10. Gewählt sind diejenigen, die sowohl in der Versammlung wie im Rat die absolute Mehrheit der Stimmen erhalten haben.

Wählen Versammlung und Rat mehr als einen Angehörigen desselben Bundesmitglieds, so gilt nur der den Jahren nach Ältere als gewählt.

Art. 11. Sind nach dem ersten Wahlgang noch Sitze frei, so findet ein zweiter und, wenn nötig, ein dritter Wahlgang in derselben Weise statt.

Art. 12. Sind auch nach dem dritten Wahlgang noch Sitze frei, so kann auf Antrag der Versammlung oder des Rats jederzeit ein Vermittlungsausschuß von sechs Mitgliedern gebildet werden, von denen drei die Versammlung und drei der Rat ernennt. Dieser Ausschuß hat für jeden freien Sitz einen Namen auszuwählen, der der Versammlung und dem Rat getrennt zur Annahme vorzuschlagen ist.

Auf diese Liste kann jede durch den Vermittlungsausschuß einstimmig bezeichnete Persönlichkeit gesetzt werden, sofern sie den gestellten Vorbedingungen genügt, auch wenn sie nicht auf der in Artikel 4 und 5 vorgesehenen Vorschlagsliste steht.

Stellt der Vermittlungsausschuß fest, daß er bei der Wahl nicht zu einem Ergebnis gelangen kann, so haben die bereits gewählten Mitglieder des Gerichtshofs die noch freien Sitze innerhalb einer vom Rat zu bestimmenden Frist mit Personen aus der Zahl der Bewerber zu besetzen, für die in der Versammlung oder im Rat bereits Stimmen abgegeben worden sind.

Bei Stimmengleichheit unter den Richtern gibt die Stimme des den Jahren nach ältesten Richters den Ausschlag.

Art. 13. Die Mitglieder des Gerichtshofs werden auf neun Jahre gewählt.

Sie sind wiederwählbar.

Sie bleiben im Amt bis zum Amtsantritt ihrer Nachfolger. Auch nach diesem Zeitpunkt bleiben sie in den Fällen tätig, mit denen sie bereits befaßt waren.

Art. 14. Die Neubesetzung erledigter Sitze erfolgt nach den Grundsätzen, die für die erste Wahl maßgebend gewesen sind. Das Mandat eines Mitglieds des Gerichtshofs, das zum Nachfolger eines Mitglieds erwählt ist, dessen Mandat noch nicht abgelaufen war, läuft bis zum Ende der Mandatsperiode seines Vorgängers.

Art. 15. Die Hilfsrichter werden in der Reihenfolge einer Liste einberufen.

Diese Liste wird vom Gerichtshof in erster Linie

unter Berücksichtigung des Zeitpunktes der Wahl, sodann des Lebensalters angefertigt.

Art. 16. Die Mitglieder des Gerichtshofs dürfen weder eine politische Funktion noch ein Verwaltungsamt ausüben. Diese Bestimmung findet keine Anwendung auf die Hilfsrichter, solange sie nicht ihr Amt am Gerichtshof ausüben.

In Zweifelsfällen entscheidet der Gerichtshof.

Art. 17. Die Mitglieder des Gerichtshofs dürfen die Tätigkeit eines Bevollmächtigten, eines Rechtsbeistandes oder eines Anwalts in Angelegenheiten internationaler Art nicht ausüben. Diese Bestimmung findet auf die Hilfsrichter nur bezüglich derjenigen Angelegenheiten Anwendung, in denen sie ihr Amt beim Gerichtshof auszuüben haben.

Sie dürfen an der Erledigung derjenigen Angelegenheiten nicht teilnehmen, in denen sie vorher als Bevollmächtigte, Rechtsbeistände oder Anwälte einer der Parteien, als Mitglieder eines nationalen oder internationalen Gerichtshofs, eines Untersuchungsausschusses oder in irgendeiner anderen Eigenschaft tätig gewesen sind.

In Zweifelsfällen entscheidet der Gerichtshof.

Art. 18. Ein Mitglied des Gerichtshofs kann seines Amtes nur dann enthoben werden, wenn es nach einstimmigem Urteil der anderen Mitglieder nicht mehr die erforderlichen Vorbedingungen erfüllt.

Dem Generalsekretär des Völkerbundes ist durch den Gerichtsschreiber amtlich hiervon Mitteilung zu machen.

Diese Mitteilung bewirkt unmittelbar das Freiwerden des Sitzes.

Art. 19. Die Mitglieder des Gerichtshofs genießen während der Ausübung ihres Amtes die diplomatischen Vorrechte und Befreiungen.

Art. 20. Jedes Mitglied hat vor Beginn seiner amtlichen Tätigkeit in öffentlicher Sitzung sich feierlich zu verpflichten, daß es sein Amt unparteiisch und gewissenhaft ausüben werde.

Art. 21. Der Gerichtshof wählt auf drei Jahre seinen Präsidenten und Vizepräsidenten; Wiederwahl ist zulässig.

Er ernennt seinen Gerichtsschreiber.

Das Amt des Gerichtsschreibers des Gerichtshofs ist nicht unvereinbar mit dem Amt des Generalsekretärs des Ständigen Schiedshofs.

Art. 22. Der Sitz des Gerichtshofs ist im Haag.

Der Wohnsitz des Präsidenten und des Gerichtsschreibers befindet sich am Sitze des Gerichtshofs.

Art. 23. In jedem Jahr findet eine Tagung des Gerichtshofs statt.

Vorbehaltlich einer anderweitigen Bestimmung der Geschäftsordnung des Gerichtshofs beginnt diese Tagung am 15. Juni und dauert bis zur Erledigung der auf der Liste stehenden Fälle.

Der Präsident beruft den Gerichtshof zu außerordentlichen Tagungen ein, wenn die Umstände es erfordern.

Art. 24. Glaubt ein Mitglied des Gerichtshofs bei der Verhandlung eines bestimmten Falles aus einem besonderen Grunde nicht mitwirken zu sollen, so macht es dem Präsidenten davon Mitteilung.

Hält der Präsident die Teilnahme eines Mitglieds des Gerichtshofs in einem bestimmten Falle für nicht angebracht, so setzt er es davon in Kenntnis.

Entstehen in einem solchen Falle Meinungsverschiedenheiten zwischen dem betreffenden Mitglied des Gerichtshofs und dem Präsidenten, so entscheidet der Gerichtshof.

Art. 25. Abgesehen von den ausdrücklich vorgesehenen Ausnahmefällen tagt der Gerichtshof in Vollsitzungen.

Ist die Anwesenheit von elf ordentlichen Richtern nicht zu erreichen, so wird das Richterkollegium durch Zuziehung von Hilfsrichtern auf diese Zahl ergänzt.

Wenn jedoch elf Richter nicht zur Verfügung stehen, so genügt die Anwesenheit von neun Richtern zur Bildung des Gerichtshofs.

Art. 26[1]. (1) In den Fällen, die Fragen der Arbeit und insbesondere diejenigen Fragen betreffen, die im XIII. Teile (Arbeit) des Vertrags von Versailles und in den entsprechenden Teilen der anderen Friedensverträge vorgesehen sind, entscheidet der Gerichtshof auf Grund der nachstehenden Bestimmungen:

(2) Alle drei Jahre wird beim Gerichtshof eine besondere mit fünf Richtern besetzte Kammer gebildet, die nach Möglichkeit nach den Vorschriften des Artikel 9 ausgewählt werden. Zwei weitere Richter werden für Fälle der Verhinderung von Richtern bestimmt. Auf Antrag der Parteien hat diese Kammer zu entscheiden. Wird ein solcher Antrag nicht gestellt, so tagt der Gerichtshof in der Besetzung, wie sie Artikel 25 vorsieht. In allen Fällen sind zur Unterstützung der Richter vier technische Beisitzer mit beratender Stimme hinzuzuziehen, die eine gerechte Vertretung der von dem Verfahren betroffenen Belange gewährleisten.

(3) Hat nur eine der Parteien einen Richter ihrer Staatsangehörigkeit in der im vorstehenden Absatz vorgesehenen Kammer, so hat der Präsident einen der übrigen Richter zu ersuchen, seinen Platz nach Maßgabe des Artikel 31 einem von der anderen Partei gewählten Richter abzutreten.

(4) Die technischen Beisitzer werden für jeden einzelnen

Fall nach den in Artikel 30 vorgesehenen Verfahrensvorschriften auf Grund einer Liste der „Beisitzer für Arbeitsstreitigkeiten" ernannt, die sich aus je zwei von jedem Mitglied des Völkerbundes und einer gleichen Anzahl vom Verwaltungsrat des Internationalen Arbeitsamts bezeichneter Personen zusammensetzt. Der Verwaltungsrat seinerseits bezeichnet zu gleichen Teilen Vertreter der Arbeitnehmer und der Arbeitgeber auf Grund der in Artikel 412 des Vertrags von Versailles und den entsprechenden Artikeln der anderen Friedensverträge vorgesehenen Liste.

(5) In den Angelegenheiten, bei denen es sich um Arbeitsfragen handelt, kann das Internationale Arbeitsamt dem Gerichtshof alle notwendigen Auskünfte geben. Zu diesem Zwecke sind dem Direktor des Arbeitsamts Abschriften aller das Verfahren bezüglicher Schriftstücke zu übermitteln.

[1]) Über die gegenwärtige Zusammensetzung der „Chambre pour les litiges de travail" vgl. den 4. Jahresbericht, S. 30f.

Art. 27. In den Fällen, die Fragen der Durchfuhr und des Verkehrs und insbesondere diejenigen Fragen betreffen, die im Teil XII (Häfen, Wasserstraßen, Eisenbahnen) des Vertrags von Versailles und den entsprechenden Teilen der anderen Friedensverträge vorgesehen sind, entscheidet der Gerichtshof auf Grund der nachstehenden Bestimmungen[1]):

Für je eine Periode von drei Jahren wird beim Gerichtshof eine besondere mit fünf Richtern besetzte Kammer gebildet, die nach Möglichkeit nach den Vorschriften des Artikel 9 ausgewählt werden. Zwei weitere Richter werden für die Fälle der Verhinderung von Richtern bestimmt. Auf Antrag der Parteien hat diese Kammer zu entscheiden. Wird ein solcher Antrag nicht gestellt, so tagt der Gerichtshof in der Besetzung, wie sie Artikel 25 vorsieht. Auf Wunsch der Parteien oder auf Beschluß des Gerichtshofs sind zur Unterstützung der Richter vier technische Beisitzer mit beratender Stimme zuzuziehen.

Hat nur eine der Parteien einen Richter ihrer Staatsangehörigkeit in der im vorstehenden Absatz vorgesehenen Kammer, so hat der Präsident einen der übrigen Richter zu ersuchen, seinen Platz nach Maßgabe des Artikel 31 einem von der andern Partei gewählten Richter abzutreten.

Die technischen Beisitzer werden für jeden einzelnen Fall nach den in Artikel 30 vorgesehenen Verfahrensvorschriften auf Grund einer Liste der „Beisitzer für Durchfuhr- und Verkehrsstreitigkeiten" ernannt, die sich aus je zwei von jedem Mitglied des Völkerbundes bezeichneten Personen zusammensetzt.

[1]) Vgl. für diese Sonderkammer besonders die Nachweisungen im 1. Jahresbericht, S. 71 ff.; sowie im 4. Jahresbericht, S. 38 ff.

Art. 28. Die in Artikel 26 und 27 vorgesehenen besonderen Kammern können mit Zustimmung der Parteien an einem anderen Ort als im Haag tagen.

Art. 29. Um eine schnelle Erledigung gewisser Angelegenheiten zu ermöglichen, wird beim Gerichtshof alljährlich eine mit drei Richtern besetzte Kammer gebildet, die auf Antrag der Parteien im summarischen Verfahren zu entscheiden hat.

Art. 30. Der Gerichtshof regelt durch eine Geschäftsordnung sein Verfahren, insbesondere auch das summarische Verfahren[1]).

[1]) Diese Geschäftsordnung, die verschiedene Abänderungen erfahren hat, ist in dieser Sammlung nicht zum Abdruck gelangt.

Die Deutsche Regierung hat sie bisher nicht veröffentlicht. Die revidierte Geschäftsordnung ist gedruckt als Serie D Nr. 1.

Die Materialien als Serie D Nr. 2. Über eine weitere Änderung vgl. IV. Raps. annuel (Serie E Nr. 4), S. 68 f.

Art. 31. (1) Richter, die Staatsangehörige einer der streitenden Parteien sind, behalten ihren Sitz bei der Verhandlung des bei dem Gerichtshof anhängigen Falles.

(2) Hat nur eine der Parteien einen Richter ihrer Staatsangehörigkeit im Gerichtshof, so kann die andere Partei aus der Zahl der Hilfsrichter einen Richter ernennen, sofern sich unter diesen einer ihrer Staatsangehörigkeit befindet. Ist das nicht der Fall, so kann sie einen Richter wählen, und zwar vorzugsweise aus der Zahl derjenigen Personen, die nach den Vorschriften der Artikel 4 und 5 vorgeschlagen worden sind.

(3) Befindet sich unter den Richtern keiner, der die Staatsangehörigkeit einer der beiden Parteien besitzt, so kann jede von ihnen einen Richter auf die im vorstehenden Absatz angegebene Weise ernennen oder wählen.

(4) Bilden mehrere Parteien eine Streitgenossenschaft, so gelten sie in Ansehung der vorstehenden Bestimmungen als eine Partei. In Zweifelsfällen entscheidet der Gerichtshof.

(5) Die gemäß Abs. 2 und 3 dieses Artikels ernannten oder gewählten Richter müssen den Vorschriften der Artikel 2, 16, 17, 20 und 24 dieser Satzung entsprechen. Sie üben in dem Verfahren dieselben Rechte aus wie die anderen Richter.

Art. 32. Die ordentlichen Richter erhalten eine jährliche Entschädigung, deren Höhe auf Vorschlag des Rates von der Völkerbundsversammlung festgesetzt wird. Diese Entschädigung kann während der Amtsdauer des Richters nicht herabgesetzt werden.

Der Präsident erhält für die Dauer seiner Amtsperiode eine in gleicher Weise festzusetzende besondere Entschädigung.

Der Vizepräsident, die Richter und die Hilfsrichter erhalten für die Dauer der Ausübung ihres Amtes eine in gleicher Weise festzusetzende Entschädigung.

Den ordentlichen Richtern und Hilfsrichtern, die ihren Wohnsitz nicht am Sitze des Gerichtshofs haben, werden die ihnen durch die Ausübung ihres Amtes erwachsenden Reisekosten erstattet.

Die Entschädigung für die nach Artikel 31 ernannten oder gewählten Richter wird in gleicher Weise festgesetzt.

Das Gehalt des Gerichtsschreibers wird auf Vorschlag des Gerichtshofs durch den Rat festgesetzt.

Die Völkerbundsversammlung wird auf Antrag des Rats eine besondere Pensionsordnung zur Regelung der Bedingungen festsetzen, unter denen dem Personal des Gerichtshofs Ruhegehälter gewährt werden.

Art. 33. Die Kosten des Gerichtshofs trägt der Völkerbund nach Maßgabe eines auf Vorschlag des Rats zu fassenden Beschlusses der Versammlung.

Abschnitt II.

Zuständigkeit des Gerichtshofs.

Art. 34. Nur Staaten oder Mitgliedern des Völkerbundes steht das Recht zu, als Parteien vor dem Gerichtshof aufzutreten.

Art. 35. Zum Auftreten vor dem Gerichtshof sind die Mitglieder des Völkerbundes sowie die im Anhang zur Völkerbundssatzung genannten Staaten befugt[1]).

Die Bedingungen, unter denen andere Staaten vor dem Gerichtshof auftreten dürfen, werden, unbeschadet besonderer Bestimmungen in geltenden Verträgen, durch den Rat festgesetzt; dabei darf sich jedoch in keinem Fall eine Ungleichheit in der Stellung der Parteien vor dem Gerichtshof ergeben.

Ist in einem Streitfall ein Staat als Partei beteiligt, der nicht Mitglied des Völkerbundes ist, so setzt der Gerichtshof den Anteil an den Kosten des Gerichtshofs fest, den diese Partei beizusteuern hat.

[1]) Deutschland ist auf der 7. Bundesversammlung (1926) als 55. Staat in den Völkerbund eingetreten. Über den Eintritt Deutschlands in den Völkerbund, der mit Note des Reichsministers des Äußern vom 8. Februar 1926 von dem Generalsekretär des Völkerbundes erfolgt ist (Text im Journal Off. XVI, S. 636), vgl. Kraus; zur Frage des Eintritts Deutschlands in den Völkerbund s. Ztschr. f. die ges. Staatswissenschaft, 79. Bd. (1925) Heft 2, S. 173ff., ab S. 223 Urkunden.

Art. 36. Der Gerichtshof ist für alle ihm von den Parteien vorgelegten oder in den geltenden Verträgen und Abkommen besonders bezeichneten Streitfällen zuständig.

Die Mitglieder des Völkerbundes und die im Anhang zur Völkerbundssatzung genannten Staaten können bei Unterzeichnung oder Ratifikation des Protokolls, zu dem dieses Statut als Anlage gehört, oder auch später erklären, daß sie fortan von Rechts wegen und ohne besonderes Abkommen jedem anderen Mitglied oder Staate gegenüber, der die gleiche Verpflichtung übernimmt, die Gerichtsbarkeit des Gerichtshofs für alle oder einzelne der folgenden Arten von Rechtsstreitigkeiten als obligatorisch anerkennen:

a) die Auslegung eines Vertrags;
b) alle Fragen des Völkerrechts;
c) das Bestehen einer Tatsache, die, wenn festgestellt, die Verletzung einer internationalen Verpflichtung bedeuten würde;
d) Art und Umfang der wegen Verletzung einer inter-

nationalen Verpflichtung geschuldeten Entschädigung.

Die oben bezeichnete Erklärung kann bedingungslos oder unter der Bedingung der Gegenseitigkeit seitens mehrerer oder einzelner Mitglieder oder Staaten oder für eine bestimmte Frist abgegeben werden[1]).

Wird die Zuständigkeit des Gerichtshofs bestritten, so entscheidet dieser.

[1]) Vgl. unten Nr. 2d, S. 72.

Art. 37. Ist in geltenden Verträgen oder Abkommen die Überweisung eines Falles an ein durch den Völkerbund zu bildendes Gericht vorgesehen, so ist der Gerichtshof als solches anzusehen.

Art. 38. Der Gerichtshof wendet an:

1. die internationalen Abkommen allgemeiner oder besonderer Natur, in denen von den im Streit befangenen Staaten ausdrücklich anerkannte Normen aufgestellt sind;
2. das internationale Gewohnheitsrecht als Ausdruck einer allgemeinen als Recht anerkannten Übung;
3. die von den zivilisierten Staaten anerkannten allgemeinen Rechtsgrundsätze;
4. vorbehaltlich der Bestimmung des Artikel 59 die richterlichen Entscheidungen und die Lehren der anerkanntesten Autoren als Hilfsmittel zur Feststellung der Rechtsnormen.

Durch diese Bestimmungen wird die Befugnis des Gerichtshofs mit Zustimmung der Parteien ex aequo et bono zu entscheiden nicht beeinträchtigt.

Abschnitt III.

Verfahren.

Art. 39. Die Amtssprachen des Gerichtshofs sind französisch und englisch. Sind die Parteien darüber einig, daß das ganze Verfahren in französischer Sprache stattfindet, so wird das Urteil in dieser Sprache gefällt. Sind die Parteien darüber einig, daß das ganze Verfahren in englischer Sprache stattfindet, so wird das Urteil in dieser Sprache gefällt.

In Ermangelung einer Abrede über die anzuwendende Sprache können sich die Parteien bei ihren Vorträgen nach Belieben einer der beiden Sprachen bedienen; die Entscheidung wird alsdann in französischer und englischer Sprache gefällt. In diesem Falle hat der Gerichtshof gleichzeitig denjenigen der beiden Wortlaute zu bestimmen, der als maßgebend zu gelten hat.

Auf Antrag der Parteien kann der Gerichtshof den Gebrauch einer anderen als der französischen oder englischen Sprache zulassen.

Art. 40. Die Streitsachen werden bei dem Gerichtshof je nach der Art des Falles durch Einreichung des Schiedsvertrags oder durch eine bei dem Gerichtsschreiber einzureichende Klageschrift anhängig gemacht, in beiden Fällen müssen der Streitgegenstand und die streitenden Parteien bezeichnet werden.

Der Gerichtsschreiber macht allen Beteiligten unverzüglich Mitteilung von der Klageschrift.

Desgleichen setzt er die Mitglieder des Völkerbundes durch Vermittelung des Generalsekretärs in Kenntnis.

Art. 41. Der Gerichtshof ist berechtigt, wenn er es nach den Umständen für notwendig hält, vorläufige Maßnahmen zur Sicherung der Rechte der Parteien anzuordnen.

Vorbehaltlich der endgültigen Entscheidung wird den Parteien und dem Rat von diesen Maßnahmen unverzüglich Mitteilung gemacht.

Art. 42. Die Parteien werden durch Bevollmächtigte vertreten.

Sie können vor Gericht mit Rechtsbeiständen oder Anwälten erscheinen.

Art. 43. Das Verfahren zerfällt in zwei Abschnitte: ein schriftliches und ein mündliches.

Das schriftliche Verfahren umfaßt die Übermittelung der Klageschriften, der Klagebeantwortungen und gegebenenfalls der Repliken, sowie aller zur Unterstützung vorgelegten Schriftstücke und Urkunden an die Richter und die Parteien.

Die Übermittelung erfolgt durch den Gerichtsschreiber in der Ordnung und innerhalb der Fristen, wie sie vom Gerichtshof festgesetzt werden.

Jedes Schriftstück der einen Partei ist der andern in beglaubigter Abschrift zuzustellen.

Das mündliche Verfahren besteht aus der Anhörung der Zeugen und Sachverständigen, der Bevollmächtigten, Rechtsbeistände und Anwälte durch den Gerichtshof.

Art. 44. Im Falle von Zustellungen an andere Personen als die Bevollmächtigten, Rechtsbeistände und Anwälte wendet sich der Gerichtshof unmittelbar an die Regierung des Staates, auf dessen Gebiet die Zustellung erfolgen soll.

Das gleiche gilt im Falle der Beweiserhebung an Ort und Stelle.

Art. 45. Die Verhandlungen werden vom Präsidenten, in seiner Abwesenheit vom Vizepräsidenten und im Falle der Behinderung beider von dem nach dem Dienstalter ältesten Richter geleitet.

Art. 46. Die mündliche Verhandlung ist öffentlich, wenn nicht der Gerichtshof anders beschließt oder beide

Parteien beantragen, daß die Öffentlichkeit ausgeschlossen wird.

Art. 47. Über jede mündliche Verhandlung ist ein Protokoll aufzunehmen, das von dem Gerichtsschreiber und dem Präsidenten unterschrieben wird.

Dieses Protokoll ist allein maßgebend.

Art. 48. Der Gerichtshof erläßt Verfügungen über die Leitung des Prozesses und die Festsetzung der Formen und Fristen, innerhalb deren eine jede Partei ihre Schlußanträge zu stellen hat; er trifft alle für die Beweiserhebung erforderlichen Maßnahmen.

Art. 49. Der Gerichtshof kann, sogar schon vor jeder Verhandlung, von dem Bevollmächtigten die Vorlegung aller Dokumente und die Erteilung aller Auskünfte verlangen. Im Falle einer Verweigerung wird hiervon Vormerkung genommen.

Art. 50. Der Gerichtshof kann jederzeit und nach freier Wahl eine jede Person, Körperschaft, Dienststelle, Kommission oder ein sonstiges Organ mit der Anstellung einer Untersuchung oder der Abgabe eines Gutachtens betrauen.

Art. 51. Im Laufe der Verhandlungen werden den Zeugen und Sachverständigen alle zweckdienlichen Fragen nach Maßgabe der Bestimmungen der durch Artikel 30 vorgesehenen Geschäftsordnung vorgelegt.

Art. 52. Nachdem der Gerichtshof innerhalb der von ihm festgesetzten Fristen die Beweismittel und Zeugenaussagen erhalten hat, kann er alle weiteren Aussagen oder Beweisurkunden zurückweisen, die beizubringen eine der Parteien ohne Zustimmung der anderen sich erbietet.

Art. 53. Erscheint eine der Parteien im Termine nicht oder äußert sie sich nicht zur Sache, so kann die andere Partei eine Entscheidung gemäß ihren Anträgen verlangen.

Bevor der Gerichtshof dem stattgibt, hat er nicht nur festzustellen, daß er nach den Bestimmungen der Artikel 36 und 37 zuständig ist, sondern auch, daß die Schlußanträge tatsächlich und rechtlich begründet sind.

Art. 54. Haben die Bevollmächtigten, Rechtsbeistände und Anwälte unter Aufsicht des Gerichtshofs alles, was ihnen zweckdienlich erscheint, vorgebracht, so verkündet der Präsident den Schluß der Verhandlungen.

Der Gerichtshof zieht sich zur Beratung zurück.

Die Beratungen des Gerichtshofs sind und bleiben geheim.

Art. 55. Die Entscheidungen des Gerichtshofs werden mit Stimmenmehrheit der anwesenden Richter gefaßt.

Bei Stimmengleichheit entscheidet die Stimme des Präsidenten, gegebenenfalls seines Stellvertreters.

Art. 56. Die Entscheidung ist mit Gründen zu versehen.

Sie enthält die Namen der mitwirkenden Richter.

Art. 57. Bringt die Entscheidung im ganzen oder in einzelnen Teilen nicht die übereinstimmende Ansicht der Richter zum Ausdruck, so sind diejenigen Richter, die abweichender Meinung sind, berechtigt, eine Darlegung ihrer eigenen Ansicht beizufügen.

Art. 58. Die Entscheidung wird von dem Präsidenten und dem Gerichtsschreiber unterschrieben. Nach gehöriger Benachrichtigung der Bevollmächtigten wird sie in öffentlicher Sitzung verlesen.

Art. 59. Die Entscheidung wirkt nur für und gegen die streitenden Parteien und lediglich für den zur Entscheidung gestellten Fall.

Art. 60. Die Entscheidung ist endgültig und ohne Rechtsmittel. Bei Meinungsverschiedenheiten über ihren Sinn und ihre Tragweite erfolgt auf Antrag einer jeden Partei die Auslegung durch den Gerichtshof.

Art. 61. Die Nachprüfung der Entscheidung kann beim Gerichtshof nur beantragt werden, wenn eine Tatsache von entscheidendem Einfluß entdeckt wird, die vor Verkündung der Entscheidung sowohl dem Gerichtshof als auch der Partei, welche die Nachprüfung beantragt, nicht bekannt gewesen ist, ohne daß dieser ein Verschulden zur Last fällt.

Das Nachprüfungsverfahren wird durch eine Entscheidung des Gerichtshofs eröffnet, worin das Vorhandensein der neuen Tatsache ausdrücklich festgestellt, sie als Nachprüfungsgrund anerkannt und der Nachprüfungsantrag daher für zulässig erklärt wird.

Der Gerichtshof kann die Eröffnung des Nachprüfungsverfahrens von der vorherigen Vollstreckung der Entscheidung abhängig machen.

Der Nachprüfungsantrag muß spätestens sechs Monate nach Entdeckung der neuen Tatsache gestellt werden.

Nach Ablauf von zehn Jahren, vom Tage der Entscheidung an gerechnet, ist ein Antrag auf Nachprüfung unstatthaft.

Art. 62. Glaubt ein Staat, daß er an einem Streitfalle rechtlich interessiert ist, so kann er beim Gerichtshof einen Antrag zu dem Zwecke einreichen, sich dem Verfahren anzuschließen.

Die Entscheidung über den Antrag erfolgt durch den Gerichtshof.

Art. 63. Handelt es sich um die Auslegung eines Vertrags, an dem andere als die im Streite liegenden

Staaten beteiligt sind, so hat der Gerichtsschreiber ihnen unverzüglich Mitteilung hiervon zu machen.

Jeder von ihnen hat das Recht, sich dem Verfahren anzuschließen. Macht er von diesem Recht Gebrauch, so ist die in der Entscheidung festgestellte Auslegung auch für ihn bindend.

Art. 64. Wenn der Gerichtshof nicht anders beschließt, trägt jede Partei ihre eigenen Kosten des Verfahrens.

d) Erklärung zu der fakultativen Bestimmung des Zeichnungsprotokolls zum Statut des Ständigen Internationalen Gerichtshofs im Haag. Abgegeben in Genf im Namen der Deutschen Regierung.

Vom 23. September 1927 (RGBl. 1928, Teil II, Nr. 6, Seite 20)*).

Fakultative Bestimmung.

Die gehörig bevollmächtigten Unterzeichneten erklären ferner namens ihrer Regierung, daß sie von

---

*) Die oben abgedruckte Erklärung ist mit Gesetz über die Anrufung des Ständigen Internationalen Gerichtshofs im Haag vom 17. Februar 1928 (RGBl. 1928 Teil II Nr. 6 S. 19) in englischer und französischer Sprache nebst einer deutschen im Text wiedergegebenen Übersetzung verkündet.

Dieses Gesetz hat folgenden Wortlaut:

Gesetz über die Anrufung des Ständigen Internationalen Gerichtshofs im Haag.

Vom 17. Februar 1928.

Der Reichstag hat das folgende Gesetz beschlossen, das mit Zustimmung des Reichsrats hiermit verkündet wird:

Art. 1. Der am 23. September 1927 in Genf im Namen der Deutschen Regierung abgegebenen Erklärung zu der fakultativen Bestimmung des Zeichnungsprotokolls zum Statut

nun ab die Gerichtsbarkeit des (Ständigen Internationalen) Gerichtshofs nach Maßgabe des Artikel 36 Abs. 2 des Statuts von Rechts wegen und ohne beson-

---

des Ständigen Internationalen Gerichtshofs im Haag (Reichsgesetzbl. 1927 Teil II S. 227) wird zugestimmt.

Die fakultative Bestimmung sowie die Erklärung werden nachstehend veröffentlicht.

Art. 2. Die Reichsregierung wird ermächtigt, Maßnahmen zu treffen, durch die in Abänderung der bereits bestehenden allgemeinen Schiedsgerichts- und Vergleichsverträge die Gerichtsbarkeit des Ständigen Internationalen Gerichtshofs oder eines Schiedsgerichts in Ansehung aller im Artikel 36 Abs. 2 des Statuts des Ständigen Internationalen Gerichtshofs aufgeführten Arten von Streitigkeiten begründet oder ausgedehnt wird.

Art. 3. Dieses Gesetz tritt mit dem auf die Verkündung folgenden Tage in Kraft. Der Tag, an dem die Erklärung zur fakultativen Bestimmung für Deutschland wirksam wird, ist im Reichsgesetzblatt bekanntzumachen.

Berlin, den 17. Februar 1928.

Der Reichspräsident.
von Hindenburg.
Für den Reichsminister des Auswärtigen:
Der Reichskanzler.
Dr. Marx.

Gemäß Bekanntmachung des Reichsministers des Auswärtigen vom 5. März 1928 (RGBl. Teil II Nr. 8 S. 48) ist die am 23. Dezember 1927 in Genf im Namen der Deutschen Regierung abgegebene Erklärung zu der fakultativen Bestimmung des Zeichnungsprotokolls zum Statut des Ständigen Internationalen Gerichtshofs im Haag ratifiziert worden. Die Niederlegung der deutschen Ratifikationsurkunde im Archiv des Völkerbundes hat am 29. Februar 1928 in Genf stattgefunden. Die fakultative Bestimmung ist von diesem Tage ab für das Deutsche Reich wirksam geworden.

dere Vereinbarung unter folgenden näheren Bestimmungen als verbindlich anerkennen:

. . . .

Im Namen der Deutschen Regierung erkläre ich, gemäß Artikel 36 Abs. 2 des Statuts des Gerichtshofs die Gerichtsbarkeit des Gerichtshofs von Rechts wegen und ohne besonderes Abkommen gegenüber jedem anderen Völkerbundsmitglied oder Staate, der die gleiche Verpflichtung übernimmt, für die Dauer von 5 Jahren als verbindlich anzuerkennen. Diese Anerkennung erfolgt für alle Streitigkeiten, die sich nach der Ratifikation der gegenwärtigen Erklärung in bezug auf Verhältnisse oder Tatsachen erheben sollten, die zeitlich später als diese Ratifikation liegen. Ausgenommen sind die Fälle, in denen die Parteien übereingekommen sind oder übereinkommen werden, sich eines anderen Verfahrens friedlicher Regelung zu bedienen.

Genf, den 23. September 1927.

Stresemann.

Anlage.

Denkschrift der Deutschen Reichsregierung, dem Reichstag mit dem Entwurf des Zustimmungsgesetzes zur Fakultativklausel unter dem 13. Januar 1918 übersandt.

(Reichstagsdrucksache, III. Wahlperiode 1924/28, Nr. 3862.)

I. Allgemeine Bemerkungen.

Nach dem von Deutschland am 10. Dezember 1926 in Genf unterzeichneten Statut des Ständigen Internationalen Gerichtshofs im Haag (Reichsgesetzbl. 1927 Teil II S. 227 ff.) wird eine Zuständigkeit des Gerichtshofs für Staatenstreitigkeiten nicht durch das Statut selbst, sondern durch die zwischen den Staaten geltenden Verträge und Abkommen begründet (Artikel 36 Abs. 1 des Statuts).

Bei Errichtung des Statuts wurde jedoch auf Beschluß des Völkerbundes gleichzeitig ein besonderes Protokoll aufgelegt, das den Namen „disposition facultative“ („optional clause“), d. h. „fakultative Bestimmung“, führt.

Diese fakultative Bestimmung beruht auf Artikel 36 Abs. 2 und 3 des Statuts des Ständigen Internationalen Gerichtshofs, die in Übersetzung wie folgt lauten:

„Die Mitglieder des Völkerbundes und die im Anhang zur Völkerbundssatzung genannten Staaten können bei Unterzeichnung oder Ratifikation des Protokolls, zu dem dieses Statut als Anlage gehört, oder auch später erklären, daß sie fortan von Rechts wegen und ohne besonderes Abkommen jedem anderen Mitglied oder Staate gegenüber, der die gleiche Verpflichtung übernimmt, die Gerichtsbarkeit des Gerichtshofs für alle oder einzelne der folgenden Arten von Rechtsstreitigkeiten als obligatorisch anerkennen:

a) die Auslegung eines Vertrags;
b) alle Fragen des Völkerrechts;
c) das Bestehen einer Tatsache, die, wenn festgestellt, die Verletzung einer internationalen Verpflichtung bedeuten würde;
d) Art und Umfang der wegen Verletzung einer internationalen Verpflichtung geschuldeten Entschädigung.

Die oben bezeichnete Erklärung kann bedingungslos oder unter der Bedingung der Gegenseitigkeit seitens mehrerer oder einzelner Mitglieder oder Staaten oder für eine bestimmte Frist abgegeben werden.“

Die Unterzeichner der fakultativen Bestimmung begründen also durch die Unterzeichnung eine besondere Zuständigkeit des Ständigen Internationalen Gerichtshofs für Rechtsstreitigkeiten.

Deutschland hat nach dem Weltkriege nach und nach mit der Mehrzahl seiner Nachbarn und mit einer Reihe anderer europäischer Staaten Schiedsgerichts- und Vergleichsverträge abgeschlossen (Zusammenstellung siehe Anlage A).*) Diese Schiedsgerichts- und Vergleichsverträge beruhen ausnahmslos auf dem System des ersten derartigen von Deutschland abgeschlossenen Vertrags, des Vertrags mit der Schweiz vom 3. Dezember 1921.**) Für Rechtsstreitigkeiten ist in diesen Verträgen stets ein Verfahren vor dem Ständigen Internationalen Gerichtshof oder vor einem besonderen Schiedsgericht vorgesehen, für politische Streitigkeiten dagegen lediglich ein Vermittlungsverfahren (Vergleichsverfahren) vor einer ständigen Vergleichskommission. In Fortsetzung der durch diese Verträge eingeschlagenen und vom Reichstag wiederholt gebilligten Politik hat sich die Reichsregierung entschlossen, während der letzten Völkerbundsversammlung am 23. September 1927 die fakultative Bestimmung zu zeichnen. Damit hat sie allen Mächten gegenüber ihre grundsätzliche Bereitwilligkeit zum Ausdruck gebracht, Rechtsstreitigkeiten im Wege des gerichtlichen Verfahrens auszutragen.

Die Unterzeichnung der fakultativen Bestimmung ist auf Grund der oben wiedergegebenen Bestimmung des Artikel 36 Abs. 3 des Statuts des Ständigen Internationalen Gerichtshofs mit gewissen Vorbehalten erfolgt, wie sie auch von anderen Mächten bei der Unterzeichnung gemacht worden sind. In ihrer Fassung entsprechen die deutschen Vorbehalte genau denjenigen, die Belgien am 25. September 1925†) bei Unterzeichnung der Klausel gemacht hat, nur daß die Gültigkeit der deutschen Erklärung zunächst auf 5 Jahre beschränkt worden ist, eine zeitliche Begrenzung,

---

*) Diese Anlage, die inzwischen veraltet ist, ist hier nicht mit zum Abdruck gelangt.

**) Vgl. unten Nr. 3, S. 83.

†) Der Vorbehalt ist abgedruckt im 4. Jahresbericht der Cour, S. 413. Belgien hat sich auf 15 Jahre gebunden.

die auch viele andere Staaten gewählt haben. Abgesehen von dieser zeitlichen Begrenzung handelt es sich um die Beschränkung der Erklärung auf Streitigkeiten, die in der Zukunft liegen, sowie um die aus formalen Gründen notwendige Klarstellung, daß gegenüber denjenigen Staaten, mit denen Deutschland bereits Schiedsgerichts- und Vergleichsverträge geschlossen hat oder schließen wird, die Bestimmungen dieser Schiedsgerichts- und Vergleichsverträge vorgehen.

Eine Übersicht über die anderen Unterzeichner der fakultativen Bestimmung und die von ihnen gemachten Vorbehalte ist in der Anlage B beigefügt. Wie aus der Übersicht zu entnehmen ist, wird die Unterzeichnung der Klausel nach erfolgter Ratifikation, soweit Rechtsstreitigkeiten in Frage kommen, folgenden Staaten gegenüber, mit denen bisher Schiedsverträge noch nicht abgeschlossen worden sind, eine einem Schiedsvertrag entsprechende Wirkung haben: Abessinien, Bulgarien, Haiti, Norwegen, Österreich, Portugal und Uruguay. Es ist beabsichtigt, dem Reichstag alljährlich eine Übersicht über die etwa eintretenden Veränderungen mitzuteilen.

II. Besondere Bemerkungen zu Artikel 2 des Gesetzentwurfs.

Die ersten von Deutschland abgeschlossenen Schiedsgerichts- und Vergleichsverträge mit der Schweiz,*) mit Schweden,**) mit Finnland†) und Estland††) enthalten insofern eine Einschränkung des schiedsgerichtlichen Verfahrens, als Streitigkeiten, die die Unabhängigkeit, die Unversehrtheit des Gebiets oder andere höchste Lebensinteressen

*) Vgl. unten Nr. 3, S. 83.
**) Vgl. unten Nr. 4, S. 120.
†) Vgl. unten Nr. 5, S. 140.
††) Vgl. unten Nr. 6, S. 154.

Anlage B.

Übersicht
über den gegenwärtigen Geltungsbereich der fakultativen Bestimmung.

Staaten	Datum der Unterzeichnung	Bedingungen	Tag der etwaigen Niederlegung der Ratifikationsurkunde
1. Abessinien	12. Juli 1926	Gegenseitigkeit 5 Jahre Ausgenommen diejenigen Streitfragen, bezüglich derer die Parteien übereinkommen, eine andere Art friedlicher Regelung anzuwenden.	16. Juli 1926
2. Belgien	25. Sept. 1925	Ratifikation Gegenseitigkeit 15 Jahre Für alle Streitfragen, die sich nach der Ratifikation über Verhältnisse oder Tatsachen erheben sollten, die nach der Ratifikation entstehen. Ausgenommen die Fälle, wo die Parteien übereingekommen sind oder übereinkommen werden, eine andere Art friedlicher Regelung anzuwenden.	10. März 1926

Staaten	Datum der Unterzeichnung	Bedingungen	Tag der etwaigen Niederlegung der Ratifikationsurkunde
3. Bulgarien	1921	Gegenseitigkeit	12. August 1921
4. Dänemark	1921	Ratifikation Gegenseitigkeit 5 Jahre	13. Juni 1921
	Erneuert am 11. Dezemb. 1925	Ratifikation Gegenseitigkeit 10 Jahre vom 13. Juni 1926 ab	28. März 1926
5. Estland	2. Mai 1923	Gegenseitigkeit 5 Jahre Für jede künftige Streitfrage, bezüglich der die Parteien nicht übereingekommen sind, eine andere Art friedlicher Regelung anzuwenden.	
6. Finnland	1921	Ratifikation Gegenseitigkeit 5 Jahre	6. April 1922
	Erneuert am 3. März 1927	Gegenseitigkeit 10 Jahre vom 6. April 1927 ab	
7. Haiti	1921	(Ohne Bedingungen)	

Staaten	Datum der Unterzeichnung	Bedingungen	Tag der etwaigen Niederlegung der Ratifikationsurkunde
8. Niederlande	6. August 1921	Gegenseitigkeit 5 Jahre Für jede künftige Streitfrage, bezüglich der die Parteien nicht übereingekommen sind, eine andere Art friedlicher Regelung anzuwenden.	
	Erneuert am 2. Septemb. 1926	Gegenseitigkeit 10 Jahre Für alle künftigen Streitfragen, ausgenommen diejenigen, bezüglich derer die Parteien nach dem Inkrafttreten des Statuts des Ständigen Internationalen Gerichtshofs übereinkommen, eine andere Art friedlicher Regelung anzuwenden.	
9. Norwegen	6. Septemb. 1921	Ratifikation Gegenseitigkeit 5 Jahre	3. Oktober 1921
	Erneuert am 22. Septemb. 1926	Gegenseitigkeit 10 Jahre vom 3. Oktober 1926 ab	

Staaten	Datum der Unterzeichnung	Bedingungen	Tag der etwaigen Niederlegung der Ratifikationsurkunde
10. Österreich	14. März 1922	Gegenseitigkeit 5 Jahre	
	Erneuert am 12. Januar 1927	Ratifikation Gegenseitigkeit 10 Jahre vom Tage der Niederlegung der Ratifikationsurkunde ab	13. März 1927
11. Portugal	1921	Gegenseitigkeit	8. Oktober 1921
12. Schweden	16. August 1921	Gegenseitigkeit 5 Jahre	
	Erneuert am 18. März 1926	Gegenseitigkeit 10 Jahre	
13. Schweiz	1921	Ratifikation Gegenseitigkeit 5 Jahre	25. Juli 1921
	Erneuert am 1. März 1926	Ratifikation Gegenseitigkeit 10 Jahre	24. Juli 1926
14. Uruguay	1921	Gegenseitigkeit	27. Sept. 1921*)

*) Der Jahresbericht 1927 gibt S. 412 eine genaue Übersicht auch über den Stand der Signatoren. Vgl. ferner dort die Zusammenstellung auf S. 113.

betreffen, dem Vergleichsverfahren auch dann zugewiesen sind, wenn es sich dabei um Rechtsstreitigkeiten handelt (Artikel 4 der Verträge). In dem deutsch-schweizerischen Vertrage wird noch eine weitere Ausnahme für diejenigen Rechtsstreitigkeiten gemacht, die von überwiegend politischer Bedeutung sind.

Ferner ist in den Schiedsgerichts- und Vergleichsverträgen mit der Schweiz, mit Schweden, mit Finnland und Estland für die Entscheidung von Rechtsstreitigkeiten noch nicht eine Zuständigkeit des Ständigen Internationalen Gerichtshofs im Haag vereinbart worden. In einem ergänzenden Notenwechsel zu dem Vertrage mit Schweden und dem Vertrage mit Estland ist indes für den Fall des Beitritts Deutschlands zum Völkerbund und zum Ständigen Internationalen Gerichtshof die Übertragung der Aufgaben der besonderen Schiedsgerichte an den Ständigen Internationalen Gerichtshof bereits in Aussicht genommen.

In diesen beiden wichtigen Punkten stehen mithin die erwähnten früheren Verträge nicht in Übereinstimmung mit dem Rechtszustande, der durch die fakultative Bestimmung bezweckt wird. In der Erklärung, mit der Deutschland dieser Bestimmung beigetreten ist, ließ sich indes eine solche Übereinstimmung aus technischen Gründen nicht herstellen. Um Unklarheiten zu vermeiden, war es vielmehr, wie bereits gesagt, erforderlich, in der Erklärung den Vorbehalt zu machen, daß die Bestimmungen der früheren Schiedsgerichts- und Vergleichsverträge der fakultativen Bestimmung vorgehen. Damit sollte jedoch nicht zum Ausdruck gebracht werden, daß Deutschland in der Anerkennung der obligatorischen Schiedsgerichtsbarkeit oder in der Anerkennung der Zuständigkeit des Ständigen Internationalen Gerichtshofs den erwähnten Staaten gegenüber weniger weit zu gehen beabsichtigte als anderen Staaten gegenüber. Deshalb empfiehlt es sich, die Möglichkeit zu schaffen, die in Rede stehenden früheren Verträge durch ergänzende Vereinbarungen mit dem Inhalt der fakultativen Bestimmung in Einklang zu bringen. Aus diesem Grunde sieht der Artikel 2 des Gesetzentwurfs eine Ermächtigung der Reichsregierung zu entsprechenden Vereinbarungen mit den beteiligten fremden Regierungen vor.†) ††)

3.

Deutsch-Schweizerischer Schiedsgerichts- und Vergleichsvertrag nebst Schlußprotokoll.

Vom 3. Dezember 1921 (RGBl. 1922, Nr. 18, S. 217)*) **).

a) Vertrag.

Das Deutsche Reich
und
die Schweizerische Eidgenossenschaft

gewillt, gegenseitig ihre Unabhängigkeit und die Unversehrtheit ihres Gebiets unverbrüchlich zu achten,

---

†) Vgl. hierzu die Anm. **, S. 83/84 zu dem deutsch-schweizerischen Schiedsgerichts- und Vergleichsvertrag vom 3. Dezember 1921 und das inzwischen abgeschlossene Abänderungsprotokoll vom 29. August 1928 zu diesem Vertrag.

††) Folgt eine Zusammenstellung über die deutscherseits mit fremden Staaten abgeschlossenen Schiedsgerichts- und Vergleichsverträge, die nicht mehr vollständig ist.

*) In deutscher Sprache abgeschlossen

Mit Zustimmungsgesetz vom 28. Februar 1922 im Reichsgesetzblatt verkündet.

Laut Bekanntmachung des Reichsministers des Auswärtigen vom 3. Mai 1922 (RGBl. 1922, Teil II, Nr. 5, S. 104) hat der Austausch der Ratifikationsurkunden am 25. April 1922 stattgefunden. Er ist also mit dem 25. Mai 1922 in Kraft getreten.

**) Unter dem 29. August 1928 haben die Parteien ein

gewillt, die seit Jahrhunderten zwischen dem deutschen Volke und dem Schweizervolk unverletzt erhaltenen friedlichen und freundschaftlichen Beziehungen zu festigen und zu fördern,

gewillt, dem Grundsatz richterlicher Entscheidung zwischenstaatlicher Streitigkeiten in dem Verhältnis beider Staaten weiteste Geltung zu verschaffen,

überzeugt, daß in Streitfällen, die ihrem Wesen nach sich zur Entscheidung durch Richterspruch nicht eignen, der Rat unparteiischer Vertrauensmänner in jedem Falle Gewähr für eine friedliche Beilegung der Streitigkeit bietet,

sind übereingekommen, einen allgemeinen Schiedsgerichts- und Vergleichsvertrag abzuschließen.

Zu diesem Zwecke haben zu Bevollmächtigten ernannt

der Präsident des Deutschen Reichs:

den Justitiar im Auswärtigen Amte

Herrn

Wirklichen Legationsrat Dr. Friedrich Gaus,

der Schweizerische Bundesrat:

Herrn Professor Dr. Max Huber,

die, nachdem sie ihre Vollmachten geprüft und in guter und gehöriger Form befunden haben, über folgende Bestimmungen übereingekommen sind:

Art. 1. Die vertragschließenden Teile verpflichten sich, alle Streitigkeiten irgendwelcher Art, die zwischen

---

ratifikationsbedürftiges Abänderungsprotokoll unterzeichnet, dessen Inkrafttreten noch aussteht.

Es bestimmt die Aufhebung des Art. 4 des Vertrags vom 3. XII. 1921 (demzufolge die Worte „und 4" im Art. 2 fortfallen müssen), sowie eine Änderung des Art. 8. Diese ist Anm. 1, unten S. 90 kenntlich gemacht.

ihnen entstehen und nicht in angemessener Frist auf diplomatischem Wege geschlichtet werden können, nach Maßgabe des gegenwärtigen Vertrags entweder einem Schiedsgerichtsverfahren oder einem Vergleichsverfahren zu unterwerfen.

Streitigkeiten, für deren Schlichtung die vertragschließenden Teile durch andere zwischen ihnen bestehende Abmachungen an ein besonderes Verfahren gebunden sind, werden nach Maßgabe der Bestimmungen dieser Abmachungen behandelt.

Art. 2. Dem Schiedsgerichtsverfahren werden auf Verlangen einer Partei, unter Vorbehalt der Bestimmungen der Artikel 3 und 4[1]), diejenigen Streitigkeiten unterworfen, die betreffen

erstens: Bestand, Auslegung und Anwendung eines zwischen den beiden Parteien geschlossenen Staatsvertrags;

zweitens: irgendeine Frage des internationalen Rechtes;

drittens: das Bestehen einer Tatsache, die, wenn sie erwiesen wird, die Verletzung einer zwischenstaatlichen Verpflichtung bedeutet;

viertens: Umfang und Art der Wiedergutmachung im Falle einer solchen Verletzung.

Bestehen zwischen den Parteien Meinungsverschiedenheiten darüber, ob eine Streitigkeit zu den vorstehend bezeichneten Arten gehört, so wird über diese Vorfrage im Schiedsgerichtsverfahren entschieden.

[1]) Das Abänderungsprotokoll vom 29. April 1928 sieht die Streichung der Worte „und 4" vor.

Art. 3. Bei Fragen, die gemäß den Landesgesetzen der Partei, gegen die ein Begehren geltend gemacht wird, von richterlichen Behörden, mit Einschluß der

Verwaltungsgerichte, zu entscheiden sind, kann diese Partei verlangen, daß die Streitigkeit dem Schiedsgerichtsverfahren erst unterworfen werde, nachdem in dem Gerichtsverfahren eine endgültige Entscheidung gefällt worden ist, und daß die Anrufung des Schiedsgerichts spätestens sechs Monate nach dieser Entscheidung erfolge. Dies gilt nicht, wenn es sich um einen Fall von Rechtsverweigerung handelt und die gesetzlich vorgesehenen Beschwerdestellen angerufen worden sind.

Entsteht zwischen den Parteien eine Meinungsverschiedenheit über die Anwendung der vorstehenden Bestimmung, so wird darüber im Schiedsgerichtsverfahren entschieden.

Art. 4[1]. Erhebt eine Partei bei einer Streitigkeit der im Artikel 2 bezeichneten Arten die Einrede, daß es sich um eine Angelegenheit handle, die ihre Unabhängigkeit, die Unversehrtheit ihres Gebiets oder andere höchste Lebensinteressen betreffe, so kommt für die Streitigkeit, falls die andere Partei diese Behauptung als zutreffend anerkennt, nicht das Schiedsgerichts-, sondern das Vergleichsverfahren zur Anwendung. Wird dagegen die Behauptung von der andern Partei nicht als zutreffend anerkannt, so ist darüber im Schiedsgerichtsverfahren zu entscheiden.

In gleicher Weise wird verfahren, wenn bei einer Streitigkeit der im Artikel 2 bezeichneten Arten eine Partei, ohne sich auf ihre Unabhängigkeit, die Unversehrtheit ihres Gebiets oder andere höchste Lebensinteressen zu berufen, die Einrede erhebt, daß die Angelegenheit von überwiegend politischer Bedeutung sei und sich deshalb für eine Entscheidung nach ausschließlich rechtlichen Grundsätzen nicht eigne. Jedoch kann diese Einrede, in Abweichung von der Bestimmung des Artikels 9, vom Schiedsgerichte nur einstimmig oder gegen eine einzige abweichende Stimme als begründet anerkannt werden.

Anerkennt das Schiedsgericht die bezeichneten Einreden als begründet, so überweist es die Streitigkeit dem Vergleichsverfahren; sonst entscheidet es selbst darüber.

Eine Partei, die eine der erwähnten Einreden der Gegenpartei nicht als zutreffend anerkennt, kann sich gleichwohl ohne vorherige Herbeiführung einer schiedsgerichtlichen Entscheidung über die Einrede mit der Durchführung des Vergleichsverfahrens einverstanden erklären. Sie kann dabei jedoch den Vorbehalt machen, daß, wenn der Vergleichsvorschlag nicht von beiden Parteien angenommen wird, das Schiedsgericht zur Entscheidung über die Einrede und gegebenenfalls auch über die Streitigkeit selbst angerufen werden kann.

[1]) Das Abänderungsprotokoll vom 29. August 1928 sieht die Aufhebung des Art. 4 vor.

Art. 5. Das Schiedsgericht legt seinen Entscheidungen zugrunde

erstens: die zwischen den Parteien geltenden Übereinkünfte allgemeiner oder besonderer Art und die sich daraus ergebenden Rechtssätze;

zweitens: das internationale Gewohnheitsrecht als Ausdruck einer allgemeinen, als Recht anerkannten Übung;

drittens: die allgemeinen von den Kulturstaaten anerkannten Rechtsgrundsätze.

Soweit im einzelnen Falle die vorstehend erwähnten Rechtsgrundlagen Lücken aufweisen, entscheidet das Schiedsgericht nach den Rechtsgrundsätzen, die nach seiner Ansicht die Regel des internationalen

Rechtes sein sollten. Es folgt dabei bewährter Lehre und Rechtsprechung.

Mit Zustimmung beider Parteien kann das Schiedsgericht seine Entscheidung, anstatt sie auf Rechtsgrundsätze zu stützen, nach billigem Ermessen treffen.

Art. 6. Sofern nicht die Parteien im einzelnen Falle eine entgegenstehende Vereinbarung treffen, wird das Schiedsgericht in folgender Weise bestellt:

Die Richter werden auf der Grundlage des Verzeichnisses der Mitglieder des durch das Haager Abkommen zur friedlichen Erledigung internationaler Streitfälle vom 18. Oktober 1907 geschaffenen Ständigen Schiedshofs im Haag gewählt[1]).

Jede Partei ernennt einen Schiedsrichter nach freier Wahl. Gemeinsam berufen die Parteien drei weitere Richter und aus deren Mitte den Obmann. Sofern einer der gemeinsam berufenen Richter nach seiner Wahl die Staatsangehörigkeit einer der beiden Parteien erwirbt, auf deren Gebiete seinen Wohnsitz nimmt oder in deren Dienste tritt, kann jede Partei verlangen, daß er ersetzt werde. Streitigkeiten darüber, ob diese Voraussetzungen zutreffen, werden von den übrigen vier Richtern entschieden, wobei der ältere der gemeinsam berufenen Richter den Vorsitz führt und bei Stimmengleichheit eine doppelte Stimme hat.

Die Wahl der Richter erfolgt von neuem für jeden einzelnen Streitfall. Die vertragschließenden Teile behalten sich jedoch vor, im gemeinsamen Einverständnisse die Wahlen in der Weise vorzunehmen, daß für gewisse Arten von Streitfällen während eines bestimmten Zeitraums dieselben Richter dem Schiedsgericht angehören.

Mitglieder des Schiedsgerichts, die aus irgendeinem Grunde ausscheiden, werden in der gleichen Weise ersetzt, wie sie berufen worden sind.

[1]) Vgl. oben Nr. 1, S. 1.

Art. 7. Die vertragschließenden Teile werden in Ausführung des gegenwärtigen Vertrags in jedem Einzelfall eine besondere Schiedsordnung festsetzen. Darin werden der Streitgegenstand, die etwaigen besonderen Befugnisse des Gerichts, dessen Zusammensetzung und Sitz, die Höhe des von jeder Partei als Kostenvorschuß zu hinterlegenden Betrags, die hinsichtlich der Form und der Fristen des Verfahrens zu beobachtenden Regeln sowie die sonst notwendigen Einzelheiten bestimmt.

Meinungsverschiedenheiten über die Bestimmungen der Schiedsordnung werden, vorbehaltlich des Artikels 8, vom Schiedsgericht entschieden.

Art. 8[1]). Kommt zwischen den Parteien nicht binnen sechs Monaten, nachdem die eine der andern das Begehren nach schiedsgerichtlicher Austragung einer Streitigkeit mitgeteilt hat, die Schiedsordnung zustande, so kann jede Partei den im Artikel 14 vorgesehenen Ständigen Vergleichsrat zwecks Feststellung der Schiedsordnung anrufen. Dieser hat binnen zwei Monaten nach seiner Anrufung die Schiedsordnung festzusetzen, wobei der Streitgegenstand aus den Anträgen der Parteien ermittelt wird.

Es ist ebenso zu verfahren, wenn eine Partei den von ihr zu ernennenden Richter nicht bezeichnet hat, oder wenn die Parteien in der Bezeichnung der gemeinsam zu berufenden Richter oder des Obmanns nicht einig sind.

Der Ständige Vergleichsrat ist ferner befugt, bis zur Bestellung des Schiedsgerichts über jede andere Streitigkeit zu entscheiden, die sich auf die Schiedsordnung bezieht.

[1]) Das Abänderungsprotokoll vom 29. April 1928 sieht den Ersatz des Art. 8 durch eine Zustimmung vor, inhalts deren jede Partei eine Streitigkeit zwischen Deutschland und der Schweiz beim Ständigen Internationalen Gerichtshof im Haag unmittelbar anhängig machen kann, wenn zwischen den Parteien nicht binnen zwei Monaten, nachdem die eine der anderen das Begehren nach schiedsgerichtlicher Austragung der Streitigkeit mitgeteilt hat, die Schiedsordnung zustande kommt oder das Schiedsgericht nicht bestellt wird.

Art. 9. Das Schiedsgericht trifft seine Entscheidungen mit Stimmenmehrheit.

Art. 10. Der Schiedsspruch wird Angaben über die Art seiner Ausführung, insbesondere über die dabei zu beobachtenden Fristen enthalten.

Wird in einem Schiedsspruch festgestellt, daß eine von einem Gericht oder einer andern Behörde einer Partei getroffene Entscheidung oder Verfügung ganz oder teilweise mit dem Völkerrecht in Widerspruch steht, können aber nach dem Verfassungsrechte dieser Partei die Folgen der Entscheidung oder Verfügung durch Verwaltungsmaßnahmen nicht oder nicht vollständig beseitigt werden, so ist der verletzten Partei in dem Schiedsspruch auf andere Weise eine angemessene Genugtuung zuzuerkennen.

Art. 11. Unter Vorbehalt anderweitiger Abrede in der Schiedsordnung kann jede Partei bei dem Schiedsgerichte, das den Spruch erlassen hat, die Revision dieses Spruches beantragen. Der Antrag kann nur mit der Ermittlung einer Tatsache begründet werden, die einen entscheidenden Einfluß auf den Spruch auszuüben geeignet gewesen wäre und bei Schluß der Verhandlung dem Schiedsgerichte selbst und der Partei, welche die Revision beantragt, ohne ihr Verschulden unbekannt war.

Mitglieder des Schiedsgerichts, die aus irgendeinem Grunde für das Revisionsverfahren ausscheiden, werden in der gleichen Weise ersetzt, wie sie berufen worden sind.

Die Frist, innerhalb deren der im Abs. 1 vorgesehene Antrag gestellt werden kann, ist im Schiedsspruch zu bestimmen, sofern dies nicht in der Schiedsordnung geschehen ist.

Art. 12. Alle Streitigkeiten, die zwischen den Parteien über Auslegung und Ausführung des Schiedsspruchs entstehen sollten, unterliegen, vorbehaltlich anderweitiger Abrede, der Beurteilung des Schiedsgerichts, das den Spruch gefällt hat. Dabei findet die Bestimmung des Artikels 11 Abs. 2 entsprechende Anwendung.

Art. 13. Alle Streitigkeiten, die nicht nach den vorhergehenden Artikeln dieses Vertrags dem Schiedsgerichtsverfahren unterworfen werden, sind auf Verlangen einer Partei im Vergleichsverfahren zu behandeln.

Behauptet die andere Partei, daß der im Vergleichsverfahreen anhängig gemachte Streitfall vom Schiedsgerichte zu entscheiden sei, so entscheidet dieses zunächst über diese Vorfrage.

Die Regierungen der vertragschließenden Teile können im gemeinsamen Einverständnis eine Streitigkeit, für die nach dem gegenwärtigen Vertrage das Schiedsgericht angerufen werden kann, endgültig oder unter Vorbehalt der spätern Anrufung des Schiedsgerichts im Vergleichsverfahren behandeln lassen.

Art. 14. (1) Für das Vergleichsverfahren wird ein Ständiger Vergleichsrat gebildet.

(2) Der Ständige Vergleichsrat besteht aus fünf Mitgliedern. Die vertragschließenden Teile ernennen, jeder für sich, nach freier Wahl je ein Mitglied und berufen die drei übrigen Mitglieder im gemeinsamen Einverständnisse. Diese drei Mitglieder sollen nicht Angehörige der vertragschließenden Staaten sein, noch sollen sie auf deren Gebiet ihren Wohnsitz haben oder in deren Dienste stehen. Aus ihrer Mitte wird der Vorsitzende durch die vertragschließenden Teile gemeinsam bezeichnet.

(3) Jedem vertragschließenden Teile steht das Recht zu, jederzeit, sofern nicht ein Verfahren im Gange oder von einer Partei beantragt worden ist, das von ihm ernannte Mitglied abzuberufen und dessen Nachfolger zu bestimmen. Unter den gleichen Voraussetzungen steht es jedem der vertragschließenden Teile auch frei, die Zustimmung zur Berufung jedes der drei gemeinsam berufenen Mitglieder zurückzuziehen. In diesem Falle muß unverzüglich zur gemeinsamen Berufung eines neuen Mitglieds geschritten werden.

(4) Während der tatsächlichen Dauer des Verfahrens erhalten die Mitglieder eine Entschädigung, deren Höhe von den Parteien zu vereinbaren ist. Die Kosten des Ständigen Vergleichsrats werden von den beiden Parteien zu gleichen Teilen getragen.

(5) Der Ständige Vergleichsrat wird im Laufe von sechs Monaten nach Austausch der Ratifikationsurkunden dieses Vertrags gebildet. Ausscheidende Mitglieder werden gemäß dem für die erstmalige Wahl maßgebenden Verfahren so rasch als möglich ersetzt.

(6) Der Ständige Vergleichsrat bestimmt seinen Sitz. Er kann ihn nach freiem Ermessen verlegen.

(7) Der Ständige Vergleichsrat bildet nötigenfalls eine Kanzlei. Soweit er in die Kanzlei Angehörige der

Parteien beruft, hat er dabei die Parteien gleichmäßig zu berücksichtigen.

(8) Wenn die Berufung der gemeinsam zu berufenden Mitglieder nicht innerhalb von sechs Monaten nach dem Austausch der Ratifikationsurkunden oder, im Falle der Ergänzung des Ständigen Vergleichsrats, nicht innerhalb von drei Monaten nach Ausscheiden eines Mitglieds stattgefunden hat, so finden die Bestimmungen des Artikels 45 Abs. 4 bis 6 des Haager Abkommens zur friedlichen Erledigung internationaler Streitfälle vom 18. Oktober 1907 auf die Wahl der Mitglieder sinngemäß Anwendung.

Art. 15. Dem Ständigen Vergleichsrat liegt ob, einen Bericht zu erstatten, der den Sachverhalt feststellt und Vorschläge für die Beilegung der Streitigkeit enthält.

Der Bericht ist innerhalb von sechs Monaten nach dem Tage zu erstatten, an dem die Streitigkeit dem Ständigen Vergleichsrat unterbreitet wurde, es sei denn, daß die Parteien diese Frist im gemeinsamen Einverständnisse verkürzen oder verlängern. Der Bericht soll in drei Ausfertigungen verfaßt werden, von denen je eine jeder Partei ausgehändigt, die dritte vom Ständigen Vergleichsrat aufbewahrt wird.

Der Bericht hat weder in bezug auf die Tatsachen noch in bezug auf die rechtlichen Ausführungen die Bedeutung einer endgültig bindenden Entscheidung. Jedoch hat sich jede Partei innerhalb einer im Berichte festzusetzenden Frist darüber zu erklären, ob und inwieweit sie die Feststellungen des Berichts anerkennt und dessen Vorschläge annimmt. Diese Frist darf die Zeit von drei Monaten nicht überschreiten.

Art. 16. Der Ständige Vergleichsrat tritt in Wirksamkeit, sobald er von einer Partei angerufen wird.

Diese richtet ihr Begehren gleichzeitig an den Vorsitzenden des Ständigen Vergleichsrats und an die andere Partei.

Die vertragschließenden Teile verpflichten sich, in allen Fällen und in jeder Hinsicht die Arbeiten des Ständigen Vergleichsrats zu fördern und ihm insbesondere durch die zuständigen Behörden jede Rechtshilfe zu gewähren. Der Ständige Vergleichsrat ist berechtigt, im Gebiete der vertragschließenden Teile nach Maßgabe der dort den Gerichten zustehenden Befugnisse Zeugen und Sachverständige vorzuladen und zu vernehmen und Augenschein einzunehmen. Er kann die Beweise entweder in vollständiger Besetzung oder durch eines oder mehrere der gemeinsam berufenen Mitglieder erheben.

Art. 17. Der Ständige Vergleichsrat trifft seine Entschließungen mit einfacher Stimmenmehrheit. Er ist beschlußfähig, wenn alle Mitglieder ordnungsmäßig geladen und mindestens die gemeinsam berufenen Mitglieder anwesend sind.

Art. 18. Der im Schiedsgerichtsverfahren gefällte Spruch ist von den Parteien nach Treu und Glauben zu erfüllen.

Die vertragschließenden Teile verpflichten sich, während der Dauer des Schiedsgerichts- oder Vergleichsverfahrens nach Möglichkeit jede Maßnahme zu vermeiden, die auf die Erfüllung des Schiedsspruchs oder die Annahme der Vorschläge des Ständigen Vergleichsrats nachteilig zurückwirken könnte. Bei einem Vergleichsverfahren haben sie sich bis zu dem Zeitpunkt, den der Ständige Vergleichsrat für die Annahmeerklärung der Parteien festsetzt, jeder gewaltsamen Selbsthilfe zu enthalten.

Das Schiedsgericht kann auf Verlangen einer

Partei vorsorgliche Maßnahmen anordnen, soweit diese von den Parteien auf dem Verwaltungswege durchgeführt werden können; ebenso kann der Ständige Vergleichsrat zum gleichen Zwecke Vorschläge machen.

Art. 19. Unter Vorbehalt entgegenstehender Bestimmungen des gegenwärtigen Vertrags oder der Schiedsordnung ist für das Schiedsgerichts- und Vergleichsverfahren das Haager Abkommen zur friedlichen Erledigung internationaler Streitfälle vom 18. Oktober 1907 maßgebend.[1])

Soweit der gegenwärtige Vertrag auf die Bestimmungen des Haager Abkommens verweist, finden sie im Verhältnis zwischen den vertragschließenden Teilen selbst dann Anwendung, wenn diese oder einer von ihnen von dem Abkommen zurückgetreten sein sollten.

Sofern weder der gegenwärtige Vertrag noch die Schiedsordnung noch die sonst zwischen den vertragschließenden Teilen bestehenden Übereinkünfte die Fristen und andere Einzelheiten des Schiedsgerichts- oder Vergleichsverfahrens festlegen, ist das Schiedsgericht oder der Ständige Vergleichsrat selbst befugt, die erforderlichen Bestimmungen zu treffen.

[1]) Vgl. oben Nr. 1 Seite 1.

Art. 20. Der gegenwärtige Vertrag soll so bald als möglich ratifiziert werden. Die Ratifikationsurkunden sollen in Bern ausgetauscht werden.

Der Vertrag tritt einen Monat nach dem Austausch der Ratifikationsurkunden in Kraft.

Der Vertrag gilt für die Dauer von zehn Jahren. Wird er nicht sechs Monate vor Ablauf dieses Zeitraums gekündigt, so bleibt er für weitere zwei Jahre in Kraft. Das gleiche gilt, wenn der Vertrag nicht mit der bezeichneten Frist gekündigt wird, für die spätere Zeit.

Ein Schiedsgerichtsverfahren oder ein Vergleichsverfahren, das bei Ablauf des gegenwärtigen Vertrags schwebt, nimmt seinen Lauf nach den Bestimmungen dieses Vertrags oder eines andern Abkommens, das von den vertragschließenden Teilen an dessen Stelle vereinbart wird.

Zu Urkund dessen haben die Bevollmächtigten den gegenwärtigen Vertrag unterzeichnet.

Ausgefertigt in doppelter Urschrift in Bern am 3. Dezember 1921 (dritten Dezember eintausendneunhunderteinundzwanzig).

Gaus.
Max Huber.

b) Schlußprotokoll zu dem deutsch-schweizerischen Schieds- und Vergleichsvertrage.

1. Die vertragschließenden Teile gehen von der Ansicht aus, daß die einzelnen Bestimmungen des Vertrags im Zweifel zugunsten der Anwendung des Grundsatzes der schiedsgerichtlichen Erledigung von Streitigkeiten auszulegen sind. Insbesondere erklären die vertragschließenden Teile, daß gewöhnliche Grenzstreitigkeiten nicht als Angelegenheiten anzusehen sind, die im Sinne von Artikel 4 des Vertrags die Unversehrtheit des Gebiets betreffen.

2. Die vertragschließenden Teile erklären, daß der Vertrag auch dann Anwendung findet, wenn eine Streitigkeit in Ereignissen ihren Ursprung hat, die zeitlich vor seinem Abschluß liegen. Etwaige mit Ereignissen des Weltkriegs in unmittelbarem Zusammenhange stehende Streitigkeiten werden jedoch mit Rücksicht auf ihre allgemeine politische Bedeutung hiervon ausgeschlossen.

3. Die Tatsache, daß an einer Streitigkeit dritte Staaten beteiligt sind, schließt die Anwendung des Vertrags nicht aus. Die vertragschließenden Teile werden gegebenenfalls dahin wirken, die dritten Staaten zum Anschluß an das Schiedsgerichts- oder Vergleichsverfahren zu veranlassen. Für den Fall bleibt es den beiderseitigen Regierungen vorbehalten, im gemeinsamen Einverständnis eine besondere Zusammensetzung des Schiedsgerichts oder des Ständigen Vergleichsrats vorzusehen. Kann eine Verständigung mit den dritten Staaten über deren Anschluß nicht binnen angemessener Frist herbeigeführt werden, so nimmt das Verfahren zwischen den vertragschließenden Teilen den im Vertrage vorgesehenen Verlauf.

4. Die vertragschließenden Teile erklären, daß Streitigkeiten zwischen Deutschland und einem dritten Staate, an denen die Schweiz in ihrer Eigenschaft als Mitglied des Völkerbundes beteiligt werden könnte, nicht als Streitigkeiten zwischen den vertragschließenden Teilen im Sinne des Vertrags angesehen werden können.

Bern, den 3. Dezember 1921.

Gaus.

Max Huber.

Anlage.

Denkschrift der Reichsregierung zum deutsch-schweizerischen Schiedsgerichts- und Vergleichsvertrag, dem Reichstag mit dem Entwurf eines Zustimmungsgesetzes unter dem 30. Januar 1922 vorgelegt.

(Reichstagsdrucksache, I. Wahlperiode 1921, Nr. 3455.)

I. Allgemeine Bemerkungen.

Deutschland hat eine vertragliche Verpflichtung allgemeiner Art zur gütlichen Erledigung von Staatenstreitigkeiten bisher nur in einem Falle übernommen, nämlich in dem deutsch-englischen Schiedsgerichtsvertrage vom 12. Juli 1904.*) Dieser Vertrag ist am 12. Juli 1914 infolge Zeitablaufs außer Kraft getreten. Zurzeit besteht daher für Deutschland eine rechtlich bindende Verpflichtung zur schiedlichen Austragung von Staatenstreitigkeiten lediglich auf Grund der in eine Reihe von Einzelverträgen aufgenommenen Klausel, wonach die bei Auslegung und Anwendung dieser Einzelverträge sich ergebenden Streitigkeiten einem Schiedsgerichte zu unterbreiten sind. Solche kompromissarische Klauseln finden sich aus der Zeit vor dem Weltkrieg z. B. in dem Weltpostvertrage sowie in mehreren von Deutschland abgeschlossenen Handelsverträgen. Ebenso ist die kompromissarische Schiedsklausel in manche der nach dem Weltkrieg abgeschlossenen Verträge, z. B. in den deutsch-danziger Optionsvertrag vom 8. November 1920 und in das deutsch-polnische Abkommen über den Verkehr mit Ostpreußen vom 21. April 1921, aufgenommen worden.

Die Reichsregierung glaubt sich künftig nicht damit begnügen zu dürfen, dem Schiedsgedanken dadurch Geltung zu verschaffen, daß sie die Aufnahme einer Schiedsklausel in die abzuschließenden einzelnen Staatsverträge anstrebt. Sie betrachtet es vielmehr als eine ihrer wichtigsten Aufgaben in der äußeren Politik, zu ihrem Teile ganz allgemein darauf hinzuwirken, daß internationale Streitfragen auf dem Schiedsweg zum Austrag gebracht werden. Sie ist überzeugt, daß in dem Maße der obligatorischen Verpflichtung der Staaten zur friedlichen Erledigung ihrer Konflikte ein weiter Schritt über das hinaus getan werden kann und

*) Abgedruckt mit einigen die Verlängerung betreffenden Noten in der 1. Serie der bei van Langenhuysen Frères im Haag im Jahr 1911 herausgegebenen Sammlung „Traités généraux d'arbitrage communiqués au Bureau International, de la Cour Permanente d'Arbitrage, p. 68. Ferner im Reichsanzeiger vom 15. Juli 1904, Nr. 165 (Anm. des Herausgebers).

muß, was vor dem Weltkrieg nicht nur von Deutschland, sondern von den meisten Staaten auf diesem Gebiete für möglich gehalten wurde. Der durch die Erlebnisse des Weltkriegs stärker als je zuvor in der Menschheit wach gewordene Wunsch, eine dauernde allgemeine Friedensordnung zwischen den Staaten zu stiften, kann freilich nur durch eine alle Staaten der Welt umfassende gemeinsame Verständigung verwirklicht werden. Eine solche allgemeine Verständigung liegt zurzeit außerhalb des Bereichs der tatsächlichen Möglichkeit. Jedenfalls kann die Reichsregierung ihr Ziel einstweilen nur auf dem Wege verfolgen, daß sie Sondervereinbarungen mit den einzelnen fremden Regierungen abschließt, die ihr in der gleichen Auffassung entgegenkommen.

Die Reichsregierung ist mit dem Vorschlag einer solchen Sondervereinbarung zunächst an die Schweizerische Regierung herangetreten. Diese hat sich mit besonderem Nachdruck für die Förderung des internationalen Schiedswesens eingesetzt. Insbesondere hat sie in verschiedenen, in den letzten Jahren veröffentlichten Staatsschriften ihren Willen zur Begründung einer dauernden Rechtsordnung zwischen den Staaten in einer Weise kundgegeben, die ohne weiteres eine Einigung über die zu lösenden grundsätzlichen Fragen erwarten ließ. Der deutsche Vorschlag ist denn auch von schweizerischer Seite bereitwillig aufgenommen worden.

Beide Regierungen waren sich von vornherein darüber einig, daß der abzuschließende Vertrag nicht nur ein restloses Bekenntnis zum allgemeinen Schiedsgedanken darzustellen habe, sondern auch so zu gestalten sei, daß er in allen vorkommenden Fällen praktisch durchführbar ist. In diesem Sinne ist dem Vertrage der Gedanke zugrunde gelegt worden, daß einerseits alle Arten von Konflikten ohne Ausnahme zum Gegenstand eines internationalen Schlichtungsverfahrens zu machen sind, daß anderseits aber dieses Schlichtungsverfahren nur bei bestimmten Kategorien von

Konflikten in einem gerichtlichen Verfahren bestehen soll, während bei den übrigen Kategorien nicht ein Gerichts-, sondern ein Vergleichsverfahren Platz greift (Artikel 1). Das Schiedsgerichtsverfahren endet mit einem Spruche, der nach Art eines gewöhnlichen Gerichtsurteils die Parteien endgültig bindet. Das Prinzip des Vergleichsverfahrens besteht dagegen darin, daß die Streitigkeiten von einer ständigen Vergleichskommission zu behandeln sind, und zwar derart, daß die Kommission innerhalb einer bestimmten Frist ein Gutachten abzugeben hat, das die Parteien nicht bindet, bis zu dessen Erstattung sie aber zu keinerlei Gewaltmaßnahmen greifen dürfen. Das Muster für ein solches Vergleichsverfahren sind die bekannten, von dem damaligen amerikanischen Staatssekretär Bryan abgeschlossenen Verträge aus den Jahren 1913 und 1914,*) die bei allen Anhängern der Friedensidee hohe Anerkennung gefunden haben.

Die Ergänzung des obligatorischen Schiedsgerichtsverfahrens durch ein derartiges Vergleichsverfahren entspricht der Richtung, welche die allgemeine Bewegung in der Frage des Schiedswesens in der letzten Zeit genommen hat. Fast allgemein wird der Erkenntnis Raum gegeben, daß nicht alle Arten von internationalen Streitfällen einer gerichtlichen Erledigung fähig sind, daß vielmehr zwischen „gerichtsfähigen" Streitfällen und solchen Streitfällen unterschieden werden muß, die sich wegen ihres besonderen Charakters einer gerichtlichen Entscheidung entziehen und nur für ein Vergleichsverfahren eignen. Jedenfalls ist überall da, wo nicht nur künftige Ziele, sondern gegenwärtige Möglichkeiten erörtert werden, erkannt worden, daß in vielen Fällen das Schiedsgericht ein untaugliches Mittel sein würde und durch ein Verfahren ersetzt werden muß,

*) Vgl. zu diesen Verträgen besonders die Arbeit von Imberg: „Die Stellung der Vereinigten Staaten von Nordamerika zur internationalen Schiedsgerichtsfrage." Eine völkerrechtliche Studie, Berlin 1914 (Anm. des Herausgebers).

das auf einen Ausgleich der widerstreitenden Interessen im Geiste der Billigkeit abzielt. Kann dieses Verfahren seiner Natur nach auch nicht auf eine die Parteien formell bindende Entscheidung abgestellt sein, so ist doch schon dadurch, daß die Sache vor ein Forum von unbefangenen Persönlichkeiten gebracht wird, die schlimmste Gefahr beseitigt. Der ergehende Vergleichsvorschlag wird einer Partei nur in den seltensten Fällen noch Raum zu dem Versuche lassen, den ursprünglich von ihr eingenommenen Standpunkt mit Gewalt durchzusetzen. Auch ist mit Recht hervorgehoben worden, daß dem obligatorischen Vergleichsverfahren in manchen Fällen vielleicht ein wertvollerer Erfolg beschieden ist als dem obligatorischen Schiedsverfahren. Denn der Vergleich bietet den Ausweg eines Nachgebens ohne Preisgabe des grundsätzlichen Standpunkts und schaltet alle Verstimmungen aus, die sich leicht daraus ergeben können, daß die im Prozeß unterliegende Partei unbedingt verpflichtet ist, sich dem ergangenen Schiedsspruch zu fügen.

Mit der Nebeneinanderstellung der beiden Arten des Verfahrens wird die Frage aufgeworfen, in welcher Weise die gerichtsfähigen Streitigkeiten von den nicht gerichtsfähigen, sondern nur vergleichsfähigen Streitigkeiten abgegrenzt werden sollen und wie Meinungsverschiedenheiten der beiden Staaten über die Gerichtsfähigkeit eines einzelnen Falles zu behandeln sind. Das berührt eine der umstrittensten Fragen der ganzen Schiedsvertragspolitik. Die vor dem Weltkrieg abgeschlossenen Schiedsverträge weisen in dieser Hinsicht die verschiedensten Lösungen auf. Die meisten Verträge, insbesondere die Verträge der Großmächte, folgen im wesentlichen dem Vorbild des englisch-französischen Vertrags von 1903,*) wonach dem schiedsgericht-

*) Dieser Vertrag trägt das Datum des 14. Oktobers 1903. Er ist unter A abgedruckt in der oben S. 98 Anm. abgedruckten Sammlung S. 32 ff. (Anm. des Herausgebers.)

lichen Verfahren ohne nähere Begriffsbestimmung alle „Rechtsstreitigkeiten" unterworfen werden, sofern sie nicht die vitalen Interessen, die Ehre oder die Unabhängigkeit der vertragschließenden Staaten oder die Interessen dritter Mächte berühren. Dabei entscheidet über die Frage, ob die Voraussetzungen dieser sogenannten Ehren- und Interessenklausel im Einzelfalle gegeben sind, jeder Vertragsstaat nach freiem Ermessen. Gegen diesen Typus, dem auch der eingangs erwähnte deutsch-englische Vertrag entsprach, ist stets hervorgehoben worden, daß die Ehren- und Interessenklausel den Regierungen die Möglichkeit lasse, sich in allen nur einigermaßen wichtigen Angelegenheiten der obligatorischen Schiedssprechung zu entziehen. Um diesem Einwand zu begegnen, haben andere Verträge eine mehr oder weniger umfangreiche Liste unbedingt gerichtsfähiger Fälle aufgestellt, in denen die Berufung auf jene Klausel nicht gestattet sein soll. Das ist auch die Regelung, die von der Mehrheit der auf der II. Haager Friedenskonferenz vertretenen Mächte empfohlen, schließlich aber doch nicht endgültig angenommen wurde. Tatsächlich sind alle bisherigen Versuche, durch Aufstellung einer solchen Liste eine Lösung zu finden, unbefriedigend geblieben. In ein neues Stadium ist die Frage der Abgrenzung der gerichtsfähigen Fälle durch die Beschlüsse des Völkerbundes getreten. Das Völkerbundsstatut selbst hat eine obligatorische Schiedsgerichtsbarkeit bekanntlich ebensowenig eingeführt wie die Haager Friedenskonferenz. Im Artikel 13 des Völkerbundsstatuts*) ist aber der Kreis der Streitigkeiten, die sich ihrer Natur nach zur schiedsgerichtlichen Erledigung eignen, in Form einer grundsätzlichen Erklärung sehr weit gezogen worden. Als gerichtsfähig werden hier nämlich die Streitigkeiten bezeichnet, welche betreffen:

a) die Auslegung eines Vertrags;

---

*) Vgl. oben Nr. 2a, S. 43.

b) irgendeine Frage des internationalen Rechtes;
c) das Bestehen einer Tatsache, die, wenn sie bewiesen wird, die Verletzung einer internationalen Verpflichtung bedeutet;
d) Umfang und Art der Wiedergutmachung im Falle einer solchen Verletzung.

Dabei wird keine Einschränkung durch eine Ehren- und Interessenklausel gemacht. Diese zunächst rein fakultative Bestimmung hat ihre eigentliche Bedeutung erst durch die Beschlüsse der ersten Völkerbundsversammlung im Dezember 1920 erhalten. Zwar haben auch diese Beschlüsse ein ohne weiteres alle Bundesglieder umfassendes Obligatorium nicht geschaffen. Sie haben aber im Rahmen des Völkerbundes ein Kollektivabkommen über ein Obligatorium angebahnt. Es sind nämlich die Satzungen eines ständigen internationalen Gerichtshofs aufgestellt worden, wonach die Bundesglieder bei der endgültigen Annahme der Satzungen zugleich erklären können, daß sie das Schiedsgerichtsobligatorium für alle oder für einige Arten der bezeichneten Rechtsstreitigkeiten anerkennen wollen.*) Diese Erklärung ist bereits von mehreren Bundesmitgliedern, so von der Schweiz, Dänemark, Schweden, Holland und Luxemburg abgegeben worden, und zwar für alle oben angeführten vier Kategorien von Streitigkeiten und, unter der Voraussetzung der Gegenseitigkeit, gegenüber allen anderen Völkerbundsmitgliedern. Dabei wird die Frage, ob ein solcher Rechtsstreit vorliegt, im Einzelfalle vom Gerichte selbst entschieden.

Der deutsch-schweizerische Vertrag schließt sich in den wesentlichen Punkten dieser neuen Regelung der Schiedsgerichtsfrage an. Gegen die in das Völkerbundsstatut aufgenommene Begriffsbestimmung derjenigen Streitfälle, die grundsätzlich als gerichtsfähig anzusehen sind, lassen sich zwar manche formalen, aber keine erheblichen sachlichen

*) Vgl. unten Nr. 2d, S. 72.

Bedenken geltend machen. Ebenso muß der Gedanke, daß über die Anwendbarkeit der Begriffsbestimmung auf den einzelnen Fall das Schiedsgericht selbst zu entscheiden hat, gebilligt werden. Auch auf eine Ehren- und Interessenklausel in dem früher üblichen Sinne, daß darüber jeder Vertragsstaat nach freiem Ermessen zu entscheiden hatte, wird jede Regierung, der es mit dem Schiedsgedanken Ernst ist, verzichten müssen. Dabei ist freilich eins zu berücksichtigen. Die Ausnahme derjenigen Rechtsstreitigkeiten von der obligatorischen Schiedssprechung, welche die höchsten Lebensinteressen eines Staates berühren, hatte und hat an sich einen guten Grund. Auch Rechtsstreitigkeiten werden, namentlich wenn ihr Begriff so weit wie in dem Völkerbundsstatut gefaßt wird, sehr häufig über die formale Rechtsfrage hinaus eine große politische Tragweite haben. Bei der Unsicherheit und Lückenhaftigkeit des Völkerrechts in seinem gegenwärtigen Zustand muß eine Regierung unter Umständen Bedenken tragen, die endgültige Entscheidung einer für die wichtigsten Staatsinteressen entscheidenden Frage ohne weiteres einem Richterkollegium zu überlassen, dessen Entscheidung sich nicht voraussehen läßt, weil sie nicht selten weniger von der Anwendung klarer Rechtsnormen als von einer Rechtsfindung abhängen wird. Wenn die vom Völkerbund angebahnte, bisher allerdings nur von einer Minderheit seiner Mitglieder angenommene neue Regelung dies unberücksichtigt läßt und schlechthin alle Rechtsstreitigkeiten ohne jeden Vorbehalt dem Schiedsgericht unterwirft, so erklärt sich dies vielleicht weniger aus einem uneingeschränkten Bekenntnis zum Gedanken des obligatorischen Schiedsgerichts als aus der Tatsache, daß im Rahmen der Genfer Völkerbundsversammlung eine sachgemäße Fassung der Vorbehalte nicht möglich war. Auch werden sich viele der dem Völkerbund angehörenden Staaten mit dem Fallenlassen der Vorbehalte nur deshalb zufrieden gegeben haben, weil sie einstweilen überhaupt nicht daran denken, die zunächst nur fakultative Regelung der Schiedsgerichtsfrage als eine obligatorische anzunehmen. Jedenfalls war auch die Schweizerische Regierung, die sich, wie bemerkt, für das Obligatorium in jener Form entschieden hat, bei den Verhandlungen über den vorliegenden Vertrag mit der Reichsregierung darüber einig, daß es gut sei, den Grundgedanken, den die alte Ehren- und Interessenklausel enthält, in dem Vertrage, wenn auch in wesentlicher geänderter Form, wieder zur Geltung zu bringen. In der Tat liegt das Unbefriedigende der früheren Schiedsgerichtsverträge in erster Linie darin, daß sie die Anwendung der Vorbehalte der freien Willkür jedes Vertragsteils überlassen. Das ist ein Mangel, der jetzt unter allen Umständen dadurch vermieden werden mußte, daß die Entscheidung über die Anwendung der Vorbehalte in die Hände des Schiedsgerichts selbst gelegt wurde. Es ist klar, daß sich dadurch die Bedeutung der Vorbehalte vollkommen ändert.

Auf diesen Erwägungen beruht die Regelung, die in den Artikeln 2 und 4 des Vertrags enthalten ist. Als grundsätzlich maßgebend für die Zuständigkeit des Schiedsgerichts wird hier der Begriff der Rechtsstreitigkeiten angesehen, wie ihn das Völkerbundsstatut definiert. Aus der Gesamtheit der Rechtsstreitigkeiten werden dann zunächst in Anlehnung an den der alten Ehren- und Interessenklausel zugrunde liegenden Gedanken diejenigen Streitigkeiten herausgehoben, welche die Unabhängigkeit, die territoriale Unversehrtheit und andere höchste Lebensinteressen betreffen. In Abweichung von der Fassung der meisten früheren Schiedsgerichtsverträge ist hier also der Begriff der Ehre nicht besonders berücksichtigt worden. Einmal ist es gerade dieser Begriff gewesen, dessen Verwendung in den Schiedsgerichtsverträgen infolge seines dehnbaren Charakters von jeher besonders beanstandet worden ist. Außerdem werden aber die Fälle, in denen der Begriff der Ehre ernstlich ins

Spiel kommen könnte, von der jetzigen Formulierung der Vorbehalte mitumfaßt. Ebenso ist der Vorbehalt, daß der Streitfall die Interessen dritter Staaten berührt, fallengelassen worden. Er ist überflüssig, da es sich von selbst versteht, daß die Entscheidung des Schiedsgerichts nur die beiden Vertragsparteien, nicht aber dritte Staaten bindet. Anderseits decken jedoch die Begriffe der Unabhängigkeit, der territorialen Unversehrtheit und der höchsten Lebensinteressen nicht alle Fälle, die eine gesonderte Behandlung zweckmäßig erscheinen lassen. Es sind zahlreiche Fälle von Rechtsstreitigkeiten denkbar, die zwar nicht an die Grundlagen des Staatswesens rühren, die aber doch eines besonderen politischen Einschlags wegen für eine rein formalrechtliche Erledigung nicht geeignet sind. Auch für diese Fälle ist daher eine besondere Regelung vorgesehen worden. Das Verfahren bei den bezeichneten beiden Sonderkategorien von Rechtsstreitigkeiten besteht darin, daß zwar auch für sie in erster Linie das Schiedsgerichtsverfahren vorgesehen wird, aber mit der Maßgabe, daß unter gewissen Voraussetzungen die Überweisung der Streitfälle an die in dem Vertrage neben dem Schiedsgericht eingesetzte Vergleichsinstanz erfolgen kann. Das Ausschlaggebende dabei ist, daß die Erledigung im Vergleichsverfahren nicht schon auf den bloßen Antrag der Partei, die sich auf einen der Vorbehalte beruft, erfolgen soll, sondern daß die Berechtigung dieses Antrags im Falle ihrer Bestreitung durch die andere Partei zunächst vom Schiedsgerichte zu prüfen ist, und daß die Überweisung nur dann beschlossen werden darf, wenn das Schiedsgericht die Berechtigung des Antrags anerkennt.

Mit dieser Regelung wird erreicht, daß einerseits alle jene Fragen, die trotz ihrer juristischen Seite eine auf Billigkeit und Zweckmäßigkeit beruhende neue Regelung bestehender Verhältnisse fordern und daher auf Grund der geltenden völkerrechtlichen Normen keine befriedigende Erledigung finden können, aus dem Gerichtsverfahren in das Vergleichsverfahren kommen, und daß anderseits die Strenge der obligatorischen Bindung der beiden Staaten nicht durch die Befugnis zu einseitiger Vertragsauslegung durchlöchert wird.

Den Gegensatz zu den vorstehend erörterten Rechtsstreitigkeiten bilden die rein politischen Streitigkeiten. Es sind die Konflikte, die sich nicht als eine Kollision von Rechten, sondern als Gegensatz solcher Interessen darstellen, die noch keinen Rechtscharakter erlangt haben. Für sie wird in dem Vertrage von vornherein nicht das Gerichts-, sondern das Vergleichsverfahren vorgesehen (Artikel 13). Es tritt also neben die obligatorische Schiedssprechung bei Rechtsstreitigkeiten die obligatorische Vermittlung bei politischen Streitigkeiten. Es liegt auf der Hand, daß durch eine derartige Ausgestaltung des internationalen Schlichtungsverfahrens die schwierige und nach dem System der meisten früheren Schiedsverträge schlechthin ausschlaggebende Unterscheidung der gerichtsfähigen und der nicht gerichtsfähigen Streitfälle an praktischer Bedeutung außerordentlich verliert. Wird ein Fall nicht im Gerichtsverfahren behandelt, so hat das nicht mehr die Folge, daß er einem Schlichtungsverfahren überhaupt nicht unterliegt; vielmehr greift nach dem Vertrag alsdann ohne weiteres das Vergleichsverfahren ein, und diesem Verfahren kann sich die belangte Partei in keiner Weise entziehen.

II. Bemerkungen zu den einzelnen Vertragsbestimmungen.

Art. 1. Der Artikel legt im Abs. 1 den bereits erörterten Grundsatz fest, daß der Vertrag sich auf alle Streitigkeiten zwischen den beiden Staaten bezieht, und daß diese Streitigkeiten entweder in einem Schiedsgerichtsverfahren oder einem Vergleichsverfahren zu behandeln sind. Im Abs. 2 wird von diesem Grundsatz eine Ausnahme für diejenigen

Fälle gemacht, die nach anderweitigen Abmachungen in einem besonderen Verfahren zu erledigen sind. Ein Beispiel hierfür bildet der deutsch-schweizerische Handels- und Zollvertrag, der für gewisse Streitfragen eine Schiedsklausel enthält (vgl. Artikel 1, Nr. VII und Artikel 4, Nr. IX des Zusatzvertrags zum deutsch-schweizerischen Handels- und Zollvertrage vom 12. November 1904, Reichs-Gesetzbl. 1905 S. 319). Wenn derartige Sonderschiedsklauseln nicht alle Streitfragen umfassen, die bei der Auslegung und Anwendung des die Klausel enthaltenden Vertrags entstehen können, so würde insoweit der vorliegende Schieds- und Vergleichsvertrag eingreifen.

Art. 2 und 4, Schlußprotokoll Ziffer 1. Diese Bestimmungen gehören insofern zusammen, als sie in der in den allgemeinen Bemerkungen dargestellten Weise die Fälle abgrenzen, in denen das Schiedsgerichtsverfahren und nicht das Vergleichsverfahren Anwendung zu finden hat. Die Begriffsbestimmung der gerichtsfähigen Streitigkeiten im Artikel 2 entspricht, wie erwähnt, ohne wesentliche Änderung den Begriffsbestimmungen im Artikel 13 Abs. 2 des Völkerbundsstatuts; nur wird in der ersten Ziffer der Genauigkeit wegen nicht nur von der Auslegung, sondern auch von dem Bestand und der Anwendung der Staatsverträge gesprochen. Daß die Begriffsbestimmung den Kreis der gerichtsfähigen Streitigkeiten, namentlich im Vergleiche mit den auf den Haager Konferenzen vertretenen Anschauungen, sehr weit zieht, ist ohne weiteres ersichtlich. Meinungsverschiedenheiten über Bestand, Auslegung und Anwendung der Staatsverträge sind allerdings bereits in zahlreichen früheren Schiedsverträgen der obligatorischen Schiedsgerichtsbarkeit überwiesen worden. Ebenso entspricht auch die Aufnahme der Ziffern 3 und 4 der bisherigen Übung. Dagegen liegt eine sehr große Erweiterung in der Aufnahme der zweiten Kategorie, wonach gerichtsfähig alle Streitigkeiten sind, die irgendeine

Frage des internationalen Rechtes betreffen. Es ist mit Recht hervorgehoben worden, daß die meisten im Staatenleben vorkommenden Streitfälle eine juristische Seite haben. Gerade dieser Punkt ist es gewesen, der den Anlaß gegeben hat, im vorliegenden Vertrage für die Streitfälle, bei denen nicht diese juristische Seite, sondern die politische Bedeutung als ausschlaggebend angesehen werden muß, die Überweisung aus dem Gerichtsverfahren in das Vergleichsverfahren zuzulassen, wie das im Artikel 4 geschieht. Besonders hinzuweisen ist dabei auf die Tatsache, daß sich die prozessuale Behandlung der einer Partei verstatteten Einreden gegen die Behandlung im Schiedsgerichtsverfahren je nach dem Inhalt dieser Einreden verschieden gestaltet. Wenn eine Partei sich darauf beruft, daß der Streitfall ihre Unabhängigkeit, die Unversehrtheit ihres Gebiets oder andere höchste Lebensinteressen betreffe, so entscheidet das Schiedsgericht, gemäß der allgemeinen Regel des Artikels 9, hierüber mit einfacher Stimmenmehrheit. Geht die Parteibehauptung aber nur dahin, daß die Angelegenheit für sie von überwiegend politischer Bedeutung sei, so muß eine qualifizierte Mehrheit von allen gegen eine Stimme vorhanden sein, um die Einrede anzuerkennen. Für diese Anerkennung die Einstimmigkeit der Richter zu fordern, wäre nicht zweckmäßig gewesen, weil sonst der von der Gegenpartei einseitig berufene Schiedsrichter (vgl. Artikel 6 Abs. 3) jedesmal in der Lage sein würde, die Einrede hinfällig zu machen. Eine große praktische Bedeutung dürfte ferner auch der Bestimmung im Schlußabsatze des Artikels 4 zukommen. Aus ihr ergibt sich, daß bei Meinungsverschiedenheiten über die Gerichtsfähigkeit diejenige Partei, die die Gerichtsfähigkeit behauptet, sich zunächst auf das Vergleichsverfahren einlassen kann, ohne dadurch das Recht zu verlieren, im Falle der Erfolglosigkeit des Vergleichsverfahrens das Schiedsgericht anzurufen.

Auch die genauesten Regeln über die Abgrenzung der gerichtsfähigen von den nur vergleichsfähigen Konflikten werden solche Fälle nicht ganz ausschließen, in denen die Unterordnung unter die eine oder die andere Kategorie zweifelhaft bleibt. Die beiden Regierungen haben es für richtig gehalten, dem Schiedsgerichte für die ihm nach dem Vertrage zustehende Entscheidung über solche Zweifelsfälle eine Auslegungsregel an die Hand zu geben. Das geschieht in der ersten Ziffer des Schlußprotokolls. Nach dem Geiste des Vertrags konnte diese Auslegungsregel keine andere sein als die, daß im Zweifel auf Gerichtsfähigkeit des Streitfalls zu erkennen ist.

Art. 3. Ein schwieriges und viel erörtertes Problem bildet die Frage des Verhältnisses der internationalen Schiedsgerichtsbarkeit zur nationalen Gerichtsbarkeit. Der Vertrag geht von der Auffassung aus, daß das internationale Gericht nicht deshalb ausgeschlossen sein soll, weil das gegen eine Partei gerichtete und den Gegenstand des Staatenkonflikts bildende Begehren nach den Landesgesetzen dieser Partei vor ihren nationalen Gerichten geltend gemacht werden kann oder bereits geltend gemacht worden ist. Diese Auffassung führt aber zu zwei weiteren Fragen. Einmal fragt es sich, ob das internationale Gerichtsverfahren ganz ohne Rücksicht darauf in Gang gesetzt werden kann, daß die Gesetze der in Anspruch genommenen Partei ein nationales Gerichtsverfahren vorsehen. Davon zu unterscheiden ist die zweite Frage, welche Rechtswirkungen der im internationalen Verfahren ergehende Spruch auf eine in der gleichen Sache vorangegangene Entscheidung der nationalen Gerichte hat. Wegen dieser zweiten Frage wird auf die Bemerkungen zu Artikel 10 Abs. 2 verwiesen. Die erste Frage behandelt der Vertrag im Artikel 3, und zwar in dem Sinne, daß in Fällen der bezeichneten Art die belangte Partei zunächst die Erschöpfung des nationalen Instanzenzugs verlangen kann. In der Tat liegt im Verhältnis zwischen zwei Staaten mit geordneter Rechtspflege, wie Deutschland und die Schweiz es sind, kein Anlaß vor, einer Partei das Rechtsmittel der internationalen Schiedsgerichtsbarkeit zu gewähren, solange sie damit rechnen kann, in dem gewöhnlichen Gerichtsverfahren zu ihrem Rechte zu gelangen. Diese Möglichkeit ist allerdings dann nicht gegeben, wenn sich etwa die nationalen Instanzen rechtswidrig der Angelegenheit verschließen, also im Falle der endgültigen Rechtsverweigerung. In diesem Falle kann daher das Schiedsgericht ohne weiteres angerufen werden. Im Interesse der Rechtssicherheit wird im Abs. 1 noch bestimmt, daß in Fällen, wo die nationalen Gerichte der belangten Partei gesprochen haben, die Anrufung des Schiedsgerichts binnen sechs Monaten nach der Entscheidung der letzten nationalen Instanz zu erfolgen hat.

Über die Frage, ob hiernach eine Sache zunächst vor die nationalen Gerichte zu bringen ist, können leicht Meinungsverschiedenheiten entstehen. Diese dürfen nicht dazu führen, das Schiedsgerichtsverfahren zu verhindern. Deshalb bestimmt der Abs. 2, daß zur Entscheidung über diese Vorfrage gegebenenfalls das Schiedsgericht zuständig ist.

Art. 5. Der Artikel bezeichnet die Grundlagen, nach denen das Schiedsgericht zu entscheiden hat, was in den ihm vorgelegten Fällen Rechtens ist. Als Grundlagen werden zunächst die beiden Quellen des Völkerrechts aufgeführt, nämlich die Staatsverträge und das internationale Gewohnheitsrecht. Daneben werden die allgemeinen von den Kulturstaaten anerkannten Rechtsgrundsätze aufgeführt, weil sie systematisch nicht immer als Bestandteile des Völkerrechts angesehen werden können.

Häufig wird es an einer unbestrittenen Rechtsgrundlage für die Entscheidung des Falles fehlen. Das Völkerrecht weist in seinem gegenwärtigen Zustand zu viele Lücken auf, als daß von ihm eine zweifellose Beantwortung aller auftauchenden Fragen erwartet werden könnte. Die beiden

Regierungen haben nicht gezögert, diese Lücken dadurch zu schließen, daß sie in dem Vertrage dem Schiedsgerichte die Aufgabe der Weiterbildung des Völkerrechts übertragen. Das ist eine alte Forderung der anerkanntesten Vertreter des Schiedsgerichtsgedankens. Wollte man ihr nicht genügen, so wäre das Schiedsgerichtsverfahren nicht geeignet, die ihm überwiesene Aufgabe zu erfüllen. Das bedeutet nicht, daß dem subjektiven Ermessen der Schiedsrichter freier Spielraum gelassen würde. Die Schiedsrichter werden vielmehr an Hand der Wissenschaft und der Rechtsprechung den Rechtsgedanken zu folgen haben, die dem heutigen positiven Rechte zugrunde liegen. Es ist die Aufgabe des Schiedsgerichts, Recht zu sprechen, nicht dagegen nach billigem Ermessen einen Ausgleich zwischen den streitenden Parteien herbeizuführen. Das gilt auch da, wo das Schiedsgericht selbst die anzuwendende Rechtsregel erst festzusetzen hat. Wie Abs. 3 ausdrücklich feststellt, kann das Schiedsgericht nur dann, wenn die beiden Parteien ihre Zustimmung erteilen, den formellen Rechtsweg verlassen und seine Entscheidung nach billigem Ermessen treffen.

Art. 6. Der Artikel regelt die Zusammensetzung des Schiedsgerichts. Die Vertragschließenden standen vor der Wahl, ob das Schiedsgericht zu einer ständigen Organisation für alle vorkommenden Fälle gemacht oder für jeden Einzelfall von neuem zusammengesetzt werden sollte. Zweifellos dient das ständige Bereitstehen des Schiedsgerichts nicht nur der Beschleunigung des Verfahrens, sondern auch der Einheitlichkeit der Rechtsprechung. Immerhin fallen diese Vorteile nicht so ins Gewicht, daß sie gegenüber dem Nachteil, Fragen der verschiedensten Art immer demselben Gremium unterbreiten zu müssen, als ausschlaggebend anzusehen wären. Es kommt hinzu, daß beiden Teilen in dem Haager Schiedshof eine Organisation zur Verfügung steht, die sich bisher stets bewährt hat und die jedesmalige Neubildung des Schiedsgerichts erheblich erleichtert. Der Vertrag sieht deshalb vor, daß die Schiedsrichter in jedem einzelnen Falle von neuem aus der Haager Richterliste auszuwählen sind. Wie die Bestimmung des Abs. 4 erkennen läßt, ist aber in Aussicht genommen, für etwa zu erwartende Streitigkeiten gleicher oder ähnlicher Art ein ständiges Schiedsgericht zu bilden.

Gegenüber den Bestimmungen des Haager Schiedsabkommens über die Zusammensetzung des Schiedsgerichts (Artikel 45) weist der Vertrag insofern eine wichtige Neuerung auf, als nach ihm jede Partei einseitig nicht zwei, sondern nur einen Richter zu ernennen hat, während die drei anderen Richter von den Parteien im gemeinsamen Einverständnisse zu berufen sind. Die bisher allgemein übliche Ernennung von je zwei Richtern durch jede Partei legte den Gedanken nahe, daß die Entscheidung des Falles im Grunde von einer einzigen Persönlichkeit, dem Obmann, abhänge. Das Vertrauen zum Schiedsgerichte wird sicherlich dadurch gestärkt werden, daß jetzt die Mehrzahl der Richter von beiden Parteien gemeinsam gewählt wird.

Art. 7 und 8. Die früheren Schiedsverträge haben, auch soweit sie eine obligatorische Schiedssprechung begründen, die Einleitung des Verfahrens im einzelnen Falle durchweg noch von dem Abschluß des sogenannten Kompromisses, d. h. von einer besonderen Vereinbarung der Parteien abhängig gemacht, in der die Streitfrage formuliert, die Zusammensetzung des Schiedsgerichts bestimmt und, soweit nötig, die prozessualen Einzelheiten des Verfahrens geregelt werden. Für den Abschluß eines solchen Kompromisses, den unter der Bezeichnung „Schiedsordnung" auch der deutsch-schweizerische Vertrag vorsieht, sprechen in der Tat wichtige praktische Gründe. Ganz abgesehen von der Bezeichnung der Richter bietet die Schiedsordnung die Möglichkeit, das ganze Verfahren jedesmal den Eigentümlichkeiten des Falles anzupassen. Allerdings muß die Möglichkeit ausgeschaltet werden, daß Meinungsverschiedenheiten der Parteien über den Inhalt der Schiedsordnung den Beginn des Verfahrens erheblich verzögern oder gar vereiteln. Das geschieht durch die Bestimmungen des Artikels 8. Während das Haager Abkommen (Artikel 53, 54) das Eingreifen einer dritten Stelle bei Meinungsverschiedenheiten der bezeichneten Art nur in einigen Sonderfällen zuläßt, überträgt Artikel 8 dem im Vertrage mit der Durchführung des Vergleichsverfahrens betrauten Ständigen Vergleichsrat ganz allgemein die Aufgabe, an Stelle der uneinigen Parteien die Schiedsordnung festzustellen. Damit erhält der Ständige Vergleichsrat zugleich die Befugnis, bei Säumnis einer Partei in der Benennung des von ihr allein zu wählenden Richters und beim Nichtzustandekommen einer Einigung über die gemeinsam zu berufenden Richter die erforderlichen Ernennungen vorzunehmen. Die Durchführung des Schiedsgerichtsverfahrens kann also an der Notwendigkeit, in jedem Falle das Schiedsgericht von neuem zu bilden und die Verfahrenordnung besonders festzusetzen, niemals scheitern.

Art. 9. Die Bestimmung des Artikels entspricht der Bestimmung des Artikels 78 Abs. 2 des Haager Abkommens. Obwohl die Bestimmungen dieses Abkommens im Artikel 19 des Vertrags für subsidiär anwendbar erklärt wurden, ist die Entscheidung nach einfacher Stimmenmehrheit wegen ihrer grundsätzlichen Bedeutung im Artikel 9 ausdrücklich hervorgehoben worden. Die einzige Ausnahme von der Bestimmung des Artikels bildet die im Artikel 4 geregelte Entscheidung über die Einrede der überwiegend politischen Bedeutung des Streitfalls.

Art. 10. Der Zweck des Schiedsverfahrens, die endgültige Erledigung des Streitfalls, wird wesentlich gefördert, wenn der ergehende Spruch nähere Angaben über die Art seiner Ausführung, insbesondere über die dabei zu beobachtenden Fristen enthält. Die Möglichkeit unliebsamer Meinungsverschiedenheit über Auslegung und Ausführung des Spruches wird dadurch verringert. Der Abs. 1 schreibt daher dem Schiedsgericht eine dementsprechende Fassung des Spruches ausdrücklich vor.

Der Abs. 2 behandelt die bereits in den Bemerkungen zu Artikel 3 erwähnte Frage der Wirkung des Schiedsspruchs auf eine in derselben Sache vorangegangene Entscheidung eines nationalen Gerichts. Es ist vielfach die Auffassung vertreten worden, daß das auf Grund eines allgemeinen Schiedsvertrags in Tätigkeit tretende Schiedsgericht zu einer Revisionsinstanz für die nationalen Urteile gestaltet werden müsse, derart, daß erst der Schiedsspruch eine Res judicata schaffe. Es ist richtig, daß das Schiedsgericht nicht gezwungen werden darf, vor dem rechtskräftigen Urteil eines nationalen Gerichts Halt zu machen, weil dadurch ein großer Teil der gerichtsfähigen Fälle dem Schiedsgerichtsverfahren entzogen würde. Es ist aber nicht notwendig und bei den gegenwärtigen Verhältnissen nicht einmal zweckmäßig, die nationale Gerichtsorganisation auch formell zu durchbrechen. Das erstrebte Ziel läßt sich vielmehr auf dem Wege erreichen, daß die formale Rechtskraft des nationalen Urteils unberührt gelassen, daß das Schiedsgericht aber für befugt erklärt wird, die Völkerrechtswidrigkeit des Urteils festzustellen und der danach im Unrecht befindlichen Partei die Maßnahmen aufzugeben, die sie auf dem Verwaltungswege treffen kann, um die tatsächlichen Folgen des Urteils zu beseitigen. Dem entspricht die Bestimmung im Abs. 2. Sie wahrt die Autorität der nationalen Gerichte, wahrt anderseits aber auch den eigentlichen Charakter des Schiedsgerichtsverfahrens, das ein Verfahren zwischen zwei Staaten ist und deshalb auf völkerrechtliche, nicht auf staatsrechtliche Wirkungen abgestellt sein muß.

Die gleichen Erwägungen wie für die nationalen Gerichtsurteile gelten auch für solche Verwaltungsakte, die Privatpersonen ein von der Staatsgewalt unabhängiges

Recht verleihen und deshalb nicht auf dem Verwaltungswege rückgängig gemacht werden können. Ein Beispiel hierfür ist die Ehelichkeitserklärung durch Verfügung der Staatsgewalt. Derartige Verfügungen werden daher im Abs. 2 den Gerichtsurteilen gleichgestellt.

Art. 11. Die Bestimmung über die Revision des Schiedsspruchs lehnt sich an die Bestimmung im Artikel 83 des Haager Abkommens an. Sie ergänzt diese Bestimmung nur dadurch, daß Vorsorge für das nochmalige Zusammentreten des Schiedsgerichts getroffen und zugleich die Befristung der Revision vorgesehen wird.

Art. 12. Auch die Bestimmung dieses Artikels hat ihr Vorbild im Haager Abkommen (Artikel 82). Es wird nur ein Zusatz gemacht, der, wie im Falle des Artikels 11, das nochmalige Zusammentreten des Schiedsgerichts sicherstellt.

Art. 13 bis 17. Die Artikel regeln das Vergleichsverfahren, das in seinen Grundzügen bereits in den allgemeinen Bemerkungen geschildert worden ist. Das Muster der Bryanschen Verträge wird nicht nur hinsichtlich des Prinzips, sondern auch hinsichtlich mancher Einzelheiten des Verfahrens befolgt. In dieser Hinsicht ist namentlich zu erwähnen, daß überwiegende Gründe dafür sprechen, die Vergleichsinstanz nicht wie das Schiedsgericht von Fall zu Fall zu bilden, sondern daraus eine ständige Einrichtung zu machen. Gerade bei den politischen Streitfällen kann es sich um die schwersten und gefährlichsten Konflikte handeln, deren Schlichtung oft von dem sofortigen Bereitstehen der Vermittlungsinstanz abhängen wird. Auch steht zur Zeit für die schnelle Bildung dieser Instanz keine Organisation zur Verfügung, wie das für die Zusammensetzung des Schiedsgerichts bei den Haager Institutionen der Fall ist. Die einzelnen Bestimmungen über die Zusammensetzung des Ständigen Vergleichsrates bedürfen keiner Erläuterung. Er ist gedacht als ein Gremium von Vertrauensmännern, die nicht von den Parteien oder dritten Regierungen abhängen und doch in politischen Dingen sachkundig sind.

Die Aufgabe des Ständigen Vergleichsrats ist nach Artikel 15 eine doppelte, nämlich einmal die Feststellung des Sachverhalts und sodann die Aufstellung von Vorschlägen für die Beilegung der Streitigkeit. Für beide Teile des vom Vergleichsrat zu erstattenden Berichts gibt der Artikel im Abs. 3, entsprechend dem Grundgedanken des Vergleichsverfahrens, die negative Bestimmung, daß die Parteien dadurch nicht endgültig gebunden werden. Die positiven Rechtswirkungen des Berichts werden, soweit sie überhaupt einer formalen Regelung fähig sind, im Artikel 18 Abs. 2 angegeben. Hier ist auf die wichtige Neuerung gegenüber den Bryanschen Verträgen hinzuweisen, daß den Parteien eine Frist von längstens drei Monaten gesetzt werden muß, innerhalb deren sie sich darüber zu erklären haben, ob und inwieweit sie die Feststellungen des Berichts anerkennen und dessen Vorschläge annehmen. Die Tatsache, daß die Parteien den Bericht der Vergleichsinstanz nicht mit Stillschweigen übergehen oder dilatorisch behandeln können, daß sie vielmehr zu einer kurzbefristeten Äußerung über ihre Stellungnahme zu dem Berichte verpflichtet sind, wird wesentlich zur gütlichen Beilegung des Streitfalls beitragen. Zum mindesten wird dadurch erreicht, daß die ganze politische Situation in offenkundiger Weise geklärt wird. Eine weitere wichtige Abweichung von den Bryanschen Verträgen liegt in der Bestimmung des Artikels 17 Satz 2, wonach der Vergleichsrat auch dann beschlußfähig ist, wenn die ordnungsmäßige Ladung der fünf Mitglieder nur von den drei gemeinsam berufenen Mitgliedern befolgt wird. Die Tätigkeit des Vergleichsrats kann also nicht dadurch hintertrieben werden, daß etwa eine Partei das von ihr einseitig ernannte Ratsmitglied zur Nichtbeteiligung an den Ratssitzungen veranlaßt.

Art. 18. Der Artikel stellt die Rechtswirkungen des

Schiedsgerichtsverfahrens und diejenigen des Vergleichsverfahrens einander gegenüber. Das Schiedsgerichtsverfahren endet mit einem Spruche, der die Parteien endgültig bindet und von ihnen nach Treu und Glauben zu erfüllen ist. Das Vergleichsverfahren endet mit Vorschlägen und zwingt die Parteien nur, sich bis zum Ablauf der ihnen für die Annahmeerklärung gesetzten Frist jeder Gewaltmaßnahme zu enthalten. Für beide Verfahrensarten gemeinsam gilt die Regel, daß die Parteien während der Dauer des Verfahrens nach Möglichkeit alles zu vermeiden haben, was dem Ergebnis des Verfahrens präjudizieren könnte. Präzise Bestimmungen lassen sich in dieser Hinsicht allerdings nicht aufstellen. Der angestrebte Erfolg wird aber dadurch einigermaßen sichergestellt, daß im Laufe des Verfahrens jeder Partei vorsorgliche Verwaltungsmaßnahmen vom Schiedsgerichte vorgeschrieben und vom Vergleichsrat vorgeschlagen werden können.

Art. 19. Der Artikel schreibt die subsidiäre Anwendung des Haager Abkommens vor und stellt diese Anwendung auch für den Fall sicher, daß die Parteien an das Haager Abkommen an sich nicht mehr gebunden sind.

Art. 20. Neben den üblichen Schlußbestimmungen regelt der Artikel die Dauer der Geltung des Vertrags. Da seine Bestimmungen gegenüber der bisherigen Völkerrechtspraxis zum Teil weitgehende Neuerungen enthalten, erschien es zweckmäßig, die Parteien nicht für länger als zehn Jahre zu binden, damit nach Ablauf dieser Frist die bis dahin gemachten Erfahrungen verwertet werden können.

Schlußprotokoll.

Die in Ziffer 1 aufgestellte Auslegungsregel ist bereits bei den Artikeln 2 und 4 miterörtert worden.

Ziffer 2 enthält eine Übergangsbestimmung. Der Vertrag soll sich auch auf Streitfälle erstrecken, die in der Vergangenheit ihren Ursprung haben. Dabei wird aber eine

Ausnahme für etwaige mit den Ereignissen des Weltkriegs in unmittelbarem Zusammenhange stehende Streitigkeiten gemacht. Für diese Ausnahme ist die Erwägung maßgebend gewesen, daß es sich bei etwaigen Meinungsverschiedenheiten zwischen Deutschland und der Schweiz über Vorkommnisse während der Kriegszeit wohl nur um Fragen von verhältnismäßig geringer praktischer Bedeutung handeln könnte, daß aber eine Behandlung dieser Fragen im förmlichen Schlichtungsverfahren möglicherweise Probleme ganz allgemeiner Art aufrollen würde, deren Tragweite über die praktische Bedeutung der konkreten Streitfälle weit hinausginge.

In Ziffer 3 wird der Fall behandelt, daß an einer Streitigkeit außer Deutschland und der Schweiz noch dritte Staaten beteiligt sind. Wie bereits in den allgemeinen Bemerkungen hervorgehoben wurde, liegt kein Anlaß vor, den in vielen früheren Schiedsverträgen aufgenommenen Vorbehalt zu wiederholen, wonach die Beteiligung dritter Staaten die Anwendung des Schiedsvertrags ausschließt. Andererseits wird sich eine befriedigende Regelung derartiger Streitfälle häufig nur dann erzielen lassen, wenn alle beteiligten Staaten bei der Regelung mitwirken. Das Schlußprotokoll sieht deshalb vor, daß die Parteien zunächst auf die Zuziehung des dritten Staates hinzuwirken haben. An dem Mißlingen dieses Versuchs soll aber das Schlichtungsverfahren nicht endgültig scheitern.

Die in Ziffer 4 aufgenommene Erklärung der beiden vertragschließenden Teile ist eine Folge der Tatsache, daß die Schweiz, nicht aber Deutschland dem Völkerbund angehört. Nach den Satzungen des Völkerbundes wäre die Möglichkeit nicht ausgeschlossen, daß die Schweiz in ihrer Eigenschaft als Bundesmitglied an Streitigkeiten beteiligt würde, die zwischen Deutschland und einem dritten Staate entstehen. Obwohl solche Fälle nicht im Bereiche der Wahrscheinlichkeit liegen und obwohl, wenn sie tatsächlich eintreten sollten, ihre Gleichstellung mit den zwischen Deutschland und der Schweiz entstehenden Streitigkeiten sich von selbst verbieten würde, wird zwecks völliger Klarstellung der Frage die Nichtanwendung auf diese Fälle ausdrücklich festgestellt.

4.

Deutsch-Schwedischer Schiedsgerichts- und Vergleichsvertrag nebst einem Schlußprotokoll und einem Notenwechsel*).

Vom 29. August 1924
(RGBl. 1925 Teil II Nr. 43 S. 863).

a) Vertrag.

Das Deutsche Reich
und
das Königreich Schweden,

von dem Wunsche erfüllt, die Entwickelung des Verfahrens zur friedlichen Beilegung zwischenstaatlicher Streitigkeiten zu fördern, sind übereingekommen, einen allgemeinen Schiedsgerichts- und Vergleichsvertrag abzuschließen.

---

*) Der Notenwechsel ist in diesem Falle der Reichstagsdrucksache als Anlage in deutscher und schwedischer Sprache angefügt. Im Reichsgesetzblatt ist er nicht veröffentlicht.

In deutscher und schwedischer Sprache abgeschlossen.

Mit Zustimmungsgesetz vom 29. August 1925 zusammen mit dem Deutsch-Finnischen Schiedsgerichts- und Vergleichsvertrag vom 14. März 1925 (unten Nr. 5 S. 140) im Reichsgesetzblatt verkündet.

Laut Bekanntmachung des Reichsministeriums des Äußern vom 16. April 1927 (RGBl. Teil II Nr. 20, S. 321) hat der Austausch der Ratifikationsurkunden am 9. April 1927 stattgefunden. Der Vertrag ist am 9. Mai 1927 in Kraft getreten.

Zu diesem Zwecke haben zu Bevollmächtigten ernannt

der deutsche Reichspräsident:

den Ministerialdirektor im Auswärtigen Amte, Herrn Dr. Friedrich Gaus,

Seine Majestät der König von Schweden:

den Schwedischen Gesandten in Berlin, Freiherrn Fredrik Ramel,

die, nachdem sie ihre Vollmachten geprüft und in guter und gehöriger Form befunden haben, über folgende Bestimmungen übereingekommen sind:

Art. 1. Die vertragschließenden Teile verpflichten sich, alle Streitigkeiten irgendwelcher Art, die zwischen ihnen entstehen und nicht in angemessener Frist auf diplomatischem Wege geschlichtet werden können, nach Maßgabe des gegenwärtigen Vertrags entweder einem Schiedsgerichtsverfahren oder einem Vergleichsverfahren zu unterwerfen.

Streitigkeiten, für deren Schlichtung die vertragschließenden Teile durch andere zwischen ihnen bestehende Abmachungen an ein besonderes Verfahren gebunden sind, werden nach Maßgabe der Bestimmungen dieser Abmachungen behandelt.

Art. 2. Dem Schiedsgerichtsverfahren werden auf Verlangen einer Partei, unter Vorbehalt der Bestimmungen der Artikel 3 und 4, diejenigen Streitigkeiten unterworfen, die betreffen

erstens: Bestand, Auslegung und Anwendung eines zwischen den beiden Parteien geschlossenen Staatsvertrags;

zweitens: irgendeine Frage des internationalen Rechts;

drittens: das Bestehen einer Tatsache, die, wenn

sie erwiesen wird, die Verletzung einer zwischenstaatlichen Verpflichtung bedeutet;

viertens: Umfang und Art der Wiedergutmachung im Falle einer solchen Verletzung.

Bestehen zwischen den Parteien Meinungsverschiedenheiten darüber, ob eine Streitigkeit zu den vorstehend bezeichneten Arten gehört, so wird über diese Vorfrage im Schiedsgerichtsverfahren entschieden.

Art. 3. Bei Fragen, die gemäß den Landesgesetzen der Partei, gegen die ein Begehren geltend gemacht wird, von richterlichen Behörden mit Einschluß der Verwaltungsgerichte zu entscheiden ind, kann diese Partei verlangen, daß die Streitigkeiten dem Schiedsgerichtsverfahren erst unterworfen werden, nachdem in dem Gerichtsverfahren eine endgültige Entscheidung gefällt worden ist, und daß die Anrufung des Schiedsgerichts spätestens sechs Monate nach dieser Entscheidung erfolge. Dies gilt nicht, wenn es sich um einen Fall von Rechtsverweigerung handelt und die gesetzlich vorgesehenen Beschwerdestellen angerufen worden sind.

Entsteht zwischen den Parteien eine Meinungsverschiedenheit über die Anwendung der vorstehenden Bestimmung, so wird darüber im Schiedsgerichtsverfahren entschieden.

Art. 4. Erhebt eine Partei bei einer Streitigkeit der im Artikel 2 bezeichneten Arten die Einrede, daß es sich um eine Angelegenheit handele, die ihre Unabhängigkeit, die Unversehrtheit ihres Gebiets oder andere höchste Lebensinteressen betreffe, so kommt für die Streitigkeit, falls die andere Partei diese Behauptung als zutreffend anerkennt, nicht das Schiedsgerichts-, sondern das Vergleichsverfahren zur Anwendung. Wird dagegen die Behauptung von der andern Partei nicht als zutreffend anerkannt, so ist darüber im Schiedsgerichtsverfahren zu entscheiden.

Anerkennt das Schiedsgericht die bezeichnete Einrede als begründet, so überweist es die Streitigkeit dem Vergleichsverfahren; sonst entscheidet es selbst darüber.

Eine Partei, welche die bezeichnete Einrede der Gegenpartei nicht als zutreffend anerkennt, kann sich gleichwohl ohne vorherige Herbeiführung einer schiedsgerichtlichen Entscheidung über die Einrede mit der Durchführung des Vergleichsverfahrens einverstanden erklären. Sie kann dabei jedoch den Vorbehalt machen, daß, wenn der Vergleichsvorschlag nicht von beiden Parteien angenommen wird, das Schiedsgericht zur Entscheidung über die Einrede und gegebenenfalls auch über die Streitigkeit selbst angerufen werden kann.

Art. 5. Das Schiedsgericht legt seine Entscheidungen zugrunde:

erstens: die zwischen den Parteien geltenden Übereinkünfte allgemeiner oder besonderer Art und die sich daraus ergebenden Rechtssätze;

zweitens: das internationale Gewohnheitsrecht als Ausdruck einer allgemeinen, als Recht anerkannten Übung;

drittens: die allgemeinen von den Kulturstaaten anerkannten Rechtsgrundsätze.

Soweit im einzelnen Falle die vorstehend erwähnten Rechtsgrundlagen Lücken aufweisen, entscheidet das Schiedsgericht nach den Rechtsgrundsätzen, die nach seiner Ansicht die Regel des internationalen Rechtes sein sollten. Es folgt dabei bewährter Lehre und Rechtsprechung.

Mit Zustimmung beider Parteien kann das Schiedsgericht seine Entscheidung, anstatt sie auf Rechtsgrundsätze zu stützen, nach billigem Ermessen treffen.

Art. 6. Sofern nicht die Parteien im einzelnen Falle eine entgegenstehende Vereinbarung treffen, wird das Schiedsgericht in folgender Weise bestellt:

Die Richter werden auf der Grundlage des Verzeichnisses der Mitglieder des durch das Haager Abkommen zur friedlichen Erledigung internationaler Streitfälle vom 18. Oktober 1907 geschaffenen Ständigen Schiedsgerichtshofs im Haag gewählt[1]).

Jede Partei ernennt einen Schiedsrichter nach freier Wahl. Gemeinsam berufen die Parteien drei weitere Richter und aus deren Mitte den Obmann. Sofern einer der gemeinsam berufenen Richter nach seiner Wahl die Staatsangehörigkeit einer der beiden Parteien erwirbt, auf deren Gebiete seinen Wohnsitz nimmt oder in deren Dienste tritt, kann jede Partei verlangen, daß er ersetzt werde. Streitigkeiten darüber, ob diese Voraussetzungen zutreffen, werden von den übrigen vier Richtern entschieden, wobei der ältere der gemeinsam berufenen Richter den Vorsitz führt und bei Stimmengleichheit eine doppelte Stimme hat.

Die Wahl der Richter erfolgt von neuem für jeden einzelnen Streitfall. Die vertragschließenden Teile behalten sich jedoch vor, im gemeinsamen Einverständnisse die Wahlen in der Weise vorzunehmen, daß für gewisse Arten von Streitfällen während eines bestimmten Zeitraums dieselben Richter dem Schiedsgericht angehören.

Mitglieder des Schiedsgerichts, die aus irgendeinem Grunde ausscheiden, werden in der gleichen Weise ersetzt, wie sie berufen worden sind.

[1]) oben Nr. 1, S. 1.

Art. 7. Die vertragschließenden Teile werden in Ausführung des gegenwärtigen Vertrags in jedem Einzelfall eine besondere Schiedsordnung festsetzen. Darin werden der Streitgegenstand, die etwaigen besonderen Befugnisse des Gerichts, dessen Zusammensetzung und Sitz, die Höhe des von jeder Partei als Kostenvorschuß zu hinterlegenden Betrags, die hinsichtlich der Form und der Fristen des Verfahrens zu beobachtenden Regeln sowie die sonst notwendigen Einzelheiten bestimmt.

Meinungsverschiedenheiten über die Bestimmungen der Schiedsordnung werden, vorbehaltlich des Artikel 8, vom Schiedsgericht entschieden.

Art. 8. Kommt zwischen den Parteien nicht binnen sechs Monaten, nachdem die eine der anderen das Begehren nach schiedsgerichtlicher Austragung einer Streitigkeit mitgeteilt hat, die Schiedsordnung zustande, so kann jede Partei den im Artikel 14 vorgesehenen Ständigen Vergleichsrat zwecks Feststellung der Schiedsordnung anrufen. Dieser hat binnen zwei Monaten nach seiner Anrufung die Schiedsordnung festzusetzen, wobei der Streitgegenstand aus den Anträgen der Parteien ermittelt wird.

Es ist ebenso zu verfahren, wenn eine Partei den von ihr zu ernennenden Richter nicht bezeichnet hat, oder wenn die Parteien in der Bezeichnung der gemeinsam zu berufenden Richter oder des Obmanns nicht einig sind.

Der Ständige Vergleichsrat ist ferner befugt, bis zur Bestellung des Schiedsgerichts über jede andere Streitigkeit zu entscheiden, die sich auf die Schiedsordnung bezieht.

Art. 9. Das Schiedsgericht trifft seine Entscheidungen mit einfacher Stimmenmehrheit. Die abweichende

Ansicht eines in der Minderheit gebliebenen Mitglieds wird festgestellt.

Art. 10. Der Schiedsspruch wird Angaben über die Art seiner Ausführung, insbesondere über die dabei zu beobachtenden Fristen enthalten.

Wird in einem Schiedsspruch festgestellt, daß eine von einem Gericht oder einer anderen Behörde einer Partei getroffene Entscheidung oder Verfügung ganz oder teilweise mit dem Völkerrecht in Widerspruch steht, können aber nach dem Verfassungsrechte dieser Partei die Folgen der Entscheidung oder Verfügung durch Verwaltungsmaßnahmen nicht oder nicht vollständig beseitigt werden, so ist der verletzten Partei in dem Schiedsspruch auf andere Weise eine angemessene Genugtuung zuzuerkennen.

Art. 11. Unter Vorbehalt anderweitiger Abrede in der Schiedsordnung kann jede Partei bei dem Schiedsgerichte, das den Spruch erlassen hat, die Revision dieses Spruches beantragen. Der Antrag kann nur mit der Ermittelung einer Tatsache begründet werden, die einen entscheidenden Einfluß auf den Spruch auszuüben geeignet gewesen wäre und bei Schluß der Verhandlung dem Schiedsgerichte selbst und der Partei, welche die Revision beantragt hat, ohne ihr Verschulden unbekannt war.

Mitglieder des Schiedsgerichts, die aus irgendeinem Grunde für das Revisionsverfahren ausscheiden, werden in der gleichen Weise ersetzt, wie sie berufen worden sind.

Die Frist, innerhalb deren der im Absatz 1 vorgesehene Antrag gestellt werden kann, ist im Schiedsspruch zu bestimmen, sofern dies nicht in der Schiedsordnung geschehen ist.

Art. 12. Alle Streitigkeiten, die zwischen den Parteien über Auslegung und Ausführung des Schiedsspruches entstehen sollten, unterliegen, vorbehaltlich anderweitiger Abrede, der Beurteilung des Schiedsgerichts, das den Spruch gefällt hat. Dabei findet die Bestimmung des Artikel 11 Absatz 2 entsprechende Anwendung.

Art. 13. Alle Streitigkeiten, die nicht nach den vorhergehenden Artikeln dieses Vertrages dem Schiedsgerichtsverfahren unterworfen werden, sind auf Verlangen einer Partei im Vergleichsverfahren zu behandeln.

Behauptet die andere Partei, daß der im Vergleichsverfahren anhängig gemachte Streitfall vom Schiedsgerichte zu entscheiden sei, so entscheidet dieses zunächst über diese Vorfrage.

Die Regierungen der vertragschließenden Teile können im gemeinsamen Einverständnis eine Streitigkeit, für die nach dem gegenwärtigen Vertrage das Schiedsgericht angerufen werden kann, endgültig oder unter Vorbehalt der späteren Anrufung des Schiedsgerichts im Vergleichsverfahren behandeln lassen.

Art. 14. Für das Vergleichsverfahren wird ein Ständiger Vergleichsrat gebildet.

Der Ständige Vergleichsrat besteht aus fünf Mitgliedern. Jeder vertragschließende Teil ernennt zwei Mitglieder, von denen er eines unter seinen eigenen Staatsangehörigen auswählen darf. Das fünfte Mitglied, das den Vorsitz führt, muß eine andere Staatsangehörigkeit als die anderen Mitglieder besitzen. Der Vorsitzende wird von den vertragschließenden Teilen im gemeinsamen Einverständnis berufen. Falls es nicht zu einem solchen Einverständnis kommen sollte, kann jeder vertragschließende Teil den Schweizerischen

Bundespräsidenten um die Ernennung des Vorsitzenden ersuchen.

Der Ständige Vergleichsrat wird im Laufe von sechs Monaten nach Austausch der Ratifikationsurkunden dieses Vertrags gebildet[1]).

[1]) geschehen.

Art. 15. Die Mitglieder des Ständigen Vergleichsrats werden für die Dauer von drei Jahren ernannt. Mangels anderweitiger Abrede zwischen den vertragschließenden Teilen kann ihre Ernennung während der Dauer ihres Auftrags nicht zurückgenommen werden. Im Falle des Rücktritts, des Todes oder einer sonstigen Behinderung eines Mitglieds muß es für die noch verbleibende Zeit seines Auftrags unter entsprechender Anwendung der Bestimmungen des Artikel 14 Absatz 2 so rasch als möglich ersetzt werden.

Art. 16. Jeder vertragschließende Teil kann innerhalb von zwei Wochen, nachdem der Ständige Vergleichsrat in einer Streitigkeit angerufen worden ist, für diese Streitigkeit eines der von ihm ernannten Mitglieder durch ein anderes Mitglied ersetzen, das eine besondere Sachkenntnis in der Angelegenheit besitzt. Dabei findet jedoch die Bestimmung des Artikel 14 Absatz 2 Satz 2 entsprechende Anwendung.

Die Partei, die von diesem Rechte Gebrauch machen will, hat die andere Partei unverzüglich zu benachrichtigen. In diesem Falle kann die andere Partei innerhalb von zwei Wochen nach Empfang der Mitteilung von dem gleichen Rechte Gebrauch machen.

Art. 17. Wenn bei Ablauf des Auftrags eines Mitglieds des Ständigen Vergleichsrats seine Ersetzung nicht erfolgt ist, gilt sein Auftrag für einen Zeitraum von drei Jahren als erneuert. Indessen scheidet der Vorsitzende auf Antrag eines der vertragschließenden Teile bei Ablauf seines Auftrags aus.

Ein Mitglied, dessen Auftrag während der Dauer eines im Gange befindlichen Verfahrens abläuft, nimmt an der Behandlung der Streitigkeiten bis zur Beendigung des Verfahrens weiter teil, gleichviel ob sein Nachfolger bereits ernannt worden ist.

Art. 18. Der Ständige Vergleichsrat bestimmt seinen Sitz. Er kann ihn nach freiem Ermessen verlegen.

Der Ständige Vergleichsrat bildet nötigenfalls eine Kanzlei. Soweit er in die Kanzlei Angehörige der Parteien beruft, hat er dabei die Parteien gleichmäßig zu berücksichtigen.

Art. 19. Dem Ständigen Vergleichsrat liegt ob, einen Bericht zu erstatten, der den Sachverhalt feststellt und, wenn die Umstände des Falles dazu Anlaß geben, Vorschläge für die Beilegung der Streitigkeit enthält.

Der Bericht ist innerhalb von sechs Monaten nach dem Tage zu erstatten, an dem die Streitigkeit dem Ständigen Vergleichsrat unterbreitet wurde, es sei denn, daß die Parteien diese Frist im gemeinsamen Einverständnis verkürzen oder verlängern. Der Bericht soll in drei Ausfertigungen verfaßt werden, von denen je eine jeder Partei ausgehändigt, die dritte vom Ständigen Vergleichsrat aufbewahrt wird.

Der Bericht hat weder in bezug auf die Tatsachen noch in bezug auf die rechtlichen Ausführungen die Bedeutung einer endgültig bindenden Entscheidung. Jedoch hat sich jede Partei innerhalb einer im Berichte festzusetzenden Frist darüber zu erklären, ob und inwieweit sie die Feststellungen des Berichts anerkennt und dessen Vorschläge annimmt. Diese Frist darf die Zeit von drei Monaten nicht überschreiten.

Es ist Sache der Parteien, im gemeinsamen Einverständnis zu bestimmen, ob der Bericht unverzüglich veröffentlicht werden soll. Kommt es jedoch nicht zu einem solchen Einverständnis, so kann der Ständige Vergleichsrat seinerseits aus besonderen Gründen die sofortige Veröffentlichung des Berichts veranlassen.

Art. 20. Der Ständige Vergleichsrat tritt in Wirksamkeit, sobald er von einer Partei angerufen wird. Diese richtet ihr Begehren gleichzeitig an den Vorsitzenden des Ständigen Vergleichsrats und an die andere Partei. Der Vorsitzende hat den Ständigen Vergleichsrat in kürzester Frist einzuberufen.

Die vertragschließenden Teile verpflichten sich, die Arbeiten des Ständigen Vergleichsrats in weitmöglichstem Maße zu fördern und insbesondere alle Mittel, worüber sie nach Maßgabe ihrer inneren Gesetzgebung verfügen, zu benutzen, um ihm zu gestatten, in ihrem Gebiete Zeugen und Sachverständige vorzuladen und zu vernehmen und Augenschein einzunehmen. Der Ständige Vergleichsrat kann die Beweise entweder in vollständiger Besetzung oder durch den Vorsitzenden erheben.

Art. 21. Der Ständige Vergleichsrat ist beschlußfähig, wenn alle Mitglieder ordnungsmäßig geladen und wenn der Vorsitzende und mindestens zwei andere Mitglieder anwesend sind.

Der Ständige Vergleichsrat trifft seine Entschließungen mit einfacher Stimmenmehrheit. Jedes der Mitglieder hat eine Stimme; im Falle der Stimmengleichheit hat der Vorsitzende eine doppelte Stimme.

In dem Bericht wird die abweichende Ansicht eines in der Minderheit gebliebenen Mitglieds festgestellt.

Art. 22. Jede Partei gewährt den von ihr ernannten Mitgliedern des Ständigen Vergleichsrats eine Vergütung und trägt die Hälfte der dem Vorsitzenden zu gewährenden Vergütung. Die Parteien werden sich nach Möglichkeit über eine einheitliche Bemessung der den Mitgliedern des Ständigen Vergleichsrats zu gewährenden Vergütung verständigen.

Jede Partei trägt die von ihr veranlaßten Kosten des Verfahrens sowie die Hälfte der Kosten, die von dem Ständigen Vergleichsrat als gemeinsame bezeichnet werden.

Art. 23. Der im Schiedsgerichtsverfahren gefällte Spruch ist von den Parteien nach Treu und Glauben zu erfüllen.

Die vertragschließenden Teile verpflichten sich, während der Dauer des Schiedsgerichts- oder Vergleichsverfahrens nach Möglichkeit jede Maßnahme zu vermeiden, die auf die Erfüllung des Schiedsspruchs oder die Annahme der Vorschläge des Ständigen Vergleichsrats nachteilig zurückwirken könnte. Bei einem Vergleichsverfahren haben sie sich bis zu dem Zeitpunkt, den der Ständige Vergleichsrat für die Annahmeerklärung der Parteien festsetzt, jeder gewaltsamen Selbsthilfe zu enthalten.

Das Schiedsgericht kann auf Verlangen einer Partei die vorsorglichen Maßnahmen bezeichnen, die zum Schutze der Rechte dieser Partei getroffen werden müssen, soweit diese Maßnahmen von den Parteien auf dem Verwaltungswege durchgeführt werden können; ebenso kann der Ständige Vergleichsrat zum gleichen Zwecke Vorschläge machen.

Art. 24. Unter Vorbehalt entgegenstehender Bestimmungen des gegenwärtigen Vertrags oder der Schiedsordnung ist für das Schiedsgerichts- und Vergleichsverfahren das Haager Abkommen zur friedlichen Erledigung internationaler Streitfälle vom 18. Oktober 1907 maßgebend[1]).

Soweit der gegenwärtige Vertrag auf die Bestimmungen des Haager Abkommens verweist, finden sie im Verhältnis zwischen den vertragschließenden Teilen selbst dann Anwendung, wenn diese oder einer von ihnen von dem Abkommen zurückgetreten sein sollten.

Sofern weder der gegenwärtige Vertrag noch die Schiedsordnung noch die sonst zwischen den vertragschließenden Teilen bestehenden Übereinkünfte die Fristen und andere Einzelheiten des Schiedsgerichts- oder Vergleichsverfahrens festlegen, ist das Schiedsgericht oder der Ständige Vergleichsrat selbst befugt, die erforderlichen Bestimmungen zu treffen.

[1]) Vgl. oben Nr. 1 S. 1.

Art. 25. Der gegenwärtige Vertrag soll ratifiziert werden, und zwar schwedischerseits von Seiner Majestät dem König von Schweden mit Zustimmung des Reichstags. Die Ratifikationsurkunden sollen in Stockholm ausgetauscht werden.

Der Vertrag tritt einen Monat nach dem Austausch der Ratifikationsurkunden in Kraft.

Der Vertrag gilt für die Dauer von zehn Jahren. Wird er nicht sechs Monate vor Ablauf dieses Zeitraums gekündigt, so bleibt er für weitere zwei Jahre in Kraft. Das gleiche gilt, wenn der Vertrag nicht mit der bezeichneten Frist gekündigt wird, für die spätere Zeit.

Ein Schiedsgerichtsverfahren oder ein Vergleichsverfahren, das bei Ablauf des gegenwärtigen Vertrags schwebt, nimmt seinen Lauf nach den Bestimmungen dieses Vertrags oder eines anderen Abkommens, das von den vertragschließenden Teilen an dessen Stelle vereinbart wird.

Zu Urkund dessen haben die Bevollmächtigten den gegenwärtigen Vertrag unterzeichnet.

Ausgefertigt in doppelter Urschrift in deutscher und schwedischer Sprache in Berlin am 29. August 1924.

Friedrich Gaus.

Fredrik Ramel[1]).

[1]) Der deutsche Unterhändler hat nur den deutschen, der schwedische nur den schwedischen Text unterzeichnet.

b) Schlußprotokoll.

1. Die vertragschließenden Teile gehen von der Ansicht aus, daß die einzelnen Bestimmungen des Vertrags im Zweifel zugunsten der Anwendung des Grundsatzes der schiedsgerichtlichen Erledigung von Streitigkeiten auszulegen sind.

2. Die vertragschließenden Teile erklären, daß der Vertrag auch dann Anwendung findet, wenn eine Streitigkeit in Ereignissen ihren Ursprung hat, die zeitlich vor seinem Abschluß liegen. Etwaige mit Ereignissen des Weltkrieges in unmittelbarem Zusammenhange stehende Streitigkeiten werden jedoch mit Rücksicht auf ihre allgemeine politische Bedeutung hiervon ausgeschlossen.

3. Die Tatsache, daß an einer Streitigkeit dritte Staaten beteiligt sind, schließt die Anwendung des Vertrags nicht aus. Die vertragschließenden Teile werden gegebenenfalls dahin wirken, die dritten Staaten zum Anschluß an das Schiedsgerichts- oder Vergleichsverfahren zu veranlassen. Für diesen Fall bleibt es den beiderseitigen Regierungen vorbehalten, im gemeinsamen Einverständnis eine besondere Zusammensetzung des Schiedsgerichts oder des Ständigen

Vergleichsrats vorzusehen. Kann eine Verständigung mit den dritten Staaten über deren Anschluß nicht binnen angemessener Frist herbeigeführt werden, so nimmt das Verfahren zwischen den vertragschließenden Teilen den im Vertrage vorgesehenen Verlauf.

4. Die vertragschließenden Teile erklären, daß Streitigkeiten zwischen Deutschland und einem dritten Staate, an denen Schweden in seiner Eigenschaft als Mitglied des Völkerbundes beteiligt werden könnte, nicht als Streitigkeiten zwischen den vertragschließenden Teilen im Sinne des Vertrages angesehen werden können.

Berlin, den 29. August 1924.

Friedrich Gaus.

Fredrik Ramel *).

Anlage.

Denkschrift der Deutschen Reichsregierung zum deutsch-schwedischen und zum deutsch-finnischen Schiedsgerichts- und Vergleichsvertrag vom 29. August 1924 bzw. vom 14. März 1925 an den Reichstag vom 9. Juni 1925.

(Reichstagsdrucksache, III. Wahlperiode 1924/25, Nr. 985.)

Die beiden vorliegenden Verträge entsprechen in ihren Grundzügen und zum größten Teil auch in ihren Einzelheiten dem deutsch-schweizerischen Schiedsgerichts- und Vergleichsvertrage vom 3. Dezember 1921 (vgl. Reichsgesetzblatt 1922 S. 217)**). Insbesondere ist daran festgehalten worden, daß Streitigkeiten jeder Art unter die Verträge fallen, daß jedoch für Rechtsstreitigkeiten eine die Parteien bindende Entscheidung erfolgt, während die übrigen Strei-

*) Der deutsche Unterhändler hat nur den deutschen, der schwedische nur den schwedischen Text unterzeichnet.

**) Vgl. oben Nr. 3, S. 83.

tigkeiten einem ständigen Vergleichsrat unterbreitet werden, der den Parteien lediglich einen Vorschlag für die Erledigung des Falles zu machen hat.

Die diesem System zugrunde liegenden Gedanken sind seinerzeit in der Denkschrift zu dem deutsch-schweizerischen Vertrage ausführlich dargelegt worden. Die folgenden Bemerkungen können sich daher auf diejenigen Punkte des deutsch-schwedischen und des deutsch-finnischen Vertrags beschränken, in denen von den Bestimmungen des deutsch-schweizerischen Vertrags abgewichen worden ist. Es handelt sich dabei um folgende Punkte:

I. Der deutsch-schwedische Vertrag.

Im Artikel 4 ist die Bestimmung in Fortfall gekommen, wonach eine Partei eine Rechtsstreitigkeit auch dadurch dem schiedsgerichtlichen Verfahren entziehen kann, daß sie die Einrede erhebt, die Angelegenheit sei von überwiegend politischer Bedeutung und eigne sich nicht für eine Entscheidung nach ausschließlich rechtlichen Grundsätzen. Eine Streitigkeit rechtlicher Art im Sinne des Artikel 2 soll nach dem deutsch-schwedischen Vertrag also nur dann der Entscheidung des Schiedsgerichts entzogen und dem Vergleichsrat überwiesen werden, wenn geltend gemacht werden kann, daß die Angelegenheit die Unabhängigkeit, die Unversehrtheit des Gebiets oder andere höchste Lebensinteressen einer Partei betrifft, und wenn diese Behauptung von der Gegenpartei oder vom Schiedsgericht als begründet anerkannt wird.

Im Artikel 9 ist ergänzend bestimmt, daß im Schiedsspruch die abweichende Ansicht eines in der Minderheit gebliebenen Mitglieds festgestellt wird. Dies entspricht einer vielfachen Übung internationaler Schiedsgerichte. Die gleiche Regelung ist im Artikel 21 für den Bericht des Vergleichsrats vorgesehen.

Artikel 14. Für den deutsch-schweizerischen Vergleichsrat sind drei Mitglieder im gemeinsamen Einverständnis der Parteien, je ein Mitglied von den Parteien selbst zu berufen. Der Vorsitzende ist aus ihrer Mitte von den vertragschließenden Teilen zu bezeichnen. Nach dem Vertrage mit Schweden hat dagegen jede Partei zwei Mitglieder des Vergleichsrates zu ernennen, von denen sie eins aus ihren eigenen Staatsangehörigen wählen darf. Nur der Vorsitzende wird im gemeinsamen Einverständnis berufen. Er muß eine andere Staatsangehörigkeit besitzen als die anderen Mitglieder. Der Fall, daß ein Einverständnis über die Bezeichnung des zum Vorsitzenden bestimmten Mitglieds nicht erfolgt, ist im deutsch-schweizerischen Vertrage durch den Hinweis auf die diesbezüglichen Bestimmungen des Haager Abkommens zur friedlichen Erledigung internationaler Streitfälle vom 18. Oktober 1907 geregelt worden, wonach letzten Endes das Los zu entscheiden hat. Nach dem vorliegenden Vertrage kann dagegen in diesem Falle jeder vertragschließende Teil den schweizerischen Bundespräsidenten um die Ernennung des Vorsitzenden ersuchen.

Artikel 15 bis 17. Während die Mitglieder des Vergleichsrats des deutsch-schweizerischen Vertrags ohne Beschränkung ihrer Amtsperiode zu berufen sind, wird hier bestimmt, daß ihre Ernennung auf die Dauer von drei Jahren erfolgt. Im Falle des Ausscheidens soll für möglichst raschen Ersatz gesorgt werden. Es ist jedoch eine automatische Verlängerung der Amtsperiode des ausscheidenden Mitglieds für den Fall vorgesehen, daß seine Ersetzung nicht erfolgt.

Nach dem deutsch-schweizerischen Vertrage (Artikel 14 Abs. 3) ist eine Abberufung von Mitgliedern des Ständigen Vergleichsrats möglich, sofern nicht ein Verfahren im Gange ist. Nach dem Vertrage mit Schweden kann während der Amtsperiode des Vergleichsrats die Ernennung eines seiner Mitglieder nicht zurückgenommen werden, es sei denn, daß in den ersten beiden Wochen nach Anhängigmachung einer Streitigkeit ein Mitglied durch ein anderes Mitglied von besonderer Sachkunde ersetzt wird. In dieser Weise kann jedoch immer nur eines der beiden von einer Partei ernannten Mitglieder abberufen werden, nicht beide. Macht eine Partei von diesem Rechte Gebrauch, so hat auch die andere das Recht, binnen zwei Wochen davon Gebrauch zu machen.

Im Artikel 19 Abs. 1 ist die Verpflichtung des Ständigen Vergleichsrats, in seinem Bericht Vorschläge für die Beilegung der Streitigkeit zu machen, ausdrücklich auf den Fall beschränkt worden, daß die Umstände des Falles dazu Anlaß geben.

Abs. 4 des Artikel 19 befaßt sich mit der im deutsch-schweizerischen Vertrage nicht geregelten Frage der Veröffentlichung des Berichts. Die Veröffentlichung kann ohne Einverständnis beider Parteien nur aus besonderen Gründen durch den Ständigen Vergleichsrat angeordnet werden.

Im Artikel 20 Abs. 1 Satz 3 ist die Verpflichtung des Vorsitzenden hinzugefügt worden, den Ständigen Vergleichsrat in kürzester Frist einzuberufen.

Im Absatz 2 dieses Artikels wird die Verpflichtung zur Gewährung von Rechtshilfe der inneren Gesetzgebung angepaßt.

Im Artikel 21 Abs. 2 ist für den Fall der Stimmengleichheit ausdrücklich bestimmt, daß der Vorsitzende eine doppelte Stimme hat.

Artikel 22 regelt die Frage der Vergütung für den Ständigen Vergleichsrat in der für solche Einrichtungen üblichen Weise, wobei der oben erwähnten Neuerung hinsichtlich der Zusammensetzung des Vergleichsrats Rechnung getragen wird.

In dem Schlußprotokoll ist in Ziffer 1 der Satz des deutsch-schweizerischen Schlußprotokolls, der sich auf Grenzstreitigkeiten bezieht, als gegenstandslos fortgelassen worden.

Endlich ist entsprechend einem schwedischen Wunsche für den Fall eines Beitritts Deutschlands zum Ständigen Internationalen Gerichtshof oder für den Fall, daß Deutschland Mitglied des Völkerbundes werden sollte, in einem besonderen Notenwechsel in Aussicht genommen worden, die in dem Vertrage dem Schiedsgericht überwiesenen Aufgaben nach einer alsdann zu treffenden näheren Vereinbarung auf den Ständigen Internationalen Gerichtshof übergehen zu lassen. Der Notenwechsel wird in der Anlage beigefügt.

II. Der deutsch-finnische Vertrag.

Die Artikel 1 bis 13 dieses Vertrages entsprechen wörtlich den Artikeln 1 bis 13 des Vertrages mit Schweden. Nur ist im Artikel 9 ausdrücklich vorgesehen worden, daß in den Entscheidungen des Schiedsgerichts die abweichende Ansicht eines in der Minderheit gebliebenen Mitglieds nicht ohne weiteres, sondern nur dann festzustellen ist, wenn dieses Mitglied ein entsprechendes Verlangen stellt.

Hinsichtlich der Zusammensetzung des Ständigen Vergleichsrats (Artikel 14) schließt sich der Vertrag dem deutsch-schweizerischen und nicht dem deutsch-schwedischen Muster an. Von den fünf Mitgliedern sind also drei im gemeinsamen Einverständnisse der beiden Vertragsstaaten und nur je eines von jedem Vertragsstaat allein zu berufen. Ferner soll, falls es nicht zu einem Einverständnis über die gemeinsam zu berufenden Mitglieder kommt, nach den Bestimmungen des Haager Abkommens vom 18. Oktober 1907 verfahren werden. Endlich kann jede Partei das einseitig von ihr ernannte Mitglied abberufen, sofern nicht ein Streitfall bereits anhängig ist.

Die vorstehend unter I erwähnten Neuerungen in

Artikel 19 Abs. 1 und 4, Artikel 20 Abs. 1 Satz 3 und Artikel 21 Abs. 2 des Vertrages mit Schweden sind auch in den Vertrag mit Finnland aufgenommen worden (vgl. Artikel 18 Abs. 1 und 4, Artikel 15 Abs. 1 Satz 3 und Artikel 17 Abs. 2). Das gleiche gilt für die erwähnte Änderung der Ziffer 1 des Schlußprotokolls. Dagegen ist die im Artikel 20 Abs. 2 des Vertrages mit Schweden vorgesehene Anpassung der Rechtshilfe an die innere Gesetzgebung im Vertrage mit Finnland wieder fallen gelassen worden.

Anlage zur Denkschrift. (Übersetzung*).)

Königl.
Schwedische Gesandtschaft
Berlin.

Berlin, den 29. August 1924.

Herr Ministerialdirektor!

Mit Beziehung auf die heute erfolgte Unterzeichnung des deutsch-schwedischen Schiedsgerichts- und Vergleichsvertrags beehre ich mich Ihnen im Auftrage meiner Regierung hiermit folgendes zu bestätigen:

Für den Fall, daß Deutschland dem Ständigen Internationalen Gerichtshof im Haag beitreten oder Mitglied des Völkerbundes werden sollte, wird in Aussicht genommen, die im Vertrage dem Schiedsgericht überwiesenen Aufgaben nach einer alsdann zu treffenden näheren Vereinbarung auf den Ständigen Internationalen Gerichtshof übergehen zu lassen.

Genehmigen Sie, Herr Ministerialdirektor, die Versicherung meiner ausgezeichneten Hochachtung.

Fredrik Ramel.

Herrn Ministerialdirektor Dr. Friedrich Gaus,
Auswärtiges Amt, Berlin.

---

*) im Original schwedisch

Auswärtiges Amt.
V. J. 3179. Berlin, den 29. August 1924.

Herr Gesandter!

In Erwiderung Ihres heutigen Schreibens beehre ich mich Ihnen mit Beziehung auf die heute erfolgte Unterzeichnung des deutsch-schwedischen Schiedsgerichts- und Vergleichsvertrags im Auftrage meiner Regierung hiermit folgendes zu bestätigen:

Für den Fall, daß Deutschland dem Ständigen Internationalen Gerichtshof im Haag beitreten oder Mitglied des Völkerbundes werden sollte, wird in Aussicht genommen, die im Vertrage dem Schiedsgericht überwiesenen Aufgaben nach einer alsdann zu treffenden näheren Vereinbarung auf den Ständigen Internationalen Gerichtshof übergehen zu lassen.

Gern benutze ich auch diesen Anlaß, um Ihnen, Herr Gesandter, die Versicherung meiner ausgezeichnetsten Hochachtung zu erneuen.

Gaus.

An den Königlich Schwedischen Gesandten
Herrn Freiherrn von Ramel.

5.

Deutsch-Finnischer Schiedsgerichts- und Vergleichsvertrag nebst Schlußprotokoll.

Vom 14. März 1925 (RGBl. Teil II Nr. 43 S. 872)*).

a) Vertrag.

Das Deutsche Reich
und
die Republik Finnland,

von dem Wunsche erfüllt, die Entwicklung des Ver-

*) In deutscher, schwedischer und finnischer Sprache ver-

fahrens zur friedlichen Beilegung zwischenstaatlicher Streitigkeiten zu fördern, sind übereingekommen, einen allgemeinen Schiedsgerichts- und Vergleichsvertrag abzuschließen.

Zu diesem Zwecke haben zu Bevollmächtigten ernannt

der Stellvertreter des deutschen Reichspräsidenten: den Ministerialdirektor im Auswärtigen Amte, Herrn Dr. Friedrich Gaus,

der Präsident der Republik Finnland: den außerordentlichen Gesandten und bevollmächtigten Minister Finnlands in Berlin, Herrn Dr. Harri Holma,

die, nachdem sie ihre Vollmachten geprüft und in guter und gehöriger Form befunden haben, über folgende Bestimmungen übereingekommen sind:

Art. 1. Die vertragschließenden Teile verpflichten sich, alle Streitigkeiten irgendwelcher Art, die zwischen ihnen entstehen und nicht in angemessener Frist auf diplomatischem Wege geschlichtet werden können, nach Maßgabe des gegenwärtigen Vertrags entweder einem Schiedsgerichtsverfahren oder einem Vergleichsverfahren zu unterwerfen.

Streitigkeiten, für deren Schlichtung die vertragschließenden Teile durch andere zwischen ihnen be-

---

öffentlicht. Zusammen mit dem Deutsch-schwedischen Schiedsgerichts- und Vergleichsvertrag vom 29. August 1924, oben Nr. 4 S. 120, mit Zustimmungsgesetz vom 29. August 1925 im Reichsgesetzblatt verkündet.

Laut Bekanntmachung des Reichsministers des Auswärtigen vom 15. Februar 1926 (RGBl., Teil II, Nr. 7, S. 143) hat der Austausch der Ratifikationsurkunden am 27. Januar 1926 stattgefunden. Der Vertrag ist am 28. Februar 1926 in Kraft getreten.

stehende Abmachungen an ein besonderes Verfahren gebunden sind, werden nach Maßgabe der Bestimmungen dieser Abmachungen behandelt.

Art. 2. Dem Schiedsgerichtsverfahren werden auf Verlangen einer Partei, unter Vorbehalt der Bestimmungen der Artikel 3 und 4, diejenigen Streitigkeiten unterworfen, die betreffen

erstens: Bestand, Auslegung und Anwendung eines zwischen den beiden Parteien geschlossenen Staatsvertrags;

zweitens: irgendeine Frage des internationalen Rechts;

drittens: das Bestehen einer Tatsache, die, wenn sie erwiesen wird, die Verletzung einer zwischenstaatlichen Verpflichtung bedeutet;

viertens: Umfang und Art der Wiedergutmachung im Falle einer solchen Verletzung.

Bestehen zwischen den Parteien Meinungsverschiedenheiten darüber, ob eine Streitigkeit zu den vorstehend bezeichneten Arten gehört, so wird über diese Vorfrage im Schiedsgerichtsverfahren entschieden.

Art. 3. Bei Fragen, die gemäß den Landesgesetzen der Partei, gegen die ein Begehren geltend gemacht wird, von richterlichen Behörden, mit Einschluß der Verwaltungsgerichte, zu entscheiden sind, kann diese Partei verlangen, daß die Streitigkeiten dem Schiedsgerichtsverfahren erst unterworfen werden, nachdem in dem Gerichtsverfahren eine endgültige Entscheidung gefällt worden ist, und daß die Anrufung des Schiedsgerichts spätestens sechs Monate nach dieser Entscheidung erfolge. Dies gilt nicht, wenn es sich um einen Fall von Rechtsverweigerung handelt und die gesetzlich vorgesehenen Beschwerdestellen angerufen worden sind.

Entsteht zwischen den Parteien eine Meinungsverschiedenheit über die Anwendung der vorstehenden Bestimmung, so wird darüber im Schiedsgerichtsverfahren entschieden.

Art. 4. Erhebt eine Partei bei einer Streitigkeit der in Artikel 2 bezeichneten Arten die Einrede, daß es sich um eine Angelegenheit handele, die ihre Unabhängigkeit, die Unversehrtheit ihres Gebiets oder andere höchste Lebensinteressen betreffe, so kommt für die Streitigkeit, falls die andere Partei diese Behauptung als zutreffend anerkennt, nicht das Schiedsgerichts-, sondern das Vergleichsverfahren zur Anwendung. Wird dagegen die Behauptung von der anderen Partei nicht als zutreffend anerkannt, so ist darüber im Schiedsgerichtsverfahren zu entscheiden.

Anerkennt das Schiedsgericht die bezeichnete Einrede als begründet, so überweist es die Streitigkeit dem Vergleichsverfahren; sonst entscheidet es selbst darüber.

Eine Partei, welche die bezeichnete Einrede der Gegenpartei nicht als zutreffend anerkennt, kann sich gleichwohl ohne vorherige Herbeiführung einer schiedsgerichtlichen Entscheidung über die Einrede mit der Durchführung des Vergleichsverfahrens einverstanden erklären. Sie kann dabei jedoch den Vorbehalt machen, daß, wenn der Vergleichsvorschlag nicht von beiden Parteien angenommen wird, das Schiedsgericht zur Entscheidung über die Einrede und gegebenenfalls auch über die Streitigkeit selbst angerufen werden kann.

Art. 5. Das Schiedsgericht legt seinen Entscheidungen zugrunde

erstens: die zwischen den Parteien geltenden Übereinkünfte allgemeiner oder besonderer Art und die sich daraus ergebenden Rechtssätze;

zweitens: das internationale Gewohnheitsrecht als Ausdruck einer allgemeinen, als Recht anerkannten Übung;

drittens: die allgemeinen von den Kulturstaaten anerkannten Rechtsgrundsätze.

Soweit im einzelnen Falle die vorstehend erwähnten Rechtsgrundlagen Lücken aufweisen, entscheidet das Schiedsgericht nach den Rechtsgrundsätzen, die nach seiner Ansicht die Regel des internationalen Rechts sein sollten. Es folgt dabei bewährter Lehre und Rechtsprechung.

Mit Zustimmung beider Parteien kann das Schiedsgericht seine Entscheidung, anstatt sie auf Rechtsgrundsätze zu stützen, nach billigem Ermessen treffen.

Art. 6. Sofern nicht die Parteien im einzelnen Fall eine entgegenstehende Vereinbarung treffen, wird das Schiedsgericht in folgender Weise bestellt:

Die Richter werden auf der Grundlage des Verzeichnisses der Mitglieder des durch das Haager Abkommen zur friedlichen Erledigung internationaler Streitfälle vom 18. Oktober 1907 geschaffenen Ständigen Schiedshofs im Haag gewählt[1]).

Jede Partei ernennt einen Schiedsrichter nach freier Wahl. Gemeinsam berufen die Parteien drei weitere Richter und aus deren Mitte den Obmann. Sofern einer der gemeinsam berufenen Richter nach seiner Wahl die Staatsangehörigkeit einer der beiden Parteien erwirbt, auf deren Gebiete seinen Wohnsitz nimmt oder in deren Dienste tritt, kann jede Partei verlangen, daß er ersetzt werde. Streitigkeiten darüber, ob diese Voraussetzungen zutreffen, werden von den übrigen vier Richtern entschieden, wobei der ältere der gemeinsam berufenen Richter den Vorsitz führt und bei Stimmengleichheit eine doppelte Stimme hat.

Die Wahl der Richter erfolgt von neuem für jeden einzelnen Streitfall. Die vertragschließenden Teile behalten sich jedoch vor, im gemeinsamen Einverständnis die Wahlen in der Weise vorzunehmen, daß für gewisse Arten von Streitfällen während eines bestimmten Zeitraums dieselben Richter dem Schiedsgericht angehören.

Mitglieder des Schiedsgerichts, die aus irgendeinem Grund ausscheiden, werden in der gleichen Weise ersetzt, wie sie berufen worden sind.

[1]) oben Nr. 1, S. 1.

Art. 7. Die vertragschließenden Teile werden in Ausführung des gegenwärtigen Vertrags in jedem Einzelfall eine besondere Schiedsordnung festsetzen. Darin werden der Streitgegenstand, die etwaigen besonderen Befugnisse des Gerichts, dessen Zusammensetzung und Sitz, die Höhe des von jeder Partei als Kostenvorschuß zu hinterlegenden Betrags, die hinsichtlich der Form und der Fristen des Verfahrens zu beobachtenden Regeln sowie die sonst notwendigen Einzelheiten bestimmt.

Meinungsverschiedenheiten über die Bestimmungen der Schiedsordnung werden, vorbehaltlich des Artikel 8, vom Schiedsgericht entschieden.

Art. 8. Kommt zwischen den Parteien nicht binnen sechs Monaten, nachdem die eine der anderen das Begehren nach schiedsgerichtlicher Austragung einer Streitigkeit mitgeteilt hat, die Schiedsordnung zustande, so kann jede Partei den in Artikel 14 vorgesehenen Ständigen Vergleichsrat zwecks Feststellung der Schiedsordnung anrufen. Dieser hat binnen zwei Monaten nach seiner Anrufung die Schiedsordnung festzusetzen, wobei der Streitgegenstand aus den Anträgen der Parteien ermittelt wird.

Es ist ebenso zu verfahren, wenn eine Partei den von ihr zu ernennenden Richter nicht bezeichnet hat oder wenn die Parteien in der Bezeichnung der gemeinsam zu berufenden Richter oder des Obmanns nicht einig sind.

Der Ständige Vergleichsrat ist ferner befugt, bis zur Bestellung des Schiedsgerichts über jede andere Streitigkeit zu entscheiden, die sich auf die Schiedsordnung bezieht.

Art. 9. Das Schiedsgericht trifft seine Entscheidungen mit einfacher Stimmenmehrheit. Die abweichende Ansicht eines in der Minderheit gebliebenen Mitglieds wird auf sein Verlangen festgestellt.

Art. 10. Der Schiedsspruch wird Angaben über die Art seiner Ausführung, insbesondere über die dabei zu beobachtenden Fristen enthalten.

Wird in einem Schiedsspruch festgestellt, daß eine von einem Gericht oder einer anderen Behörde einer Partei getroffene Entscheidung oder Verfügung ganz oder teilweise mit dem Völkerrecht in Widerspruch steht, können aber nach dem Verfassungsrechte dieser Partei die Folgen der Entscheidung oder Verfügung durch Verwaltungsmaßnahmen nicht oder nicht vollständig beseitigt werden, so ist der verletzten Partei in dem Schiedsspruch auf andere Weise eine angemessene Genugtuung zuzuerkennen.

Art. 11. Unter Vorbehalt anderweitiger Abrede in der Schiedsordnung kann jede Partei bei dem Schiedsgerichte, das den Spruch erlassen hat, die Revision dieses Spruches beantragen. Der Antrag kann nur mit der Ermittelung einer Tatsache begründet werden, die einen entscheidenden Einfluß auf den Spruch auszuüben geeignet gewesen wäre und bei Schluß der Verhandlung dem Schiedsgerichte selbst und der Partei, welche die Revision beantragt hat, ohne ihr Verschulden unbekannt war.

Mitglieder des Schiedsgerichts, die aus irgendeinem Grunde für das Revisionsverfahren ausscheiden, werden in der gleichen Weise ersetzt, wie sie berufen worden sind.

Die Frist, innerhalb deren der im Absatz 1 vorgesehene Antrag gestellt werden kann, ist im Schiedsspruch zu bestimmen, sofern dies nicht in der Schiedsordnung geschehen ist.

Art. 12. Alle Streitigkeiten, die zwischen den Parteien über Auslegung und Ausführung des Schiedsspruchs entstehen sollten, unterliegen, vorbehaltlich anderweitiger Abrede, der Beurteilung des Schiedsgerichts, das den Spruch gefällt hat. Dabei findet die Bestimmung des Artikel 11 Absatz 2 entsprechende Anwendung.

Art. 13. Alle Streitigkeiten, die nicht nach den vorhergehenden Artikeln dieses Vertrags dem Schiedsgerichtsverfahren unterworfen werden, sind auf Verlangen einer Partei im Vergleichsverfahren zu behandeln.

Behauptet die andere Partei, daß der im Vergleichsverfahren anhängig gemachte Streitfall vom Schiedsgerichte zu entscheiden sei, so entscheidet dieses zunächst über diese Vorfrage.

Die Regierungen der vertragschließenden Teile können im gemeinsamen Einverständnis eine Streitigkeit, für die nach dem gegenwärtigen Vertrage das Schiedsgericht angerufen werden kann, endgültig oder unter Vorbehalt der späteren Anrufung des Schiedsgerichts im Vergleichsverfahren behandeln lassen.

Art. 14. Für das Vergleichsverfahren wird ein Ständiger Vergleichsrat gebildet.

Der Ständige Vergleichsrat besteht aus fünf Mitgliedern. Die vertragschließenden Teile ernennen, jeder für sich, nach freier Wahl je ein Mitglied und berufen die drei übrigen Mitglieder im gemeinsamen Einverständnis. Diese drei Mitglieder sollen nicht Angehörige der vertragschließenden Staaten sein, noch sollen sie auf deren Gebiet ihren Wohnsitz haben oder in deren Dienst stehen. Aus ihrer Mitte wird der Vorsitzende durch die vertragschließenden Teile gemeinsam bezeichnet.

Jedem vertragschließenden Teile steht das Recht zu, jederzeit, sofern nicht ein Verfahren im Gang oder von einer Partei beantragt worden ist, das von ihm ernannte Mitglied abzuberufen und dessen Nachfolger zu bestimmen. Unter den gleichen Voraussetzungen steht es jedem der vertragschließenden Teile auch frei, die Zustimmung zur Berufung jedes der drei gemeinsam berufenen Mitglieder zurückzuziehen. In diesem Falle muß unverzüglich zur gemeinsamen Berufung eines neuen Mitglieds geschritten werden.

Der Ständige Vergleichsrat wird im Laufe von sechs Monaten nach Austausch der Ratifikationsurkunden dieses Vertrages gebildet. Ausscheidende Mitglieder werden gemäß dem für die erstmalige Wahl maßgebenden Verfahren so rasch als möglich ersetzt.

Wenn die Berufung der gemeinsam zu berufenden Mitglieder nicht innerhalb von sechs Monaten nach dem Austausch der Ratifikationsurkunden oder, im Falle der Ergänzung des Ständigen Vergleichsrats, nicht innerhalb von drei Monaten nach Ausscheiden eines Mitgliedes stattgefunden hat, so finden die Bestimmungen des Artikel 45 Absatz 4 bis 6 des Haager Abkommens zur friedlichen Erledigung internationaler

Streitfälle vom 18. Oktober 1907 auf die Wahl der Mitglieder sinngemäß Anwendung.

Art. 15. Der Ständige Vergleichsrat tritt in Wirksamkeit, sobald er von einer Partei angerufen wird. Diese richtet ihr Begehren gleichzeitig an den Vorsitzenden des Ständigen Vergleichsrats und an die andere Partei. Der Vorsitzende hat den Ständigen Vergleichsrat in kürzester Frist einzuberufen.

Die vertragschließenden Teile verpflichten sich, in allen Fällen und in jeder Hinsicht die Arbeiten des Ständigen Vergleichsrats zu fördern und ihm insbesondere durch die zuständigen Behörden jede Rechtshilfe zu gewähren. Sie werden dem Ständigen Vergleichsrat die Möglichkeit gewähren, auf ihrem Gebiete nach Maßgabe der dort den Gerichten zustehenden Befugnisse Zeugen und Sachverständige vorzuladen und zu vernehmen und Augenschein einzunehmen. Der Ständige Vergleichsrat kann die Beweise entweder in vollständiger Besetzung oder durch eines oder mehrere der gemeinsam berufenen Mitglieder erheben.

Art. 16. Der Ständige Vergleichsrat bestimmt seinen Sitz. Er kann ihn nach freiem Ermessen verlegen.

Der Ständige Vergleichsrat bildet nötigenfalls eine Kanzlei. Soweit er in die Kanzlei Angehörige der Parteien beruft, hat er dabei die Parteien gleichmäßig zu berücksichtigen.

Art. 17. Der Ständige Vergleichsrat ist beschlußfähig, wenn alle Mitglieder ordnungsmäßig geladen und mindestens die gemeinsam berufenen Mitglieder anwesend sind.

Der Ständige Vergleichsrat trifft seine Entschließungen mit einfacher Stimmenmehrheit. Im Falle der Stimmengleichheit hat der Vorsitzende eine doppelte Stimme.

Art. 18. Dem Ständigen Vergleichsrat liegt ob, einen Bericht zu erstatten, der den Sachverhalt feststellt und, wenn die Umstände des Falls dazu Anlaß geben, Vorschläge für die Beilegung der Streitigkeit enthält. In den Bericht wird die abweichende Ansicht eines in der Minderheit gebliebenen Mitglieds auf sein Verlangen festgestellt.

Der Bericht ist innerhalb von sechs Monaten nach dem Tage zu erstatten, an dem die Streitigkeit dem Ständigen Vergleichsrat unterbreitet wurde, es sei denn, daß die Parteien diese Frist im gemeinsamen Einverständnis verkürzen oder verlängern. Der Bericht soll in drei Ausfertigungen verfaßt werden, von denen je eine jeder Partei ausgehändigt, die dritte vom Ständigen Vergleichsrat aufbewahrt wird.

Der Bericht hat weder in bezug auf die Tatsachen noch in bezug auf die rechtlichen Ausführungen die Bedeutung einer endgültig bindenden Entscheidung. Jedoch hat sich jede Partei innerhalb einer im Bericht festzusetzenden Frist darüber zu erklären, ob und inwieweit sie die Feststellungen des Berichts anerkennt und dessen Vorschläge annimmt. Diese Frist darf die Zeit von drei Monaten nicht überschreiten.

Es ist Sache der Parteien, im gemeinsamen Einverständnis zu bestimmen, ob der Bericht unverzüglich veröffentlicht werden soll. Kommt es jedoch nicht zu einem solchen Einverständnis, so kann der Ständige Vergleichsrat seinerseits aus besonderen Gründen die sofortige Veröffentlichung des Berichts veranlassen.

Art. 19. Jede Partei trägt die Vergütung für die Tätigkeit des von ihr ernannten Mitglieds des Ständigen Vergleichsrats sowie die Hälfte der Vergütung für die Tätigkeit der gemeinsam berufenen Mitglieder.

Jede Partei trägt die von ihr veranlaßten Kosten des Verfahrens sowie die Hälfte der Kosten, die von dem Ständigen Vergleichsrat als gemeinsame bezeichnet werden.

Art. 20. Der im Schiedsgerichtsverfahren gefällte Spruch ist von den Parteien nach Treu und Glauben zu erfüllen.

Die vertragschließenden Teile verpflichten sich, während der Dauer des Schiedsgerichts- oder Vergleichsverfahrens nach Möglichkeit jede Maßnahme zu vermeiden, die auf die Erfüllung des Schiedsspruchs oder die Annahme der Vorschläge des Ständigen Vergleichsrats nachteilig zurückwirken könnte. Bei einem Vergleichsverfahren haben sie sich bis zu dem Zeitpunkt, den der Ständige Vergleichsrat für die Annahmeerklärung der Parteien festsetzt, jeder gewaltsamen Selbsthilfe zu enthalten.

Das Schiedsgericht kann auf Verlangen einer Partei vorsorgliche Maßnahmen anordnen, soweit diese von den Parteien auf dem Verwaltungswege durchgeführt werden können; ebenso kann der Ständige Vergleichsrat zum gleichen Zwecke Vorschläge machen.

Art. 21. Unter Vorbehalt entgegenstehender Bestimmungen des gegenwärtigen Vertrags oder der Schiedsordnung ist für das Schiedsgerichts- und Vergleichsverfahren das Haager Abkommen zur friedlichen Erledigung internationaler Streitfälle vom 18. Oktober 1907 maßgebend[1]).

Soweit der gegenwärtige Vertrag auf die Bestimmungen des Haager Abkommens verweist, finden sie im Verhältnis zwischen den vertragschließenden Teilen selbst dann Anwendung, wenn diese oder einer von ihnen von dem Abkommen zurückgetreten sein sollten.

Sofern weder der gegenwärtige Vertrag, noch die Schiedsordnung, noch die sonst zwischen den vertrag-

---

[1]) oben Nr. 1, S. 1.

schließenden Teilen bestehenden Übereinkünfte die Fristen und andere Einzelheiten des Schiedsgerichts- oder Vergleichsverfahrens festlegen, ist das Schiedsgericht oder der Ständige Vergleichsrat selbst befugt, die erforderlichen Bestimmungen zu treffen.

Art. 22. Der gegenwärtige Vertrag soll sobald als möglich ratifiziert werden. Die Ratifikationsurkunden sollen in Helsingfors ausgetauscht werden.

Der Vertrag tritt einen Monat nach dem Austausch der Ratifikationsurkunden in Kraft.

Der Vertrag gilt für die Dauer von zehn Jahren. Wird er nicht sechs Monate vor Ablauf dieses Zeitraums gekündigt, so bleibt er für weitere zwei Jahre in Kraft. Das gleiche gilt, wenn der Vertrag nicht mit der bezeichneten Frist gekündigt wird, für die spätere Zeit.

Ein Schiedsgerichtsverfahren oder ein Vergleichsverfahren, das bei Ablauf des gegenwärtigen Vertrags schwebt, nimmt seinen Lauf nach den Bestimmungen dieses Vertrags oder eines anderen Abkommens, das von den vertragschließenden Teilen an dessen Stelle vereinbart wird.

Zu Urkund dessen haben die Bevollmächtigten den gegenwärtigen Vertrag unterzeichnet.

Ausgefertigt in doppelter Urschrift in deutscher, finnischer, und schwedischer Sprache in Berlin, am 14. März 1925.

Friedrich Gaus.
Harri Holma.

b) Schlußprotokoll zu dem deutsch-finnischen Schiedsgerichts- und Vergleichsvertrage.

1. Die vertragschließenden Teile gehen von der Ansicht aus, daß die einzelnen Bestimmungen des Vertrags

im Zweifel zugunsten der Anwendung des Grundsatzes der schiedsgerichtlichen Erledigung von Streitigkeiten auszulegen sind.

2. Die vertragschließenden Teile erklären, daß der Vertrag auch dann Anwendung findet, wenn eine Streitigkeit in Ereignissen ihren Ursprung hat, die zeitlich vor seinem Abschluß liegen. Etwaige mit Ereignissen des Weltkrieges in unmittelbarem Zusammenhange stehende Streitigkeiten werden jedoch mit Rücksicht auf ihre allgemeine politische Bedeutung hiervon ausgeschlossen.

3. Die Tatsache, daß an einer Streitigkeit dritte Staaten beteiligt sind, schließt die Anwendung des Vertrags nicht aus. Die vertragschließenden Teile werden gegebenenfalls dahin wirken, die dritten Staaten zum Anschluß an das Schiedsgerichts- oder Vergleichsverfahren zu veranlassen. Für diesen Fall bleibt es den beiderseitigen Regierungen vorbehalten, im gemeinsamen Einverständnis eine besondere Zusammensetzung des Schiedsgerichts oder des Ständigen Vergleichsrats vorzusehen. Kann eine Verständigung mit den dritten Staaten über deren Anschluß nicht binnen angemessener Frist herbeigeführt werden, so nimmt das Verfahren zwischen den vertragschließenden Teilen mit Wirkung nur für diese den im Vertrage vorgesehenen Verlauf.

4. Die vertragschließenden Teile erklären, daß Streitigkeiten zwischen Deutschland und einem dritten Staate, an denen Finnland in seiner Eigenschaft als Mitglied des Völkerbundes beteiligt werden könnte,

---

*) Die dem Reichstag bei der Vorlage des Vertragsentwurfs seitens der Reichsregierung gemeinsam für diesen aus dem Deutsch-schwedischen Schiedsgerichts- und Vergleichsvertrag vom 29. August 1924 unterbreitete Denkschrift der Reichsregierung ist oben bei Nr. 4 als Anlage abgedruckt.

nicht als Streitigkeiten zwischen den vertragschließenden Teilen im Sinne des Vertrages angesehen werden können.

Berlin, am 14. März 1925.

Friedrich Gaus.
Harri Holma*).

6.

Deutsch-Estnischer Schiedsgerichts- und Vergleichsvertrag nebst Schlußprotokoll.

Vom 10. August 1925
(RGBl. 1926, Teil II Nr. 31, Seite 375)**).

a) Vertrag.

Das Deutsche Reich
und
die Republik Estland,

von dem Wunsche erfüllt, die Entwicklung des Verfahrens zur friedlichen Beilegung zwischenstaatlicher Streitigkeiten zu fördern, sind übereingekommen, einen allgemeinen Schiedsgerichts- und Vergleichsvertrag abzuschließen.

---

*) Für die Bemerkungen der Reichsregierung zu dem deutsch-finnischen Schiedsgerichts- und Vergleichsvertrag vgl. die oben bei Nr. 4 Seite 134 abgedruckte Denkschrift zum deutsch-schwedischen und deutsch-finnischen Schiedsgerichts- und Vergleichsvertrag an den Reichstag vom 9. Juni 1925.

**) Der Vertrag ist in deutscher und estnischer Sprache abgeschlossen. Er ist mit Zustimmungsgesetz vom 8. Juli 1926 im Reichsgesetzblatt verkündet worden.

Laut Bekanntmachung des Reichsministers des Auswärtigen vom 3. Juni 1927 (RGBl. Teil II Nr. 28, S. 441) hat der Austausch der Ratifikationsurkunden am 1. Juni 1927 stattgefunden. Der Vertrag ist am 1. Juli 1927 in Kraft getreten.

Zu diesem Zwecke haben zu Bevollmächtigten ernannt

die deutsche Regierung:
den Reichsminister des Auswärtigen
Herrn Dr. Gustav Stresemann,
die Regierung der Republik Estland:
den Herrn Außenminister
Kaarel Robert Pusta,

die, nachdem sie ihre Vollmachten geprüft und in guter und gehöriger Form befunden haben, über folgende Bestimmungen übereingekommen sind:

Art. 1. Die vertragschließenden Teile verpflichten sich, alle Streitigkeiten irgendwelcher Art, die zwischen ihnen entstehen und nicht in angemessener Frist auf diplomatischem Wege geschlichtet werden können, nach Maßgabe des gegenwärtigen Vertrags entweder einem Schiedsgerichtsverfahren oder einem Vergleichsverfahren zu unterwerfen.

Streitigkeiten, für deren Schlichtung die vertragschließenden Teile durch andere zwischen ihnen bestehende Abmachungen an ein besonderes Verfahren gebunden sind, werden nach Maßgabe der Bestimmungen dieser Abmachungen behandelt.

Art. 2. Dem Schiedsgerichtsverfahren werden auf Verlangen einer Partei, unter Vorbehalt der Bestimmungen der Artikel 3 und 4, diejenigen Streitigkeiten unterworfen, die betreffen

erstens: Bestand, Auslegung und Anwendung eines zwischen den beiden Parteien geschlossenen Staatsvertrags;

zweitens: irgendeine Frage des internationalen Rechts;

drittens: das Bestehen einer Tatsache, die, wenn sie erwiesen wird, die Verletzung einer zwischenstaatlichen Verpflichtung bedeutet;

viertens: Umfang und Art der Wiedergutmachung im Falle einer solchen Verletzung.

Bestehen zwischen den Parteien Meinungsverschiedenheiten darüber, ob eine Streitigkeit zu den vorstehend bezeichneten Arten gehört, so wird über diese Vorfrage im Schiedsgerichtsverfahren entschieden.

Art. 3. Bei Fragen, die gemäß den Landesgesetzen der Partei, gegen die ein Begehren geltend gemacht wird, von richterlichen Behörden, mit Einschluß der Verwaltungsgerichte, zu entscheiden sind, kann diese Partei verlangen, daß die Streitigkeiten dem Schiedsgerichtsverfahren erst unterworfen werden, nachdem in dem Gerichtsverfahren eine endgültige Entscheidung gefällt worden ist, und daß die Anrufung des Schiedsgerichts spätestens sechs Monate nach dieser Entscheidung erfolge. Dies gilt nicht, wenn es sich um einen Fall von Rechtsverweigerung handelt und die gesetzlich vorgesehenen Beschwerdestellen angerufen worden sind.

Entsteht zwischen den Parteien eine Meinungsverschiedenheit über die Anwendung der vorstehenden Bestimmung, so wird darüber im Schiedsgerichtsverfahren entschieden.

Art. 4. Erhebt eine Partei bei einer Streitigkeit der in Artikel 2 bezeichneten Arten die Einrede, daß es sich um eine Angelegenheit handele, die ihre Unabhängigkeit, die Unversehrtheit ihres Gebiets oder andere höchste Lebensinteressen betreffe, so kommt für die Streitigkeit, falls die andere Partei diese Behauptung als zutreffend anerkennt, nicht das Schiedsgerichts-, sondern das Vergleichsverfahren zur Anwendung. Wird dagegen die Behauptung von der anderen Partei nicht als zutreffend anerkannt, so ist darüber im Schiedsgerichtsverfahren zu entscheiden.

Anerkennt das Schiedsgericht die bezeichnete Einrede als begründet, so überweist es die Streitigkeit dem Vergleichsverfahren; sonst entscheidet es selbst darüber.

Eine Partei, welche die bezeichnete Einrede der Gegenpartei nicht als zutreffend anerkennt, kann sich gleichwohl ohne vorherige Herbeiführung einer schiedsgerichtlichen Entscheidung über die Einrede mit der Durchführung des Vergleichsverfahrens einverstanden erklären. Sie kann dabei jedoch den Vorbehalt machen, daß, wenn der Vergleichsvorschlag nicht von beiden Parteien angenommen wird, das Schiedsgericht zur Entscheidung über die Einrede und gegebenenfalls auch über die Streitigkeit selbst angerufen werden kann.

Art. 5. Das Schiedsgericht legt seinen Entscheidungen zugrunde

erstens: die zwischen den Parteien geltenden Übereinkünfte allgemeiner oder besonderer Art und die sich daraus ergebenden Rechtssätze;

zweitens: das internationale Gewohnheitsrecht als Ausdruck einer allgemeinen, als Recht anerkannten Übung;

drittens: die allgemeinen von den Kulturstaaten anerkannten Rechtsgrundsätze.

Soweit im einzelnen Falle die vorstehend erwähnten Rechtsgrundlagen Lücken aufweisen, entscheidet das Schiedsgericht nach den Rechtsgrundsätzen, die nach seiner Ansicht die Regel des internationalen Rechts sein sollten. Es folgt dabei bewährter Lehre und Rechtsprechung.

Mit Zustimmung beider Parteien kann das Schiedsgericht seine Entscheidung, anstatt sie auf Rechtsgrundsätze zu stützen, nach billigem Ermessen treffen.

Art. 6. Sofern nicht die Parteien im einzelnen Fall

eine entgegenstehende Vereinbarung treffen, wird das Schiedsgericht in folgender Weise bestellt:

Jede Partei ernennt zwei Schiedsrichter nach freier Wahl. Nur einer von diesen beiden darf Staatsangehöriger der Partei sein, der andere ist zu wählen auf der Grundlage des Verzeichnisses der Mitglieder des durch das Haager Abkommen zur friedlichen Erledigung internationaler Streitfälle vom 18. Oktober 1907 geschaffenen Ständigen Schiedshof im Haag. Die auf diesem Wege ernannten Schiedsrichter wählen gemeinsam einen fünften Richter, der gleichzeitig Vorsitzender des Schiedsgerichts sein soll. Um die Benennung dieses fünften Richters soll mangels einer Einigung innerhalb der im Artikel 8 Absatz 1 vorgesehenen sechsmonatlichen Frist der Schweizerische Bundespräsident ersucht werden. Weder die aus dem oben genannten Verzeichnisse entnommenen Richter noch der Vorsitzende dürfen Staatsangehörige einer der beiden Parteien sein. Sie sollen weder auf deren Gebiet ihren Wohnsitz haben, noch in ihren Diensten stehen. Sollte einer dieser Umstände bei einem der letztgenannten drei Richter nachträglich eintreten, so kann jede Partei verlangen, daß er ersetzt werde. Streitigkeiten darüber, ob diese Voraussetzungen zutreffen, werden von den übrigen vier Richtern entschieden, wobei nötigenfalls der älteste der Richter den Vorsitz führt. Bei Stimmengleichheit hat der Vorsitzende eine doppelte Stimme.

Die Wahl der Richter erfolgt von neuem für jeden einzelnen Streitfall. Die vertragschließenden Teile behalten sich jedoch vor, im gemeinsamen Einverständnis die Wahlen in der Weise vorzunehmen, daß für gewisse Arten von Streitfällen während eines bestimmten Zeitraums dieselben Richter dem Schiedsgericht angehören.

Mitglieder des Schiedsgerichts, die aus irgendeinem Grunde ausscheiden, werden in der gleichen Weise ersetzt, wie sie berufen worden sind.

Art. 7. Die vertragschließenden Teile werden in Ausführung des gegenwärtigen Vertrags in jedem Einzelfall eine besondere Schiedsordnung festsetzen. Darin werden der Streitgegenstand, die etwaigen besonderen Befugnisse des Gerichts, dessen Zusammensetzung und Sitz, die Höhe des von jeder Partei als Kostenvorschuß zu hinterlegenden Betrags, die hinsichtlich der Form und der Fristen des Verfahrens zu beobachtenden Regeln sowie die sonst notwendigen Einzelheiten bestimmt.

Meinungsverschiedenheiten über die Bestimmungen der Schiedsordnung werden, vorbehaltlich des Artikel 8, vom Schiedsgericht entschieden.

Art. 8. Kommt zwischen den Parteien nicht binnen sechs Monaten, nachdem die eine der anderen das Begehren nach schiedsgerichtlicher Austragung einer Streitigkeit mitgeteilt hat, die Schiedsordnung zustande, so kann jede Partei den in Artikel 14 vorgesehenen Ständigen Vergleichsrat zwecks Feststellung der Schiedsordnung anrufen. Dieser hat binnen zwei Monaten nach seiner Anrufung die Schiedsordnung festzusetzen, wobei der Streitgegenstand aus den Anträgen der Parteien ermittelt wird.

Es ist ebenso zu verfahren, wenn eine Partei die von ihr zu ernennenden Richter nicht bezeichnet hat.

Der Ständige Vergleichsrat ist ferner befugt, bis zur Bestellung des Schiedsgerichts über jede andere Streitigkeit zu entscheiden, die sich auf die Schiedsordnung bezieht.

Art. 9. Das Schiedsgericht trifft seine Entscheidungen mit einfacher Stimmenmehrheit. Die abweichende

Ansicht eines in der Minderheit gebliebenen Mitgliedes wird auf sein Verlangen festgestellt.

Art. 10. Der Schiedsspruch wird Angaben über die Art seiner Ausführung, insbesondere über die dabei zu beobachtenden Fristen, enthalten.

Wird in einem Schiedsspruch festgestellt, daß eine von einem Gericht oder einer anderen Behörde einer der beiden Parteien getroffene Entscheidung oder Verfügung ganz oder teilweise mit dem Völkerrecht in Widerspruch steht, können aber nach dem Verfassungsrechte dieser Partei die Folgen der Entscheidung oder Verfügung durch Verwaltungsmaßnahmen nicht oder nicht vollständig beseitigt werden, so ist der verletzten Partei in dem Schiedsspruch auf andere Weise eine angemessene Genugtuung zuzuerkennen.

Art. 11. Unter Vorbehalt anderweitiger Abrede in der Schiedsordnung kann jede Partei bei dem Schiedsgerichte, das den Spruch erlassen hat, die Revision dieses Spruches beantragen. Der Antrag kann nur mit der Ermittelung einer Tatsache begründet werden, die einen entscheidenden Einfluß auf den Spruch auszuüben geeignet gewesen wäre und bei Schluß der Verhandlung dem Schiedsgerichte selbst und der Partei, welche die Revision beantragt hat, ohne ihr Verschulden unbekannt war.

Mitglieder des Schiedsgerichts, die aus irgendeinem Grunde für das Revisionsverfahren ausscheiden, werden in der gleichen Weise ersetzt, wie sie berufen worden sind.

Die Frist, innerhalb deren der im Absatz 1 vorgesehene Antrag gestellt werden kann, ist im Schiedsspruch zu bestimmen, sofern dies nicht in der Schiedsordnung geschehen ist.

Art. 12. Alle Streitigkeiten, die zwischen den Parteien über Auslegung und Ausführung des Schiedsspruchs entstehen sollten, unterliegen, vorbehaltlich anderweitiger Abrede, der Beurteilung des Schiedsgerichts, das den Spruch gefällt hat. Dabei findet die Bestimmung des Artikel 11 Absatz 2 entsprechende Anwendung.

Art. 13. Alle Streitigkeiten, die nicht nach den vorhergehenden Artikeln dieses Vertrags dem Schiedsgerichtsverfahren unterworfen werden, sind auf Verlangen einer Partei im Vergleichsverfahren zu behandeln.

Behauptet die andere Partei, daß der im Vergleichsverfahren anhängig gemachte Streitfall vom Schiedsgerichte zu entscheiden sei, so entscheidet dieses zunächst über diese Vorfrage.

Die Regierungen der vertragschließenden Teile können im gemeinsamen Einverständnis eine Streitigkeit, für die nach dem gegenwärtigen Vertrage das Schiedsgericht angerufen werden kann, endgültig oder unter Vorbehalt der späteren Anrufung des Schiedsgerichts im Vergleichsverfahren behandeln lassen.

Art. 14. Für das Vergleichsverfahren wird ein Ständiger Vergleichsrat gebildet.

Der Ständige Vergleichsrat besteht aus fünf Mitgliedern. Die vertragschließenden Teile ernennen, jeder für sich, nach freier Wahl je ein Mitglied und berufen die drei übrigen Mitglieder im gemeinsamen Einverständnis. Diese drei Mitglieder sollen nicht Angehörige der vertragschließenden Staaten sein, noch sollen sie auf deren Gebiet ihren Wohnsitz haben oder in deren Dienst stehen. Aus ihrer Mitte wird der Vorsitzende durch die vertragschließenden Teile gemeinsam bezeichnet.

Jedem vertragschließenden Teile steht das Recht zu,

jederzeit, sofern nicht ein Verfahren im Gange oder von einer Partei beantragt worden ist, das von ihm ernannte Mitglied abzuberufen und dessen Nachfolger zu bestimmen. Unter den gleichen Voraussetzungen steht es jedem der vertragschließenden Teile auch frei, die Zustimmung zur Berufung jedes der drei gemeinsam berufenen Mitglieder zurückzuziehen. In diesem Falle muß unverzüglich zur gemeinsamen Berufung eines neuen Mitglieds geschritten werden.

Der Ständige Vergleichsrat wird im Laufe von sechs Monaten nach Austausch der Ratifikationsurkunden dieses Vertrags gebildet. Ausscheidende Mitglieder werden gemäß dem für die erstmalige Wahl maßgebenden Verfahren so rasch als möglich ersetzt.

Wenn die Berufung der gemeinsam zu berufenden Mitglieder nicht innerhalb von sechs Monaten nach dem Austausch der Ratifikationsurkunden oder, im Falle der Ergänzung des Ständigen Vergleichsrats, nicht innerhalb von drei Monaten nach Ausscheiden eines Mitgliedes stattgefunden hat, so sollen die vertragschließenden Teile je zwei Mitglieder nach freier Wahl ernennen und einen Obmann im gemeinsamen Einverständnis berufen. Je einer der von den Parteien ernannten Mitglieder ebenso wie der Obmann sollen nicht Angehörige der vertragschließenden Teile sein, noch sollen sie auf deren Gebiete ihren Wohnsitz haben oder in deren Diensten stehen. Um die Benennung des Obmanns soll mangels einer Einigung der Schweizerische Bundespräsident ersucht werden.

Art. 15. Der Ständige Vergleichsrat tritt in Wirksamkeit, sobald er von einer Partei angerufen wird. Diese richtet ihr Begehren gleichzeitig an den Vorsitzenden des Ständigen Vergleichsrats und an die andere Partei. Der Vorsitzende hat den Ständigen Vergleichsrat in kürzester Frist einzuberufen.

Die vertragschließenden Teile verpflichten sich, in allen Fällen und in jeder Hinsicht die Arbeiten des Ständigen Vergleichsrats zu fördern und ihm insbesondere durch die zuständigen Behörden jede Rechtshilfe zu gewähren. Sie werden dem Ständigen Vergleichsrat die Möglichkeit gewähren, auf ihrem Gebiete nach Maßgabe der dort den Gerichten zustehenden Befugnisse Zeugen und Sachverständige vorzuladen und zu vernehmen und Augenschein einzunehmen. Der Ständige Vergleichsrat kann die Beweise entweder in vollständiger Besetzung oder durch eines oder mehrere der gemeinsam berufenen Mitglieder erheben.

Art. 16. Der Ständige Vergleichsrat bestimmt seinen Sitz. Er kann ihn nach freiem Ermessen verlegen.

Der Ständige Vergleichsrat bildet nötigenfalls eine Kanzlei. Soweit er in die Kanzlei Angehörige der Parteien beruft, hat er dabei die Parteien gleichmäßig zu berücksichtigen.

Art. 17. Der Ständige Vergleichsrat ist beschlußfähig, wenn alle Mitglieder ordnungsmäßig geladen und mindestens die gemeinsam berufenen Mitglieder anwesend sind.

Sollte der Vergleichsrat auf Grund des Artikel 14 Absatz 5 zustande gekommen sein, so ist er als beschlußfähig anzusehen, wenn alle Mitglieder ordnungsmäßig geladen sind, und mindestens drei Richter, darunter der Obmann, anwesend sind.

Soweit dieser Vertrag es nicht anders vorsieht, trifft der Ständige Vergleichsrat seine Entschließungen mit einfacher Stimmenmehrheit. Im Falle der Stimmengleichheit hat der Vorsitzende eine doppelte Stimme.

Art. 18. Dem Ständigen Vergleichsrat liegt ob, einen Bericht zu erstatten, der den Sachverhalt feststellt und, wenn die Umstände des Falles dazu Anlaß geben,

Vorschläge für die Beilegung der Streitigkeit enthält. In dem Berichte wird die abweichende Ansicht eines in der Minderheit gebliebenen Mitglieds auf sein Verlangen festgestellt.

Der Bericht ist innerhalb von sechs Monaten nach dem Tage zu erstatten, an dem die Streitigkeit dem Ständigen Vergleichsrat unterbreitet wurde, es sei denn, daß die Parteien diese Frist im gemeinsamen Einverständnis verkürzen oder verlängern. Der Bericht soll in drei Ausfertigungen verfaßt werden, von denen je eine jeder Partei ausgehändigt, die dritte vom Ständigen Vergleichsrat aufbewahrt wird.

Der Bericht hat weder in bezug auf die Tatsachen noch in bezug auf die rechtlichen Ausführungen die Bedeutung einer endgültig bindenden Entscheidung. Jedoch hat sich jede Partei innerhalb einer im Berichte festzusetzenden Frist darüber zu erklären, ob und inwieweit sie die Feststellungen des Berichts anerkennt und dessen Vorschläge annimmt. Diese Frist darf die Zeit von drei Monaten nicht überschreiten.

Es ist Sache der Parteien, im gemeinsamen Einverständnis zu bestimmen, ob der Bericht unverzüglich veröffentlicht werden soll. Kommt es jedoch nicht zu einem solchen Einverständnis, so kann der Ständige Vergleichsrat seinerseits aus besonderen Gründen die sofortige Veröffentlichung des Berichts veranlassen; hierzu bedarf es der Zustimmung von mindestens vier Mitgliedern.

Art. 19. Jede Partei trägt die Vergütung für die Tätigkeit der von ihr ernannten Mitglieder des Ständigen Vergleichsrats sowie die Hälfte der Vergütung für die Tätigkeit der gemeinsam berufenen Mitglieder.

Jede Partei trägt die von ihr veranlaßten Kosten des Verfahrens sowie die Hälfte der Kosten, die von dem Ständigen Vergleichsrat als gemeinsame bezeichnet werden.

Art. 20. Der im Schiedsgerichtsverfahren gefällte Spruch ist von den Parteien nach Treu und Glauben zu erfüllen.

Die vertragschließenden Teile verpflichten sich, während der Dauer des Schiedsgerichts- oder Vergleichsverfahrens nach Möglichkeit jede Maßnahme zu vermeiden, die auf die Erfüllung des Schiedsspruchs oder die Annahme der Vorschläge des Ständigen Vergleichsrats nachteilig zurückwirken könnte. Im Sinne dieser Bestimmung dauert das Vergleichsverfahren bis zu dem Zeitpunkt, den der Ständige Vergleichsrat für die Annahmeerklärung der Parteien festsetzt.

Das Schiedsgericht kann auf Verlangen einer Partei vorsorglich Maßnahmen anordnen, soweit diese von den Parteien auf dem Verwaltungswege durchgeführt werden können; ebenso kann der Ständige Vergleichsrat zum gleichen Zwecke Vorschläge machen.

Art. 21. Unter Vorbehalt entgegenstehender Bestimmungen des gegenwärtigen Vertrags oder der Schiedsordnung ist für das Schiedsgerichts- und Vergleichsverfahren das Haager Abkommen zur friedlichen Erledigung internationaler Streitfälle vom 18. Oktober 1907 maßgebend[1]).

Soweit der gegenwärtige Vertrag auf die Bestimmungen des Haager Abkommens verweist, finden sie im Verhältnis zwischen den vertragschließenden Teilen Anwendung, ungeachtet des Umstandes, ob sie Teilnehmer des Abkommens sind oder nicht.

Sofern weder der gegenwärtige Vertrag noch die Schiedsordnung noch die sonst zwischen den vertragschließenden Teilen bestehenden Übereinkünfte die Fristen und andere Einzelheiten des Schiedsgerichts-

oder Vergleichsverfahrens festlegen, ist das Schiedsgericht oder der Ständige Vergleichsrat selbst befugt, die erforderlichen Bestimmungen zu treffen.

[1]) Vgl. oben Nr. 1, S. 1.

Art. 22. Der gegenwärtige Vertrag soll sobald als möglich ratifiziert werden. Die Ratifikationsurkunden sollen in Berlin ausgetauscht werden.

Der Vertrag tritt einen Monat nach dem Austausch der Ratifikationsurkunden in Kraft.

Der Vertrag gilt für die Dauer von zehn Jahren. Wird er nicht sechs Monate vor Ablauf dieses Zeitraums gekündigt, so bleibt er für weitere zwei Jahre in Kraft. Das gleiche gilt, wenn der Vertrag nicht mit der bezeichneten Frist gekündigt wird, für die spätere Zeit.

Ein Schiedsgerichtsverfahren oder ein Vergleichsverfahren, das bei Ablauf des gegenwärtigen Vertrags schwebt, nimmt seinen Lauf nach den Bestimmungen dieses Vertrags oder eines anderen Abkommens, das von den vertragschließenden Teilen an dieser Stelle vereinbart wird.

Zu Urkund dessen haben die Bevollmächtigten den gegenwärtigen Vertrag unterzeichnet.

Ausgefertigt in doppelter Urschrift in deutscher und estnischer Sprache in Berlin am 10. August 1925.

Stresemann.
Pusta.

b) Schlußprotokoll zu dem deutsch-estnischen Schiedsgerichts- und Vergleichsvertrage.

1. Die vertragschließenden Teile gehen von der Ansicht aus, daß die einzelnen Bestimmungen des Vertrags im Zweifel zugunsten der Anwendung des Grundsatzes

der schiedsgerichtlichen Erledigung von Streitigkeiten auszulegen sind.

2. Die vertragschließenden Teile erklären, daß der Vertrag auch dann Anwendung findet, wenn eine Streitigkeit in Ereignissen ihren Ursprung hat, die zeitlich vor seinem Abschluß liegen. Etwaige mit Ereignissen des Weltkriegs in unmittelbarem Zusammenhange stehende Streitigkeiten werden jedoch mit Rücksicht auf ihre allgemeine politische Bedeutung hiervon ausgeschlossen.

3. Die Tatsache, daß an einer Streitigkeit dritte Staaten beteiligt sind, schließt die Anwendung des Vertrags nicht aus. Die vertragschließenden Teile werden gegebenenfalls dahin wirken, die dritten Staaten zum Anschluß an das Schiedsgerichts- oder Vergleichsverfahren zu veranlassen. Für diesen Fall bleibt es den beiderseitigen Regierungen vorbehalten, im gemeinsamen Einverständnis eine besondere Zusammensetzung des Schiedsgerichts oder des Ständigen Vergleichsrats vorzusehen. Kann eine Verständigung mit den dritten Staaten über deren Anschluß nicht binnen angemessener Frist herbeigeführt werden, so nimmt das Verfahren zwischen den vertragschließenden Teilen mit Wirkung nur für diese den im Vertrag vorgesehenen Verlauf.

Die vertragschließenden Teile erklären, daß Streitigkeiten zwischen Deutschland und einem dritten Staate, an denen Estland in seiner Eigenschaft als Mitglied des Völkerbundes beteiligt werden könnte, nicht als Streitigkeit zwischen den vertragschließenden Teilen im Sinne des Vertrages angesehen werden können.

Berlin, den 10. August 1925.

Stresemann.

Pusta.

Anlage.

Denkschrift der Deutschen Reichsregierung vor dem Deutschen Reichstag zum deutsch-estnischen Schiedsgerichts- und Vergleichsvertrag.

(Reichstagsdrucksache III. Wahlperiode 1924/26 Nr. 2072).

Seitens der Estnischen Regierung wurde im Frühjahr 1925 der Wunsch geäußert, mit dem Deutschen Reiche einen Schiedsgerichts- und Vergleichsvertrag zu schließen. Die anschließenden Verhandlungen ergaben Übereinstimmung darüber, daß dem Vertrage das Muster des deutsch-finnischen Schiedsgerichts- und Vergleichsvertrags vom 14. März 1925 (Reichstagsdrucksache Nr. 985) zugrunde gelegt werden sollte. Demgemäß ist auch in dem vorliegenden Vertrage für Rechtsstreitigkeiten ein schiedsgerichtliches Verfahren mit einer für die Parteien bindenden Entscheidung, für die übrigen Streitigkeiten dagegen ein Vergleichsverfahren ohne eine derartige Entscheidung vorgesehen.

Im einzelnen weist der vorliegende Vertrag nur in folgenden Punkten Abweichungen von dem deutsch-finnischen Schiedsgerichts- und Vergleichsvertrag auf:

I. Zusammensetzung des Schiedsgerichts.

Nach dem deutsch-finnischen Vertrag erfolgt die Auswahl der Richter für das schiedsgerichtliche Verfahren in der Weise, daß jede Partei einen Richter bezeichnet, während die drei übrigen Richter in gemeinschaftlichem Einverständnisse zu berufen sind. Demgegenüber enthält der vorliegende Vertrag in Artikel 6 folgende Regelung:

Die Schiedsrichter werden mangels entgegenstehender Parteivereinbarungen in der Weise bestellt, daß entsprechend den Bestimmungen des Artikel 45 des Haager Abkommens vom 18. Oktober 1907 jede Partei zwei Schiedsrichter nach freier Wahl ernennt, von denen einer Staatsangehöriger der Partei sein darf, während der andere aus dem Verzeichnis der Mitglieder des Ständigen Schiedshofs im Haag zu wählen ist. Die auf diesem Wege gewählten vier Schiedsrichter bezeichnen gemeinsam eine fünfte Persönlichkeit als Vorsitzenden des Schiedsgerichts. Kommt eine Einigung hinsichtlich der Wahl des Vorsitzenden nicht innerhalb von 6 Monaten nach Empfang der Mitteilung von dem Antrag auf Schiedsgericht durch die Gegenpartei zustande, so soll der schweizerische Bundespräsident um die Benennung des Vorsitzenden ersucht werden. Nur bei Nichtbezeichnung der von den Parteien zu bestellenden Richter erfolgt ihre Ernennung gemäß Artikel 8 Abs. 2 durch den Ständigen Vergleichsrat.

II. Vergleichsverfahren.

Die Zusammensetzung des Ständigen Vergleichsrats im Artikel 14 geht von der entsprechenden Regelung im deutsch-finnischen Vertrag aus. Jede Partei ernennt ein Mitglied des Vergleichsrats nach freier Wahl, die Wahl der übrigen Mitglieder und aus ihrer Mitte die Wahl des Vorsitzenden erfolgt im gemeinsamen Einverständnisse der Parteien. Eine Abweichung von der Regelung im deutsch-finnischen Vertrage tritt nur für den Fall ein, daß die Berufung der gemeinsam zu wählenden Mitglieder nicht innerhalb der vorgesehenen Fristen erfolgen sollte. In diesem Falle kommt es zu der im deutsch-schwedischen Vertrage von vornherein vorgesehenen Art des Wahlverfahrens: Jede Partei ernennt zwei Mitglieder des Ständigen Vergleichsrats — darunter jedoch höchstens eins ihrer Staatsangehörigkeit — nach freier Wahl, beide Parteien im gemeinsamen Einverständnisse berufen den Obmann. Kommt eine Einigung hinsichtlich der Benennung des Obmanns nicht zustande, so soll der schweizerische Bundespräsident um diese Ernennung ersucht werden, während nach dem deutsch-finnischen Vertrag in sinngemäßer Anwendung der Bestimmungen des Artikel 45 Abs. 4 bis 6 des Haager Abkommens vom 18. Oktober 1907 in letzter Linie im Wege des Loses über die Person des Vorsitzenden zu entscheiden wäre.

Endlich ist in Artikel 18 Abs. 4 die Befugnis des Ständigen Vergleichsrats, aus besonderen Gründen die sofortige Veröffentlichung des als Ergebnis der Erörterungen des Vergleichsrats aufzustellenden Berichts auch ohne Einverständnis der Parteien zu veranlassen, im Wege eines Zusatzes ausdrücklich von der Zustimmung von mindestens vier Mitgliedern des Vergleichsrats abhängig gemacht worden.

7.

Verträge von Locarno.

Vom 16. Oktober 1925
(RGBl. 1925, Teil II Nr. 52 S. 975; 1926, Teil II Nr. 42 S. 583)*).

a) Schlußprotokoll zu den Verträgen von Locarno.

(1) Die Vertreter der Deutschen, Belgischen, Britischen, Französischen, Italienischen, Polnischen und Tschecho-

---

*) Die Verträge von Locarno sind am 16. Oktober 1925 in Locarno vereinbart und am 1. Dezember 1925 in London förmlich unterzeichnet worden.

Sie sind mit dem vor der Londoner Unterzeichnung angenommenen Zustimmungsgesetz vom 28. November 1925 nebst einem Schlußprotokoll im RGBl. Teil II Nr. 52 S. 975 in französischer Sprache nebst einer deutschen Übersetzung veröffentlicht worden. Als Unterzeichnungsdatum ist Locarno den 16. Oktober 1925 angegeben.

In Art. 2 dieses Zustimmungsgesetzes ist die Reichsregierung ermächtigt worden, die zum Eintritt Deutschlands in den Völkerbund erforderlichen Schritte zu tun.

Laut Bekanntmachung über die Ratifikation der Verträge von Locarno vom 13. Oktober 1926 im RGBl. 1926 Teil II

slowakischen Regierung, die vom 5. bis 16. Oktober 1925 in Locarno versammelt waren, um gemeinsam die Mittel zum Schutze ihrer Völker vor der Geißel des Krieges zu suchen und für die friedliche Regelung von Streitigkeiten jeglicher Art, die etwa zwischen einigen von ihnen entstehen könnten, zu sorgen, haben ihre Zustimmung zu den Entwürfen der sie betreffenden Verträge und Abkommen gegeben, die im Laufe der gegenwärtigen Konferenz ausgearbeitet worden sind und sich aufeinander beziehen:

Vertrag zwischen Deutschland, Belgien, Frankreich, Großbritannien und Italien (Anlage A)

Schiedsabkommen zwischen Deutschland und Belgien (Anlage B)

Schiedsabkommen zwischen Deutschland und Frankreich (Anlage C)

Schiedsvertrag zwischen Deutschland und Polen (Anlage D)

Nr. 42 S. 583 sind diese Verträge ratifiziert worden. Nachdem das Deutsche Reich am 8. September 1926 Mitglied des Völkerbundes geworden ist, hat die Hinterlegung der Ratifikationsurkunden im Archiv des Völkerbundes seitens aller beteiligten Mächte in Genf am 14. September 1926 stattgefunden.

Die Verträge sind damit in Kraft getreten. Sie sind im Nachgange zu der Bekanntmachung vom 13. Oktober 1926 in der Form, in der sie unterzeichnet und ratifiziert worden sind, nochmals im Reichsgesetzblatt abgedruckt worden.

Bei diesem Abdruck fehlt jedoch das präambelartige Schlußprotokoll, das als Anlage zum Zustimmungsgesetz vom 28. November 1925 mit veröffentlicht worden war, ebenso wie die Anlage F.

Auch hier sind die Verträge datiert Locarno, 16. Oktober 1925 (nicht etwa London, 1. Dezember 1925).

Wie beim ersten Abdruck sind die Verträge nicht mit Überschriften versehen; die oben im Text gegebenen Überschriften sind also nicht amtlicher Natur.

Schiedsvertrag zwischen Deutschland und der Tschechoslowakei (Anlage E).

(2) Diese Urkunden, die schon jetzt „ne varietur“ paraphiert werden, sollen das heutige Datum tragen. Die Vertreter der beteiligten Parteien kommen überein, am 1. Dezember d. J. in London zusammenzutreten, um in einer Sitzung die förmliche Unterzeichnung der sie betreffenden Urkunden vorzunehmen.

(3) Der Französische Minister der auswärtigen Angelegenheiten macht Mitteilung davon, daß im Anschluß an die obenerwähnten Entwürfe von Schiedsverträgen Frankreich, Polen und die Tschechoslowakei in Locarno gleichfalls Entwürfe zu Abkommen aufgestellt haben, um sich gegenseitig den Nutzen dieser Verträge zu sichern. Diese Abkommen werden regelrecht beim Völkerbund hinterlegt werden; Herr Briand hält aber schon jetzt Abschriften davon zur Verfügung der hier vertretenen Mächte.

(4) Der Großbritannische Staatssekretär für auswärtige Angelegenheiten schlägt vor, daß zur Beantwortung gewisser, vom Deutschen Reichskanzler und Außenminister gestellter Forderungen nach Aufklärungen über den Artikel 16 der Völkerbundssatzung das im Entwurf hier gleichfalls angeschlossene Schreiben (Anlage F) gleichzeitig mit der förmlichen Unterzeichnung der obenerwähnten Urkunden an sie gerichtet wird. Dieser Vorschlag wird angenommen.

(5) Die Vertreter der hier vertretenen Regierungen erklären ihre feste Überzeugung, daß die Inkraftsetzung dieser Verträge und Abkommen in hohem Maße dazu beitragen wird, eine moralische Entspannung zwischen den Nationen herbeizuführen, daß sie die Lösung vieler politischer und wirtschaftlicher Probleme gemäß den Interessen und Empfindungen der Völker stark erleichtern

wird, und daß sie so, indem sie Frieden und Sicherheit in Europa festigt, das geeignete Mittel sein wird, in wirksamer Weise die im Artikel 8 der Völkerbundssatzung vorgesehene Entwaffnung zu beschleunigen.

(6) Sie verpflichten sich, an den dem Völkerbund bereits aufgenommenen Arbeiten hinsichtlich der Entwaffnung aufrichtig mitzuwirken und die Verwirklichung der Entwaffnung in einer allgemeinen Verständigung anzustreben.

Geschehen zu Locarno am 16. Oktober 1925.

Dr. Luther.
Stresemann.
Emile Vandervelde.
Ari. Briand.
Austen Chamberlain.
Benito Mussolini.
Al. Skrzynski.
Dr. Eduard Beneš.

Anlage A.

b) Vertrag zwischen Deutschland, Belgien, Frankreich, Großbritannien und Italien (sog. Westpakt).

Der Deutsche Reichspräsident, Seine Majestät der König der Belgier, der Präsident der Französischen Republik, Seine Majestät der König des Vereinigten Königreichs von Großbritannien und Irland und der Überseeischen Britischen Lande, Kaiser von Indien, Seine Majestät der König von Italien;

bestrebt, dem Wunsche nach Sicherheit und Schutz zu genügen, der die Völker beseelt, die unter der Geißel des Krieges 1914 bis 1918 zu leiden gehabt haben;

im Hinblick auf die Tatsache, daß die Verträge zur Neutralisierung Belgiens hinfällig geworden sind, und im Bewußtsein der Notwendigkeit, den Frieden in dem Gebiete zu sichern, das so oft der Schauplatz der europäischen Konflikte gewesen ist;

in gleicher Weise beseelt von dem aufrichtigen Wunsche, allen beteiligten Signatarmächten im Rahmen der Völkerbundssatzung und der zwischen ihnen in Kraft befindlichen Verträge ergänzende Garantien zu gewähren;

haben beschlossen, zu diesen Zwecken einen Vertrag zu schließen, und haben zu Bevollmächtigten ernannt:

der Deutsche Reichspräsident:

den Reichskanzler Dr. Hans Luther;

den Reichsminister des Auswärtigen Dr. Gustav Stresemann;

Seine Majestät der König der Belgier:

Herrn Emile Vandervelde, Minister des Auswärtigen;

der Präsident der Französischen Republik:

Herrn Aristide Briand, Ministerpräsident, Minister des Auswärtigen;

Seine Majestät der König des Vereinigten Königreichs von Großbritannien und Irland und der überseeischen Britischen Lande, Kaiser von Indien:

den Sehr Ehrenwerten Stanley Baldwin, M. P., Ersten Lord des Schatzamts und Premier-Minister;

den Sehr Ehrenwerten Joseph Austen Chamberlain, M. P., Ersten Staatssekretär für die auswärtigen Angelegenheiten;

Seine Majestät der König von Italien:

den Ehrenwerten Vittorio Scialoja, Senator des Königreichs;

die, nachdem sie ihre Vollmachten ausgetauscht und in guter und gehöriger Form befunden haben, über folgende Bestimmungen übereingekommen sind:

Art. 1. Die Hohen Vertragschließenden Teile garantieren, jeder für sich und insgesamt, in der in den folgenden Artikeln bestimmten Weise die Aufrechterhaltung des sich aus den Grenzen zwischen Deutschland und Belgien und zwischen Deutschland und Frankreich ergebenden territorialen Statusquo, die Unverletzlichkeit dieser Grenzen, wie sie durch den in Versailles am 28. Juni 1919 unterzeichneten Friedensvertrag oder in dessen Ausführung festgesetzt sind, sowie die Beobachtung der Bestimmungen der Artikel 42 und 43 des bezeichneten Vertrages über die demilitarisierte Zone*).

Art. 2. Deutschland und Belgien und ebenso Deutschland und Frankreich verpflichten sich gegenseitig, in keinem Falle zu einem Angriff oder zu einem Einfall oder zum Kriege gegeneinander zu schreiten.

Diese Bestimmung findet jedoch keine Anwendung, wenn es sich handelt

1. um die Ausübung des Rechtes der Selbstverteidigung, das heißt um den Widerstand gegen eine Verletzung der Verpflichtung des vorstehenden Absatzes oder gegen einen flagranten Verstoß gegen die Artikel 42 oder 43 des Vertrags von Versailles, sofern ein solcher Verstoß eine nicht provozierte Angriffshandlung darstellt und wegen der Zusammenziehung von Streitkräften in der demilitarisierten Zone eine sofortige Aktion notwendig ist;

---

*) Artikel 42.

Es ist Deutschland untersagt, auf dem linken Ufer des Rheines und auf dem rechten Ufer westlich einer 50 km östlich des Stromes verlaufenden Linie Befestigungen beizubehalten oder anzulegen.

Artikel 43.

Ebenso ist in der im Artikel 42 bezeichneten Zone die ständige oder zeitweise Unterhaltung oder Sammlung von Streitkräften untersagt. Das gleiche gilt für jedwede militärischen Übungen und die Beibehaltung aller materiellen (Anm. im RGBl.: Im englischen Text statt „materiellen“: „ständigen“) Vorkehrungen für eine Mobilmachung.

2. um eine Aktion auf Grund des Artikel 16 der Völkerbundssatzung;
3. um eine Aktion, die auf Grund einer Entscheidung der Versammlung oder des Rates des Völkerbundes oder auf Grund des Artikel 15 Abs. 7 der Völkerbundssatzung erfolgt, vorausgesetzt, daß sich die Aktion in diesem letzten Falle gegen einen Staat richtet, der zuerst zum Angriff geschritten ist.

Art. 3. Im Hinblick auf die von ihnen im Artikel 2 beiderseits übernommenen Verpflichtungen verpflichten sich Deutschland und Belgien sowie Deutschland und Frankreich, auf friedlichem Wege, und zwar in folgender Weise, alle Fragen jeglicher Art zu regeln, die sie etwa entzweien und die nicht auf dem Wege des gewöhnlichen diplomatischen Verfahrens gelöst werden können.

Alle Fragen, bei denen die Parteien untereinander über ein Recht im Streite sind, sollen Richtern unterbreitet werden, deren Entscheidung zu befolgen die Parteien sich verpflichten.

Jede andere Frage ist einer Vergleichskommission zu unterbreiten. Wird der von dieser Kommission vorgeschlagenen Regelung nicht von beiden Parteien zugestimmt, so ist die Frage vor den Völkerbundsrat zu bringen, der gemäß Artikel 15 der Völkerbundssatzung befindet.

Die Einzelheiten dieser Methoden friedlicher Regelung bilden den Gegenstand besonderer Abkommen, die am heutigen Tage unterzeichnet worden sind.

Art. 4. 1. Ist einer der Hohen Vertragschließenden Teile der Ansicht, daß eine Verletzung des Artikel 2 dieses Vertrages oder ein Verstoß gegen die Artikel 42 oder 43 des Vertrages von Versailles begangen worden ist oder begangen wird, so wird er die Frage sofort vor den Völkerbundsrat bringen.

2. Sobald der Völkerbundsrat festgestellt hat, daß eine solche Verletzung oder ein solcher Verstoß begangen worden

ist, zeigt er dies unverzüglich den Signatarmächten dieses Vertrages an, und jede von ihnen verpflichtet sich, in solchem Falle der Macht, gegen die sich die beanstandete Handlung richtet, sofort ihren Beistand zu gewähren.

3. Im Falle einer flagranten Verletzung des Artikel 2 dieses Vertrages oder eines flagranten Verstoßes gegen die Artikel 42 oder 43 des Vertrages von Versailles durch einen der Hohen Vertragschließenden Teile verpflichtet sich schon jetzt jede der anderen vertragschließenden Mächte, sobald ihr erkennbar geworden ist, daß diese Verletzung oder dieser Verstoß eine nicht provozierte Angriffshandlung darstellt, und daß im Hinblick, sei es auf die Überschreitung der Grenze, sei es auf die Eröffnung der Feindseligkeiten oder die Zusammenziehung von Streitkräften in der demilitarisierten Zone, ein sofortiges Handeln geboten ist, demjenigen Teile, gegen den eine solche Verletzung oder ein solcher Verstoß gerichtet worden ist, sofort ihren Beistand zu gewähren. Dessenungeachtet wird der gemäß Absatz 1 dieses Artikels mit der Frage befaßte Völkerbundsrat das Ergebnis seiner Feststellungen bekanntgeben. Die Hohen Vertragschließenden Teile verpflichten sich, in solchem Falle nach Maßgabe der Empfehlungen des Rates zu handeln, die alle Stimmen mit Ausnahme derjenigen der Vertreter der in die Feindseligkeiten verstrickten Teile auf sich vereint haben.

Art. 5. Die Bestimmung des Artikel 3 dieses Vertrages wird in nachstehender Weise unter die Garantie der Hohen Vertragschließenden Teile gestellt:

Wenn sich eine der im Artikel 3 genannten Mächte weigert, das Verfahren zur friedlichen Regelung zu befolgen oder eine schiedsgerichtliche oder richterliche Entscheidung auszuführen, und eine Verletzung des Artikel 2 dieses Vertrages oder einen Verstoß gegen die Artikel 42 oder 43 des Vertrages von Versailles begeht, so finden die Bestimmungen des Artikel 4 Anwendung.

Falls eine der im Artikel 3 genannten Mächte, ohne eine Verletzung des Artikel 2 dieses Vertrages oder einen Verstoß gegen die Artikel 42 oder 43 des Vertrages von Versailles zu begehen, sich weigern sollte, das Verfahren zur friedlichen Regelung zu befolgen oder eine schiedsgerichtliche oder richterliche Entscheidung auszuführen, so wird der andere Teil die Angelegenheit vor den Völkerbundsrat bringen, der die zu ergreifenden Maßnahmen vorschlagen wird; die Hohen Vertragschließenden Teile werden diese Vorschläge befolgen.

Art. 6. Die Bestimmungen dieses Vertrages lassen die Rechte und Pflichten unberührt, die sich für die Hohen Vertragschließenden Teile aus dem Vertrag von Versailles sowie aus den ergänzenden Vereinbarungen, einschließlich der in London am 30. August 1924 unterzeichneten, ergeben.

Art. 7. Dieser Vertrag, der die Aufrechterhaltung des Friedens sichern soll und der Völkerbundssatzung entspricht, kann nicht so ausgelegt werden, als beschränke er die Aufgabe des Völkerbundes, die zur wirksamen Wahrung des Weltfriedens geeigneten Maßnahmen zu ergreifen.

Art. 8. Dieser Vertrag soll gemäß der Völkerbundssatzung beim Völkerbund eingetragen werden. Er bleibt solange in Kraft, bis der Rat, auf den drei Monate vorher den anderen Signatarmächten anzukündigenden Antrag eines der Hohen Vertragschließenden Teile, mit einer Mehrheit von mindestens zwei Dritteln der Stimmen feststellt, daß der Völkerbund den Hohen Vertragschließenden Teilen hinreichende Garantien bietet. Der Vertrag tritt alsdann nach Ablauf einer Frist von einem Jahre außer Kraft.

Art. 9. Dieser Vertrag soll keinem der britischen Dominions noch Indien irgendeine Verpflichtung auferlegen, es sei denn, daß die Regierung des Dominions oder Indiens anzeigt, daß sie diese Verpflichtungen annimmt.

Art. 10. Dieser Vertrag soll ratifiziert werden, und die Ratifikationsurkunden sollen sobald als möglich in Genf im Archiv des Völkerbundes hinterlegt werden.

Er soll in Kraft treten, sobald alle Ratifikationsurkunden hinterlegt sind und Deutschland Mitglied des Völkerbundes geworden ist.

Dieser in einem einzigen Exemplar ausgefertigte Vertrag soll im Archiv des Völkerbundes hinterlegt werden, dessen Generalsekretär gebeten wird, jedem der Hohen Vertragschließenden Teile beglaubigte Abschriften zuzustellen.

Zu Urkund dessen haben die eingangs genannten Bevollmächtigten diesen Vertrag unterzeichnet.

Geschehen zu Locarno am 16. Oktober 1925.

(Folgen die Unterschriften.)

Anlage B.

c) Vertrag zwischen Deutschland und Belgien.

Die mit gehöriger Vollmacht versehenen Unterzeichneten, von ihren Regierungen beauftragt, die Einzelheiten des Verfahrens festzusetzen, wonach, so wie dies in Artikel 3 des heute zwischen Deutschland, Belgien, Frankreich, Großbritannien und Italien geschlossenen Vertrages vorgesehen ist, zur friedlichen Lösung aller Fragen geschritten werden soll, die nicht durch gütliche Übereinkunft zwischen Deutschland und Belgien gelöst werden können,

sind über die nachstehenden Bestimmungen übereingekommen:

Teil I.

Art. 1. Alle Streitfragen jeglicher Art zwischen Deutschland und Belgien, bei denen die Parteien untereinander über ein Recht im Streite sind und die nicht auf dem Wege des gewöhnlichen diplomatischen Verfahrens gütlich geregelt werden können, sollen in der nachstehend bestimmten Weise, sei es einem Schiedsgericht, sei es dem Ständigen Internationalen Gerichtshof zur Entscheidung unterbreitet werden. Es besteht Einverständnis darüber, daß die vorstehend erwähnten Streitfragen namentlich diejenigen umfassen, die in Artikel 13[1]) der Völkerbundssatzung aufgeführt sind.

Diese Bestimmung findet keine Anwendung auf Streitfragen, die aus Tatsachen entsprungen sind, die zeitlich vor diesem Abkommen liegen und der Vergangenheit angehören.

Die Streitfragen, für deren Lösung in anderen zwischen Deutschland und Belgien in Geltung befindlichen Abkommen ein besonderes Verfahren vorgesehen ist, werden nach Maßgabe der Bestimmungen dieser Abkommen geregelt.

[1]) Vgl. oben Nr. 2 a, S. 45.

Art. 2. Vor jedem Schiedsverfahren und vor jedem Verfahren bei dem Ständigen Internationalen Gerichtshof kann die Streitfrage durch Vereinbarung der Parteien zur Herbeiführung eines Vergleichs einer ständigen internationalen Kommission, genannt „Ständige Vergleichskommission", unterbreitet werden, die gemäß dem gegenwärtigen Abkommen gebildet wird.

Art. 3. Handelt es sich um eine Streitfrage, deren Gegenstand nach der inneren Gesetzgebung einer der Parteien zur Zuständigkeit ihrer Landesgerichte gehört, so wird der Streitfall dem im gegenwärtigen Abkommen vorgesehenen Verfahren erst dann unterworfen, wenn das innerhalb einer angemessenen Frist von der zuständigen Gerichtsbehörde des Landes erlassene Urteil die Rechtskraft erlangt hat.

Art. 4. Die in Artikel 2 vorgesehene Ständige Vergleichskommission besteht aus fünf Mitgliedern, die wie folgt bestellt werden: Die Deutsche und die Belgische Regierung ernennen jede einen Kommissar ihrer Staatsangehörigkeit;

sie wählen die drei übrigen Kommissare in gegenseitigem Einvernehmen unter den Staatsangehörigen dritter Mächte. Diese drei Kommissare müssen von verschiedener Staatsangehörigkeit sein; aus ihrer Mitte bezeichnen die Deutsche und Belgische Regierung den Vorsitzenden der Kommission.

Die Kommissare werden für drei Jahre ernannt; ihre Wiederernennung ist zulässig. Sie bleiben in Tätigkeit bis zur Bestellung eines Nachfolgers und jedenfalls bis zur Beendigung der zur Zeit des Ablaufs ihres Auftrages im Gange befindlichen Arbeiten.

Stellen, die infolge Todesfalls, Amtsniederlegung oder sonstiger Behinderung frei werden, werden in kürzester Frist nach dem für die Ernennung maßgebenden Verfahren wieder besetzt.

Art. 5. Die Ständige Vergleichskommission wird innerhalb von drei Monaten nach Inkrafttreten des gegenwärtigen Abkommens gebildet.[1])

Erfolgt die Berufung der gemeinsam zu bestellenden Kommissare nicht innerhalb des genannten Zeitraums oder, im Falle der Ersetzung, nicht innerhalb von drei Monaten nach Freiwerden der Stelle, so wird in Ermangelung anderweitiger Vereinbarung der Schweizerische Bundespräsident gebeten werden, die erforderlichen Ernennungen vorzunehmen.

[1]) geschehen.

Art. 6. Die Ständige Vergleichskommission tritt in Tätigkeit auf einen Antrag, der von den beiden Parteien in gegenseitigem Einvernehmen, oder, mangels eines solchen Einvernehmens, von einer der beiden Parteien an den Vorsitzenden zu richten ist.

Der Antrag enthält eine kurze Darstellung des Streitfalls und das Ersuchen an die Kommission, alle geeigneten Maßnahmen zur Herbeiführung eines Vergleichs anzuwenden.

Geht der Antrag von einer der Parteien aus, so wird er von dieser der Gegenpartei unverzüglich mitgeteilt.

Art. 7. Innerhalb von 14 Tagen nach dem Tage, wo die Deutsche Regierung oder die Belgische Regierung eine Streitfrage vor die Ständige Vergleichskommission gebracht hat, kann jede der Parteien für die Behandlung dieser Streitfrage ihren Kommissar durch eine Persönlichkeit ersetzen, die in der Angelegenheit besondere Sachkunde besitzt.

Die Partei, die von diesem Recht Gebrauch macht, teilt das unverzüglich der anderen Partei mit, der es alsdann freisteht, innerhalb von 14 Tagen nach dem Tage, wo ihr die Mitteilung zugegangen ist, das gleiche zu tun.

Art. 8. Der Ständigen Vergleichskommission liegt es ob, die strittigen Fragen zu klären, zu diesem Zweck alle geeigneten Auskünfte auf dem Wege einer Untersuchung oder sonstwie zu sammeln und sich zu bemühen, einen Vergleich zwischen den Parteien herbeizuführen. Sie kann nach Prüfung des Falles den Parteien die Bedingungen der ihr angemessen scheinenden Regelung mitteilen und ihnen eine Frist zur Erklärung setzen.

Nach Beendigung ihrer Arbeiten stellt die Kommission ein Protokoll auf, das je nach Lage des Falles feststellt entweder, daß sich die Parteien verständigt haben und gegebenenfalls unter welchen Bedingungen die Verständigung erfolgt ist, oder aber, daß die Parteien nicht zur Annahme eines Vergleichs gebracht werden konnten.

Die Arbeiten der Kommission müssen, wenn die Parteien nichts anderes vereinbaren, innerhalb von 6 Monaten nach dem Tage beendet sein, wo die Kommission mit dem Streitfall befaßt wurde.

Art. 9. Vorbehaltlich einer besonderen anderweitigen Vereinbarung regelt die Ständige Vergleichskommission selbst ihr Verfahren, das in jedem Fall kontradiktorisch sein muß. Bei Untersuchungen hält sich die Kommission, wenn sie nicht einstimmig anderweitig beschließt, an die Bestimmungen des Titels III (Internationale Untersuchungskommissionen) des Haager Abkommens zur friedlichen Erledigung internationaler Streitfälle vom 18. Oktober 1907.[1])

[1]) oben Nr. 1, S. 1.

Art. 10. Die Ständige Vergleichskommission tritt mangels abweichender Vereinbarung der Parteien an dem von ihrem Vorsitzenden bestimmten Orte zusammen.

Art. 11. Die Arbeiten der Ständigen Vergleichskommission sind nur öffentlich auf Grund eines Beschlusses, den die Kommission mit Zustimmung der Parteien faßt.

Art. 12. Die Parteien werden bei der Ständigen Vergleichskommission durch Agenten vertreten, die als Mittelspersonen zwischen ihnen und der Kommission zu dienen haben; sie können sich außerdem der Hilfe von Beiräten und Sachverständigen, die sie zu diesem Zweck ernennen, bedienen und die Vernehmung aller Personen verlangen, deren Zeugnis ihnen nützlich erscheint.

Die Kommission ist ihrerseits befugt, von den Agenten, Beiräten und Sachverständigen der beiden Parteien, sowie von allen Personen, die sie mit Zustimmung ihrer Regierung vorzuladen für zweckmäßig erachtet, mündliche Erläuterungen zu verlangen.

Art. 13. Soweit dieses Abkommen nichts anderes bestimmt, werden die Entscheidungen der Ständigen Vergleichskommission mit Stimmenmehrheit getroffen.

Art. 14. Die Deutsche und Belgische Regierung verpflichten sich, die Arbeiten der Ständigen Vergleichskommission zu fördern und ihr insbesondere in möglichst weitem Maße alle zweckdienlichen Urkunden und Auskünfte zu liefern, sowie die ihnen zu Gebote stehenden Mittel anzuwenden, um ihr auf dem Gebiete der Parteien und gemäß deren Gesetzgebung die Vorladung und Vernehmung von Zeugen und Sachverständigen sowie die Einnahme des Augenscheins zu ermöglichen.

Art. 15. Für die Dauer der Arbeiten der Ständigen Vergleichskommission erhält jeder der Kommissare eine Vergütung, deren Höhe von der Deutschen und Belgischen Regierung gemeinsam festgesetzt und die von beiden je zur Hälfte getragen wird.

Art. 16. Kommt es vor der Ständigen Vergleichskommission nicht zu einem Vergleiche, so wird die Streitfrage mittels einer zu vereinbarenden Schiedsordnung unterbreitet: entweder dem Ständigen Internationalen Gerichtshof gemäß den in seinem Statut vorgesehenen Bedingungen und Verfahrensvorschriften[1]) oder einem Schiedsgericht gemäß den Bedingungen und Verfahrensvorschriften, die im Haager Abkommen zur friedlichen Erledigung internationaler Streitfälle vom 18. Oktober 1907 vorgesehen sind.[2])

Können sich die Parteien über die Schiedsordnung nicht einigen, so ist jede von ihnen, nachdem sie dies einen Monat vorher angekündigt hat, befugt, die Streitfrage durch einen Antrag unmittelbar vor den Ständigen Internationalen Gerichtshof zu bringen.

[1]) Vgl. oben Nr. 2, S. 54.
[2]) Vgl. oben Nr. 1, S. 1.

Teil II.

Art. 17. Alle Fragen, über die die Deutsche Regierung und die Belgische Regierung uneinig sind, ohne sie auf dem gewöhnlichen diplomatischen Wege gütlich lösen zu können, und bei denen nicht gemäß Artikel 1 dieses Abkommens die Lösung durch Richterspruch verlangt werden kann, werden, falls für ihre Regelung nicht schon durch andere zwischen den Parteien geltende Abkommen ein Verfahren vorgesehen ist, der Ständigen Vergleichskommission unterbreitet. Diese hat die Aufgabe, den Parteien eine annehmbare Lösung vorzuschlagen und jedenfalls einen Bericht zu erstatten.

Das in den Artikeln 6 bis 15 dieses Abkommens vorgesehene Verfahren findet Anwendung.

Art. 18. Wenn sich die Parteien nicht innerhalb eines Monats nach Abschluß der Arbeiten der Ständigen Vergleichskommission verständigt haben, wird die Frage durch Antrag einer der Parteien vor den Völkerbundsrat gebracht, der gemäß Artikel 15 der Völkerbundssatzung zu befinden hat.[1])

[1]) Vgl. oben Nr. 2a, S. 47.

Allgemeine Bestimmungen.

Art. 19. In allen Fällen und namentlich dann, wenn die zwischen den Parteien strittige Frage aus bereits vollzogenen oder unmittelbar bevorstehenden Handlungen hervorgeht, wird die Ständige Vergleichskommission oder, falls diese nicht mit der Angelegenheit befaßt ist, das Schiedsgericht oder der Ständige Internationale Gerichtshof, und zwar dieser gemäß Artikel 41 seines Statuts, so schnell wie möglich anordnen, welche vorläufigen Maßnahmen zu treffen sind. Es ist Sache des Völkerbundsrats, wenn er mit der Frage befaßt wird, gleichfalls vorläufige Maßnahmen anzuordnen. Die Deutsche und Belgische Regierung verpflichten sich, diese Anordnungen zu befolgen, sich jeder Maßnahme zu enthalten, die eine nachteilige Rückwirkung auf die Ausführung der Entscheidung oder der von der Ständigen Vergleichskommission oder dem Völkerbundsrat vorgeschlagenen Regelung haben könnte, und allgemein jegliche Handlung zu vermeiden, die geeignet wäre, die Streitigkeit zu verschärfen oder auszudehnen.

Art. 20. Dieses Abkommen gelangt zwischen Deutschland und Belgien auch dann zur Anwendung, wenn andere Mächte gleichfalls an dem Streitfall beteiligt sind.

Art. 21. Dieses Abkommen soll ratifiziert werden. Die Ratifikationsurkunden sollen gleichzeitig mit den Ratifikationsurkunden des heute zwischen Deutschland,

Belgien, Frankreich, Großbritannien und Italien geschlossenen Vertrags in Genf beim Völkerbund hinterlegt werden.

Für das Inkrafttreten des Abkommens und seine Geltungsdauer gilt das gleiche wie für den genannten Vertrag.

Dieses in einem einzigen Exemplar ausgefertigte Abkommen soll im Archiv des Völkerbundes hinterlegt werden, dessen Generalsekretär gebeten wird, jeder der beiden vertragschließenden Regierungen beglaubigte Abschriften zuzustellen.

Geschehen zu Locarno am 16. Oktober 1925.

(Folgen die Unterschriften.)

Anlage C.

d) Vertrag zwischen Deutschland und Frankreich.

Die mit gehöriger Vollmacht versehenen Unterzeichneten,

von ihren Regierungen beauftragt, die Einzelheiten des Verfahrens festzusetzen, wonach, so wie dies in Artikel 3 des heute zwischen Deutschland, Belgien, Frankreich, Großbritannien und Italien geschlossenen Vertrages vorgesehen ist, zur friedlichen Lösung aller Fragen geschritten werden soll, die nicht durch gütliche Übereinkunft zwischen Deutschland und Frankreich gelöst werden können,

sind über die nachstehenden Bestimmungen übereingekommen:

Teil I.

Art. 1. Alle Streitfragen jeglicher Art zwischen Deutschland und Frankreich, bei denen die Parteien untereinander über ein Recht im Streite sind und die nicht auf dem Wege des gewöhnlichen diplomatischen Verfahrens gütlich geregelt werden können, sollen in der nachstehend bestimmten Weise, sei es einem Schiedsgericht, sei es dem Ständigen Internationalen Gerichtshof zur Entscheidung unterbreitet werden. Es besteht Einverständnis darüber, daß die vorstehend erwähnten Streitfragen namentlich diejenigen umfassen, die in Artikel 13 der Völkerbundssatzung[1]) aufgeführt sind.

Diese Bestimmung findet keine Anwendung auf Streitfragen, die aus Tatsachen entsprungen sind, die zeitlich vor diesem Abkommen liegen und der Vergangenheit angehören.

Die Streitfragen, für deren Lösung in anderen zwischen Deutschland und Frankreich in Geltung befindlichen Abkommen ein besonderes Verfahren vorgesehen ist, werden nach Maßgabe der Bestimmungen dieser Abkommen geregelt.

[1]) Vgl. oben Nr. 2a, S. 45.

Art. 2. Vor jedem Schiedsverfahren und vor jedem Verfahren bei dem Ständigen Internationalen Gerichtshof kann die Streitfrage durch Vereinbarung der Parteien zur Herbeiführung eines Vergleichs einer ständigen internationalen Kommission, genannt „Ständige Vergleichskommission", unterbreitet werden, die gemäß dem gegenwärtigen Abkommen gebildet wird.

Art. 3. Handelt es sich um eine Streitfrage, deren Gegenstand nach der inneren Gesetzgebung einer der Parteien zur Zuständigkeit ihrer Landesgerichte gehört, so wird der Streitfall dem in diesem Abkommen vorgesehenen Verfahren erst dann unterworfen, wenn das innerhalb einer angemessenen Frist von der zuständigen Gerichtsbehörde des Landes erlassene Urteil die Rechtskraft erlangt hat.

Art. 4. Die in Artikel 2 vorgesehene Ständige Vergleichskommission besteht aus fünf Mitgliedern, die wie folgt bestellt werden: Die Deutsche und die Französische Regierung ernennen jede einen Kommissar ihrer Staatsangehörigkeit; sie wählen die drei übrigen Kommissare in gegenseitigem Einvernehmen unter den Staatsangehörigen dritter Mächte. Diese drei Kommissare müssen von verschiedener Staatsangehörigkeit sein; aus ihrer Mitte bezeichnen die Deutsche und Französische Regierung den Vorsitzenden der Kommission.

Die Kommissare werden für drei Jahre ernannt, ihre Wiederernennung ist zulässig. Sie bleiben in Tätigkeit bis zur Bestellung eines Nachfolgers und jedenfalls bis zur Beendigung der zur Zeit des Ablaufs ihres Auftrages im Gange befindlichen Arbeiten.

Stellen, die infolge Todesfalls, Amtsniederlegung oder sonstiger Behinderung frei werden, werden in kürzester Frist nach dem für die Ernennung maßgebenden Verfahren wieder besetzt.

Art. 5. Die Ständige Vergleichskommission wird innerhalb von drei Monaten nach Inkrafttreten dieses Abkommens gebildet.[1])

Erfolgt die Berufung der gemeinsam zu bestellenden Kommissare nicht innerhalb des genannten Zeitraums oder, im Falle der Ersetzung, nicht innerhalb von drei Monaten nach Freiwerden der Stelle, so wird in Ermangelung anderweitiger Vereinbarung der Schweizerische Bundespräsident gebeten werden, die erforderlichen Ernennungen vorzunehmen.

[1]) geschehen.

Art. 6. Die Ständige Vergleichskommission tritt in Tätigkeit auf einen Antrag, der von den beiden Parteien in gegenseitigem Einvernehmen, oder, mangels eines solchen Einvernehmens, von einer der beiden Parteien an den Vorsitzenden zu richten ist.

Der Antrag enthält eine kurze Darstellung des Streitfalls und das Ersuchen an die Kommission, alle geeigneten Maßnahmen zur Herbeiführung eines Vergleichs anzuwenden.

Geht der Antrag von einer der Parteien aus, so wird er von dieser der Gegenpartei unverzüglich mitgeteilt.

Art. 7. Innerhalb von 14 Tagen nach dem Tage, wo die Deutsche Regierung oder die Französische Regierung eine Streitfrage vor die Ständige Vergleichskommission gebracht hat, kann jede der Parteien für die Behandlung dieser Streitfrage ihren Kommissar durch eine Persönlichkeit ersetzen, die in der Angelegenheit besondere Sachkunde besitzt.

Die Partei, die von diesem Recht Gebrauch macht, teilt das unverzüglich der anderen Partei mit, der es alsdann freisteht, innerhalb von 14 Tagen nach dem Tage. wo ihr die Mitteilung zugegangen ist, das gleiche zu tun,

Art. 8. Der Ständigen Vergleichskommission liegt es ob, die strittigen Fragen zu klären, zu diesem Zweck alle geeigneten Auskünfte auf dem Wege einer Untersuchung oder sonstwie zu sammeln und sich zu bemühen, einen Vergleich zwischen den Parteien herbeizuführen. Sie kann nach Prüfung des Falles den Parteien die Bedingungen der ihr angemessen scheinenden Regelung mitteilen und ihnen eine Frist zur Erklärung setzen.

Nach Beendigung ihrer Arbeiten stellt die Kommission ein Protokoll auf, das je nach Lage des Falles feststellt entweder, daß sich die Parteien verständigt haben und gegebenenfalls unter welchen Bedingungen die Verständigung erfolgt ist, oder aber, daß die Parteien nicht zur Annahme eines Vergleichs gebracht werden konnten.

Die Arbeiten der Kommission müssen, wenn die Parteien nichts anderes vereinbaren, innerhalb von sechs Monaten nach dem Tage beendet sein, wo die Kommission mit dem Streitfall befaßt wurde.

Art. 9. Vorbehaltlich einer besonderen anderweitigen Vereinbarung regelt die Ständige Vergleichskommission selbst ihr Verfahren, das in jedem Fall kontradiktorisch sein muß. Bei Untersuchungen hält sich die Kommission, wenn sie nicht einstimmig anderweitig beschließt, an die Bestimmungen des Titels III (Internationale Untersuchungskommissionen) des Haager Abkommens zur friedlichen Erledigung internationaler Streitfälle vom 18. Oktober 1907.

Art. 10. Die Ständige Vergleichskommission tritt mangels abweichender Vereinbarung der Parteien an dem von ihrem Vorsitzenden bestimmten Orte zusammen.

Art. 11. Die Arbeiten der Ständigen Vergleichskommission sind nur öffentlich auf Grund eines Beschlusses, den die Kommission mit Zustimmung der Parteien faßt.

Art. 12. Die Parteien werden bei der Ständigen Vergleichskommission durch Agenten vertreten, die als Mittelspersonen zwischen ihnen und der Kommission zu dienen haben; sie können sich außerdem der Hilfe von Beiräten und Sachverständigen, die sie zu diesem Zweck ernennen, bedienen und die Vernehmung aller Personen verlangen, deren Zeugnis ihnen nützlich erscheint.

Die Kommission ist ihrerseits befugt, von den Agenten, Beiräten und Sachverständigen der beiden Parteien sowie von allen Personen, die sie mit Zustimmung ihrer Regierung vorzuladen für zweckmäßig erachtet, mündliche Erläuterungen zu verlangen.

Art. 13. Soweit dieses Abkommen nichts anderes bestimmt, werden die Entscheidungen der Ständigen Vergleichskommission mit Stimmenmehrheit getroffen.

Art. 14. Die Deutsche und Französische Regierung verpflichten sich, die Arbeiten der Ständigen Vergleichskommission zu fördern und ihr insbesondere in möglichst weitem Maße alle zweckdienlichen Urkunden und Auskünfte zu liefern, sowie die ihnen zu Gebote stehenden Mittel anzuwenden, um ihr auf dem Gebiete der Parteien und gemäß deren Gesetzgebung die Vorladung und Vernehmung von Zeugen und Sachverständigen sowie die Einnahme des Augenscheins zu ermöglichen.

Art. 15. Für die Dauer der Arbeiten der Ständigen Vergleichskommission erhält jeder der Kommissare eine

Vergütung, deren Höhe von der Deutschen und Französischen Regierung gemeinsam festgesetzt und die von beiden je zur Hälfte getragen wird.

Art. 16. Kommt es vor der Ständigen Vergleichskommission nicht zu einem Vergleiche, so wird die Streitfrage mittels einer zu vereinbarenden Schiedsordnung unterbreitet: entweder dem Ständigen Internationalen Gerichtshof gemäß den in seinem Statut vorgesehenen Bedingungen und Verfahrensvorschriften oder einem Schiedsgericht gemäß den Bedingungen und Verfahrensvorschriften, die im Haager Abkommen zur friedlichen Erledigung internationaler Streitfälle vom 18. Oktober 1907 vorgesehen sind[1]).

Können sich die Parteien über die Schiedsordnung nicht einigen, so ist jede von ihnen, nachdem sie dies einen Monat vorher angekündigt hat, befugt, die Streitfrage durch einen Antrag unmittelbar vor den Ständigen Internationalen Gerichtshof zu bringen.

[1]) Vgl. oben Nr. 1, S. 1.

Teil II.

Art. 17. Alle Fragen, über die die Deutsche Regierung und die Französische Regierung uneinig sind, ohne sie auf dem gewöhnlichen diplomatischen Wege gütlich lösen zu können, und bei denen nicht gemäß Artikel 1 dieses Abkommens die Lösung durch Richterspruch verlangt werden kann, werden, falls für ihre Regelung nicht schon durch andere zwischen den Parteien geltende Abkommen ein Verfahren vorgesehen ist, der Ständigen Vergleichskommission unterbreitet. Diese hat die Aufgabe, den Parteien eine annehmbare Lösung vorzuschlagen und jedenfalls einen Bericht zu erstatten.

Das in den Artikeln 6 bis 15 dieses Abkommens vorgesehene Verfahren findet Anwendung.

Art. 18. Wenn sich die Parteien nicht innerhalb eines Monats nach Abschluß der Arbeiten der Ständigen Vergleichskommission verständigt haben, wird die Frage durch Antrag einer der Parteien vor den Völkerbundsrat gebracht, der gemäß Artikel 15 der Völkerbundssatzung zu befinden hat.[1])

[1]) Vgl. oben Nr. 2 a, S. 46.

Allgemeine Bestimmungen.

Art. 19. In allen Fällen und namentlich dann, wenn die zwischen den Parteien strittige Frage aus bereits vollzogenen oder unmittelbar bevorstehenden Handlungen hervorgeht, wird die Ständige Vergleichskommission oder, falls diese nicht mit der Angelegenheit befaßt ist, das Schiedsgericht oder der Ständige Internationale Gerichtshof, und zwar dieser gemäß Artikel 41 seines Statuts[1]), so schnell wie möglich anordnen, welche vorläufigen Maßnahmen zu treffen sind. Es ist Sache des Völkerbundsrats, wenn er mit der Frage befaßt wird, gleichfalls vorläufige Maßnahmen anzuordnen. Die Deutsche und Französische Regierung verpflichten sich, diese Anordnungen zu befolgen, sich jeder Maßnahme zu enthalten, die eine nachteilige Rückwirkung auf die Ausführung der Entscheidung oder der von der Ständigen Vergleichskommission oder dem Völkerbundsrat vorgeschlagenen Regelung haben könnte, und allgemein jegliche Handlung zu vermeiden, die geeignet wäre, die Streitigkeit zu verschärfen oder auszudehnen.

[1]) Vgl. oben Nr. 2 c, S. 67.

Art. 20. Dieses Abkommen gelangt zwischen Deutschland und Frankreich auch dann zur Anwendung, wenn andere Mächte gleichfalls an dem Streitfall beteiligt sind.

Art. 21. Dieses Abkommen soll ratifiziert werden. Die Ratifikationsurkunden sollen gleichzeitig mit den Ratifikationsurkunden des heute zwischen Deutschland, Belgien, Frankreich, Großbritannien und Italien geschlossenen Vertrags in Genf beim Völkerbund hinterlegt werden.

Für das Inkrafttreten des Abkommens und seine Geltungsdauer gilt das gleiche wie für den genannten Vertrag.

Dieses in einem einzigen Exemplar ausgefertigte Abkommen soll im Archiv des Völkerbundes hinterlegt werden, dessen Generalsekretär gebeten wird, jeder der beiden vertragschließenden Regierungen beglaubigte Abschriften zuzustellen.

Geschehen zu Locarno am 16. Oktober 1925.

(Folgen die Unterschriften.)

Anlage D.

e) Vertrag zwischen Deutschland und Polen.

Der Deutsche Reichspräsident und der Präsident der Republik Polen,

gleichermaßen entschlossen, den Frieden zwischen Deutschland und Polen aufrechtzuerhalten, indem sie die friedliche Regelung der zwischen beiden Ländern etwa entstehenden Streitigkeiten sichern,

im Hinblick auf die Tatsache, daß die internationalen Gerichte zur Achtung der durch die Verträge begründeten oder aus dem Völkerrecht sich ergebenden Rechte verpflichtet sind,

einig darin, daß die Rechte eines Staates nur mit seiner Zustimmung geändert werden können,

und in der Erwägung, daß die aufrichtige Beobachtung des Verfahrens zur friedlichen Regelung der internationalen Streitigkeiten die Möglichkeit gibt, ohne Anwendung von Gewalt die Fragen zu lösen, die die Staaten entzweien könnten,

haben beschlossen, ihre gemeinsamen Absichten in dieser Hinsicht in einem Vertrage zu verwirklichen, und haben zu Bevollmächtigten ernannt:

der Deutsche Reichspräsident:

den Reichsminister des Auswärtigen Dr. Gustav Stresemann;

der Präsident der Republik Polen:

Herrn Alexander Skrzynski, Präsidenten des Ministerrats, Minister des Auswärtigen;

die, nachdem sie ihre Vollmachten ausgetauscht und in guter und gehöriger Form befunden haben, über folgende Bestimmungen übereingekommen sind:

Teil I.

Art. 1. Alle Streitfragen jeglicher Art zwischen Deutschland und Polen, bei denen die Parteien untereinander über ein Recht im Streite sind, und die nicht auf dem Wege des gewöhnlichen diplomatischen Verfahrens gütlich geregelt werden können, sollen in der nachstehend bestimmten Weise, sei es einem Schiedsgericht, sei es dem Ständigen Internationalen Gerichtshof zur Entscheidung unterbreitet werden. Es besteht Einverständnis darüber, daß die vorstehend erwähnten Streitfragen namentlich diejenigen umfassen, die in Artikel 13 der Völkerbundssatzung aufgeführt sind.[1])

Diese Bestimmung findet keine Anwendung auf Streitfragen, die aus Tatsachen entsprungen sind, die zeitlich vor diesem Vertrag liegen und der Vergangenheit angehören.

Die Streitfragen, für deren Lösung in anderen zwischen den Hohen Vertragschließenden Teilen in Geltung befindlichen Abkommen ein besonderes Verfahren vorgesehen ist, werden nach Maßgabe der Bestimmungen dieser Abkommen geregelt.

[1]) Vgl. oben Nr. 2a, S. 45.

Art. 2. Vor jedem Schiedsverfahren und vor jedem Verfahren bei dem Ständigen Internationalen Gerichtshof kann die Streitfrage durch Vereinbarung der Parteien zur Herbeiführung eines Vergleichs einer ständigen internationalen Kommission, genannt „Ständige Vergleichskommission", unterbreitet werden, die gemäß dem gegenwärtigen Vertrage gebildet wird.

Art. 3. Handelt es sich um eine Streitfrage, deren Gegenstand nach der inneren Gesetzgebung einer der Parteien zur Zuständigkeit ihrer Landesgerichte gehört, so wird der Streitfall dem im gegenwärtigen Vertrage vorgesehenen Verfahren erst dann unterworfen, wenn das innerhalb einer angemessenen Frist von der zuständigen Gerichtsbehörde des Landes erlassene Urteil die Rechtskraft erlangt hat.

Art. 4. Die in Artikel 2 vorgesehene Ständige Vergleichskommission besteht aus fünf Mitgliedern, die wie folgt bestellt werden: Die Hohen Vertragschließenden Teile ernennen jeder einen Kommissar ihrer Staatsangehörigkeit; sie wählen die drei übrigen Kommissare in gegenseitigem Einvernehmen unter den Staatsangehörigen dritter Mächte. Diese drei Kommissare müssen von verschiedener Staatsangehörigkeit sein; aus ihrer Mitte bezeichnen die Hohen Vertragschließenden Teile den Vorsitzenden der Kommission.

Die Kommissare werden für drei Jahre ernannt, ihre Wiederernennung ist zulässig. Sie bleiben in Tätigkeit bis zur Bestellung eines Nachfolgers und jedenfalls bis zur Beendigung der zur Zeit des Ablaufs ihres Auftrags im Gange befindlichen Arbeiten.

Stellen, die infolge Todesfalls, Amtsniederlegung oder sonstiger Behinderung frei werden, werden in kürzester Frist nach dem für die Ernennung maßgebenden Verfahren wieder besetzt.

Art. 5. Die Ständige Vergleichskommission wird innerhalb von drei Monaten nach Inkrafttreten des gegenwärtigen Vertrages gebildet.[1])

Erfolgt die Berufung der gemeinsam zu bestellenden Kommissare nicht innerhalb des genannten Zeitraums oder, im Falle der Ersetzung, nicht innerhalb von drei Monaten nach Freiwerden der Stelle, so wird in Ermangelung anderweitiger Vereinbarung der Schweizerische Bundespräsident gebeten werden, die erforderlichen Ernennungen vorzunehmen.

[1]) geschehen.

Art. 6. Die Ständige Vergleichskommission tritt in Tätigkeit auf einen Antrag, der von den beiden Parteien in gegenseitigem Einvernehmen, oder, mangels eines solchen Einvernehmens, von einer der beiden Parteien an den Vorsitzenden zu richten ist.

Der Antrag enthält eine kurze Darstellung des Streitfalls und das Ersuchen an die Kommission, alle geeigneten Maßnahmen zur Herbeiführung eines Vergleichs anzuwenden.

Geht der Antrag von einer der Parteien aus, so wird er von dieser der Gegenpartei unverzüglich mitgeteilt.

Art. 7. Innerhalb von 14 Tagen nach dem Tage, wo einer der Hohen Vertragschließenden Teile eine Streitfrage vor die Ständige Vergleichskommission gebracht hat, kann jede der Parteien für die Behandlung dieser Streitfrage ihren Kommissar durch eine Persönlichkeit ersetzen, die in der Angelegenheit besondere Sachkunde besitzt.

Die Partei, die von diesem Recht Gebrauch macht, teilt das unverzüglich der anderen Partei mit, der es alsdann freisteht, innerhalb von 14 Tagen nach dem Tage, wo ihr die Mitteilung zugegangen ist, das gleiche zu tun.

Art. 8. Der Ständigen Vergleichskommission liegt es ob, die strittigen Fragen zu klären, zu diesem Zweck alle geeigneten Auskünfte auf dem Wege einer Untersuchung oder sonstwie zu sammeln und sich zu bemühen, einen Vergleich zwischen den Parteien herbeizuführen. Sie kann nach Prüfung des Falles den Parteien die Bedingungen der ihr angemessen scheinenden Regelung mitteilen und ihnen eine Frist zur Erklärung setzen.

Nach Beendigung ihrer Arbeiten stellt die Kommission ein Protokoll auf, das je nach Lage des Falles feststellt entweder, daß sich die Parteien verständigt haben und gegebenenfalls unter welchen Bedingungen die Verständigung erfolgt ist, oder aber, daß die Parteien nicht zur Annahme eines Vergleichs gebracht werden konnten.

Die Arbeiten der Kommission müssen, wenn die Parteien nichts anderes vereinbaren, innerhalb von sechs Monaten nach dem Tage beendet sein, wo die Kommission mit dem Streitfall befaßt wurde.

Art. 9. Vorbehaltlich einer besonderen anderweitigen Vereinbarung regelt die Ständige Vergleichskommission selbst ihr Verfahren, das in jedem Fall kontradiktorisch sein muß. Bei Untersuchungen hält sich die Kommission, wenn sie nicht einstimmig anderweitig beschließt, an die Bestimmungen des Titels III (Internationale Untersuchungskommissionen) des Haager Abkommens zur friedlichen Erledigung internationaler Streitfälle vom 18. Oktober 1907.[1])

[1]) Vgl. oben Nr. 1, S. 1.

Art. 10. Die Ständige Vergleichskommission tritt, sofern sich nicht die Parteien hierüber anderweitig einigen, an dem von ihrem Vorsitzenden bestimmten Orte zusammen.

Art. 11. Die Arbeiten der Ständigen Vergleichskommission sind nur öffentlich auf Grund eines Beschlusses, den die Kommission mit Zustimmung der Parteien faßt.

Art. 12. Die Parteien werden bei der Ständigen Vergleichskommission durch Agenten vertreten, die als Mittelspersonen zwischen ihnen und der Kommission zu dienen haben; sie können sich außerdem der Hilfe von Beiräten und Sachverständigen, die sie zu diesem Zweck ernennen, bedienen und die Vernehmung aller Personen verlangen, deren Zeugnis ihnen nützlich erscheint.

Die Kommission ist ihrerseits befugt, von den Agenten, Beiräten und Sachverständigen der beiden Parteien, sowie von allen Personen, die sie mit Zustimmung ihrer Regierung vorzuladen für zweckmäßig erachtet, mündliche Erläuterungen zu verlangen.

Art. 13. Soweit dieser Vertrag nichts anderes bestimmt, werden die Entscheidungen der Ständigen Vergleichskommission mit Stimmenmehrheit getroffen.

Art. 14. Die Hohen Vertragschließenden Teile verpflichten sich, die Arbeiten der Ständigen Vergleichskommission zu fördern und ihr insbesondere in möglichst weitem Maße alle zweckdienlichen Urkunden und Auskünfte zu liefern, sowie die ihnen zu Gebote stehenden Mittel anzuwenden, um ihr auf dem Gebiete der Parteien und gemäß deren Gesetzgebung die Vorladung und Vernehmung von Zeugen und Sachverständigen sowie die Einnahme des Augenscheins zu ermöglichen.

Art. 15. Für die Dauer der Arbeiten der Ständigen Vergleichskommission erhält jeder der Kommissare eine Vergütung, deren Höhe von den Hohen Vertragschließenden Teilen gemeinsam festgesetzt und die von beiden je zur Hälfte getragen wird.

Art. 16. Kommt es vor der Ständigen Vergleichskommission nicht zu einem Vergleiche, so wird die Streitfrage mittels einer zu vereinbarenden Schiedsordnung unterbreitet: entweder dem Ständigen Internationalen Gerichtshof gemäß den in seinem Statut vorgesehenen Bedingungen und Verfahrensvorschriften oder einem Schiedsgericht gemäß den Bedingungen und Verfahrensvorschriften, die im Haager Abkommen zur friedlichen Erledigung internationaler Streitfälle vom 18. Oktober 1907[1]) vorgesehen sind.

Können sich die Parteien über die Schiedsordnung nicht einigen, so ist jede von ihnen, nachdem sie dies einen Monat vorher angekündigt hat, befugt, die Streitfrage durch einen Antrag unmittelbar vor den Ständigen Internationalen Gerichtshof zu bringen.

[1]) Vgl. oben Nr. 1, S. 1.

Teil II.

Art. 17. Alle Fragen, über die die Deutsche Regierung und die Polnische Regierung uneinig sind, ohne sie auf dem gewöhnlichen diplomatischen Wege gütlich lösen zu können, und bei denen nicht gemäß Artikel 1 dieses Vertrags die Lösung durch Richterspruch verlangt werden kann, werden, falls für ihre Regelung nicht schon durch andere zwischen den Parteien geltende Abkommen ein Verfahren vorgesehen ist, der Ständigen Vergleichskommission unterbreitet. Diese hat die Aufgabe, den Parteien eine annehmbare Lösung vorzuschlagen und jedenfalls einen Bericht zu erstatten.

Das in den Artikeln 6 bis 15 dieses Vertrags vorgesehene Verfahren findet Anwendung.

Art. 18. Wenn sich die Parteien nicht innerhalb eines Monats nach Abschluß der Arbeiten der Ständigen Vergleichskommission verständigt haben, wird die Frage durch Antrag einer der Parteien vor den Völkerbundsrat gebracht, der gemäß Artikel 15 der Völkerbundssatzung zu befinden hat.[1])

[1]) Vgl. oben Nr. 2a, S. 46.

Allgemeine Bestimmungen.

Art. 19. In allen Fällen und namentlich dann, wenn die zwischen den Parteien strittige Frage aus bereits vollzogenen oder unmittelbar bevorstehenden Handlungen hervorgeht, wird die Ständige Vergleichskommission oder, falls diese nicht mit der Angelegenheit befaßt ist, das Schiedsgericht oder der Ständige Internationale Gerichtshof, und zwar dieser gemäß Artikel 41 seines Statuts, so schnell wie möglich anordnen, welche vorläufigen Maßnahmen zu treffen sind. Es ist Sache des Völkerbundsrats, wenn er mit der Frage befaßt wird, gleichfalls vorläufige Maßnahmen anzuordnen. Jeder der Hohen Vertragschließenden Teile verpflichtet sich, diese Anordnungen zu befolgen, sich jeder Maßnahme zu enthalten, die eine nachteilige Rückwirkung auf die Ausführung der Entscheidung oder der von der Ständigen Vergleichskommission oder dem Völkerbundsrat vorgeschlagenen Regelung haben könnte, und allgemein jegliche Handlung zu vermeiden, die geeignet wäre, die Streitigkeit zu verschärfen oder auszudehnen.

Art. 20. Dieser Vertrag gelangt zwischen den Hohen Vertragschließenden Teilen auch dann zur Anwendung, wenn andere Mächte gleichfalls an dem Streitfall beteiligt sind.

Art. 21. Dieser Vertrag, der der Völkerbundssatzung entspricht, berührt nicht die Rechte und Pflichten der Hohen Vertragschließenden Teile in ihrer Eigenschaft als Mitglieder des Völkerbundes und soll nicht so ausgelegt werden, als ob er die Aufgabe des Völkerbundes beschränkte, die zur wirksamen Wahrung des Weltfriedens geeigneten Maßnahmen zu ergreifen.

Art. 22. Dieser Vertrag soll ratifiziert werden. Die Ratifikationsurkunden sollen gleichzeitig mit den Ratifikationsurkunden des heute zwischen Deutschland, Belgien, Frankreich, Großbritannien und Italien geschlossenen Vertrags in Genf beim Völkerbund hinterlegt werden.

Für das Inkrafttreten des Vertrags und seine Geltungsdauer gilt das gleiche wie für den genannten Vertrag.

Dieser in einem einzigen Exemplar ausgefertigte Vertrag soll im Archiv des Völkerbunds hinterlegt werden, dessen Generalsekretär gebeten wird, jedem der Hohen Vertragschließenden Teile beglaubigte Abschriften zuzustellen.

Zu Urkund dessen haben die vorgenannten Bevollmächtigten diesen Vertrag unterzeichnet.

Geschehen zu Locarno am 16. Oktober 1925.

(Folgen die Unterschriften.)

Anlage E.

f) Vertrag zwischen Deutschland und der Tschechoslowakei.

Der Deutsche Reichspräsident und der Präsident der Tschechoslowakischen Republik,

gleichermaßen entschlossen, den Frieden zwischen Deutschland und der Tschechoslowakei aufrechtzuerhalten, indem sie die friedliche Regelung der zwischen beiden Ländern etwa entstehenden Streitigkeiten sichern,

im Hinblick auf die Tatsache, daß die internationalen Gerichte zur Achtung der durch die Verträge begründeten oder aus dem Völkerrecht sich ergebenden Rechte verpflichtet sind,

einig darin, daß die Rechte eines Staates nur mit seiner Zustimmung geändert werden können,

und in der Erwägung, daß die aufrichtige Beobachtung des Verfahrens zur friedlichen Regelung der internationalen Streitigkeiten die Möglichkeit gibt, ohne Anwendung von Gewalt die Fragen zu lösen, die die Staaten entzweien könnten,

haben beschlossen, ihre gemeinsamen Absichten in dieser Hinsicht in einem Vertrage zu verwirklichen, und haben zu Bevollmächtigten ernannt:

der Deutsche Reichspräsident:
den Reichsminister des Auswärtigen Dr. Gustav Stresemann;

der Präsident der Tschechoslowakischen Republik:
den Minister des Auswärtigen Dr. Eduard Beneš;

die, nachdem sie ihre Vollmachten ausgetauscht und in guter und gehöriger Form befunden haben, über folgende Bestimmungen übereingekommen sind:

Teil I.

Art. 1. Alle Streitfragen jeglicher Art zwischen Deutschland und der Tschechoslowakei, bei denen die Parteien untereinander über ein Recht im Streite sind, und die nicht auf dem Wege des gewöhnlichen diplomatischen Verfahrens gütlich geregelt werden können, sollen in der nachstehend bestimmten Weise, sei es einem Schiedsgericht, sei es dem Ständigen Internationalen Gerichtshof zur Entscheidung unterbreitet werden. Es besteht Einverständnis darüber, daß die vorstehend erwähnten Streitfragen namentlich diejenigen umfassen, die in Artikel 13 der Völkerbundssatzung aufgeführt sind.[1])

Diese Bestimmung findet keine Anwendung auf Streitfragen, die aus Tatsachen entsprungen sind, die zeitlich vor diesem Vertrag liegen und der Vergangenheit angehören.

Die Streitfragen, für deren Lösung in anderen zwischen den Hohen Vertragschließenden Teilen in Geltung befindlichen Abkommen ein besonderes Verfahren vorgesehen ist, werden nach Maßgabe der Bestimmungen dieser Abkommen geregelt.

[1]) Vgl. oben Nr. 2a, S. 45.

Art. 2. Vor jedem Schiedsverfahren und vor jedem Verfahren bei dem Ständigen Internationalen Gerichtshof kann die Streitfrage durch Vereinbarung der Parteien zur Herbeiführung eines Vergleichs einer ständigen internationalen Kommission, genannt „Ständige Vergleichskommission", unterbreitet werden, die gemäß dem gegenwärtigen Vertrage gebildet wird.

Art. 3. Handelt es sich um eine Streitfrage, deren Gegenstand nach der inneren Gesetzgebung einer der Parteien zur Zuständigkeit ihrer Landesgerichte gehört, so wird der Streitfall dem im gegenwärtigen Vertrage vorgesehenen Verfahren erst dann unterworfen, wenn das innerhalb einer angemessenen Frist von der zuständigen Gerichtsbehörde des Landes erlassene Urteil die Rechtskraft erlangt hat.

Art. 4. Die in Artikel 2 vorgesehene Ständige Vergleichskommission besteht aus fünf Mitgliedern, die wie folgt bestellt werden: Die Hohen Vertragschließenden Teile ernennen jeder einen Kommissar ihrer Staatsangehörigkeit; sie wählen die drei übrigen Kommissare in gegenseitigem Einvernehmen unter den Staatsangehörigen dritter Mächte. Diese drei Kommissare müssen von verschiedener Staatsangehörigkeit sein; aus ihrer Mitte bezeichnen die Hohen Vertragschließenden Teile den Vorsitzenden der Kommission.

Die Kommissare werden für drei Jahre ernannt; ihre Wiederernennung ist zulässig. Sie bleiben in Tätigkeit bis zur Bestellung eines Nachfolgers und jedenfalls bis zur Beendigung der zur Zeit des Ablaufs ihres Auftrages im Gange befindlichen Arbeiten.

Stellen, die infolge Todesfalls, Amtsniederlegung oder sonstiger Behinderung frei werden, werden in kürzester Frist nach dem für die Ernennung maßgebenden Verfahren wieder besetzt.

Art. 5. Die Ständige Vergleichskommission wird innerhalb von drei Monaten nach Inkrafttreten des gegenwärtigen Vertrags gebildet.[1])

Erfolgt die Berufung der gemeinsam zu bestellenden Kommissare nicht innerhalb des genannten Zeitraums oder, im Falle der Ersetzung, nicht innerhalb von drei Monaten nach Freiwerden der Stelle, so wird in Ermangelung anderweitiger Vereinbarung der Schweizerische Bundespräsident gebeten werden, die erforderlichen Ernennungen vorzunehmen.

[1]) geschehen.

Art. 6. Die Ständige Vergleichskommission tritt in Tätigkeit auf einen Antrag, der von den beiden Parteien in gegenseitigem Einvernehmen, oder, mangels eines solchen Einvernehmens, von einer der beiden Parteien an den Vorsitzenden zu richten ist.

Der Antrag enthält eine kurze Darstellung des Streitfalls und das Ersuchen an die Kommission, alle geeigneten Maßnahmen zur Herbeiführung eines Vergleichs anzuwenden.

Geht der Antrag von einer der Parteien aus, so wird er von dieser der Gegenpartei unverzüglich mitgeteilt.

Art. 7. Innerhalb von 14 Tagen nach dem Tage, wo einer der Hohen Vertragschließenden Teile eine Streitfrage vor die Ständige Vergleichskommission gebracht hat, kann jede der Parteien für die Behandlung dieser Streitfrage ihren Kommissar durch eine Persönlichkeit ersetzen, die in der Angelegenheit besondere Sachkunde besitzt.

Die Partei, die von diesem Recht Gebrauch macht, teilt das unverzüglich der anderen Partei mit, der es alsdann freisteht, innerhalb von 14 Tagen nach dem Tage, wo ihr die Mitteilung zugegangen ist, das gleiche zu tun.

Art. 8. Der Ständigen Vergleichskommission liegt es ob, die strittigen Fragen zu klären, zu diesem Zweck alle geeigneten Auskünfte auf dem Wege einer Untersuchung oder sonstwie zu sammeln und sich zu bemühen, einen Vergleich zwischen den Parteien herbeizuführen. Sie kann nach Prüfung des Falles den Parteien die Bedingungen der ihr angemessen scheinenden Regelung mitteilen und ihnen eine Frist zur Erklärung setzen.

Nach Beendigung ihrer Arbeiten stellt die Kommission ein Protokoll auf, das je nach Lage des Falles feststellt entweder, daß sich die Parteien verständigt haben und gegebenenfalls unter welchen Bedingungen die Verständigung erfolgt ist, oder aber, daß die Parteien nicht zur Annahme eines Vergleichs gebracht werden konnten.

Die Arbeiten der Kommission müssen, wenn die Parteien nichts anderes vereinbaren, innerhalb von 6 Monaten nach dem Tage beendet sein, wo die Kommission mit dem Streitfall befaßt wurde.

Art. 9. Vorbehaltlich einer besonderen anderweitigen Vereinbarung regelt die Ständige Vergleichskommission selbst ihr Verfahren, das in jedem Fall kontradiktorisch sein muß. Bei Untersuchungen hält sich die Kommission, wenn sie nicht einstimmig anderweitig beschließt, an die Bestimmungen des Titels III (Internationale Untersuchungskommissionen) des Haager Abkommens zur friedlichen Erledigung internationaler Streitfälle vom 18. Oktober 1907.[1])

[1]) Vgl. oben Nr. 1, S. 1.

Art. 10. Die Ständige Vergleichskommission tritt, sofern sich nicht die Parteien hierüber anderweitig einigen, an dem von ihrem Vorsitzenden bestimmten Orte zusammen.

Art. 11. Die Arbeiten der Ständigen Vergleichskommission sind nur öffentlich auf Grund eines Beschlusses, den die Kommission mit Zustimmung der Parteien faßt.

Art. 12. Die Parteien werden bei der Ständigen Vergleichskommission durch Agenten vertreten, die als Mittelspersonen zwischen ihnen und der Kommission zu dienen haben; sie können sich außerdem der Hilfe von Beiräten und Sachverständigen, die sie zu diesem Zweck ernennen, bedienen und die Vernehmung aller Personen verlangen, deren Zeugnis ihnen nützlich erscheint.

Die Kommission ist ihrerseits befugt, von den Agenten, Beiräten und Sachverständigen der beiden Parteien, sowie von allen Personen, die sie mit Zustimmung ihrer Regierung vorzuladen für zweckmäßig erachtet, mündliche Erläuterungen zu verlangen.

Art. 13. Soweit dieser Vertrag nichts anderes bestimmt, werden die Entscheidungen der Ständigen Vergleichskommission mit Stimmenmehrheit getroffen.

Art. 14. Die Hohen Vertragschließenden Teile verpflichten sich, die Arbeiten der Ständigen Vergleichskommission zu fördern und ihr insbesondere in möglichst weitem Maße alle zweckdienlichen Urkunden und Auskünfte zu liefern, sowie die ihnen zu Gebote stehenden Mittel anzuwenden, um ihr auf dem Gebiete der Parteien und gemäß deren Gesetzgebung die Vorladung und Vernehmung von Zeugen und Sachverständigen sowie die Einnahme des Augenscheins zu ermöglichen.

Art. 15. Für die Dauer der Arbeiten der Ständigen Vergleichskommission erhält jeder der Kommissare eine Vergütung, deren Höhe von der Hohen Vertragschließenden Teilen gemeinsam festgesetzt und die von beiden je zur Hälfte getragen wird.

Art. 16. Kommt es vor der Ständigen Vergleichskommission nicht zu einem Vergleiche, so wird die Streitfrage mittels einer zu vereinbarenden Schiedsordnung unterbreitet: entweder dem Ständigen Internationalen Gerichtshof gemäß den in seinem Statut vorgesehenen Bedingungen und Verfahrensvorschriften[1]) oder einem Schiedsgericht gemäß den Bedingungen und Verfahrensvorschriften, die im Haager Abkommen zur friedlichen Erledigung internationaler Streitfälle vom 18. Oktober 1907[2]) vorgesehen sind.

Können sich die Parteien über die Schiedsordnung nicht einigen, so ist jede von ihnen, nachdem sie dies einen Monat vorher angekündigt hat, befugt, die Streitfrage durch einen Antrag unmittelbar vor den Ständigen Internationalen Gerichtshof zu bringen.

[1]) Vgl. oben Nr. 2, S. 43. [2]) Vgl. oben Nr. 1, S. 1.

Teil II.

Art. 17. Alle Fragen, über die die Deutsche Regierung und die Tschechoslowakische Regierung uneinig sind, ohne sie auf dem gewöhnlichen diplomatischen Wege gütlich lösen zu können, und bei denen nicht gemäß Artikel 1 dieses Vertrags die Lösung durch Richterspruch verlangt werden kann, werden, falls für ihre Regelung nicht schon durch andere zwischen den Parteien geltende Abkommen ein Verfahren vorgesehen ist, der Ständigen Vergleichskommission unterbreitet. Diese hat die Aufgabe, den Parteien eine annehmbare Lösung vorzuschlagen und jedenfalls einen Bericht zu erstatten.

Das in den Artikeln 6 bis 15 dieses Vertrags vorgesehene Verfahren findet Anwendung.

Art. 18. Wenn sich die Parteien nicht innerhalb eines Monats nach Abschluß der Arbeiten der Ständigen Vergleichskommission verständigt haben, wird die Frage durch Antrag einer der Parteien vor den Völkerbundsrat gebracht, der gemäß Artikel 15 der Völkerbundssatzung zu befinden hat.[1])

[1]) Vgl. oben Nr. 2a, S. 46.

Allgemeine Bestimmungen.

Art. 19. In allen Fällen und namentlich dann, wenn die zwischen den Parteien strittige Frage aus bereits vollzogenen oder unmittelbar bevorstehenden Handlungen hervorgeht, wird die Ständige Vergleichskommission oder, falls diese nicht mit der Angelegenheit befaßt ist, das Schiedsgericht oder der Ständige Internationale Gerichtshof, und zwar dieser gemäß Artikel 41 seines Statuts, so schnell wie möglich anordnen, welche vorläufigen Maßnahmen zu treffen sind. Es ist Sache des Völkerbundsrats, wenn er mit der Frage befaßt wird, gleichfalls vorläufige Maßnahmen anzuordnen. Jeder der Hohen Vertragschließenden Teile verpflichtet sich, diese Anordnungen zu befolgen, sich jeder Maßnahme zu enthalten, die eine nachteilige Rückwirkung auf die Ausführung der Entscheidung oder der von der Ständigen Vergleichskommission oder dem Völkerbundsrat vorgeschlagenen Regelung haben könnte, und allgemein jegliche Handlung zu vermeiden, die geeignet wäre, die Streitigkeit zu verschärfen oder auszudehnen.

Art. 20. Dieser Vertrag gelangt zwischen den Hohen Vertragschließenden Teilen auch dann zur Anwendung, wenn andere Mächte gleichfalls an dem Streitfall beteiligt sind.

Art. 21. Dieser Vertrag, der der Völkerbundssatzung entspricht, berührt nicht die Rechte und Pflichten der Hohen Vertragschließenden Teile in ihrer Eigenschaft als Mitglieder des Völkerbundes und soll nicht so ausgelegt werden, als ob er die Aufgabe des Völkerbundes beschränke, die zur wirksamen Wahrung des Weltfriedens geeigneten Maßnahmen zu ergreifen.

Art. 22. Dieser Vertrag soll ratifiziert werden. Die Ratifikationsurkunden sollen gleichzeitig mit den Ratifikationsurkunden des heute zwischen Deutschland, Belgien, Frankreich, Großbritannien und Italien geschlossenen Vertrags in Genf beim Völkerbund hinterlegt werden.

Für das Inkrafttreten des Vertrags und seine Geltungsdauer gilt das gleiche wie für den genannten Vertrag.

Dieser in einem einzigen Exemplar ausgefertigte Vertrag soll im Archiv des Völkerbundes hinterlegt werden, dessen Generalsekretär gebeten wird, jedem der Hohen Vertragschließenden Teile beglaubigte Abschriften zuzustellen.

Zu Urkund dessen haben die vorgenannten Bevollmächtigten diesen Vertrag unterzeichnet.

Geschehen zu Locarno am 16. Oktober 1925.

(Folgen die Unterschriften.)

g) Interpretative Erklärung zu Artikel 16 der Völkerbundssatzung.

Anlage F.

Die Deutsche Delegation hat gewisse Klarstellungen hinsichtlich des Artikel 16 der Völkerbundssatzung verlangt.

Wir sind nicht zuständig, im Namen des Völkerbundes zu sprechen; wir zögern aber nicht, nach den in der Versammlung und den Kommissionen des Völkerbundes bereits gepflogenen Beratungen und nach den zwischen uns ausgetauschten Erläuterungen Ihnen die Auslegung mitzuteilen, die wir unsererseits dem Artikel 16 geben.

Nach dieser Auslegung sind die sich für die Bundesmitglieder aus diesem Artikel ergebenden Verpflichtungen so zu verstehen, daß jeder der Mitgliedsstaaten des Bundes gehalten ist, loyal und wirksam mitzuarbeiten, um der Satzung Achtung zu verschaffen und jeder Angriffshandlung entgegenzutreten, in einem Maße, das mit seiner militärischen Lage verträglich ist und das seiner geographischen Lage Rechnung trägt[1]).

(Folgen die Paragraphen.)

[1]) Die vorstehend abgedruckten Verträge sind dem Reichstag seitens der Reichsregierung ohne erläuternde Denkschrift zugeleitet worden (vgl. Reichstagsdrucksache Nr. 1515 II, Wahlperiode 1924/25).

8.

Deutsch-Niederländischer Schiedsgerichts- und Vergleichsvertrag nebst Schlußprotokoll.

Vom 20. Mai 1926

(RGBl. 1927, Teil II Nr. 8, S. 31 ff.)*).

a) Vertrag.

Das Deutsche Reich und das Königreich der Niederlande, von dem Wunsche erfüllt, die Entwicklung des

*) Der Vertrag ist in deutscher und in holländischer Sprache abgeschlossen.

Er ist mit Zustimmungsgesetz vom 28. Februar 1927 im Reichsgesetzblatt zusammen mit dem Deutsch-dänischen Schiedsgerichts- und Vergleichsvertrag vom 2. Juni 1926 unten Nr. 9 S. 229 verkündet worden.

Laut Bekanntmachung des Reichsministers des Auswärtigen vom 18. Juli 1927 (RGBl. Teil II Nr. 34, S. 502) hat der Austausch der Ratifikationsurkunden am 14. Juli 1927 stattgefunden. Der Vertrag ist am 15. April 1927 in Kraft getreten.

Verfahrens zur friedlichen Beilegung zwischenstaatlicher Streitigkeiten zu fördern, sind übereingekommen, einen allgemeinen Schiedsgerichts- und Vergleichsvertrag abzuschließen.

Zu diesem Zwecke haben zu Bevollmächtigten ernannt:

Der Deutsche Reichspräsident:

Freiherrn H. Lucius von Stoedten, Außerordentlichen Gesandten und Bevollmächtigten Minister des Deutschen Reichs im Haag;

Ihre Majestät die Königin der Niederlande:

Seine Exzellenz

Jonkheer H. A. van Karnebeek, Allerhöchstihren Minister der Auswärtigen Angelegenheiten,

die, nachdem sie ihre Vollmachten geprüft und in guter und gehöriger Form befunden haben, über folgende Bestimmungen übereingekommen sind:

Art. 1. Die vertragschließenden Teile verpflichten sich, alle Streitigkeiten irgendwelcher Art, die zwischen ihnen entstehen und nicht in angemessener Frist auf diplomatischem Wege geschlichtet werden können, und die nicht mit Zustimmung beider Parteien dem Ständigen Internationalen Gerichtshof unterbreitet werden, nach Maßgabe des gegenwärtigen Vertrags entweder einem Schiedsgerichtsverfahren oder einem Vergleichsverfahren zu unterwerfen.

Streitigkeiten, für deren Schlichtung die vertragschließenden Teile durch andere zwischen ihnen bestehende Abmachungen an ein besonderes Verfahren gebunden sind, werden nach Maßgabe der Bestimmungen dieser Abmachungen behandelt.

Art. 2. Dem Schiedsgerichtsverfahren werden auf Verlangen einer Partei, unter Vorbehalt der Bestimmungen des Artikel 3, diejenigen Streitigkeiten unterworfen, bei denen die Parteien untereinander über eine Rechtsfrage im Streite sind, insbesondere diejenigen Streitigkeiten, die betreffen:

erstens: Bestand, Auslegung und Anwendung eines zwischen den beiden Parteien geschlossenen Staatsvertrags;

zweitens: irgendeine Frage des internationalen Rechts;

drittens: das Bestehen einer Tatsache, die, wenn sie erwiesen wird, die Verletzung einer zwischenstaatlichen Verpflichtung bedeutet;

viertens: Umfang und Art der Wiedergutmachung im Falle einer solchen Verletzung.

Bestehen zwischen den Parteien Meinungsverschiedenheiten darüber, ob eine Streitigkeit zu den vorstehend bezeichneten Arten gehört, so wird über diese Vorfrage im Schiedsgerichtsverfahren entschieden.

Art. 3. Bei Fragen, die gemäß den Landesgesetzen der Partei, gegen die ein Begehren geltend gemacht wird, von richterlichen Behörden, mit Einschluß der Verwaltungsgerichte, zu entscheiden sind, kann diese Partei verlangen, daß die Streitigkeiten dem Schiedsgerichtsverfahren erst unterworfen werden, nachdem in dem Gerichtsverfahren eine endgültige Entscheidung gefällt worden ist, und daß die Anrufung des Schiedsgerichts spätestens sechs Monate nach dieser Entscheidung erfolge. Dies gilt nicht, wenn es sich um einen Fall von Rechtsverweigerung handelt und die gesetzlich vorgesehenen Beschwerdestellen angerufen worden sind.

Entsteht zwischen den Parteien eine Meinungsverschiedenheit über die Anwendung der vorstehenden Bestimmung, so wird darüber im Schiedsgerichtsverfahren entschieden.

Art. 4. Das Schiedsgericht legt seinen Entscheidungen zugrunde:

erstens: die zwischen den Parteien geltenden Übereinkünfte allgemeiner oder besonderer Art und die sich daraus ergebenden Rechtssätze;

zweitens: das internationale Gewohnheitsrecht als Ausdruck einer allgemeinen, als Recht anerkannten Übung;

drittens: die allgemeinen von den Kulturstaaten anerkannten Rechtsgrundsätze;

viertens: die Ergebnisse bewährter Lehre und Rechtsprechung als Hilfsmittel für die Feststellung der Rechtsnormen.

Mit Zustimmung beider Parteien kann das Schiedsgericht seine Entscheidung, anstatt sie auf Rechtsgrundsätze zu stützen, nach billigem Ermessen treffen.

Art. 5. Sofern nicht die Parteien im einzelnen Fall eine entgegenstehende Vereinbarung treffen, wird das Schiedsgericht in folgender Weise bestellt.

Die Richter werden auf der Grundlage des Verzeichnisses der Mitglieder des durch das Haager Abkommen zur friedlichen Erledigung internationaler Streitfälle vom 18. Oktober 1907 geschaffenen Ständigen Schiedshofs im Haag gewählt[1]).

Jede Partei ernennt einen Schiedsrichter nach freier Wahl. Gemeinsam berufen die Parteien drei weitere Richter und aus deren Mitte den Obmann. Sofern einer der gemeinsam berufenen Richter nach seiner Wahl die Staatsangehörigkeit einer der beiden Parteien erwirbt, auf deren Gebiete seinen Wohnsitz nimmt oder in deren Dienste tritt, kann jede Partei verlangen, daß er ersetzt werde. Streitigkeiten darüber, ob diese Voraussetzungen zutreffen, werden von den übrigen vier Richtern entschieden, wobei der ältere der gemeinsam berufenen Richter den Vorsitz führt und bei Stimmengleichheit eine doppelte Stimme hat.

Die Wahl der Richter erfolgt von neuem für jeden einzelnen Streitfall. Die vertragschließenden Teile behalten sich jedoch vor, im gemeinsamen Einverständnis in der Weise vorzugehen, daß für gewisse Arten von Streitfällen während eines bestimmten Zeitraums dieselben Richter dem Schiedsgericht angehören.

Mitglieder des Schiedsgerichts, die aus irgendeinem Grund ausscheiden, werden in der gleichen Weise ersetzt, wie sie berufen worden sind.

[1]) Vgl. oben Nr. 1, S. 1.

Art. 6. Die vertragschließenden Teile werden in Ausführung des gegenwärtigen Vertrags in jedem Einzelfall eine besondere Schiedsordnung festsetzen. Darin werden der Streitgegenstand, die etwaigen besonderen Befugnisse des Gerichts, dessen Zusammensetzung und Sitz, die Höhe des von jeder Partei als Kostenvorschuß zu hinterlegenden Betrags, die hinsichtlich der Form und der Fristen des Verfahrens zu beobachtenden Regeln sowie die sonst notwendigen Einzelheiten bestimmt.

Meinungsverschiedenheiten über die Bestimmungen der Schiedsordnung werden, vorbehaltlich des Artikel 7, vom Schiedsgericht entschieden.

Art. 7. Kommt zwischen den Parteien nicht binnen sechs Monaten, nachdem die eine der anderen das Begehren nach schiedsgerichtlicher Austragung einer Streitigkeit mitgeteilt hat, die Schiedsordnung zustande, so kann jede Partei den im Artikel 13 vorgesehenen Ständigen Vergleichsrat zwecks Feststellung der Schiedsordnung anrufen. Dieser hat binnen zwei Monaten nach seiner Anrufung die Schiedsordnung festzusetzen, wobei der Streitgegenstand aus den Anträgen der Parteien ermittelt wird.

Es ist ebenso zu verfahren, wenn eine Partei den von ihr zu ernennenden Richter nicht bezeichnet hat oder wenn die Parteien in der Bezeichnung der gemeinsam zu berufenden Richter oder des Obmanns nicht einig sind.

Der Ständige Vergleichsrat ist ferner befugt, bis zur Bestellung des Schiedsgerichts über jede andere Streitigkeit zu entscheiden, die sich auf die Schiedsordnung bezieht.

Art. 8. Das Schiedsgericht trifft seine Entscheidungen mit einfacher Stimmenmehrheit.

Art. 9. Der Schiedsspruch wird Angaben über die Art seiner Ausführung, insbesondere über die dabei zu beobachtenden Fristen, enthalten.

Wird in einem Schiedsspruch festgestellt, daß eine von einem Gericht oder einer anderen Behörde einer Partei getroffene Entscheidung oder Verfügung ganz oder teilweise mit dem Völkerrecht in Widerspruch steht, können aber nach dem Verfassungsrechte dieser Partei die Folgen der Entscheidung oder Verfügung durch Verwaltungsmaßnahmen nicht oder nicht vollständig beseitigt werden, so ist der verletzten Partei in dem Schiedsspruch auf andere Weise eine angemessene Genugtuung zuzuerkennen.

Art. 10. Unter Vorbehalt anderweitiger Abrede in der Schiedsordnung kann jede Partei bei dem Schiedsgerichte, das den Spruch erlassen hat, die Revision dieses Spruches beantragen. Der Antrag kann nur mit der Ermittlung einer Tatsache begründet werden, die einen entscheidenden Einfluß auf den Spruch auszuüben geeignet gewesen wäre und bei Schluß der Verhandlung dem Schiedsgerichte selbst und der Partei, welche die Revision beantragt hat, ohne ihr Verschulden unbekannt war.

Mitglieder des Schiedsgerichts, die aus irgendeinem Grunde für das Revisionsverfahren ausscheiden, werden in der gleichen Weise ersetzt, wie sie berufen worden sind.

Die Frist innerhalb deren der im Abs. 1 vorgesehene Antrag gestellt werden kann, ist im Schiedsspruch zu bestimmen, sofern dies nicht in der Schiedsordnung geschehen ist.

Art. 11. Alle Streitigkeiten, die zwischen den Parteien über Auslegung und Ausführung des Schiedsspruchs entstehen sollten, unterliegen, vorbehaltlich anderweitiger Abrede, der Beurteilung des Schiedsgerichts, das den Spruch gefällt hat. Dabei findet die Bestimmung des Artikel 10 Abs. 2 entsprechende Anwendung.

Art. 12. Alle Streitigkeiten, die nicht nach den vorhergehenden Artikeln dieses Vertrags dem Schiedsgerichtsverfahren unterworfen werden, und die nicht mit Zustimmung beider Parteien auf andere Weise friedlich geregelt werden, sind auf Verlangen einer Partei im Vergleichsverfahren zu behandeln.

Behauptet die andere Partei, daß der im Vergleichsverfahren anhängig gemachte Streitfall von dem Ständigen Internationalen Gerichtshof, dem Schiedsgericht oder in einem besonderen Verfahren nach Artikel 1 Satz 2 zu entscheiden sei, so entscheidet über diese Vorfrage das Organ, dessen Zuständigkeit behauptet wird.

Die Regierungen der vertragschließenden Teile können im gemeinsamen Einverständnis eine Streitigkeit, für die nach dem gegenwärtigen Vertrage der Ständige Internationale Gerichtshof oder ein Schiedsgericht angerufen werden kann, endgültig oder unter Vorbehalt der späteren Anrufung des Ständigen Internationalen Gerichtshofs oder eines Schiedsgerichts im Vergleichsverfahren behandeln lassen.

Art. 13. Für das Vergleichsverfahren wird ein Ständiger Vergleichsrat gebildet.

Der Ständige Vergleichsrat besteht aus fünf Mitgliedern. Die vertragschließenden Teile ernennen, jeder für sich, nach freier Wahl je ein Mitglied und berufen die drei übrigen Mitglieder im gemeinsamen Einverständnis. Diese drei Mitglieder sollen nicht Angehörige der vertragschließenden Staaten sein, noch sollen sie auf deren Gebiet ihren Wohnsitz haben oder in deren Dienst stehen oder gestanden haben. Aus ihrer Mitte wird der Vorsitzende durch die vertragschließenden Teile gemeinsam bezeichnet.

Jedem vertragschließenden Teile steht das Recht zu, jederzeit, sofern nicht ein Verfahren im Gange oder von einer Partei beantragt worden ist, das von ihm ernannte Mitglied abzuberufen und dessen Nachfolger zu bestimmen. Unter den gleichen Voraussetzungen steht es jedem der vertragschließenden Teile auch frei, die Zustimmung zur Berufung jedes der drei gemeinsam berufenen Mitglieder zurückzuziehen. In diesem Falle muß unverzüglich zur gemeinsamen Berufung eines neuen Mitglieds geschritten werden.

Innerhalb von vierzehn Tagen nach dem Tage, an welchem einer der beiden vertragschließenden Teile eine Streitfrage vor den Ständigen Vergleichsrat gebracht hat, kann jede der Parteien für die Behandlung dieser Streitfrage das von ihr bezeichnete Mitglied des Ständigen Vergleichsrats durch eine Persönlichkeit ersetzen, die in der Angelegenheit besondere Sachkunde besitzt. Die Partei, die von diesem Rechte Gebrauch macht, teilt das unverzüglich der anderen Partei mit, der es alsdann freisteht, innerhalb von vierzehn Tagen nach dem Tage, an dem ihr die Mitteilung zugegangen ist, das gleiche zu tun.

Der Ständige Vergleichsrat wird im Laufe von sechs Monaten nach Austausch[1]) der Ratifikationsurkunden dieses Vertrags gebildet. Ausscheidende Mitglieder werden gemäß dem für die erstmalige Wahl maßgebenden Verfahren so rasch als mölich ersetzt[1]).

Wenn die Berufung der gemeinsam zu berufenden Mitglieder nicht innerhalb von sechs Monaten nach dem Austausch der Ratifikationsurkunden oder, im Falle der Ergänzung des Ständigen Vergleichsrats, nicht innerhalb von drei Monaten nach Ausscheiden eines Mitglieds stattgefunden hat, so wird, in Ermangelung anderweitiger Vereinbarung, der Schweizerische Bundespräsident gebeten werden, die erforderlichen Ernennungen vorzunehmen.

[1]) geschehen.

Art. 14. Der Ständige Vergleichsrat tritt in Wirksamkeit, sobald er von einer Partei angerufen wird. Diese richtet ihr Begehren gleichzeitig an den Vorsitzenden des Ständigen Vergleichsrats und an die andere Partei. Der Vorsitzende hat den Ständigen Vergleichsrat in kürzester Frist einzuberufen.

Die vertragschließenden Teile verpflichten sich, in allen Fällen und in jeder Hinsicht die Arbeiten des Ständigen Vergleichsrats zu fördern und ihm insbesondere durch die zuständigen Behörden jede Rechtshilfe zu gewähren. Sie werden alle erforderlichen Maßnahmen treffen, damit dem Ständigen Vergleichsrat die Möglichkeit gewährt wird, auf ihrem Gebiete

Zeugen und Sachverständige zu vernehmen und Augenschein einzunehmen. Der Ständige Vergleichsrat kann die Beweise entweder in vollständiger Besetzung oder durch eines oder mehrere der gemeinsam berufenen Mitglieder erheben.

Art. 15. Der Ständige Vergleichsrat bestimmt seinen Sitz. Er kann ihn nach freiem Ermessen verlegen.

Der Ständige Vergleichsrat bildet nötigenfalls eine Kanzlei. Soweit er in die Kanzlei Angehörige der Parteien beruft, hat er dabei die Parteien gleichmäßig zu berücksichtigen.

Art. 16. Der Ständige Vergleichsrat ist beschlußfähig, wenn alle Mitglieder ordnungsmäßig geladen und mindestens die gemeinsam berufenen Mitglieder anwesend sind.

Der Ständige Vergleichsrat trifft seine Entschließungen mit einfacher Stimmenmehrheit. Im Falle der Stimmengleichheit hat der Vorsitzende eine doppelte Stimme.

Art. 17. Dem Ständigen Vergleichsrat liegt ob, einen Bericht zu erstatten, der den Sachverhalt feststellt und, es sei denn, daß dies nach den besonderen Umständen des Falles nicht angebracht erscheint, Vorschläge für die Beilegung der Streitigkeit enthält.

Der Bericht ist innerhalb von sechs Monaten nach dem Tage zu erstatten, an dem die Streitigkeit dem Ständigen Vergleichsrat unterbreitet wurde, es sei denn, daß die Parteien diese Frist im gemeinsamen Einverständnis verlängern oder vor dem Zusammentritt des Ständigen Vergleichsrats verkürzen. Außerdem hat auch der Ständige Vergleichsrat das Recht, die Frist einmalig — um höchstens 6 Monate — zu verlängern. Der Bericht soll in drei Ausfertigungen verfaßt werden, von denen je eine jeder Partei ausgehändigt, die dritte vom Ständigen Vergleichsrat aufbewahrt wird.

Der Bericht hat weder in bezug auf die Tatsachen noch in bezug auf die rechtlichen Ausführungen die Bedeutung einer endgültig bindenden Entscheidung. Bei Mitteilung des Berichts kann der Ständige Vergleichsrat den Parteien anheimstellen, sich innerhalb einer im Berichte festzusetzenden Frist darüber zu erklären, ob und inwieweit sie die Feststellungen des Berichts anerkennen und dessen Vorschläge annehmen.

Es ist Sache der Parteien, im gemeinsamen Einverständnis zu bestimmen, ob der Bericht unverzüglich veröffentlicht werden soll oder nicht. Kommt es jedoch nicht zu einem solchen Einverständnis, so kann der Ständige Vergleichsrat seinerseits aus besonderen Gründen die sofortige Veröffentlichung des Berichts veranlassen.

Art. 18. Jede Partei trägt die Vergütung für die Tätigkeit des von ihr ernannten Mitglieds des Ständigen Vergleichsrats sowie die Hälfte der Vergütung für die Tätigkeit der gemeinsam berufenen Mitglieder.

Jede Partei trägt die von ihr veranlaßten Kosten des Verfahrens sowie die Hälfte der Kosten, die von dem Ständigen Vergleichsrat als gemeinsam bezeichnet werden.

Art. 19. Der im Schiedsgerichtsverfahren gefällte Spruch ist von den Parteien nach Treu und Glauben zu erfüllen.

Die vertragschließenden Teile verpflichten sich, während der Dauer des Schiedsgerichts- oder Vergleichsverfahrens nach Möglichkeit jede Maßnahme zu vermeiden, die auf die Erfüllung des Schiedsspruchs oder die Annahme der Vorschläge des Ständigen Vergleichsrats nachteilig zurückwirken könnte. Bei einem Vergleichsverfahren haben sie sich bis zu dem Zeitpunkt, den der Ständige Vergleichsrat für die Annahmeerklärung der Parteien angibt, oder, mangels einer solchen Angabe, bis zur Erstattung des Berichts selbst, jeder gewaltsamen Selbsthilfe zu enthalten.

Das Schiedsgericht kann auf Verlangen einer Partei vorsorgliche Maßnahmen anordnen, soweit diese von den Parteien auf dem Verwaltungswege durchgeführt werden können; ebenso kann der Ständige Vergleichsrat zum gleichen Zwecke Vorschläge machen.

Art. 20. Unter Vorbehalt entgegenstehender Bestimmungen des gegenwärtigen Vertrags oder der Schiedsordnung ist für das Schiedsgerichts- und Vergleichsverfahren des Haager Abkommen zur friedlichen Erledigung internationaler Streitfälle vom 18. Oktober 1907 maßgebend[1]).

Soweit der gegenwärtige Vertrag auf die Bestimmungen des Haager Abkommens verweist, finden sie im Verhältnis zwischen den vertragschließenden Teilen selbst dann Anwendung, wenn diese oder einer von ihnen von dem Abkommen zurückgetreten sein sollten.

Sofern weder der gegenwärtige Vertrag, noch die Schiedsordnung, noch die sonst zwischen den vertragschließenden Teilen bestehenden Übereinkünfte die Fristen und andere Einzelheiten des Schiedsgerichts- oder Vergleichsverfahrens festlegen, ist das Schiedsgericht oder der Ständige Vergleichsrat selbst befugt, die erforderlichen Bestimmungen zu treffen.

[1]) Vgl. oben Nr. 1, S. 1.

Art. 21. Der gegenwärtige Vertrag soll so bald als möglich ratifiziert werden. Die Ratifikationsurkunden sollen in Berlin ausgetauscht werden.

Der Vertrag tritt einen Monat nach dem Austausch der Ratifikationsurkunden in Kraft.

Der Vertrag gilt für die Dauer von zehn Jahren. Wird er nicht sechs Monate vor Ablauf dieses Zeitraums gekündigt, so bleibt er für weitere fünf Jahre in Kraft. Das gleiche gilt, wenn der Vertrag nicht mit der bezeichneten Frist gekündigt wird, für die spätere Zeit.

Ein Schiedsgerichtsverfahren oder ein Vergleichsverfahren, das bei Ablauf des gegenwärtigen Vertrags schwebt, nimmt seinen Lauf nach den Bestimmungen dieses Vertrags oder eines anderen Abkommens, das von den vertragschließenden Teilen an dessen Stelle vereinbart wird.

Zu Urkund dessen haben die Bevollmächtigten den gegenwärtigen Vertrag unterzeichnet.

Ausgefertigt in doppelter Urschrift in deutscher und niederländischer Sprache im Haag, am 20. Mai 1926.

von Lucius.
Karnebeek.

b) Schlußprotokoll zu dem deutsch-niederländischen Schiedsgerichts- und Vergleichsvertrage.

1. Die vertragschließenden Teile gehen von der Ansicht aus, daß die einzelnen Bestimmungen des Vertrags im Zweifel zugunsten der Anwendung des Grundsatzes der schiedsgerichtlichen Erledigung von Streitigkeiten auszulegen sind.

2. Die vertragschließenden Teile erklären, daß der Vertrag auch dann Anwendung findet, wenn eine Streitigkeit in Ereignissen ihren Ursprung hat, die zeitlich vor seinem Abschluß liegen. Etwaige mit Ereignissen des Weltkrieges in unmittelbarem Zusammen-

hange stehende Streitigkeiten werden jedoch mit Rücksicht auf ihre allgemeine politische Bedeutung hiervon ausgeschlossen.

3. Die Tatsache, daß an einer Streitigkeit dritte Staaten beteiligt sind, schließt die Anwendung des Vertrags nicht aus. Die vertragschließenden Teile werden gegebenenfalls dahin wirken, die dritten Staaten zum Anschluß an das Schiedsgerichts- oder Vergleichsverfahren zu veranlassen. Für diesen Fall bleibt es den beiderseitigen Regierungen vorbehalten, im gemeinsamen Einverständnis eine besondere Zusammensetzung des Schiedsgerichts oder des Ständigen Vergleichsrats vorzusehen. Kann eine Verständigung mit den dritten Staaten über deren Anschluß nicht binnen angemessener Frist herbeigeführt werden, so nimmt das Verfahren zwischen den vertragschließenden Teilen mit Wirkung nur für diese den im Vertrage vorgesehenen Verlauf.

4. Für den Fall, daß Deutschland dem Ständigen Internationalen Gerichtshof im Haag beitritt oder Mitglied des Völkerbundes wird, sollen Rechtsstreitigkeiten, bei denen die Parteien sich darüber, ob diese Rechtsstreitigkeiten dem Ständigen Internationalen Gerichtshof oder einem Schiedsgericht zu unterbreiten sind, nicht haben einigen können, auf Antrag einer Partei einen Monat nach Ankündigung an die andere Partei unmittelbar vor den Ständigen Internationalen Gerichtshof gebracht werden können. Dasselbe gilt, falls ein allgemeiner Schiedsgerichtsvertrag zwischen Deutschland und einer dritten Macht in Kraft treten sollte, der eine entsprechende Bestimmung enthält.

Haag, den 20. Mai 1926.

von Lucius.
Karnebeek.

Anlage.

Denkschrift der Reichsregierung zum deutsch-niederländischen und zum deutsch-dänischen Schiedsgerichts- und Vergleichsvertrag, dem Reichstage mit dem Entwurf eines Zustimmungsgesetzes unter dem 2. Juli 1926 vorgelegt.

(Reichstagsdrucksache, III. Wahlperiode 1924/26, Nr. 2542.)

Die vorliegenden Schiedsgerichts- und Vergleichsverträge mit den Niederlanden und Dänemark entsprechen im Aufbau und in den meisten Einzelheiten den früher von Deutschland abgeschlossenen Verträgen dieser Art. Auch in den beiden neuen Verträgen wird für alle Streitigkeiten ein Verfahren vorgesehen, und zwar für Rechtsstreitigkeiten ein Schiedsgerichtsverfahren mit einem die Parteien bindenden Schiedsspruch, für die anderen Streitigkeiten ein Vergleichsverfahren, bei dem es den Parteien freisteht, die etwaigen Vorschläge des Ständigen Vergleichsrats anzunehmen oder abzulehnen.

Bei der technischen Ausgestaltung dieses Systems in den vorliegenden Verträgen sind in verschiedenen Einzelpunkten die Bestimmungen der in Locarno mit Belgien, Frankreich, Polen und der Tschechoslowakei abgeschlossenen Schiedsgerichts- und Vergleichsverträge (Reichsgesetzbl. 1925 Teil II S. 975)*) sowie ferner auch Bestimmungen der von den beiden Vertragsgegnern mit anderen Staaten abgeschlossenen Schiedsgerichts- und Vergleichsverträge verwertet worden.

Die einzelnen Abweichungen ergeben sich aus folgendem Überblick, der die beiden Verträge in erster Linie dem deutsch-finnischen Vertrage (Reichsgesetzbl. 1925 Teil II S. 872)**) gegenüberstellt.

*) Vgl. oben Nr. 7c, S. 179.
**) Vgl. oben Nr. 5, S. 140.

1. Schiedsgerichtsverfahren.

Die von Deutschland in Locarno abgeschlossenen Schiedsgerichts- und Vergleichsverträge machen einen formellen Unterschied zwischen dem Ständigen Internationalen Gerichtshof im Haag und den durch besondere Vereinbarung der Parteien für den Einzelfall eingesetzten Schiedsgerichten. Dieser von den älteren deutschen Schiedsgerichtsverträgen abweichende Sprachgebrauch ist in die vorliegenden beiden Verträge übernommen worden. Der Ständige Internationale Gerichtshof wird daher im Artikel 1 der Verträge besonders erwähnt.

Der Kreis der Rechtsstreitigkeiten wird im Artikel 2 der Verträge ebenfalls nach dem Vorbild der Locarnoverträge (Artikel 1 Abs. 1) umschrieben. Wenn dabei im Vertrage mit den Niederlanden von Streitigkeiten „über eine Rechtsfrage", im Vertrage mit Dänemark dagegen von Streitigkeiten „über ein Recht" gesprochen wird, so ist das lediglich ein Unterschied redaktioneller Art.

Endlich sind wiederum nach dem Vorbild der Locarnoverträge die sogenannte Ehrenklausel des deutsch-finnischen Schiedsgerichts- und Vergleichsvertrags (Artikel 4) und die entsprechenden Klauseln der älteren deutschen Verträge in Fortfall gekommen. Rechtsstreitigkeiten kommen also in jedem Falle zur schiedsgerichtlichen Entscheidung.

Im Artikel 4 der vorliegenden Verträge wird im Gegensatz zu der entsprechenden Bestimmung des deutsch-finnischen Vertrags (Artikel 5 Abs. 2) davon abgesehen, eine rechtsschöpferische Wirksamkeit des Schiedsgerichts ausdrücklich anzuerkennen. Dagegen sind auch nach Auffassung der vorliegenden Verträge die Ergebnisse bewährter Lehre und Rechtsprechung als Hilfsmittel für die Feststellung der Rechtsnormen den Entscheidungen des Schiedsgerichts mit zugrunde zu legen.

Während die Zusammensetzung des Schiedsgerichts im deutsch-niederländischen Vertrage der des deutsch-finnischen

Vertrags genau entspricht, ist in dem Vertrage mit Dänemark ein Verfahren gewählt worden, das sich mehr der Regelung in dem deutsch-estnischen Schiedsgerichts- und Vergleichsvertrage (Artikel 6 Reichstagsdrucksache Nr. 2072)*) nähert. Nach Artikel 5 Abs. 3 des deutsch-dänischen Vertrags wird nämlich nur der Vorsitzende des Schiedsgerichts von beiden Parteien gemeinschaftlich berufen, während von den anderen vier Schiedsrichtern je zwei von jeder der Parteien zu ernennen sind. Erfolgt keine Einigung über die Person des Vorsitzenden oder unterläßt eine Partei die ihr obliegenden Ernennungen, so erfolgen diese in jedem Falle durch den Ständigen Vergleichsrat, während im deutsch-estnischen Vertrage in diesem Falle der Vorsitzende durch den Schweizerischen Bundespräsidenten ernannt wird.

Im Artikel 8 des Vertrags mit den Niederlanden ist im Gegensatz zum deutsch-finnischen Vertrag, aber in Übereinstimmung mit dem deutsch-schweizerischen Vertrage (Reichsgesetzbl. 1922 Teil I S. 217),**) davon abgesehen worden, über die Feststellung der abweichenden Ansicht einzelner Mitglieder des Schiedsgerichts Bestimmung zu treffen.

2. Vergleichsverfahren.

Im Artikel 12 der Verträge wird der Ständige Internationale Gerichtshof aus dem gleichen Grunde wie beim Schiedsgerichtsverfahren besonders erwähnt.

Die Zusammensetzung des Ständigen Vergleichsrats steht im deutsch-niederländischen Vertrage mit folgenden Abweichungen in Übereinstimmung mit dem deutsch-finnischen Vertrage: Der Kreis der gemeinsam zu berufenden Mitglieder des Ständigen Vergleichsrats wird dadurch etwas eingeschränkt, daß auch solche Personen ausgeschlossen werden, die einmal im Dienste der vertragschließenden

*) Vgl. oben Nr. 6, S. 154.
**) Vgl. oben Nr. 3, S. 83.

Teile gestanden haben (Artikel 13 Abs. 2 Satz 3 am Ende). Es ist ferner wie im Artikel 16 des deutsch-schwedischen Vertrags (Reichsgesetzbl. 1925 Teil II S. 863)*) beiden Parteien die Möglichkeit gegeben, das von ihnen ernannte Mitglied des Vergleichsrats für eine einzelne Angelegenheit durch eine Persönlichkeit mit besonderer Sachkunde zu ersetzen (Artikel 13 Abs. 4). Endlich soll die etwaige Ergänzung des Ständigen Vergleichsrats, insbesondere die Ernennung des Vorsitzenden und der beiden andern gemeinschaftlich zu berufenden Mitglieder, falls die Parteien sich nicht einigen, nicht nach dem Verfahren des Haager Abkommens zur Schlichtung internationaler Streitfälle, also in letzter Linie durch das Los, sondern durch den Schweizerischen Bundespräsidenten erfolgen.

Im deutsch-dänischen Vertrage ist dagegen die gleiche Zusammensetzung des Ständigen Vergleichsrats wie im deutsch-schwedischen Vertrage gewählt worden. Ebenso wie bei dem deutsch-dänischen Schiedsgericht ist lediglich der Vorsitzende von den Parteien gemeinsam zu berufen, während je zwei der Mitglieder von jeder Partei bezeichnet werden. Mangels Einigung der Parteien erfolgt die Ernennung des Vorsitzenden oder der sonst fehlenden Mitglieder durch Seine Majestät den König von Schweden. Die Amtsperiode der Mitglieder ist mit dem Vorbehalt stillschweigender Verlängerung ebenfalls wie im deutsch-schwedischen Vertrage auf drei Jahre beschränkt.

Im Artikel 14 Abs. 2 der vorliegenden Verträge ist die Bestimmung über die Gewährung von Rechtshilfe in der Fassung unwesentlich geändert.

Im Artikel 17 des Vertrags mit den Niederlanden ist, wie im Artikel 8 für das Schiedsgerichtsverfahren, auch für das Vergleichsverfahren davon abgesehen worden, Bestimmungen über die Feststellung der abweichenden An-

---

*) Vgl. oben Nr. 4, S. 120.

sicht eines Mitglieds des Ständigen Vergleichsrats zu treffen. Im deutsch-dänischen Vertrage ist die Frage der Beschlußfähigkeit des Vergleichsrats auf dänischen Wunsch dahin abweichend geregelt, daß außer dem Vorsitzenden mindestens je eins der von den Parteien ernannten Mitglieder anwesend sein muß.

Im Artikel 18 sind die Bestimmungen über die Frist, innerhalb deren der Ständige Vergleichsrat seine Tätigkeit beendet haben muß, eingehender ausgestaltet. Die übliche sechsmonatige Frist kann von den Parteien nur so lange abgekürzt werden, als der Ständige Vergleichsrat noch nicht zusammengetreten ist. In dem deutsch-niederländischen Vertrage ist außerdem dem Ständigen Vergleichsrat auf niederländischen Wunsch entsprechend einem zwischen den Niederlanden und der Schweiz geschlossenen Vertrage das Recht eingeräumt worden, seine Tätigkeit auch auf Grund eigenen Entschlusses zu verlängern, jedoch nicht um mehr als sechs Monate.

3. Schlußprotokolle und Notenwechsel.

Die Verträge mit der Schweiz, Schweden, Finnland und Estland enthalten in Ziff. 2 Abs. 2 der Schlußprotokolle eine Bestimmung, die die Anwendung des Schiedsgerichts- und Vergleichsverfahrens auf die mit dem Weltkrieg in unmittelbarem Zusammenhang stehenden Streitigkeiten ausschließt. Für diese Ausnahme war die Erwägung maßgebend, daß etwaige Meinungsverschiedenheiten zwischen Deutschland und den ehemaligen Neutralen über Vorkommnisse aus der Kriegszeit möglicherweise Probleme aufwerfen, deren Tragweite über die praktische Bedeutung der konkreten Streitfälle weit hinausgeht. Gedacht war dabei in erster Linie an gewisse Schadensersatzansprüche der Neutralen. In den Vertrag mit den Niederlanden ist die Ausnahmebestimmung unverändert aufgenommen worden. Bei den Verhandlungen darüber mit der Niederländischen

Regierung ist aber ausdrücklich klargestellt worden, daß durch diese Bestimmung der Frage der weiteren Behandlung der in Rede stehenden Streitigkeiten in keiner Hinsicht vorgegriffen wird. Im deutsch-dänischen Vertrage ist die Ausnahmebestimmung konkret auf Streitigkeiten über die Schadensersatzansprüche abgestellt worden, die aus den während des Weltkrieges vorgenommenen Kriegshandlungen hergeleitet werden.

In den Verträgen mit der Schweiz, Schweden, Finnland und Estland war in Ziff. 4 des Schlußprotokolls vorgesehen, daß Streitigkeiten zwischen Deutschland und einem dritten Staate, an denen der Gegenkontrahent Deutschlands in seiner Eigenschaft als Mitglied des Völkerbunds beteiligt werden könnte, nicht als Streitigkeiten zwischen den vertragschließenden Teilen im Sinne des Vertrags anzusehen seien. Diese Bestimmung ist im deutsch-niederländischen Vertrage im Hinblick auf den bevorstehenden Eintritt Deutschlands in den Völkerbund gestrichen worden. Der deutsch-dänische Vertrag trägt dagegen der Tatsache des bevorstehenden Eintritts Deutschlands in den Völkerbund in der Weise Rechnung, daß die Bestimmung der früheren Verträge in den Notenwechsel verwiesen und daß sie dort gegenseitig gefaßt ist.

An Stelle der bisherigen Ziff. 4 ist im Schlußprotokoll die Frage geregelt, wie nach dem Eintritt Deutschlands in den Völkerbund oder nach seinem Beitritt zum Ständigen Internationalen Gerichtshof das für die Erledigung von Rechtsstreitigkeiten zuständige Schiedsgericht bestimmt werden soll. Die Regelung ist entsprechend den Locarnoverträgen in der Weise erfolgt, daß, falls sich die Parteien über das zuständige Gericht nicht einigen können, jede von ihnen befugt ist, einen Monat nach erfolgter Ankündigung an die andere Partei den Ständigen Internationalen Gerichtshof anzurufen und damit seine Zuständigkeit zu begründen.

In dem Notenwechsel mit der Dänischen Regierung ist außerdem ausdrücklich festgestellt worden, daß nach dem Eintritt Deutschlands in den Völkerbund diejenigen Streitigkeiten, die vor dem Ständigen Vergleichsrat behandelt werden, dort aber zu keiner Einigung führen, gemäß der Völkerbundssatzung vor den Völkerbundsrat gebracht werden können.

9.

Deutsch-Dänischer Schiedsgerichts- und Vergleichsvertrag nebst Schlußprotokoll aus einem Notenwechsel.

Vom 2. Juni 1926

(RGBl. 1927, Teil II Nr. 8 S. 40)*).

a) Vertrag.

Das Deutsche Reich

und

das Königreich Dänemark.

von dem Wunsche erfüllt, die Entwicklung des Verfahrens zur friedlichen Beilegung zwischenstaatlicher Streitigkeiten zu fördern, sind übereingekommen, einen allgemeinen Schiedsgerichts- und Vergleichsvertrag abzuschließen.

---

*) Der Vertrag ist in deutscher und in dänischer Sprache abgeschlossen.

Er ist mit Zustimmungsgesetz vom 28. Februar 1927 im Reichsgesetzblatt zusammen mit dem Dänisch-niederländischen Schiedsgerichts- und Vergleichsvertrag vom 20. Mai 1925 veröffentlicht worden.

Laut Bekanntmachung des Reichsministers des Auswärtigen vom 16. April 1927 (RGBl. Teil II Nr. 20, S. 321) hat der Austausch der Ratifikationsurkunden am 9. April 1927 stattgefunden. Der Vertrag ist am 9. April 1927 in Kraft getreten.

Zu diesem Zwecke haben zu Bevollmächtigten ernannt

der Deutsche Reichspräsident:
den Reichsminister des Auswärtigen
Herrn Dr. Gustav Stresemann,

Seine Majestät der König von Dänemark und Island:
den außerordentlichen Gesandten und bevollmächtigten Minister in Berlin,
Kammerherrn Herluf Zahle,

die, nachdem sie ihre Vollmachten geprüft und in guter und gehöriger Form befunden haben, über folgende Bestimmungen übereingekommen sind:

Art. 1. Die vertragschließenden Teile verpflichten sich, alle Streitigkeiten irgendwelcher Art, die zwischen Deutschland und Dänemark entstehen und nicht in angemessener Frist auf diplomatischem Wege geschlichtet werden können, und die nicht mit Zustimmung beider Parteien dem Ständigen Internationalen Gerichtshof unterbreitet werden, nach Maßgabe des gegenwärtigen Vertrags entweder einem Schiedsgerichtsverfahren oder einem Vergleichsverfahren zu unterwerfen.

Streitigkeiten, für deren Schlichtung die vertragschließenden Teile durch andere zwischen ihnen bestehende Abmachungen an ein besonderes Verfahren gebunden sind, werden nach Maßgabe der Bestimmungen dieser Abmachungen behandelt.

Art. 2. Dem Schiedsgerichtsverfahren werden auf Verlangen einer Partei diejenigen Streitigkeiten unterworfen, bei denen die Parteien untereinander über ein Recht im Streite sind, insbesondere diejenigen Streitigkeiten, die betreffen:

erstens: Bestand, Auslegung und Anwendung eines zwischen den beiden Parteien geschlossenen Staatsvertrags;

zweitens: irgendeine Frage des internationalen Rechtes;

drittens: das Bestehen einer Tatsache, die, wenn sie erwiesen wird, die Verletzung einer zwischenstaatlichen Verpflichtung bedeutet;

viertens: Umfang und Art der Wiedergutmachung im Falle einer solchen Verletzung.

Bestehen zwischen den Parteien Meinungsverschiedenheiten darüber, ob eine Streitigkeit zu den vorstehend bezeichneten Arten gehört, so wird über diese Vorfrage im Schiedsgerichtsverfahren entschieden.

Art. 3. Bei Fragen, die gemäß den Landesgesetzen der Partei, gegen die ein Begehren geltend gemacht wird, von richterlichen Behörden, mit Einschluß der Verwaltungsgerichte, zu entscheiden sind, kann diese Partei verlangen, daß die Streitigkeiten dem Schiedsgerichtsverfahren erst unterworfen werden, nachdem in dem Gerichtsverfahren eine endgültige Entscheidung gefällt worden ist, und daß die Anrufung des Schiedsgerichts spätestens sechs Monate nach dieser Entscheidung erfolge. Dies gilt nicht, wenn es sich um einen Fall von Rechtsverweigerung handelt und die gesetzlich vorgesehenen Beschwerdestellen angerufen worden sind.

Entsteht zwischen den Parteien eine Meinungsverschiedenheit über die Anwendung der vorstehenden Bestimmung, so wird darüber im Schiedsgerichtsverfahren entschieden.

Art. 4. Das Schiedsgericht legt seinen Entscheidungen zugrunde

erstens: die zwischen den Parteien geltenden Übereinkünfte allgemeiner oder besonderer Art und die sich daraus ergebenden Rechtssätze;

zweitens: das internationale Gewohnheitsrecht als Ausdruck einer allgemeinen als Recht anerkannten Übung;

drittens: die allgemeinen von den Kulturstaaten anerkannten Rechtsgrundsätze;

viertens: die Ergebnisse bewährter Lehre und Rechtsprechung als Hilfsmittel für die Feststellung der Rechtsnormen.

Mit Zustimmung beider Parteien kann das Schiedsgericht seine Entscheidung, anstatt sie auf Rechtsgrundsätze zu stützen, nach billigem Ermessen treffen.

Art. 5. Sofern nicht die Parteien im einzelnen Falle eine entgegenstehende Vereinbarung treffen, wird das Schiedsgericht in folgender Weise bestellt:

Die Richter werden auf der Grundlage des Verzeichnisses der Mitglieder des durch das Haager Abkommen zur friedlichen Erledigung internationaler Streitfälle vom 18. Oktober 1907 geschaffenen Ständigen Gerichtshofs im Haag gewählt[1]).

Jede Partei ernennt zwei Schiedsrichter, von denen nur der eine ihr eigener Staatsangehöriger sein darf. Gemeinsam berufen die Parteien den fünften Richter, der zugleich Vorsitzender des Schiedsgerichts ist. Der Vorsitzende muß eine andere Staatsangehörigkeit als die anderen Schiedsrichter besitzen. Er darf seinen Wohnsitz nicht auf dem Gebiete einer Partei haben und nicht in deren Dienst stehen oder gestanden haben.

Die Wahl der Richter erfolgt von neuem für jeden einzelnen Streitfall. Die vertragschließenden Teile behalten sich jedoch vor, im gemeinsamen Einverständnis in der Weise vorzugehen, daß für gewisse Arten von

Streitfällen während eines bestimmten Zeitraums dieselben Richter dem Schiedsgericht angehören.

Mitglieder des Schiedsgerichts, die aus irgendeinem Grunde ausscheiden, werden in der gleichen Weise ersetzt, wie sie berufen worden sind.

[1]) Vgl. oben Nr. 1, S. 1.

Art. 6. Die vertragschließenden Teile werden in Ausführung des gegenwärtigen Vertrags in jedem Einzelfall eine besondere Schiedsordnung festsetzen. Darin werden der Streitgegenstand, die etwaigen besonderen Befugnisse des Gerichts, dessen Zusammensetzung und Sitz, die Höhe des von jeder Partei als Kostenvorschuß zu hinterlegenden Betrags, die hinsichtlich der Form und der Fristen des Verfahrens zu beobachtenden Regeln sowie die sonst notwendigen Einzelheiten bestimmt.

Meinungsverschiedenheiten über die Bestimmungen der Schiedsordnung werden, vorbehaltlich des Artikel 7, vom Schiedsgericht entschieden.

Art. 7. Kommt zwischen den Parteien nicht binnen sechs Monaten, nachdem die eine der anderen das Begehren nach schiedsgerichtlicher Austragung einer Streitigkeit mitgeteilt hat, die Schiedsordnung zustande, so kann jede Partei den im Artikel 13 vorgesehenen Ständigen Vergleichsrat zwecks Feststellung der Schiedsordnung anrufen. Dieser hat binnen zwei Monaten nach seiner Anrufung die Schiedsordnung festzusetzen, wobei der Streitgegenstand aus den Anträgen der Parteien ermittelt wird.

Es ist ebenso zu verfahren, wenn eine Partei die von ihr zu ernennenden Richter nicht bezeichnet oder wenn die Parteien in der Bezeichnung des Vorsitzenden nicht einig sind.

Der Ständige Vergleichsrat ist ferner befugt, bis zur Bestellung des Schiedsgerichts über jede andere Streitigkeit zu entscheiden, die sich auf die Schiedsordnung bezieht.

Art. 8. Das Schiedsgericht trifft seine Entscheidungen mit einfacher Stimmenmehrheit. Die abweichende Ansicht eines in der Minderheit gebliebenen Mitglieds wird auf sein Verlangen festgestellt.

Art. 9. Der Schiedsspruch wird Angaben über die Art seiner Ausführung, insbesondere über die dabei zu beobachtenden Fristen, enthalten.

Wird in einem Schiedsspruch festgestellt, daß eine von einem Gericht oder einer anderen Behörde einer Partei getroffene Entscheidung oder Verfügung ganz oder teilweise mit dem Völkerrecht in Widerspruch steht, können aber nach dem Verfassungsrecht dieser Partei die Folgen der Entscheidung oder Verfügung durch Verwaltungsmaßnahmen nicht oder nicht vollständig beseitigt werden, so ist der verletzten Partei in dem Schiedsspruch auf andere Weise eine angemessene Genugtuung zuzuerkennen.

Art. 10. Unter Vorbehalt anderweitiger Abrede in der Schiedsordnung kann jede Partei bei dem Schiedsgericht, das den Spruch erlassen hat, die Revision dieses Spruchs beantragen. Der Antrag kann nur mit der Ermittlung einer Tatsache begründet werden, die einen entscheidenden Einfluß auf den Spruch auszuüben geeignet gewesen wäre und bei Schluß der Verhandlung dem Schiedsgericht selbst und der Partei, welche die Revision beantragt hat, ohne ihr Verschulden unbekannt war. Auf Verlangen einer Partei hat das Schiedsgericht zunächst darüber zu entscheiden, ob diese Voraussetzungen für den Antrag auf Revision des Schiedsspruchs erfüllt sind.

Mitglieder des Schiedsgerichts, die aus irgendeinem Grunde für das Revisionsverfahren ausscheiden, werden in der gleichen Weise ersetzt, wie sie berufen worden sind.

Die Frist, innerhalb deren der in Abs. 1 vorgesehene Antrag gestellt werden kann, ist im Schiedsspruch zu bestimmen, sofern dies nicht in der Schiedsordnung geschehen ist.

Art. 11. Alle Streitigkeiten, die zwischen den Parteien über Auslegung und Ausführung des Schiedsspruchs entstehen sollten, unterliegen, vorbehaltlich anderweitiger Abrede, der Beurteilung des Schiedsgerichts, das den Spruch gefällt hat. Dabei findet die Bestimmung des Artikel 10 Abs. 2 entsprechende Anwendung.

Art. 12. Alle Streitigkeiten, die nicht nach den vorhergehenden Artikeln dieses Vertrags dem Schiedsgerichtsverfahren unterworfen werden und die nicht mit Zustimmung beider Parteien auf andere Weise friedlich geregelt werden, sind auf Verlangen einer Partei im Vergleichsverfahren zu behandeln.

Behauptet die andere Partei, daß der im Vergleichsverfahren anhängig gemachte Streitfall von dem Ständigen Internationalen Gerichtshof, dem Schiedsgericht oder in einem besonderen Verfahren nach Artikel 1 Abs. 2 zu entscheiden sei, so entscheidet über diese Vorfrage das Organ, dessen Zuständigkeit behauptet wird.

Die Regierungen der vertragschließenden Teile können im gemeinsamen Einverständnis eine Streitigkeit, für die nach dem gegenwärtigen Vertrage der Ständige Internationale Gerichtshof oder ein Schiedsgericht angerufen werden kann, endgültig oder unter Vorbehalt der späteren Anrufung des Ständigen Internationalen

Gerichtshofs oder eines Schiedsgerichts im Vergleichsverfahren behandeln lassen.

Art. 13. Für das Vergleichsverfahren wird ein Ständiger Vergleichsrat gebildet.

Der Ständige Vergleichsrat besteht aus fünf Mitgliedern. Jeder vertragschließende Teil ernennt zwei Mitglieder, von denen er eines unter seinen eigenen Staatsangehörigen auswählen darf. Gemeinsam berufen die Parteien das fünfte Mitglied, das den Vorsitz führt. Der Vorsitzende muß eine andere Staatsangehörigkeit als die anderen Mitglieder besitzen. Er darf seinen Wohnsitz nicht auf dem Gebiete der Parteien haben und nicht in deren Dienst stehen oder gestanden haben.

Die Mitglieder des Ständigen Vergleichsrats werden für die Dauer von drei Jahren ernannt. Mangels anderweitiger Abrede zwischen den vertragschließenden Teilen kann ihre Ernennung während der Dauer ihres Auftrags nicht zurückgenommen werden. Wenn bei Ablauf des Auftrags eines Mitglieds des Ständigen Vergleichsrats seine Ersetzung nicht erfolgt ist, gilt sein Auftrag für einen Zeitraum von drei Jahren als erneuert. Indessen scheidet der Vorsitzende auf Antrag eines der vertragschließenden Teile bei Ablauf seines Auftrags aus. Ein Mitglied, dessen Auftrag während der Dauer eines im Gange befindlichen Verfahrens abläuft, nimmt an der Behandlung der Streitigkeit bis zur Beendigung des Verfahrens weiter teil, gleichviel ob sein Nachfolger bereits ernannt worden ist oder nicht.

Innerhalb von vierzehn Tagen nach dem Tage, an welchem einer der beiden vertragschließenden Teile eine Streitfrage vor den Ständigen Vergleichsrat gebracht hat, kann jede der Parteien, vorbehaltlich der Bestimmungen des Abs. 2, für die Behandlung dieser Streitfrage eines der von ihr bezeichneten Mitglieder des Ständigen Vergleichsrats durch eine Persönlichkeit ersetzen, die in der Angelegenheit besondere Sachkunde besitzt. Die Partei, die von diesem Rechte Gebrauch macht, teilt das unverzüglich der anderen Partei mit, der es alsdann freisteht, innerhalb von vierzehn Tagen nach dem Tage, an dem ihr die Mitteilung zugegangen ist, das gleiche zu tun.

Der Ständige Vergleichsrat wird im Laufe von sechs Monaten nach Austausch der Ratifikationsurkunden dieses Vertrags gebildet. Ausscheidende Mitglieder werden gemäß dem für die erstmalige Wahl maßgebenden Verfahren so rasch als möglich ersetzt.

Wenn die Berufung des Vorsitzenden nicht innerhalb von sechs Monaten nach dem Austausch der Ratifikationsurkunden oder, im Falle der Neuwahl, nicht innerhalb von drei Monaten nach Ausscheiden des bisherigen Vorsitzenden stattgefunden hat, so wird, in Ermangelung anderweitiger Vereinbarung, Seine Majestät der König von Schweden gebeten werden, die erforderliche Ernennung vorzunehmen.

Art. 14. Der Ständige Vergleichsrat tritt in Wirksamkeit, sobald er von einer Partei angerufen wird. Diese richtet ihr Begehren gleichzeitig an den Vorsitzenden des Ständigen Vergleichsrats und an die andere Partei. Der Vorsitzende hat den Ständigen Vergleichsrat in kürzester Frist einzuberufen.

Die vertragschließenden Teile verpflichten sich, in allen Fällen und in jeder Hinsicht die Arbeiten des Ständigen Vergleichsrats zu fördern und ihm insbesondere durch die zuständigen Behörden jede Rechtshilfe zu gewähren. Sie werden alle erforderlichen Maßnahmen treffen, damit dem Ständigen Vergleichsrat die Möglichkeit gewährt wird, auf ihrem Gebiete Zeugen und Sachverständige zu vernehmen und Augenschein einzunehmen. Der Ständige Vergleichsrat kann die Beweise entweder in vollständiger Besetzung oder durch den Vorsitzenden erheben.

Art. 15. Der Ständige Vergleichsrat bestimmt seinen Sitz. Er kann ihn nach freiem Ermessen verlegen.

Der Ständige Vergleichsrat bildet nötigenfalls eine Kanzlei. Soweit er in die Kanzlei Angehörige der Parteien beruft, hat er dabei die Parteien gleichmäßig zu berücksichtigen.

Art. 16. Der Ständige Vergleichsrat ist beschlußfähig, wenn alle Mitglieder ordnungsmäßig geladen und wenn der Vorsitzende und mindestens je eins der von jeder Partei ernannten Mitglieder anwesend sind.

Der Ständige Vergleichsrat trifft seine Entschließungen mit einfacher Stimmenmehrheit. Im Falle der Stimmengleichheit hat der Vorsitzende eine doppelte Stimme.

Art. 17. Dem Ständigen Vergleichsrat liegt ob, einen Bericht zu erstatten, der den Sachverhalt feststellt und, es sei denn, daß dies nach den besonderen Umständen des Falles nicht angebracht erscheint, Vorschläge für die Beilegung der Streitigkeit enthält. In dem Bericht wird die abweichende Ansicht eines in der Minderheit gebliebenen Mitglieds auf sein Verlangen festgestellt.

Der Bericht ist innerhalb von sechs Monaten nach dem Tage zu erstatten, an dem die Streitigkeit dem Ständigen Vergleichsrat unterbreitet wurde, es sei denn, daß die Parteien diese Frist im gemeinsamen Einverständnis verlängern oder vor dem Zusammentritt des Ständigen Vergleichsrats verkürzen. Der Bericht soll in drei Ausfertigungen verfaßt werden, von denen je eine jeder Partei ausgehändigt, die dritte vom Ständigen Vergleichsrat aufbewahrt wird.

Der Bericht hat weder in bezug auf die Tatsachen noch in bezug auf die rechtlichen Ausführungen die Bedeutung einer endgültig bindenden Entscheidung. Bei Mitteilung des Berichts kann der Ständige Vergleichsrat den Parteien anheimstellen, sich innerhalb einer im Bericht festzusetzenden Frist darüber zu erklären, ob und inwieweit sie die Feststellungen des Berichts anerkennen und dessen Vorschläge annehmen.

Es ist Sache der Parteien, im gemeinsamen Einverständnis zu bestimmen, ob der Bericht unverzüglich veröffentlicht werden soll oder nicht. Kommt es jedoch nicht zu einem solchen Einverständnis, so kann der Ständige Vergleichsrat seinerseits aus besonderen Gründen die sofortige Veröffentlichung des Berichts veranlassen.

Art. 18. Jede Partei trägt die Vergütung für die Tätigkeit der von ihr ernannten Mitglieder des Ständigen Vergleichsrats sowie die Hälfte der Vergütung für die Tätigkeit des Vorsitzenden.

Jede Partei trägt die von ihr veranlaßten Kosten des Verfahrens sowie die Hälfte der Kosten, die von dem Ständigen Vergleichsrat als gemeinsame bezeichnet werden.

Art. 19. Der im Schiedsgerichtsverfahren gefällte Spruch ist von den Parteien nach Treu und Glauben zu erfüllen.

Die vertragschließenden Teile verpflichten sich, während der Dauer des Schiedsgerichts- oder Vergleichsverfahrens nach Möglichkeit jede Maßnahme zu vermeiden, die auf die Erfüllung des Schiedsspruchs oder die Annahme der Vorschläge des Ständigen Vergleichsrats nachteilig zurückwirken könnte.

Das Schiedsgericht kann auf Verlangen einer Partei vorsorgliche Maßnahmen anordnen, soweit diese von den Parteien auf dem Verwaltungswege durchgeführt werden können; ebenso kann der Ständige Vergleichsrat zum gleichen Zweck Vorschläge machen.

Art. 20. Unter Vorbehalt entgegenstehender Bestimmungen des gegenwärtigen Vertrags oder der Schiedsordnung ist für das Schiedsgerichts- und Vergleichsverfahren das Haager Abkommen zur friedlichen Erledigung internationaler Streitfälle vom 18. Oktober 1907 maßgebend[1]).

Soweit der gegenwärtige Vertrag auf die Bestimmungen des Haager Abkommens verweist, finden sie im Verhältnis zwischen den vertragschließenden Teilen selbst dann Anwendung, wenn diese oder einer von ihnen von dem Abkommen zurückgetreten sein sollten.

Sofern weder der gegenwärtige Vertrag, noch die Schiedsordnung, noch die sonst zwischen den vertragschließenden Teilen bestehenden Übereinkünfte die Fristen und andere Einzelheiten des Schiedsgerichts- oder Vergleichsverfahrens festlegen, ist das Schiedsgericht oder der Ständige Vergleichsrat selbst befugt, die erforderlichen Bestimmungen zu treffen.

[1]) Vgl. oben Nr. 1, S. 1.

Art. 21. Der gegenwärtige Vertrag soll so bald als möglich ratifiziert werden. Die Ratifikationsurkunden sollen in Berlin ausgetauscht werden.

Der Vertrag tritt einen Monat nach dem Austausch der Ratifikationsurkunden in Kraft.

Der Vertrag gilt für die Dauer von zehn Jahren. Wird er nicht sechs Monate vor Ablauf dieses Zeitraums gekündigt, so bleibt er für weitere fünf Jahre in Kraft. Das gleiche gilt, wenn der Vertrag nicht mit der bezeichneten Frist gekündigt wird, für die spätere Zeit.

Ein Schiedsgerichtsverfahren oder ein Vergleichsverfahren, das bei Ablauf des gegenwärtigen Vertrags schwebt, nimmt seinen Lauf nach den Bestimmungen dieses Vertrags oder eines anderen Abkommens, das von den vertragschließenden Teilen an dessen Stelle vereinbart wird.

Zu Urkund dessen haben die Bevollmächtigten den gegenwärtigen Vertrag unterzeichnet.

Ausgefertigt in doppelter Urschrift in deutscher und dänischer Sprache

in Berlin am 2. Juni 1926.

Stresemann.
Herluf Zahle.

b) Schlußprotokoll zu dem deutsch-dänischen Schiedsgerichts- und Vergleichsvertrag.

1. Die vertragschließenden Teile gehen von der Ansicht aus, daß die einzelnen Bestimmungen des Vertrags im Zweifel zugunsten der Anwendung des Grundsatzes der schiedsgerichtlichen Erledigung von Streitigkeiten auszulegen sind.

2. Die vertragschließenden Teile erklären, daß der Vertrag auch dann Anwendung findet, wenn eine Streitigkeit in Ereignissen ihren Ursprung hat, die zeitlich vor seinem Abschluß liegen. Ausgenommen hiervon sind jedoch Streitigkeiten über Schadenersatzansprüche, die aus während des Weltkriegs vorgenommenen Kriegshandlungen hergeleitet werden.

3. Die Tatsache, daß an einer Streitigkeit dritte Staaten beteiligt sind, schließt die Anwendung des Vertrags nicht aus. Die vertragschließenden Teile werden gegebenenfalls dahin wirken, die dritten Staaten zum Anschluß an das Schiedsgerichts- oder Ver-

gleichsverfahren zu veranlassen. Für diesen Fall bleibt es den beiderseitigen Regierungen vorbehalten, im gemeinsamen Einverständnis eine besondere Zusammensetzung des Schiedsgerichts oder des Ständigen Vergleichsrats vorzusehen. Kann eine Verständigung mit den dritten Staaten über deren Anschluß nicht binnen angemessener Frist herbeigeführt werden, so nimmt das Verfahren zwischen den vertragschließenden Teilen mit Wirkung nur für diese den im Vertrage vorgesehenen Verlauf.

4. Für den Fall, daß Deutschland dem Ständigen Internationalen Gerichtshof im Haag beitritt oder Mitglied des Völkerbundes wird, sollen Rechtsstreitigkeiten, bei denen die Parteien sich darüber, ob diese Rechtsstreitigkeiten dem Ständigen Internationalen Gerichtshof oder einem Schiedsgericht zu unterbreiten sind, nicht haben einigen können, auf Antrag einer Partei einen Monat nach Ankündigung an die andere Partei unmittelbar vor den Ständigen Internationalen Gerichtshof gebracht werden können. Dasselbe gilt, falls ein allgemeiner Schiedsgerichtsvertrag zwischen Deutschland und einer dritten Macht in Kraft treten sollte, der eine entsprechende Bestimmung enthält.

Berlin, den 2. Juni 1926.

Stresemann.
Herluf Zahle.

c) Notenwechsel (Übersetzung.)

Königlich Dänische Gesandtschaft

Berlin, den 2. Juni 1926.

Herr Reichsminister!

Mit Beziehung auf die heute erfolgte Unterzeichnung des dänisch-deutschen Schiedsgerichts- und Vergleichsvertrags beehre ich mich, Ihnen im Auftrage meiner Regierung folgendes mitzuteilen:

Falls Deutschland Mitglied des Völkerbundes wird, sollen die Bestimmungen des Vertrags über das Vergleichsverfahren als durch folgende weitere Bestimmung ergänzt gelten:

„Wenn sich die Parteien nicht innerhalb eines Monats nach Abschluß der Arbeiten des Ständigen Vergleichsrats verständigt haben, wird die Frage durch Antrag einer der Parteien vor den Völkerbundsrat gebracht, der gemäß Artikel 15 der Völkerbundssatzung zu befinden hat."

Es besteht ferner Einverständnis darüber, daß Streitigkeiten zwischen Deutschland und einem dritten Staate, an denen Dänemark in seiner Eigenschaft als Mitglied des Völkerbundes beteiligt werden könnte, nicht als Streitigkeiten zwischen den vertragschließenden Teilen im Sinne des Vertrags angesehen werden können. Das gleiche gilt, sobald Deutschland Mitglied des Völkerbundes geworden ist, für Streitigkeiten zwischen Dänemark und einem dritten Staate, an denen Deutschland in seiner Eigenschaft als Mitglied des Völkerbundes beteiligt werden könnte.

Genehmigen Sie, Herr Reichsminister, die Versicherung meiner ausgezeichnetsten Hochachtung.

Herluf Zahle.

An

Herrn Dr. Gustav Stresemann,
Reichsminister des Auswärtigen,
Berlin.

Auswärtiges Amt.

Berlin, den 2. Juni 1926.

Herr Gesandter!

In Erwiderung Ihres heutigen Schreibens beehre ich mich, Ihnen mit Beziehung auf die heute erfolgte Unterzeichnung des deutsch-dänischen Schiedsgerichts- und Vergleichsvertrags namens der Deutschen Regierung hiermit folgendes zu bestätigen:

Falls Deutschland Mitglied des Völkerbundes wird, sollen die Bestimmungen des Vertrags über das Vergleichsverfahren als durch folgende weitere Bestimmung ergänzt gelten:

„Wenn sich die Parteien nicht innerhalb eines Monats nach Abschluß der Arbeiten des Ständigen Vergleichsrats verständigt haben, wird die Frage durch Antrag einer der Parteien vor den Völkerbundsrat gebracht, der gemäß Artikel 15 der Völkerbundssatzung zu befinden hat."

Es besteht ferner Einverständnis darüber, daß Streitigkeiten zwischen Deutschland und einem dritten Staate, an denen Dänemark in seiner Eigenschaft als Mitglied des Völkerbunds beteiligt werden könnte, nicht als Streitigkeiten zwischen den vertragschließenden Teilen im Sinne des Vertrags angesehen werden können. Das gleiche gilt, sobald Deutschland Mitglied des Völkerbundes geworden ist, für Streitigkeiten zwischen Dänemark und einem dritten Staate, an denen Deutschland in seiner Eigenschaft als Mitglied des Völkerbundes beteiligt werden könnte.

Genehmigen Sie, Herr Gesandter, die Versicherung meiner ausgezeichnetsten Hochachtung.

Stresemann.

An
Seine Exzellenz
den Königlich Dänischen Gesandten
Herrn Zahle.

Die dem Reichstag seitens der Reichsregierung mit dem Entwurf eines gemeinsamen Zustimmungsgesetzes zum deutsch-niederländischen Schiedsgerichts- und Vergleichsvertrag vom 20. Mai 1925 und dem oben abgedruckten deutsch-dänischen Schiedsgerichts- und Vergleichsvertrag vom 2. Juni 1926 unter dem 2. Juli 1926 vorgelegte Denkschrift ist oben bei Nr. 8, S. 223 Anhang zum Abdruck gelangt.

10.

Vergleichs- und Schiedsgerichtsvertrag zwischen dem Deutschen Reiche und dem Königreich Italien.

Vom 29. Dezember 1926

(RGBl. 1927, Teil II Nr. 31, S. 461)*).

Der Deutsche Reichspräsident
und
Seine Majestät der König von Italien,

von dem Wunsche erfüllt, die zwischen ihren beiden Ländern bestehenden freundschaftlichen Beziehungen zu festigen und zur Aufrechterhaltung des allgemeinen Friedens beizutragen, haben beschlossen, einen Vergleichs- und Schiedsgerichtsvertrag abzuschließen.

---

*) In deutscher und italienischer Sprache abgeschlossen. Mit Zustimmungsgesetz vom 8. Juli 1927 im Reichsgesetzblatt verkündet. Der Vertrag ist gemäß der Ratifikationsbekanntmachung des Reichsministers des Auswärtigen vom 30. Juli 1928 am 16. Juli 1928, dem Tage des Austausches der Ratifikationsurkunden in Kraft getreten (RGBl. Teil II Nr. 36 S. 539).

Zu diesem Zwecke haben zu Bevollmächtigten ernannt:

der Deutsche Reichspräsident
den deutschen Botschafter bei Seiner Majestät dem König von Italien Constantin Freiherrn von Neurath,

Seine Majestät der König von Italien
den Chef der Regierung, Premierminister und Minister der Auswärtigen Angelegenheiten Benito Mussolini,

die, nachdem sie ihre Vollmachten geprüft und in guter und gehöriger Form befunden haben, über folgende Bestimmungen übereingekommen sind:

Art. 1. Die vertragschließenden Teile verpflichten sich, die Streitigkeiten, die zwischen ihnen entstehen und nicht auf dem gewöhnlichen diplomatischen Wege in freundschaftlicher Weise geschlichtet werden können, einem Vergleichsverfahren zu unterwerfen.

Diese Bestimmung findet keine Anwendung auf Streitigkeiten, die aus Tatsachen entsprungen sind, die zeitlich vor dem gegenwärtigen Vertrage liegen und der Vergangenheit angehören.

Falls das Vergleichsverfahren nicht zum Erfolge führt, wird die Streitigkeit nach Maßgabe der Artikel 8 ff. des gegenwärtigen Vertrages vor ein Schiedsgericht oder vor den Ständigen Internationalen Gerichtshof im Haag gebracht werden.

Streitigkeiten, für deren Schlichtung die vertragschließenden Teile durch andere zwischen ihnen bestehende Abmachungen an ein besonderes Verfahren gebunden sind, werden auf der Grundlage der Bestimmungen dieser Abmachungen geregelt.

Art. 2. Handelt es sich bei Streitigkeiten, die nach dem gegenwärtigen Vertrage den in den Artikeln 1, 8 und 9 vorgesehenen Verfahren unterliegen, um Fälle, die gemäß den Landesgesetzen der Partei, gegen die ein Begehren geltend gemacht wird, von einem Gericht oder einem Verwaltungsgericht zu entscheiden sind, so kann diese Partei verlangen, daß die Streitigkeit dem Vergleichsverfahren und gegebenenfalls nach Maßgabe der Artikel 8 ff. dem Schiedsgerichtsverfahren und dem Ständigen Internationalen Gerichtshof erst dann unterworfen wird, nachdem in dem Gerichts- und Verwaltungsverfahren eine endgültige Entscheidung gefällt worden ist. Für den Fall, daß eine Partei die Entscheidung der Gerichts- oder Verwaltungsbehörde anzufechten wünscht, muß die Streitigkeit spätestens binnen Jahresfrist, nachdem die Entscheidung ergangen ist, dem Vergleichsverfahren unterworfen werden.

Art. 3. Wird in der Entscheidung des Schiedsgerichts oder des Ständigen Internationalen Gerichtshofs festgestellt, daß eine von einem Gericht oder einer anderen Behörde einer Partei getroffene unabänderliche Entscheidung oder Verfügung ganz oder teilweise mit dem Völkerrecht in Widerspruch steht, können aber nach dem Verfassungsrecht dieser Partei die Folgen der Entscheidung oder Verfügung durch Verwaltungsmaßnahmen nicht vollständig beseitigt werden, so kann die verletzte Partei den Streit vor die Ständige Vergleichskommission bringen zwecks Prüfung der Frage, ob es angebracht ist, ihr eine angemessene Genugtuung anderer Art zu gewähren.

Art. 4. Die vertragschließenden Teile werden eine Ständige Vergleichskommission bilden, die aus fünf Mitgliedern besteht.

Die vertragschließenden Teile ernennen jeder für sich

nach freier Wahl je ein Mitglied und berufen die drei übrigen Mitglieder in gemeinsamem Einverständnis. Diese drei Mitglieder dürfen nicht Angehörige der vertragschließenden Staaten sein, noch dürfen sie auf deren Gebiet ihren Wohnsitz haben oder in deren Dienst stehen oder gestanden haben. Aus ihrer Mitte wird der Vorsitzende durch die vertragschließenden Teile gemeinsam bezeichnet.

Solange nicht ein Verfahren anhängig gemacht worden ist, steht jeder der Parteien das Recht zu, das von ihr ernannte Mitglied abzuberufen und zu ersetzen. Unter der gleichen Voraussetzung steht es jeder der Parteien frei, die Zustimmung zur Berufung jeder der drei gemeinsam zu berufenden Mitglieder zurückzuziehen. In diesem Falle muß unverzüglich zur gemeinsamen Berufung eines neuen Mitglieds geschritten werden. Die Ersetzung eines Mitglieds vollzieht sich nach dem gleichen Verfahren wie seine Ernennung.

Nach dem gleichen Verfahren, das in den vorstehenden Absätzen angegeben ist, werden fünf Ersatzmitglieder ernannt.

Die Ständige Vergleichskommission tritt an dem Orte zusammen, den der Vorsitzende bestimmt.

Art. 5. Jede Partei trägt die Vergütung für die Tätigkeit des von ihr ernannten Mitglieds der Ständigen Vergleichskommission sowie die Hälfte der Vergütung für die übrigen Mitglieder. Jede Partei trägt ferner die von ihr veranlaßten Kosten des Verfahrens sowie die Hälfte der Kosten, die von der Ständigen Vergleichskommission als gemeinsame bezeichnet werden.

Art. 6. Die Ständige Vergleichskommission tritt in Wirksamkeit, sobald sie von einer Partei angerufen wird. Diese richtet ihr Begehren gleichzeitig an den

Vorsitzenden der Ständigen Vergleichskommission und an die andere Partei.

Die vertragschließenden Teile verpflichten sich, in allen Fällen und in jeder Hinsicht die Arbeiten der Ständigen Vergleichskommission zu fördern und ihr insbesondere die Möglichkeit zu gewähren, auf ihrem Gebiete nach Maßgabe der für ihre Gerichte geltenden Bestimmungen Zeugen und Sachverständige zu vernehmen und Augenschein einzunehmen.

Art. 7. Der Ständigen Vergleichskommission obliegt es, die ihr unterbreiteten besonderen Fragen einer Prüfung zu unterziehen und die Ergebnisse ihrer eigenen Untersuchung in einem Bericht niederzulegen, der dazu bestimmt ist, die Tatfragen aufzuklären und die Lösung des Streitfalls zu erleichtern. In dem Bericht wird die Vergleichskommission die streitigen Punkte feststellen und für die Beilegung der Streitigkeit Vorschläge machen.

Der Bericht ist innerhalb von sechs Monaten nach dem Tage zu erstatten, an dem die Streitigkeit der Ständigen Vergleichskommission unterbreitet wurde, es sei denn, daß die Parteien einen anderen Zeitpunkt festsetzen.

Jeder der Parteien wird eine Ausfertigung des Berichts ausgehändigt.

Innerhalb von drei Monaten müssen sich die Parteien über die Vorschläge der Vergleichskommission aussprechen.

Der Bericht der Ständigen Vergleichskommission hat weder in bezug auf die Feststellung der Tatsachen noch in bezug auf die rechtlichen Fragen die Bedeutung einer endgültig bindenden Entscheidung.

Art. 8. Wenn die Parteien untereinander über eine Rechtsfrage im Streite sind und die Vorschläge der

Ständigen Vergleichskommission nicht annehmen, so wird die Streitigkeit mittels einer zu vereinbarenden Schiedsordnung einem besonderen Schiedsgericht unterbreitet.

Art. 9. In dem in dem vorhergehenden Artikel angegebenen Falle können die Parteien die Streitigkeit statt einem besonderen Schiedsgericht dem Ständigen Internationalen Gerichtshof im Haag unterbreiten, indem sie die Fragen, über die eine Entscheidung gewünscht wird, in gemeinsamem Einverständnis feststellen. Falls sich die Parteien über diese Feststellung nicht einigen, hat jede von ihnen, nachdem sie dies zwei Monate vorher der anderen Partei angekündigt hat, das Recht, die Streitigkeit durch einen Antrag unmittelbar vor den Ständigen Internationalen Gerichtshof zu bringen.

Art. 10. Die von dem Schiedsgericht oder dem Ständigen Internationalen Gerichtshof gefällte Entscheidung ist von den Parteien nach Treu und Glauben zu erfüllen.

Die vertragschließenden Teile verpflichten sich, während der Dauer des Verfahrens der Ständigen Vergleichskommission, des Schiedsgerichts oder des Ständigen Internationalen Gerichtshofs nach Möglichkeit jede Maßnahme zu vermeiden, die der Annahme der Vorschläge der Ständigen Vergleichskommission oder der Entscheidung des Schiedsgerichts oder des Ständigen Internationalen Gerichtshofs vorgreifen könnte.

Das Schiedsgericht kann auf Verlangen einer Partei vorsorgliche Maßnahmen anordnen, soweit diese von den Parteien auf dem Verwaltungswege durchgeführt werden können; ebenso kann die Ständige Vergleichskommission zum gleichen Zweck Vorschläge machen.

Art. 11. Die Ständige Vergleichskommission bestimmt ihr eigenes Verfahren unter Berücksichtigung der Bestimmungen des Haager Abkommens zur friedlichen Erledigung internationaler Streitfälle vom 18. Oktober 1907.

Unter Vorbehalt entgegenstehender Bestimmungen des gegenwärtigen Vertrags oder der Schiedsordnung finden auf das Verfahren des Schiedsgerichts die Bestimmungen des genannten Haager Abkommens vom 18. Oktober 1907 Anwendung[1]).

Soweit der gegenwärtige Vertrag auf die Bestimmungen des Haager Abkommens verweist, finden sie im Verhältnis zwischen den vertragschließenden Teilen selbst dann Anwendung, wenn eine von ihnen oder beide das Abkommen kündigen sollten.

[1]) Vgl. oben Nr. 1, S. 1.

Art. 12. Dieser Vertrag findet zwischen den vertragschließenden Teilen auch dann Anwendung, wenn andere Mächte gleichfalls an der Streitigkeit beteiligt sind.

Soweit es jedoch möglich ist, die Streitigkeit zusammen mit anderen beteiligten Mächten einem einheitlichen schiedsgerichtlichen Verfahren oder einem einheitlichen Gerichtsverfahren zu unterwerfen, werden die vertragschließenden Teile Vereinbarungen in diesem Sinne treffen.

Art. 13. Der gegenwärtige Vertrag findet keine Anwendung auf die Fragen, die nach den zwischen den beiden Parteien geltenden Verträgen und dem internationalen Recht zur Zuständigkeit einer der beiden Parteien gehören. Ebenso findet er keine Anwendung hinsichtlich der Rechte und der Pflichten aus dem Vertrage von Locarno.

Art. 14. Der gegenwärtige Vertrag berührt in keiner Weise die Rechte und Pflichten, welche die vertragschließenden Teile in ihrer Eigenschaft als Mitglieder des Völkerbundes haben; auch schränkt er die Befugnisse und die Zuständigkeit des Völkerbundes in keiner Weise ein.

Art. 15. Dieser Vertrag soll so schnell als möglich ratifiziert werden. Die Ratifikationsurkunden werden in Rom ausgetauscht werden.

Art. 16. Der gegenwärtige Vertrag gilt für die Dauer von zehn Jahren. Wird er nicht sechs Monate vor Ablauf dieses Zeitraums gekündigt, so bleibt er für weitere fünf Jahre in Kraft. Das gleiche gilt für die spätere Zeit.

Die Verfahren, die bei Ablauf des gegenwärtigen Vertrags schweben, regeln sich vorbehaltlich anderer Vereinbarungen nach seinen Bestimmungen.

Zu Urkund dessen haben die Bevollmächtigten den gegenwärtigen Vertrag unterzeichnet.

Ausgefertigt in doppelter Urschrift in deutscher und italienischer Sprache mit der Maßgabe, daß beide Texte die gleiche Geltung haben.

Rom, den 29. Dezember 1926.

C. v. Neurath.
Benito Mussolini.

Anlage.

Denkschrift der Reichsregierung zu dem deutsch-italienischen Vergleichs- und Schiedsgerichtsvertrag, dem Reichstag mit dem Entwurf des Zustimmungsgesetzes unter dem 12. Mai 1927 vorgelegt.

(Reichstagsdrucksache, III. Wahlperiode 1924/27 Nr. 3375.)

Der vorliegende Vergleichs- und Schiedsgerichtsvertrag mit Italien beruht auf Verhandlungen, die im Sommer

1926 begonnen haben und in Berlin, Genf und Rom geführt wurden. Inhaltlich entspricht der Vertrag in allen wesentlichen Punkten den bisher von Deutschland abgeschlossenen Verträgen dieser Art. Es handelt sich also um eine vertragsmäßige Regelung des Verfahrens bei Streitigkeiten aller Art mit der Maßgabe, daß nur bei Rechtsstreitigkeiten ein die Parteien bindender Schiedsspruch vorgesehen ist, während bei anderen Streitigkeiten lediglich ein Vergleichsverfahren stattfindet, bei dem es den Parteien freisteht, die etwaigen Vorschläge der Vergleichskommission anzunehmen oder abzulehnen.

Ein sachlicher Unterschied gegenüber den bisherigen deutschen Schiedsgerichts- und Vergleichsverträgen liegt darin, daß nach dem vorliegenden Vertrage mangels einer anderweitigen Vereinbarung der Parteien ein Verfahren vor der Vergleichskommission auch bei Rechtsstreitigkeiten stattzufinden, also dem schiedsgerichtlichen Verfahren in der Regel vorauszugehen hat, während nach dem bisherigen deutschen Vertragssystem bei Rechtsstreitigkeiten ein Vergleichsverfahren nur dann in Betracht kommt, wenn es von den Parteien im Einzelfalle vereinbart wird.

In der Fassung einzelner Bestimmungen haben die von Italien abgeschlossenen Schiedsverträge Berücksichtigung gefunden, wodurch gegenüber den früheren deutschen Verträgen eine Kürzung des Vertrags erreicht worden ist.

Die folgenden Einzelbemerkungen berühren vorwiegend diejenigen Punkte, die gegenüber dem Inhalt der bisherigen deutschen Schiedsgerichts und Vergleichsverträge eine Neuerung darstellen oder sonst einer besonderen Erläuterung bedürfen.

Artikel 1 faßt den Inhalt des Vertrags zusammen und enthält die Bestimmung, daß auch bei Rechtsstreitigkeiten ein Vergleichsverfahren stattfinden soll.

Die Bestimmungen des Vertrags sollen jedoch keine Anwendung finden auf Streitigkeiten aus der Zeit vor dem Vertrage, die der Vergangenheit angehören. Dies entspricht dem Artikel 1 Abs. 2 der in Locarno abgeschlossenen Schiedsverträge (Reichsgesetzbl. 1926 Teil II S. 583ff.).*)

Artikel 2 beschäftigt sich mit den Fällen, die gemäß den Landesgesetzen der beklagten Partei zunächst von einem ihrer Gerichte oder ihrer Verwaltungsgerichte zu entscheiden sind. Eine Änderung gegenüber dem bisherigen deutschen Vertragssystem liegt nur darin, daß die Einleitung des Vergleichsverfahrens noch binnen Jahresfrist nach der Entscheidung der inneren Instanz erfolgen kann, während nach den bisherigen deutschen Verträgen das Schiedsgericht binnen sechs Monaten nach dieser Entscheidung anzurufen war.

Artikel 3 befaßt sich mit der Behandlung der Fälle, in denen eine Partei durch eine unabänderliche Entscheidung oder Verfügung einer inneren Behörde der anderen Partei zu Schaden gekommen ist. In diesen Fällen kann nach dem vorliegenden Vertrage die Ständige Vergleichskommission mit der Frage der Festsetzung einer angemessenen Genugtuung befaßt werden, während diese Festsetzung nach den bisherigen deutschen Verträgen Sache des Schiedsgerichts ist.

Artikel 4 regelt die Zusammensetzung der Ständigen Vergleichskommission in der in der Mehrzahl der deutschen Verträge üblichen Weise dahin, daß drei Mitglieder, darunter der Vorsitzende, von den Parteien gemeinschaftlich zu berufen sind. Neu ist die im Abs. 4 vorgesehene Bestellung von fünf Ersatzmitgliedern, die in der erweiterten Zuständigkeit der Vergleichskommission ihre Rechtfertigung findet.

Artikel 5 regelt die Vergütung der Mitglieder der Ständigen Vergleichskommission und die Frage der Kosten des Verfahrens.

---

*) Vgl. oben Nr. 7, S. 170.

Artikel 6 regelt die Form der Anrufung der Kommission und die Verpflichtungen, die die Parteien ihr gegenüber in Ansehung des Verfahrens haben, in Übereinstimmung mit den sonstigen deutschen Verträgen.

Artikel 7 behandelt den Bericht der Kommission, der auch nach dem vorliegenden Vertrage weder in bezug auf die Feststellung der Tatsachen noch in bezug auf die rechtlichen Fragen die Bedeutung einer endgültig bindenden Entscheidung hat. Für die Erklärung der Parteien über die in dem Bericht enthaltenen Vorschläge ist eine Höchstfrist von drei Monaten festgesetzt worden.

Die Bestimmungen über das schiedsgerichtliche Verfahren (Artikel 8—10) sind auf das Notwendigste beschränkt. Das Schiedsgericht ist entweder ein besonderes Schiedsgericht oder der Ständige Internationale Gerichtshof. Mangels Einigung der Parteien über die dem Schiedsgericht zu unterbreitende Frage kann jede der Parteien einseitig nach vorheriger Ankündigung einen Streitfall vor den Internationalen Gerichtshof bringen.

Von weiteren Bestimmungen über das Schiedsgerichtsverfahren ist namentlich aus dem Grunde abgesehen worden, weil sich das Verfahren vor dem Ständigen Internationalen Gerichtshof nach dessen Statut und Reglement richtet und weil im übrigen auf die eingehenden Vorschriften des Haager Abkommens vom 18. Oktober 1907 über die friedliche Schlichtung internationaler Streitfälle verwiesen werden konnte (Artikel 10).

Aus den allgemeinen Bestimmungen (Artikel 11 bis 16) ist noch folgendes hervorzuheben:

Im Artikel 12 wird die Bestimmung des Artikel 20 der Schiedsverträge von Locarno wiederholt, wonach der Vertrag auch dann Anwendung findet, wenn andere Mächte gleichfalls an der Streitigkeit beteiligt sind. Im Abs. 2 dieses Artikels haben die vertragschließenden Teile für einen derartigen Fall die Verpflichtung zur Herbeiführung eines möglichst einheitlichen Verfahrens übernommen.

Artikel 13 stellt klar, daß Fragen, die nach den zwischen den beiden Parteien geltenden Verträgen und dem internationalen Rechte zur Zuständigeit einer der beiden Parteien gehören, nicht unter den Vertrag fallen. Eine derartige Bestimmung ist in die bisherigen deutschen Schiedsverträge als überflüssig nicht aufgenommen worden; sie findet sich in ähnlicher Form in einigen zwischen anderen Ländern abgeschlossenen Schiedsverträgen.

Der Satz 2 dieses Artikels schließt die Anwendung des Vertrags auf die Rechte und die Pflichten aus dem Vertrage von Locarno, dem sogenannten Westpakt, aus. Nach dem Aufbau dieses Paktes erklärt es sich von selbst, daß die sich daraus für Deutschland und Italien ergebenden Rechte und Pflichten nicht Gegenstand eines besonderen deutsch-italienischen Verfahrens sein können.

Artikel 14, der die Rechte und Pflichten des Völkerbundes aufrechterhält, entspricht dem Artikel 21 der Schiedsverträge von Locarno.

Die Vertragsdauer ist im Artikel 16 entsprechend den sonstigen deutschen Schiedsverträgen auf 10 Jahre mit automatischer Verlängerung um je 5 Jahre festgesetzt.

11.

Vergleichsvertrag und Schiedsgerichtsvertrag zwischen dem Deutschen Reiche und den Vereinigten Staaten von Amerika.

Vom 5. Mai 1928

(Reichstags-Drucks. Nr. 376, IV. Wahlperiode 1928)*).

a) Vergleichsvertrag.

Der Deutsche Reichspräsident und der Präsident der Vereinigten Staaten von Amerika haben in dem

*) Die Verträge sind zur Zeit des Abschlusses der Druck-

Wunsche, die Bande der Freundschaft, die sie miteinander verbinden, zu befestigen, und zugleich die Sache des allgemeinen Friedens zu fördern, beschlossen, zu diesem Zwecke einen Vertrag zu schließen, und haben hierfür zu ihren Bevollmächtigten ernannt:

Der Deutsche Reichspräsident
den Deutschen Botschafter in den Vereinigten Staaten von Amerika,
Herrn Dr. Friedrich von Prittwitz und Gaffron,

und

Der Präsident der Vereinigten Staaten von Amerika
Herrn Frank B. Kellogg,
den Staatssekretär der Vereinigten Staaten von Amerika,

die nach Austausch ihrer in gehöriger Form befundenen beiderseitigen Vollmachten die folgenden Artikel vereinbart und abgeschlossen haben:

Art. I. Alle zwischen der Deutschen Regierung und der Regierung der Vereinigten Staaten von Amerika entstehenden Streitfragen, welcher Natur sie auch immer sein mögen, sollen, wenn sie auf dem gewöhnlichen diplomatischen Wege nicht beigelegt werden konnten und die Hohen Vertragschließenden Parteien nicht die Entscheidung eines zuständigen Gerichts anrufen, zur Untersuchung und zum Bericht einer Ständigen Internationalen Kommission unterbreitet wer-

---

legung dieser Zusammenstellung noch nicht in Kraft getreten. Sie sind dem Reichstag mit dem Entwurf eines Zustimmungsgesetzes nach erfolgter Zustimmung des Reichsrats unter dem 30. September 1928 nebst der oben anhangsweise abgedruckten Denkschrift zugegangen.

Sie sind in deutscher und englischer Sprache abgeschlossen.

den, die gemäß dem im nächsten Artikel festgelegten Verfahren gebildet werden soll; die Hohen Vertragschließenden Parteien kommen überein, während der Untersuchung und vor der Erstattung des Berichts nicht den Krieg zu erklären oder die Feindseligkeiten zu eröffnen.

Art. II. Die Internationale Kommission soll aus fünf Mitgliedern bestehen, die wie folgt zu ernennen sind: je ein Mitglied soll durch die Regierung jedes der beiden Länder gewählt werden; je ein weiteres Mitglied soll von jeder Regierung aus einem dritten Lande gewählt werden; das fünfte Mitglied soll auf Grund einer Verständigung beider Regierungen gemeinsam gewählt werden, wobei Einverständnis darüber herrscht, daß dieses Mitglied nicht Angehöriger eines der beiden Länder sein darf. Die durch die Kommission verursachten Kosten sollen von beiden Regierungen zu gleichen Teilen bezahlt werden.

Die Internationale Kommission ist innerhalb von sechs Monaten nach dem Austausch der Ratifikationsurkunden zu diesem Vertrage zu bilden; frei werdende Stellen sind gemäß dem für die ursprüngliche Ernennung maßgebenden Verfahren zu besetzen.

Art. III. Falls es den Hohen Vertragschließenden Parteien nicht gelingt, eine Streitfrage auf diplomatischem Wege beizulegen, und falls sie nicht die Entscheidung eines zuständigen Gerichts anrufen, werden sie die Streitfrage sofort zum Zwecke der Untersuchung und Berichterstattung der Internationalen Kommission unterbreiten. Die Internationale Kommission kann indes auf Grund eines einstimmigen Beschlusses auch von sich aus ihre Dienste zu diesem Zwecke anbieten; sie wird in diesem Falle beide Regierungen benachrichtigen und sie um ihre Unterstützung bei der Untersuchung ersuchen.

Die Hohen Vertragschließenden Parteien werden der Ständigen Internationalen Kommission alle Hilfsmittel und Erleichterungen verschaffen, die für ihre Untersuchung und Berichterstattung erforderlich sind.

Der Bericht der Kommission soll innerhalb eines Jahres nach dem Tage fertiggestellt sein, an dem sie die Untersuchung als eingeleitet erklärt hat, es sei denn, daß die Hohen Vertragschließenden Parteien im gegenseitigen Einverständnis die Frist verkürzen oder verlängern. Der Bericht soll in dreifacher Ausfertigung hergestellt werden; je eine Ausfertigung wird jeder Regierung ausgehändigt, die dritte wird von der Kommission für ihre Akten zurückbehalten.

Die Hohen Vertragschließenden Parteien behalten sich das Recht vor, hinsichtlich des Gegenstandes der Streitfrage nach freiem Ermessen zu handeln, sobald der Bericht erstattet worden ist.

Art. IV. Dieser Vertrag soll durch den Deutschen Reichspräsidenten gemäß den Vorschriften der deutschen Verfassung und durch den Präsidenten der Vereinigten Staaten von Amerika nach Anhörung und mit Zustimmung des Senats ratifiziert werden.

Die Ratifikationsurkunden sollen sobald als möglich in Washington ausgetauscht werden und der Vertrag soll am Tage des Austausches der Ratifikationsurkunden in Kraft treten. Er soll dann fortlaufend in Kraft bleiben, bis er von einer der Hohen Vertragschließenden Parteien der anderen gegenüber schriftlich mit einjähriger Kündigungsfrist aufgelöst wird.

Zu Urkund dessen haben die beiderseitigen Bevollmächtigten diesen Vertrag in doppelter Urschrift in deutscher und englischer Sprache, wobei beide Texte gleichwertig sind, unterzeichnet und ihre Siegel daruntergesetzt.

Geschehen in Washington am fünften Tag des Mais im Jahre eintausendneunhundertachtundzwanzig.

Fr. von Prittwitz. (Siegel.)
Frank B. Kellogg. (Siegel.)

b) Der Schiedsgerichtsvertrag.

Der Deutsche Reichspräsident und der Präsident der Vereinigten Staaten von Amerika

entschlossen, soweit es in ihrer Macht liegt, jede Unterbrechung der jetzt glücklicherweise zwischen den beiden Nationen bestehenden friedlichen Beziehungen zu verhindern,

von dem Wunsche erfüllt, ihr Bekenntnis zu der Politik zu erneuern, alle für ein Rechtsverfahren geeigneten Meinungsverschiedenheiten, die etwa zwischen ihnen entstehen sollten, einer unparteiischen Entscheidung zu unterwerfen,

in dem Bestreben, durch ihr Beispiel nicht nur zum Ausdruck zu bringen, daß sie den Krieg als Werkzeug der nationalen Politik in ihren gegenseitigen Beziehungen verurteilen, sondern auch den Eintritt des Zeitpunkts zu beschleunigen, in welchem der Abschluß internationaler Übereinkommen zur friedlichen Regelung internationaler Streitfragen für immer die Möglichkeit eines Krieges zwischen irgendwelchen Mächten der Welt beseitigen wird,

haben beschlossen, einen Schiedsgerichtsvertrag zu schließen und haben zu diesem Zwecke zu ihren Bevollmächtigten ernannt:

Der Deutsche Reichspräsident
den Deutschen Botschafter in den Vereinigten Staaten von Amerika,
Herrn Dr. Friedrich von Prittwitz und Gaffron,

und

Der Präsident der Vereinigten Staaten von Amerika

Herrn Frank B. Kellogg,

den Staatssekretär der Vereinigten Staaten von Amerika,

die nach Austausch ihrer in guter und gehöriger Form befundenen Vollmachten die folgenden Artikel vereinbart haben:

Art. I. Alle in internationalen Angelegenheiten zwischen den Hohen Vertragschließenden Parteien entstehenden Streitigkeiten, bei welchen die eine Partei gegenüber der anderen auf Grund eines Vertrags oder auf anderer Grundlage ein Recht in Anspruch nimmt, sollen, sofern sie nicht auf diplomatischem Wege geregelt werden konnten, sofern sie auch durch Anrufung einer dafür vorgesehenen Vergleichskommission nicht geregelt worden sind und sofern sie nach den Grundsätzen von Recht und Billigkeit entscheidbar und somit ihrer Natur nach für ein Rechtsverfahren geeignet sind, auf Grund einer in jedem Einzelfall durch eine besondere Vereinbarung zu treffenden Entscheidung dem durch das Abkommen vom 18. Oktober 1907 eingesetzten Ständigen Schiedshof im Haag*) oder einem anderen Gericht vorgelegt werden; die besondere Vereinbarung soll nötigenfalls die Bildung dieses Gerichts regeln, seine Befugnisse bestimmen, den Streitpunkt oder die Streitpunkte bezeichnen und die zu entscheidende Frage festsetzen.

Die besondere Vereinbarung soll in jedem Falle auf Seiten Deutschlands gemäß den Vorschriften seiner Verfassung, auf Seiten der Vereinigten Staaten von Amerika durch den Präsidenten der Vereinigten Staa-

*) Vergl. oben Nr. 1 Seite 1.

ten von Amerika nach Anhörung und mit Zustimmung des Senats geschlossen werden.

Art. II. Eine Berufung auf die Bestimmungen dieses Vertrags ist ausgeschlossen bei allen Streitfragen, deren Gegenstand

a) unter die einheimische Gerichtsbarkeit einer der Hohen Vertragschließenden Parteien fällt,

b) in die Interessen dritter Parteien eingreift,

c) auf der Aufrechterhaltung der gewöhnlich als Monroe-Doktrin bezeichneten herkömmlichen Haltung der Vereinigten Staaten in amerikanischen Fragen beruht oder in die Aufrechterhaltung dieser Doktrin eingreift,

d) auf der Beobachtung der Deutschland nach der Völkerbundssatzung obliegenden Verpflichtungen beruht oder in die Beobachtung dieser Verpflichtungen eingreift.

Art. III. Dieser Vertrag soll durch den Deutschen Reichspräsidenten gemäß den Vorschriften der deutschen Verfassung und durch den Präsidenten der Vereinigten Staaten von Amerika nach Anhörung und mit Zustimmung des Senats ratifiziert werden.

Die Ratifikationsurkunden sollen sobald als möglich in Washington ausgetauscht werden, und der Vertrag soll am Tage des Austausches der Ratifikationsurkunden in Kraft treten. Er soll dann fortlaufend in Kraft bleiben, bis er von einer der Hohen Vertragschließenden Parteien der anderen gegenüber schriftlich mit einjähriger Kündigungsfrist aufgelöst wird.

Zu Urkund dessen haben die beiderseitigen Bevollmächtigten diesen Vertrag in doppelter Urschrift in deutscher und englischer Sprache, wobei die Texte gleichwertig sind, unterzeichnet und ihre Siegel daruntergesetzt.

Geschehen in Washington am fünften Tage des Mais im Jahre eintausendneunhundertachtundzwanzig.

Fr. von Prittwitz. (Siegel.)
Frank B. Kellogg. (Siegel.)

Anlage.

Denkschrift der Deutschen Reichsregierung zu den Vergleichs- und Schiedsgerichtsverträgen mit den Vereinigten Staaten von Amerika, dem Reichstag mit dem Entwurf eines Zustimmungsgesetzes unter dem 30. September 1928 übersandt.

I. Allgemeine Bemerkungen.

Die beiden mit den Vereinigten Staaten von Amerika abgeschlossenen Verträge entsprechen in ihren Grundzügen den zwischen Deutschland und europäischen Mächten bestehenden Schiedsgerichts- und Vergleichsverträgen. Die Verträge enthalten indes weniger Einzelbestimmungen als die übrigen deutschen Schiedsgerichts- und Vergleichsverträge. Auch ist die äußere Trennung des Vergleichsvertrags von dem Schiedsgerichtsvertrage, wie sie in den Vereinigten Staaten vor dem Kriege ausnahmslos üblich war, aufrechterhalten worden. Trotz dieser äußeren Trennung bilden beide Verträge sachlich eine Einheit. Im Gegensatz zu den amerikanischen Vorkriegsverträgen ist das Vergleichsverfahren für Streitigkeiten jeder Art, also auch für Rechtsstreitigkeiten, vorgesehen. Der umfassende Vergleichsvertrag findet seine Ergänzung in dem Schiedsvertrage, der für Rechtsstreitigkeiten, wenn auf anderem Wege eine Verständigung nicht erzielt werden kann, die Lösung durch eine für die Parteien verbindliche Entscheidung eines Schiedsgerichts vorsieht.

II. Besondere Bemerkungen.

1. Der Vergleichsvertrag.

Nach Artikel I können alle Streitfragen irgendwelcher Art, die zwischen den beiden Regierungen entstehen könnten, einer ständigen internationalen Kommission zur Untersuchung und zum Bericht unterbreitet werden. Diese Kommission hat die gleiche Stellung wie der Ständige Vergleichsrat oder die Ständige Vergleichskommission der sonstigen deutschen Schiedsgerichts- und Vergleichsverträge mit der Maßgabe, daß ihre Zuständigkeit sich ohne weiteres auch auf Rechtsstreitigkeiten erstreckt. Andererseits bleibt es bei Rechtsstreitigkeiten, wie aus Artikel I des Schiedsgerichtsvertrags hervorgeht, jeder Partei unbenommen, jederzeit, auch ohne die Äußerung der Vergleichskommission abzuwarten, die sofortige Herbeiführung einer schiedsgerichtlichen Entscheidung zu betreiben. In Artikel I des Vergleichsvertrags ist ferner eine ausdrückliche Verpflichtung der Parteien vorgesehen, vor der Erstattung des Berichts der Kommission nicht den Krieg zu erklären oder die Feindseligkeiten zu eröffnen.

In Artikel II wird die Bildung der fünfgliedrigen Vergleichskommission im wesentlichen übereinstimmend mit Artikel 14 des deutsch-schwedischen Schiedsgerichts- und Vergleichsvertrags (Reichsgesetzbl. 1925, Teil II, S. 863)*) und mit Artikel 13 des deutsch-dänischen Schiedsgerichts- und Vergleichsvertrags (Reichsgesetzbl. 1927, Teil II, S. 40)**) in der Form geregelt, daß jede Partei zwei Mitglieder zu ernennen hat, von denen sie eins aus ihren eigenen Staatsangehörigen wählen darf. Nur das fünfte Mitglied wird auf Grund einer Verständigung beider Regierungen gemeinsam bestimmt. Dieses Mitglied, dem der Vorsitz zufällt, darf natürlich ebenfalls nicht Angehöriger einer der beiden Parteien sein.

Nach Artikel III kann die Vergleichskommission, die regelmäßig nur auf Anrufung einer Partei in Tätigkeit treten wird, auf Grund eines einstimmigen Beschlusses,

---

*) Vergl. oben Nr. 4 Seite 120.
**) Vergl. oben Nr. 9 Seite 229.

also nur mit Einwilligung der nationalen Mitglieder, auch von sich aus den Parteien ihre Dienste anbieten.

Der Bericht der Vergleichskommission ist innerhalb eines Jahres zu erstatten. Die Parteien können aber eine andere Frist vereinbaren, haben es also in der Hand, bei einfacheren Tatbeständen die Frist wesentlich abzukürzen. Dem Wesen des Vergleichsverfahrens entsprechend, hat der Bericht der Kommission nicht den Charakter einer die Parteien bindenden Entscheidung.

Artikel IV sieht vor, daß der Vertrag auf unbestimmte Zeit geschlossen wird, aber von jeder der Parteien jederzeit mit einjähriger Frist gekündigt werden kann. Der Artikel enthält ferner die Ratifikationsklausel. Die auf amerikanischer Seite ausdrücklich vorgesehene Zustimmung des Senats zur Ratifizierung der Verträge ist inzwischen erfolgt.

2. Der Schiedsgerichtsvertrag.

In Artikel I ist der Begriff der Rechtsstreitigkeiten unter Verwendung der in den Vereinigten Staaten gebräuchlichen Terminologie in der Form umgrenzt worden, daß es sich um Streitigkeiten handeln muß, bei denen eine Partei ein Recht in Anspruch nimmt und die nach den Grundsätzen von Recht und Billigkeit entscheidbar und somit ihrer Natur nach für ein Rechtsverfahren geeignet sind. Praktisch dürfte zwischen der hier gewählten Formulierung und der Begriffsbestimmung der Rechtsstreitigkeiten in den sonstigen deutschen Schiedsgerichtsverträgen kein Unterschied bestehen.

Im übrigen ist, wiederum in Übereinstimmung mit den sonstigen deutschen Schiedsgerichtsverträgen, vorgesehen, daß in jedem einzelnen praktischen Streitfalle eine besondere Vereinbarung über die schiedsgerichtliche Erledigung des Falles zu treffen ist, in der die Einzelheiten über die Bildung des Gerichts, seine Befugnisse usw. anzugeben sind. Eine Besonderheit ist lediglich, daß diese Vereinbarung auf amerikanischer Seite, entsprechend einer zwingenden Vorschrift der amerikanischen Verfassung, dem Senat zur Zustimmung vorgelegt werden muß, ein Vorbehalt, der auch in alle sonstigen bisher von der Regierung der Vereinigten Staaten mit anderen Mächten geschlossenen Schiedsverträge aufgenommen worden ist.

Als Schiedsgericht ist in erster Linie der Ständige Schiedshof im Haag vorgesehen worden, doch kann auch ein anderes Gericht vereinbart werden. Der Ständige Internationale Gerichtshof konnte als Schiedsgericht nicht allgemein vereinbart werden, da die Vereinigten Staaten ihm bisher nicht beigetreten sind.

In Artikel II werden vier bestimmte Gruppen von Streitfragen von der schiedsgerichtlichen Entscheidung ausgenommen. Die erste Ausnahme betrifft alle Streitfragen, die unter die einheimische Gerichtsbarkeit einer Partei fallen. Diese Ausnahme ist dahin zu verstehen, daß sie nur dann Platz greift, wenn die nationale Gerichtsbarkeit nach Völkerrecht maßgebend ist, d. h. wenn das Völkerrecht die Entscheidung einer Frage der nationalen Gerichtsbarkeit überläßt. Die Ausnahme gibt demnach nur einen selbstverständlichen Grundsatz wieder. Auch die zweite, den sonstigen Verträgen Deutschlands nicht bekannte Ausnahme, wonach Streitfragen von der Schiedsgerichtsbarkeit ausgeschlossen sind, die in die Interessen dritter Parteien eingreifen, stellt praktisch keine besondere Neuerung dar. Einerseits versteht es sich von selbst, daß die Entscheidungen des in einem zweiseitigen Vertrage vorgesehenen Schiedsgerichts nur zwischen den Parteien Recht schaffen können; andererseits wird es in der Regel möglich sein, die dem Schiedsgericht zur Entscheidung vorzulegende Streitfrage so zu formulieren, daß die Interessen dritter Parteien durch das Verfahren und die Entscheidung nicht berührt werden. Die dritte Ausnahme trägt der auch in Artikel 21 der Völkerbundssatzung berücksichtigten Monroedoktrin der

Vereinigten Staaten Rechnung. Die vierte enthält endlich einen entsprechenden Vorbehalt für die Verpflichtungen Deutschlands aus der Völkerbundssatzung.

In Artikel III werden die Fragen der Inkraftsetzung und Dauer des Vertrags in Übereinstimmung mit den unter 1 erwähnten Bestimmungen des Vergleichsvertrags geregelt.

12.

Kriegsächtungspakt (Kelloggpakt).

Vom 27. August 1928*) **) †).

(Übersetzung.)

Der Deutsche Reichspräsident,
der Präsident der Vereinigten Staaten von Amerika,
Seine Majestät der König der Belgier,
der Präsident der Französischen Republik,
Seine Majestät der König von Großbritannien, Irland und den Britischen Dominions in Übersee, Kaiser von Indien,
Seine Majestät der König von Italien,
Seine Majestät der Kaiser von Japan,
der Präsident der Republik Polen,
der Präsident der Tschechoslowakischen Republik,

tief durchdrungen von ihrer erhabenen Pflicht, die Wohlfahrt der Menschheit zu fördern,

---

*) In französischer und englischer Sprache abgeschlossen, noch nicht ratifiziert.

Aufforderungen zum Beitritt zum Kelloggpakt, und zwar seitens der Vereinigten Staaten, haben erhalten die folgenden 48 Staaten:

1. Albanien,	5. Bolivien,
2. Afghanistan,	6. Brasilien,
3. Argentinien,	7. Bulgarien,
4. Österreich,	8. Chile,

in der Überzeugung, daß die Zeit gekommen ist, einen offenen Verzicht auf den Krieg als Werkzeug nationaler Politik auszusprechen, um die jetzt glück-

---

9. China,
10. Columbien,
11. Costarica,
12. Cuba,
13. Dänemark,
14. Dominikanische Republik,
15. Ecuador,
16. Ägypten,
17. Estland,
18. Äthiopien,
19. Finnland,
20. Griechenland,
21. Guatemala,
22. Haiti,
23. Honduras,
24. Ungarn,
25. Island,
26. Lettland,
27. Liberia,
28. Litauen,
29. Luxemburg,
30. Mexiko,
31. Niederlande,
32. Nicaragua,
33. Norwegen,
34. Panama,
35. Paraguay,
36. Persien,
37. Peru,
38. Portugal,
39. Rumänien,
40. Salvador,
41. Serb.-Kroat.-Sloven. Staat,
42. Siam,
43. Spanien,
44. Schweden,
45. Schweiz,
46. Türkei,
47. Uruguay,
48. Venezuela.

Die französische Regierung hat Rußland zum Beitritt aufgefordert.

Die Beitrittserklärungen sind erst zum Teil eingelaufen.

**) Vgl. die beiden unter dem Titel Materialien zum Kriegsächtungspakt als Nr. 1 und 2 1928 erschienenen Deutschen Weißbücher.

Vgl. ferner: Notes exchanged between the U. S. A. and other Powers on the subject of a multilateral Treaty for the renunciation of war June 20, 1927 — July 20, 1928 US. Gvt. Printing Off. 1928.

Pacte Général de renonciation à la guerre comme instrument de politique nationale. Trente pièces relatives à la préparation à l'élaboration et à la conclusion du Traité

licherweise zwischen ihren Völkern bestehenden friedlichen und freundschaftlichen Beziehungen dauernd aufrechtzuerhalten,

in der Überzeugung, daß jede Veränderung in ihren gegenseitigen Beziehungen nur durch friedliche Mittel angestrebt werden und nur das Ergebnis eines friedlichen und geordneten Verfahrens sein sollte und daß jede Signatarmacht, die in Zukunft danach strebt, ihre nationalen Interessen dadurch zu fördern, daß sie zum Kriege schreitet, dadurch der Vorteile, die dieser Vertrag gewährt, verlustig erklärt werden sollte,

in der Hoffnung, daß, durch ihr Beispiel ermutigt, alle anderen Nationen der Welt sich diesem im Interesse der Menschheit gelegenen Bestreben anschließen werden und durch ihren Beitritt zu diesem Vertrage, sobald er in Kraft tritt, ihre Völker an seinen segensreichen Bestimmungen teilnehmen lassen werden, und daß sich so die zivilisierten Nationen der Welt in dem gemeinsamen Verzicht auf den Krieg als Werkzeug ihrer nationalen Politik zusammenfinden werden,

haben beschlossen, einen Vertrag zu schließen, und zu diesem Zweck zu ihren Bevollmächtigten ernannt:

(folgen die Namen der Bevollmächtigten in der Reihenfolge der Signatarstaaten, wie im Eingang angegeben)

---

signé à Paris le 27 août 1928 (6. Avril 1927 — 27 août 1928). Paris Impr. des Journeaux officiels.

Vgl. ferner: Lysen A. Le pacte Kellogg. Documents concernant le traité multilatéral contre la guerre signé à Paris le 27 août 1928 recueillis avec une préface, un tableau synoptique du projet américains et français et avec bibliographie Leiden Sijtoff 91 S.

†) Unentbehrlich für das Verständnis des Kelloggpakts ist vor Allem die Interpretationote der amerikanischen Regierung, die an das Auswärtige Amt unter dem 23. Juni 1928 vom US-Botschafter gerichtet wurde (im 2. D. Weißbuch S. 70 ff mit deutscher Übersetzung zum Abdruck gebracht).

die nach Austausch ihrer in guter und gehöriger Form befundenen Vollmachten die folgenden Artikel vereinbart haben:

Art. 1. Die Hohen Vertragschließenden Parteien erklären feierlich im Namen ihrer Völker, daß sie den Krieg als Mittel für die Lösung internationaler Streitfälle verurteilen und auf ihn als Werkzeug nationaler Politik in ihren gegenseitigen Beziehungen verzichten.

Art. 2. Die Hohen Vertragschließenden Parteien vereinbaren, daß die Regelung und Entscheidung aller Streitigkeiten oder Konflikte, die zwischen ihnen entstehen könnten, welcher Art oder welchen Ursprungs sie auch sein mögen, niemals anders als durch friedliche Mittel angestrebt werden soll.

Art. 3. Dieser Vertrag soll durch die in der Präambel genannten Hohen Vertragschließenden Parteien gemäß den Vorschriften ihrer Verfassungen ratifiziert werden und soll zwischen ihnen in Kraft treten, sobald alle Ratifikationsurkunden in Washington hinterlegt worden sind.

Dieser Vertrag soll, nachdem er gemäß dem vorhergehenden Absatz in Kraft getreten ist, solange als notwendig für den Beitritt aller anderen Mächte der Welt offenstehen. Jede Urkunde über den Beitritt einer Macht soll in Washington hinterlegt werden, und der Vertrag soll sofort nach der Hinterlegung zwischen der so beigetretenen Macht und den anderen an ihm beteiligten Mächten in Kraft treten.

Die Regierung der Vereinigten Staaten von Amerika ist verpflichtet, jeder in der Präambel genannten und jeder später diesem Vertrage beitretenden Regierung eine beglaubigte Abschrift des Vertrages und jeder Ratifikationsurkunde oder Beitrittserklärung zu übermitteln.

Die Regierung der Vereinigten Staaten von Amerika ist ferner verpflichtet, diese Regierungen sofort telegraphisch von der bei ihr erfolgten Hinterlegung jeder Ratifikationsurkunde oder Beitrittserklärung in Kenntnis zu setzen.

Zu Urkund dessen haben die Bevollmächtigten diesen Vertrag in französischer und englischer Sprache, wobei beide Texte gleichwertig sind, unterzeichnet und ihre Siegel daruntergesetzt.

Geschehen in Paris am 27. August im Jahre Eintausendneunhundertachtundzwanzig.

(Folgen die Namen der Signatarbevollmächtigten nebst ihren Siegeln.)

B. Schiedsgerichtsbestimmungen in Spezialverträgen.

I. Handelsverträge.

13.

Deutsch-österreichisches Wirtschaftsabkommen.

Vom 1. September 1920*)
(RGBl. Nr. 242 S. 2295).

Art. 29. (1) Wenn zwischen den vertragschließenden Teilen über die Auslegung oder Anwendung der Tarife (Artikel 3) oder über die Anwendung der Meistbegünstigungsklausel hinsichtlich der tatsächlichen Handhabung der sonstigen in Kraft befindlichen Vertragstarife eine Meinungsverschiedenheit entsteht, so soll sie auf Verlangen des einen oder des anderen Teiles durch Schiedsspruch erledigt werden.

(2) Das Schiedsgericht wird für jeden Streitfall derart gebildet, daß jeder Teil aus seinen Angehörigen zwei geeignete Persönlichkeiten zu Schiedsrichtern bestellt und daß die beiden Teile einen Angehörigen eines befreundeten dritten Staates zum Obmann wählen. Die beiden Teile behalten sich vor, sich im voraus und für einen bestimmten Zeitraum über die Person des im

*) In deutscher Sprache abgeschlossen. Mit Zustimmungsgesetz vom 22. Dezember 1920 im Reichsgesetzblatt veröffentlicht. Der Austausch der Ratifikationsurkunden hat laut Bekanntmachung des Reichsministers des Auswärtigen vom 21. Februar 1921 (RGBl. Nr. 21, S. 194) am 12. Februar 1921 stattgefunden.

gegebenen Fall zu ernennenden Obmannes zu verständigen.

(3) Beim ersten Streitfall hat das Schiedsgericht seinen Sitz in dem Gebiete des beklagten Teiles, beim zweiten Streitfalle in dem Gebiete des anderen Teiles und so abwechselnd in dem Gebiete des einen oder des anderen Teiles, an einem Orte, der von dem betreffenden vertragschließenden Teile bestimmt wird. Dieser hat für die Stellung der Räumlichkeiten, der Schreibkräfte und des Dienstpersonals zu sorgen, deren das Schiedsgericht für seine Tätigkeit bedarf. Der Obmann ist Vorsitzender des Schiedsgerichts, das nach Stimmenmehrheit entscheidet.

(4) Die vertragschließenden Teile werden sich im einzelnen Falle oder ein- für allemal über das Verfahren des Schiedsgerichtes verständigen. In Ermangelung einer solchen Verständigung wird das Verfahren von dem Schiedsgericht selbst bestimmt. Das Verfahren kann schriftlich sein, wenn keiner der vertragschließenden Teile Einspruch erhebt; in diesem Falle kann von der Bestimmung des vorhergehenden Absatzes abgewichen werden.

(5) Hinsichtlich der Ladung und der Vernehmung von Zeugen und Sachverständigen werden die Behörden jedes der vertragschließenden Teile, auf das vom Schiedsgericht an die betreffende Regierung zu richtende Ersuchen, in derselben Weise Rechtshilfe leisten wie auf die Ersuchen der inländischen Zivilgerichte.

(6) Eintretendenfalls und vorbehaltlich besonderer Verständigung werden die vertragschließenden Teile auch andere als die im Absatz 1 bezeichneten Meinungsverschiedenheiten über die Auslegung oder Anwendung des gegenwärtigen Vertrages zum schiedsgerichtlichen Austrag bringen.

14.

Litauen.

a) Vertrag zwischen Deutschland und Litauen über die Regelung der mit den Ereignissen des Weltkriegs zusammenhängenden Fragen.

Vom 31. Mai 1923*)

(RGBl. 1924, Teil II Nr. 29, S. 203).

Art. 4. Etwaige Meinungsverschiedenheiten zwischen den beiden vertragschließenden Teilen über die Anwendung und die Auslegung dieses Vertrags sollen von einem gemischten Schiedsgericht entschieden werden. Das Schiedsgericht wird von Fall zu Fall gebildet und soll sich aus einer gleichen Anzahl von Vertretern der beiden Teile zusammensetzen. Falls die beiderseitigen Vertreter sich nicht einigen, werden sie einen neutralen Obmann hinzuziehen, um dessen Benennung nötigenfalls der Schweizerische Bundespräsident ersucht wird.

*) In deutscher und litauischer Sprache abgeschlossen. Mit Zustimmungsgesetz vom 12. Juli 1924 im Reichsgesetzblatt veröffentlicht. Der Austausch der Ratifikationsurkunden hat laut Bekanntmachung des Reichsministers des Auswärtigen vom 10. Mai 1926 (RGBl. Teil II Nr. 21, S. 254) am 5. Mai 1926 stattgefunden.

b) Handelsvertrag zwischen Deutschland und Litauen.

Vom 12. Juli 1924*)

(RGBl. Teil II Nr. 29, S. 205).

Art. 32. Wenn zwischen den beiden vertragschließenden Teilen über die Auslegung oder Anwendung der vorstehend vereinbarten Bestimmungen eine Meinungsverschiedenheit besteht, so soll sie auf Verlangen des einen oder des anderen Teiles durch Schiedsspruch erledigt werden.

Das Schiedsgericht wird für jeden Streitfall derart gebildet, daß jeder Teil aus den Angehörigen seines Landes eine geeignete Persönlichkeit zum Schiedsrichter bestellt und daß die beiden Teile einen Angehörigen eines befreundeten dritten Staates zum Obmann wählen. Die beiden Teile behalten sich vor, sich im voraus für einen bestimmten Zeitraum über Person des im gegebenen Falle zu ernennenden Obmanns zu verständigen.

Über das Verfahren in den Fällen, in denen ein schiedsgerichtlicher Austrag stattfindet, wird zwischen den vertragschließenden Teilen folgendes vereinbart:

Beim ersten Streitfall hat das Schiedsgericht seinen Sitz im Gebiete des beklagten Teiles, im zweiten Streitfall im Gebiet des anderen Teiles und so abwechselnd im Gebiete des einen oder anderen Teils in einer Stadt, die von dem betreffenden vertragschließenden Teile bestimmt wird. Dieser hat für die Stellung der Räumlichkeiten, der Schreibkräfte und des Dienstpersonals zu sorgen, deren das Schiedsgericht für seine Tätigkeit bedarf.

Der Obmann ist Vorsitzender des Schiedsgerichts, das nach Stimmenmehrheit entscheidet.

Die vertragschließenden Teile werden sich im einzelnen Falle oder ein für allemal über das Verfahren des Schiedsgerichts verständigen. In Ermangelung

*) In deutscher und litauischer Sprache abgeschlossen. Mit Zustimmungsgesetz vom 12. Juli 1924 im Reichsgesetzblatt veröffentlicht. Der Austausch der Ratifikationsurkunden hat laut Bekanntmachung des Reichsministers des Auswärtigen vom 10. Mai 1926 (RGBl. Teil II Nr. 21, S. 253) am 5. Mai 1926 stattgefunden.

einer solchen Verständigung wird das Verfahren von dem Schiedsgerichte selbst bestimmt. Das Verfahren kann schriftlich sein, wenn keiner der vertragschließenden Teile Einspruch erhebt; in diesem Falle kann von der Bestimmung des Abs. 4 abgewichen werden.

Hinsichtlich der Ladung und der Vernehmung von Zeugen und Sachverständigen werden die Behörden jedes der vertragschließenden Teile auf das vom Schiedsgericht an die betreffende Regierung zu richtende Ersuchen in derselben Weise Rechtshilfe leisten wie auf das Ersuchen der inländischen Zivilgerichte.

Beide Regierungen sind einverstanden, überdies durch ein besonderes später abzuschließendes Abkommen die Austragung aller übrigen zwischen Deutschland und Litauen sich ergebenden Streitfälle einem gemischten Schiedsgerichte zu übertragen.

15.

Großbritannien.

Handels- und Schiffahrtsvertrag zwischen dem Deutschen Reiche und dem Vereinigten Königreiche von Großbritannien und Irland.

Vom 2. Dezember 1924*)

(RGBl. 1925, Teil II Nr. 38 S. 777).

Art. 30. Die beiden vertragschließenden Teile kommen grundsätzlich dahin überein, daß jede etwaige Meinungsverschiedenheit zwischen ihnen über die richtige Auslegung oder Anwendung irgendeiner der Bestimmungen des gegenwärtigen Vertrages auf Verlangen einer der beiden Parteien einem Schiedsgericht unterbreitet werden soll.

Das Schiedsgericht, dem Meinungsverschiedenheiten unterbreitet werden sollen, soll der Ständige Internationale Gerichtshof im Haag sein, es sei denn, daß in einem besonderen Falle die beiden vertragschließenden Parteien eine andere Vereinbarung treffen.

*) Der Vertrag ist in deutscher und englischer Sprache abgeschlossen worden. Er ist nebst zwei dazugehörigen Protokollen mit Zustimmungsgesetz vom 17. April 1925 im Reichsgesetzblatt veröffentlicht worden. Der Ratifikationsaustausch hat laut Bekanntmachung des Reichsministers des Auswärtigen vom 10. September 1925 (RGBl. Teil II Nr. 45, S. 947) am 8. September 1925 stattgefunden.

Über die Anwendbarkeit auf britische Kolonien und Dominien usw. vgl. Art. 31 des Vertrags sowie die Bekanntmachungen im RGBl. 1926 II 177, 182, 211, 254, 353, 673; 1927 II 352.

16.

Italien.

Handels- und Schiffahrtsvertrag zwischen dem Deutschen Reiche und Italien.

Vom 31. Oktober 1925*)

(RGBl. Teil II Nr. 53, S. 1021).

Art. 38. Wenn sich bei der Auslegung oder Anwendung dieses Vertrags eine Streitfrage ergeben und einer der vertragschließenden Teile verlangen sollte, daß diese einem Schiedsgerichte zur Entscheidung unterbreitet wird, so muß der andere Teil zustimmen, und zwar auch hinsichtlich der Vorfrage, ob die Streitfrage ihrer Art nach vor das Schiedsgericht zu bringen ist.

Das Schiedsgericht wird für jeden Streitfall in der Weise gebildet, daß jeder Teil einen seiner Staatsangehörigen zum Schiedsrichter ernennt und daß beide Teile einen Angehörigen eines dritten befreundeten Staates zum Obmann wählen. Einigen sich die vertragschließenden Teile nicht über die Wahl des Obmanns, so werden sie gemeinsam den Präsidenten des Ständigen Internationalen Gerichtshofs im Haag um die Ernennung des Obmanns ersuchen.

Die vertragschließenden Teile behalten sich vor, sich von vornherein für einen bestimmten Zeitraum über die Person des Obmanns zu verständigen.

*) In deutscher und italienischer Sprache abgeschlossen. Mit Zustimmungsgesetz vom 6. Dezember 1925 im Reichsgesetzblatt nebst dem dazugehörigen Schlußprotokoll und einem Notenwechsel veröffentlicht.

Laut Bekanntmachung des Reichsministers des Auswärtigen vom 16. Dezember 1925 (RGBl. Teil II Nr. 57, S. 1158) hat der Austausch der Ratifikationsurkunden am 15. Dezember 1925 stattgefunden.

Vgl. zu dem Vertrag auch die Berichtigung vom 8. April 1926 (RGBl. Teil II, S. 212) sowie Zusatzvereinbarungen vom 9. Dezember 1926 (RGBl. Teil II, S. 793), dazu Ratifikationsbekanntmachung vom 14. Januar 1927 (RGBl. Teil II, S. 14).

17.

Niederlande.

Protokoll zum Deutsch-niederländischen Zoll- und Kreditvertrage.

Vom 26. November 1925*)

(RGBl. 1926, Teil II Nr. 8, S. 158).

§ 1 **Abs. 2—7.** Falls eine Einigung zwischen den beiden Parteien darüber, ob das deutsche Angebot in seiner Gesamtheit keine größere Belastung der niederländischen Wareneinfuhr nach Deutschland auf den in Betracht kommenden Gebieten darstellt, nicht erzielt werden kann, so wird diese Frage auf Verlangen einer Partei einem Schiedsgericht unterbreitet.

(3) Das Schiedsgericht besteht aus fünf Mitgliedern; es wird in der Weise gebildet, daß jede Partei inner-

halb eines Monats, nachdem das Schiedsgericht verlangt worden ist, nach freier Wahl einen Schiedsrichter ernennt; die drei weiteren Schiedsrichter werden innerhalb desselben Monats von den Parteien im gemeinsamen Einverständnis berufen. Diese drei Schiedsrichter sollen auf dem Gebiete der Wirtschaft erfahrene Angehörige verschiedener Staaten sein, in den Gebieten der beiden Parteien keinen Wohnsitz haben und nicht in ihrem Dienste stehen. Aus ihrer Mitte wird der Vorsitzende durch die Parteien gemeinsam bezeichnet. Wenn die Bezeichnung der gemeinsam zu berufenden Schiedsrichter oder die Wahl des Vorsitzenden nicht innerhalb der Monatsfrist erfolgt, so kann jede Partei den Präsidenten des Ständigen Internationalen Gerichtshofs im Haag ersuchen, die Schiedsrichter zu ernennen oder den Vorsitzenden zu wählen.

(4) Der Vorsitzende bestimmt den Sitz des Schiedsgerichts.

(5) Das Schiedsgericht ist beschlußfähig, wenn alle Mitglieder ordnungsgemäß geladen und mindestens die nicht von den Parteien ernannten Mitglieder anwesend sind. Die Entscheidungen werden mit einfacher Stimmenmehrheit getroffen. Im Falle der Stimmengleichheit hat der Vorsitzende die ausschlaggebende Stimme. Im übrigen wird das Verfahren von dem Schiedsgerichte selbst bestimmt.

(6) Jede Partei trägt die Vergütung für die Tätigkeit des von ihr ernannten Schiedsrichters sowie die Hälfte der Vergütung für die Tätigkeit der übrigen Schiedsrichter. Jede Partei trägt die Hälfte der Kosten des Verfahrens.

(7) Die Entscheidung des Schiedsrichters hat lediglich darüber zu erfolgen, ob die erforderliche Gleichwertigkeit des deutschen Angebots in seiner Gesamtheit mit

den bisherigen Vereinbarungen erzielt ist und nicht etwa über die einzelnen Tarifpositionen. Solange keine Einigung stattgefunden hat oder das Schiedsgericht entschieden hat, daß das deutsche Angebot in seiner Gesamtheit keine größere Belastung der niederländischen Wareneinfuhr nach Deutschland auf den in Betracht kommenden Gebieten darstellt, bleiben die alten Zollsätze in Geltung.

*) In deutscher und niederländischer Sprache abgeschlossen. Mit Zustimmungsgesetz über den Zusatzvertrag vom 26. November 1925 zum deutsch-niederländischen Handels- und Schiffsfahrtsvertrag vom 31. Dezember 1851 und über den deutsch-niederländischen Zoll- und Kreditvertrag vom 26. November 1925 vom 16. Februar 1926 im Reichsgesetzblatt veröffentlicht. Der Ratifikationsaustausch hat laut Bekanntmachung des Reichsministers des Auswärtigen vom 14. September 1926 (RGBl. Teil II Nr. 39, S. 555) am 10. September 1926 stattgefunden.

18.

Lettländische Republik.

Vertrag zwischen dem Deutschen Reiche und der Lettländischen Regierung zur Regelung der wirtschaftlichen Beziehungen zwischen Deutschland und Lettland.

Vom 28. Juni 1926*)

(RGBl. Teil II, Nr. 46 S. 631).

Art. V. Etwaige Meinungsverschiedenheiten zwischen den beiden vertragschließenden Teilen über die Anwendung und die Auslegung dieses Vertrages sollen von einem gemischten Schiedsgericht entschieden werden. Das Schiedsgericht wird von Fall zu Fall gebildet und soll sich aus einer gleichen Anzahl von Vertretern der beiden Teile zusammensetzen. Falls die beiderseitigen Vertreter sich nicht einigen, werden sie einen neutralen Obmann hinzuziehen, um dessen Benennung nötigenfalls der Vorsitzende des Ständigen Internationalen Gerichtshofs im Haag ersucht wird.

*) Der Vertrag ist in deutscher und lettischer Sprache abgeschlossen worden. Er ist mit Zustimmungsgesetz vom 19. November 1926 im Reichsgesetzblatt veröffentlicht worden. Laut Bekanntmachung des Reichsministers des Auswärtigen vom 1. Dezember 1926 (RGBl. Teil II Nr. 48, S. 722) hat der Austausch der Ratifikationsurkunden am 1. Dezember 1926 stattgefunden, so daß der Vertrag gemäß Art. VII seit dem 1. Dezember 1926 in Kraft ist.

19.

Schweiz.

a) Handelsvertrag zwischen dem Deutschen Reiche und der Schweiz.

Vom 14. Juli 1926*) (RGBl. Teil II Nr. 48, S. 675).

Art. 15. Streitigkeiten, die sich über die Auslegung dieses Vertrags, mit Einschluß der Anlagen A bis C und der Zusatzbestimmungen (Anlage D) ergeben, werden auf Verlangen eines der vertragschließenden Teile einem Schiedsgericht unterbreitet. Dies gilt auch für die Entscheidung der Vorfrage, ob die Streitigkeiten sich auf die Auslegung des Vertrags beziehen. Die Entscheidung des Schiedsgerichtes soll verbindliche Kraft haben.

*) Der Vertrag ist in deutscher Sprache abgeschlossen. Er ist mit Zustimmungsgesetz vom 27. November 1926 im Reichsgesetzblatt veröffentlicht worden. Laut Bekanntmachung des Reichsministers des Auswärtigen vom 1. Dezember 1926 (RGBl. Teil II Nr. 48, S. 722) hat der Austausch der Ratifikationsurkunden am 1. Dezember 1926 stattgefunden, so daß der Vertrag gemäß Art. 17 ab 1. Januar 1927 in Kraft ist.

b) Zusatzabkommen
zum Abkommen vom 6. Dezember 1920 zwischen dem Deutschen Reiche und der Schweizerischen Eidgenossenschaft, betreffend schweizerische Goldhypotheken in Deutschland und gewisse Arten von Frankenforderungen an deutsche Schuldner.

Vom 25. März 1923*) (RGBl. Teil II Nr. 24 S. 286).

Art. 29. Streitigkeiten zwischen den vertragschließenden Staaten über die Auslegung des Hauptabkommens oder des Zusatzabkommens sind nach dem Schieds- und Vergleichsvertrag vom 3. Dezember 1921 zu erledigen.

*) In deutscher Sprache abgeschlossen. Mit Zustimmungsgesetz vom 23. Juni 1922 im Reichsgesetzblatt veröffentlicht.

Laut Bekanntmachung des Reichsministers des Auswärtigen vom 7. Juli 1923 (RGBl. Teil II Nr. 27, S. 314) hat der Austausch der Ratifikationsurkunden am 2. Juli 1923 stattgefunden.

Vgl. zu dem Abkommen auch die Ausführungsverordnung vom 28. Juni 1923 (RGBl. Teil II, S. 291); vom 9. November 1924 (RGBl. Teil II, S. 410), dazu die Verfügung vom 5. Februar 1924 im JMBl., S. 59; Vfg. vom 9. Februar 1924 (RGBl. Teil II, S. 40), Vfg. vom 30. Juni 1924 (RGBl. S. 145); Vfg. vom 21. Januar 1925 (RGBl. Teil II, S. 16); Vfg. vom 6. Februar 1926 (RGBl. Teil II, S. 128).

20.

Frankreich.

Handelsabkommen zwischen Deutschland und Frankreich.

Vom 17. August 1927 (RGBl. Teil II Nr. 37 S. 524)*).

Art. 47. Streitigkeiten, welche die Ausführung dieses Handelsabkommens betreffen und nicht auf dem üblichen diplomatischen Wege beigelegt werden können, sind gemäß den Bestimmungen des deutsch-französischen Schiedsabkommens vom 16. Oktober 1925 zu regeln.

In deutscher und französischer Sprache abgeschlossen.

*) Das Abkommen ist durch Verordnung der Reichsregierung

vom 30. August 1927 im RGBl. II S. 523 veröffentlicht und vorläufig in Anwendung gesetzt worden.

Die Zustimmung des Reichstags ist mit Zustimmungsgesetz vom 26. November 1927 (RGBl. 1927 Teil II Nr. 50 S. 1103) erfolgt.

Laut Bekanntmachung des Reichsministers des Auswärtigen vom 20. Mai 1928 (RGBl.) ist mitgeteilt worden, daß der Austausch der Ratifikationsurkunden am 13. Mai 1928 in Paris stattgefunden hat. Damit ist das Abkommen endgültig in Kraft.

21.

Jugoslawien.

Handels- und Schiffahrtsvertrag zwischen dem Deutschen Reiche und dem Königreiche der Serben, Kroaten und Slovenen.

Vom 6. Oktober 1927*) (RGBl. Teil II Nr. 54 S. 1126)*).

Art. 30. Wenn über die Auslegung oder Anwendung dieses Vertrags einschließlich des Schlußprotokolls eine Streitigkeit entstehen sollte, so soll diese auf Verlangen eines der beiden Teile einem Schiedsgericht zur Entscheidung vorgelegt werden. Dies gilt auch für die Vorfrage, ob die Streitigkeit sich auf die Auslegung oder Anwendung des Vertrags bezieht. Die Enscheidung des Schiedsgerichts soll verbindliche Kraft haben.

Das Schiedsgericht wird für jeden Streitfall in der Weise gebildet, daß jeder Teil einen seiner Staatsangehörigen zum Schiedsrichter ernennt und daß beide Teile einen Angehörigen eines dritten Staats zum Obmann wählen. Einigen sich die vertragschließenden Teile über die Wahl des Obmanns nicht binnen vier Wochen, nachdem das Verlangen auf schiedsgerichtliche Entscheidung eingegangen ist, so werden sie gemeinsam den Präsidenten des Verwaltungsrats des Ständigen Schiedshofs im Haag um Ernennung des Obmanns ersuchen.

Die vertragschließenden Teile behalten sich vor, sich von vornherein für einen bestimmten Zeitraum über die Person des Obmanns zu verständigen.

*) In deutscher und serbischer Sprache abgeschlossen. Mit Zustimmungsgesetz vom 13. Dezember 1927 nebst dem dazu gehörenden Schlußprotokoll, Protokoll und Erklärung vom gleichen Tage im RGBl. veröffentlicht.

Laut Bekanntmachung des Reichsministers des Auswärtigen vom 22. Dezember 1927 (RGBl. Teil II, Nr. 57 S. 1186) hat der Austausch der Ratifikationsurkunden am 17. Dezember 1927 stattgefunden. Damit ist der Vertrag gemäß Art 31 am 6. Januar 1928 endgültig in Kraft getreten.

22.

Griechenland.

Handels- und Schiffahrtsvertrag zwischen dem Deutschen Reich und Griechenland.

Vom 24. März 1928*) (RGBl. Teil II Nr. 17 S. 239).

Art. 27. Wenn über die Auslegung oder Anwendung dieses Vertrages einschließlich des Schlußprotokolls eine Streitigkeit entstehen sollte, so soll diese auf Verlangen eines der beiden Teile einem Schiedsgericht zur Entscheidung vorgelegt werden. Dies gilt auch für die Vorfrage, ob die Streitigkeit sich auf die Auslegung oder Anwendung des Vertrages bezieht. Die Entscheidung des Schiedsgerichts soll verbindliche Kraft haben.

Das Schiedsgericht wird für jeden Streitfall in der Weise gebildet, daß jeder Teil einen seiner Staatsangehörigen zum Schiedsrichter ernennt und daß beide Teile einen Angehörigen eines dritten Staats zum Obmann wählen. Einigen sich die vertragschließenden Teile über die Wahl des Obmanns nicht binnen vier

Wochen, nachdem das Verlangen auf schiedsgerichtliche Entscheidung eingegangen ist, so werden sie gemeinsam den Präsidenten des Verwaltungsrats des Ständigen Schiedshofs im Haag um Ernennung des Obmanns ersuchen.

*) Veröffentlicht mit Zustimmungsgesetz vom 31. März 1928 im Reichsgesetzblatt (Teil II Nr. 17 S. 239).

Gemäß Bekanntmachung des Reichsministers des Auswärtigen vom 21. Juni 1928 (D. Reichsanzeiger und Preuß. Staatsanzeiger Nr. 151 vom 30. Juni 1928) ist der Vertrag (ebenso wie das Schlußprotokoll zu Art. 28), der Notenwechsel sowie die Abkommen über die Anerkennung griechischer Untersuchungserzeugnisse für Wein und griechischer Reinheitserzeugnisse für Baumöl (Olivenöl) bei der Einfuhr nach Deutschland gemäß einer auf Grund des Schlußprotokolls zu Art. 28 der Verordnung getroffenen Vereinbarung zwischen der deutschen und der griechischen Regierung am 1. Mai 1928 vorläufig in Kraft getreten.

23.

Siam.

Freundschafts-, Handels- und Schiffahrtsvertrag zwischen dem Deutschen Reich und Siam.

Vom 6. April 1928

(RGBl. Teil II Nr. 38 S. 590)*).

Art. XX. Die beiden Hohen Vertragschließenden Teile vereinbaren, daß alle etwaigen Streitigkeiten zwischen ihnen über die Auslegung oder Anwendung von Bestimmungen des vorliegenden Vertrags auf Antrag eines der Teile einem Schiedsgericht vorgelegt werden sollen.

Der Schiedsgerichtshof, dem solche Streitigkeiten vorzulegen sind, ist der Ständige Internationale Gerichtshof im Haag, sofern die beiden Hohen Vertragschließenden Teile nicht im Einzelfall anderes vereinbaren.

*) Der Vertrag ist in deutscher und englischer Sprache abgeschlossen. Gemäß Art. 23 soll in Fällen strittiger Auslegung der englische Text für Sinn und Zweck des Vertrags maßgebend sein.

Gemäß Bekanntmachung des Reichsministers des Auswärtigen vom 28. Oktober 1928 (RGBl. Teil II Nr. 44, S. 618) hat der Austausch der Ratifikationsurkunden am 24. Oktober 1928 stattgefunden, demnach ist der Vertrag gemäß Art. XXII am 24. Oktober 1928 in Kraft getreten.

II. Verträge, betreffend die Regelung von Grenzfragen.*)

24.

Bestimmungen, betreffend die Grenze zwischen Deutschland und Belgien.

Vom 6. November 1922
(RGBl. 1924, Teil II Nr. 1 S. 1)**).

VII. Kapitel.

Bestimmungen, betreffend Auslegung und etwaige Abänderung dieses Abkommens.

1. Meinungsverschiedenheiten über Auslegung der vorstehenden Bestimmungen werden durch einen Schlichtungsausschuß, der aus fünf Personen besteht, entschieden. Je zwei Vertreter werden von der deutschen und belgischen Eisenbahnverwaltung bestimmt. Jede Partei benennt eine weitere Person, und das Los entscheidet, welche von diesen beiden Personen den Vorsitz übernimmt. Die Zuständigkeit dieses Schlichtungsausschusses ist auf reine Verwaltungsfragen beschränkt, so daß ihm alle Streitfragen entzogen sind, die zur Zu-

ständigkeit der im Kapitel I dieser Bestimmungen genannten Schiedsgerichte gehören.

2. Beschwerden über Nichteinhaltung der übernommenen Verpflichtungen seitens der belgischen Eisenbahnverwaltung sind an den Präsidenten der Eisenbahndirektion Köln zu richten, der sie im Benehmen mit der belgischen Eisenbahnverwaltung erledigt. Ist eine Regelung auf diesem Wege nicht zu erreichen, so entscheidet der vorstehend unter 1 vorgesehene Schlichtungsausschuß.

*) Die Bestimmungen sind in deutscher und französischer Sprache getroffen. Entsprechende Bestimmungen fehlen z. B. im Vertrage zwischen Deutschland und Dänemark, betreffend die Regelung der durch den Übergang der Staatshoheit in Nordschleswig auf Dänemark entstandenen Fragen, vom 10. April 1922 (RGBl. Teil II Nr. 9 S. 142). Vgl. jedoch die in dem Abkommen zur Regelung der Wasser- und Deichverhältnisse an der deutsch-dänischen Grenze eingerichtete Grenzwasserkommission und Oberwassergrenzkommission.

**) Mit Bekanntmachung des Reichsministers des Auswärtigen vom 15. Dezember 1923 im Reichsgesetzblatt bekanntgegeben.

Die betreffenden Bestimmungen sind von der auf Grund Art. 27 und 35 des Versailler Vertrages zusammengetretenen internationalen Kommission zur Festsetzung der deutsch-belgischen Grenze beschlossen.

25.

Vertrag zwischen dem Deutschen Reiche und Frankreich über die Festsetzung der Grenze.

Vom 14. April 1925 (RGBl. 1927, Teil II Nr. 46 S. 960)*).

Art. 51. Alle Streitfragen, die hinsichtlich der Auslegung oder Durchführung dieses Vertrags zwischen den Hohen Vertragschließenden Teilen entstehen sollten und nicht auf gütlichem Wege beigelegt oder auf Vereinbarung einem besonderen Schiedsgericht unterbreitet werden können, werden vor den Ständigen Internationalen Gerichtshof gebracht. Kann eine Einigung hinsichtlich der dem Gerichtshof zu unterbreitenden Fragestellung nicht erzielt werden, so kann dieser auf Antrag einer der beiden Parteien mit der Sache befaßt werden.

*) In deutscher und französischer Sprache abgeschlossen. Mit Zustimmungsgesetz vom 4. November 1927 im RGBl. Teil II Nr. 46, S. 959 veröffentlicht.

Gemäß Bekanntmachung des Reichsministers des Auswärtigen vom 24. Mai 1928 (RGBl. Teil II Nr. 26 S. 488) hat der Austausch der Ratifikationsurkunden am 15. Mai 1928 stattgefunden. Gemäß der besonderen Vereinbarung zwischen der deutschen und französischen Regierung ist der Vertrag erst am 15. Juni 1928 in Kraft getreten.

26.

Polen

a) Abkommen zwischen dem Deutschen Reich und Polen über die Verwaltung der die Grenze bildenden Strecken der Netze (Noteć) und der Küddow (Glda), sowie über den Verkehr auf diesen Strecken.

Vom 14. März 1925*)

(RGBl. 1926 Teil II Nr. 17 S. 213).

Art. 16. In Streitfragen, die sich entweder aus der Auslegung oder aus Anlaß der Durchführung dieses Abkommens ergeben sollten, entscheidet der Präsident des Deutsch-Polnisch-Danziger Schiedsgerichts für Transitangelegenheiten in Danzig**), falls er sich damit einverstanden erklärt. Andernfalls werden sich die vertragschließenden Teile über die Wahl einer anderen Persönlichkeit verständigen.

*) In deutscher und polnischer Sprache abgeschlossen. Mit Zustimmungsgesetz vom 13. April 1926 nebst Ausführungsbestimmungen und Schlußprotokoll im Reichsgesetzblatt ver-

öffentlicht. Das Reichsgesetzblatt enthält noch keine Ratifikationsbekanntmachung.

**) Vgl. Deutsch - Danzig - Polnisches Abkommen vom 21. April 1921 (RGBl. Nr. 83, S. 1070) Art. 11ff. unten Nr. 37, Seite 300.

b) Deutsch-polnischer Vertrag zur Regelung der Grenzverhältnisse.

Vom 27. Januar 1926*)
(RGBl. Teil II Nr. 49 S. 723).

Art. 6. 1. Soweit die im Artikel 5**) bezeichneten Aufgaben durch ein Einvernehmen der zuständigen Behörden ihre Erledigung nicht finden können, entscheiden gemischte Ausschüsse. Diese setzen sich aus je drei deutschen und drei polnischen Mitgliedern zusammen. Die Ausschußmitglieder sowie die gleiche Zahl von Stellvertretern werden von den Zentralbehörden der beiden vertragschließenden Staaten oder von den durch diese zu bestimmenden Stellen ernannt. Beide Teile der Ausschüsse haben das Recht, Sachverständige mit beratender Stimme zu berufen.

2. Folgt die Festlegung von 5 Abschnitten, für die je ein besonderer Ausschuß gebildet wird.

3. Die Ausschüsse stellen selbst ihre Geschäftsordnung auf. Den Vorsitz in jedem Ausschuß führt abwechselnd Jahr um Jahr ein deutscher und ein polnischer Vertreter. Im ersten Jahr entscheidet über den Vorsitz das Los.

4. Die Einberufung der Ausschüsse erfolgt unter Angabe von Zeit und Ort des Zusammentretens nach Bedarf durch den Vorsitzenden. Jeder Ausschuß soll abwechselnd in dem Gebiete des einen und in dem des anderen Staates zusammentreten. Über Sitzungen der Ausschüsse sind Verhandlungsniederschriften in beiden

Sprachen zu fertigen, von denen jede der beiden Regierungen eine Ausfertigung erhält.

5. Die Entschließungen der Ausschüsse erfolgen, soweit in diesem Vertrag nichts anderes bestimmt ist, mit zwei Drittel Stimmenmehrheit. Zur Beschlußfassung ist die Anwesenheit sämtlicher Mitglieder oder deren Stellvertreter erforderlich. Eine Angelegenheit über die ein Ausschuß entschieden hat, darf den Gegenstand einer neuen Beschlußfassung desselben Ausschusses nur dann bilden, wenn sämtliche Mitglieder oder deren Stellvertreter einer nochmaligen Beratung zustimmen.

6. Angelegenheiten, in denen ein gemischter Ausschuß zu keiner Entscheidung kommt, können auf den diplomatischen Weg geleitet werden.

*) In deutscher und polnischer Sprache abgeschlossen. Mit Zustimmungsgesetz vom 8. Dezember 1926 nebst den dazu gehörenden Anlagen sowie dem Schlußprotokoll im Reichsgesetzblatt verkündet.

Laut Bekanntmachung des Reichsministers des Auswärtigen vom 27. Mai 1927 (RGBl. Teil II Nr. 26, S. 431) hat der Austausch der Ratifikationsurkunden am 19. Mai 1927 stattgefunden, demgemäß ist der Vertrag gemäß Art. 41 am 16. Juni 1927 in Kraft getreten.

**) Art. 5 lautet: Mit der Sicherstellung und Unterhaltung der Grenze werden deutscherseits die preußischen Landräte und polnischerseits die Starosten beauftragt. Diese Behörden treten zur Ausführung ihrer Aufgaben unmittelbar miteinander in Verbindung.

c) Abkommen zwischen Deutschland und Polen über die Verwaltung der die Grenze bildenden Strecke der Warthe und den Verkehr auf dieser Strecke*).

Vom 16. Februar 1927 (RGBl. Teil II, Nr. 45 S. 954).

Art. 10. In Streitfragen, die sich entweder aus der Auslegung oder aus Anlaß der Durchführung dieses Abkommens ergeben sollten, entscheidet der im Artikel 6

Absatz 1 in Verbindung mit Absatz 2 Nr. 4 des Vertrags zur Regelung der Grenzverhältnisse vom 27. Januar 1926 vorgesehene Gemischte Ausschuß.

*) In deutscher und polnischer Sprache abgeschlossen. Mit Zustimmungsgesetz vom 4. November 1927 im Reichsgesetzblatt veröffentlicht.

Laut Bekanntmachung des Reichsministers des Auswärtigen vom 23. Februar 1928 (RGBl. 1928 Teil II Nr. 7, S. 44) hat der Austausch der Ratifikationsurkunden am 13. Februar 1928 stattgefunden, der Vertrag ist demgemäß nach Art. 11 am 14. März 1928 in Kraft getreten.

27.

Vertrag zwischen dem Deutschen Reiche und der Tschechoslowakischen Republik zur Regelung der Grenzverhältnisse von der im Art. 83 des Vertrags von Versailles vom 28. Juni 1919 beschriebenen Staatsgrenze.

Vom 3. Februar 1927 (RGBl. Teil II, Nr. 55 S. 1150)*).

Art. 35. (1) Wenn über die Auslegung oder Anwendung dieses Vertrags eine Streitigkeit entstehen sollte, so soll diese auf Verlangen eines der beiden Staaten einem Schiedsgericht zur Entscheidung vorgelegt werden. Dies gilt auch für die Vorfrage, ob sich die Streitigkeit auf die Auslegung oder Anwendung des Vertrags bezieht. Die Entscheidung des Schiedsgerichts soll verbindliche Kraft haben. Das Schiedsgericht wird für jeden Streitfall in der Weise gebildet, daß jeder Staat einen seiner Staatsangehörigen zum Schiedsrichter ernennt und daß beide Teile einen Angehörigen eines dritten Staates zum Obmann wählen. Einigen sich die vertragschließenden Teile nicht binnen einem Monat, nachdem das Verlangen auf schiedsgerichtliche Entscheidung eingegangen ist, über die Wahl des Obmanns, so werden sie gemeinsam den

Präsidenten des Verwaltungsrats des Ständigen Schiedshofs im Haag um Ernennung des Obmanns ersuchen. Die beiden vertragschließenden Staaten behalten sich vor, sich von vornherein für einen bestimmten Zeitraum über die Person des Obmanns zu verständigen. Die aus der Mitwirkung des Obmanns entstehenden Kosten trägt jeder Teil zur Hälfte.

(2) Das Schiedsgericht soll auch in den Fällen der Artikel 5, 6 und des Artikels 23 Absatz 2 bis 4 unter gerechter Abwägung der Interessen der Beteiligten eine bindende Entscheidung treffen, wenn die zuständigen Behörden der beiden vertragschließenden Staaten nicht zu einer Einigung gelangt sind.

*) In deutscher und tschechischer Sprache abgeschlossen. Mit Zustimmungsgesetz vom 15. Dezember 1927 im Reichsgesetzblatt verkündet. Das Reichsgesetzblatt enthält noch keine Ratifikationsbekanntmachung.

III. Verkehrswesen.

a) Postwesen.

28.

Weltpostverein.

Hauptvertrag.

Vom 28. August 1924*).

(RGBl. 1925, Teil II Nr. 28 S. 522.)

Artikel 10.

Schiedsgericht.

1. Meinungsverschiedenheiten zwischen zwei oder mehreren Vereinsmitgliedern über die Auslegung dieses Vertrages und der Nebenabkommen oder über die Verantwortlichkeit, die sich aus der Anwendung der

Vereinsbestimmungen für eine Verwaltung ergeben, werden durch ein Schiedsgericht ausgetragen. Zu diesem Schiedsgericht wählt jede der beteiligten Verwaltungen ein anderes, bei der Angelegenheit nicht unmittelbar beteiligtes Vereinsmitglied.

Gibt eine der am Streitfall beteiligten Verwaltungen einem Antrag auf schiedsgerichtliche Entscheidung binnen 6 oder — bei überseeischen Ländern — 9 Monaten keine Folge, so kann das Internationale Bureau auf Ersuchen die Bezeichnung eines Schiedsrichters durch die säumige Verwaltung seinerseits veranlassen oder selbst von Amts wegen einen solchen bestellen.

2. Das Schiedsgericht entscheidet nach einfacher Stimmenmehrheit.

3. Bei Stimmengleichheit wählt das Schiedsgericht zur Entscheidung der streitigen Frage eine andere, bei der Angelegenheit ebenfalls nichtbeteiligte Verwaltung.

Kommt für diese Wahl eine Einigung nicht zustande, so bestimmt das Internationale Bureau die entscheidende Verwaltung aus dem Kreise der von den Schiedsrichtern nicht vorgeschlagenen Vereinsmitglieder.

4. Zu Schiedsrichtern dürfen nur Verwaltungen bestellt werden, die das Abkommen ausführen, auf das sich der Streitfall bezieht.

*) In französischer Sprache abgeschlossen. Mit Zustimmungsgesetz vom 22. Juni 1925 und einer deutschen Übersetzung im Reichsgesetzblatt veröffentlicht. Gemäß Bekanntmachung des Reichsministers des Auswärtigen vom 22. September 1925 (RGBl. Teil II, Nr. 45, S. 947 ratifiziert, Ratifikationshinterlegung vom 3. August 1925).

b) Luftverkehr.

29.

Abkommen zwischen dem Deutschen Reich und Frankreich über den Luftverkehr.

Vom 22. Mai 1926 (RGBl. Teil II, Nr. 49 S. 741).

Artikel 20 Abs. 2*).

Streitigkeiten, welche die Ausführung dieses Abkommens betreffen und nicht auf dem üblichen diplomatischen Wege beigelegt werden können, werden gemäß den Bestimmungen des Deutsch-Französischen Schiedsabkommens vom 16. Oktober 1925**) geregelt.

*) In deutscher und französischer Sprache abgeschlossen. Mit Zustimmungsgesetz vom 6. Dezember 1926 im Reichsgesetzblatt veröffentlicht.

Laut Bekanntmachung des Reichsministers des Auswärtigen vom 10. Februar 1927 (RGB. Teil II, Nr. 7, S. 29) hat der Ratifikationsaustausch am 28. Januar 1927 stattgefunden. Das Abkommen ist am 28. Januar 1927 in Kraft getreten.

**) Vgl. oben Nr. 7d Seite 186.

30.

Abkommen zwischen dem Deutschen Reiche und Belgien über den Luftverkehr.

Vom 29. Mai 1926 (RGBl. Teil II, Nr. 49 S. 747).

Artikel 20 Abs. 2*).

Mut. mut. wörtlich wie Art. 20 Abs. 2 des Vertrags mit Frankreich vom 22. Mai 1926. An Stelle des Deutsch-Französischen ist das Deutsch-Belgische Schiedsabkommen vom 16. Oktober 1925 gesetzt**).

*) In deutscher und französischer Sprache abgeschlossen.

Mit Zustimmungsgesetz vom 6. Dezember 1926 im Reichsgesetzblatt (a. a. O., S. 740) veröffentlicht.

Laut Bekanntmachung des Reichsministers des Auswärtigen

vom 5. November 1927 (Reichsgesetzblatt 1927, Teil II, Nr. 44, S. 946) hat der Austausch der Ratifikationsurkunden am 22. Oktober 1927 stattgefunden. An diesem Tage ist das Abkommen in Kraft getreten.

**) Vgl. oben Nr. 7 Seite 179.

31.

Abkommen über den Luftverkehr zwischen dem Deutschen Reiche und der Tschechoslowakischen Republik.

Vom 22. Januar 1927
(RGBl. Teil II, Nr. 27, S. 433)*).

Artikel 22 Abs. 2*).

Mut. mut. wörtlich wie Art. 20 Abs. 2 des Abkommens mit Frankreich vom 22. Mai 1926. An Stelle des Deutsch-Französischen Schiedsvertrags ist der Deutsch-Tschechoslowakische vom 16. Oktober 1925**) gesetzt.

*) In deutscher und tschechoslowakischer Sprache abgeschlossen. Mit Zustimmungsgesetz vom 21. Mai 1927 im Reichsgesetzblatt (1927, Teil II, S. 433) verkündet.

**) Vgl. oben Nr. 7 f. S. 201.

32.

Abkommen zwischen dem Deutschen Reiche und dem Königreiche Italien über den Luftverkehr.

Vom 20. Mai 1927*) (RGBl. Nr. 44 S. 940).

Artikel 20 Abs. 2

Mut. mut. auch noch wie der Art. 20 Abs. 2 des Vertrags mit Frankreich. An Stelle des Deutsch-Französischen Schiedsabkommens vom 16. Oktober 1925 ist auf den Deutsch-Italienischen Vergleichs- und Schiedsgerichtsvertrag vom 26. Dezember 1926 verwiesen**).

*) In deutscher und italienischer Sprache abgeschlossen. Mit Zustimmungsgesetz vom 3. November 1927 im Reichsgesetzblatt veröffentlicht.

**) Vgl. oben Nr. 10 Seite 245.

33.

Luftverkehrsabkommen zwischen dem Deutschen Reiche Großbritannien.

Vom 29. Juni 1927.

(RGBl. 1927, Teil II, Nr. 45 S. 948)*).

Artikel 20 Abs. 2, 3.

Die beiden Hohen Vertragschließenden Teile kommen grundsätzlich dahin überein, daß jede etwaige Meinungsverschiedenheit zwischen ihnen über die richtige Auslegung oder Anwendung irgendeiner der Bestimmungen des gegenwärtigen Abkommens auf Verlangen einer der beiden Parteien einem Schiedsgericht unterbreitet werden soll.

Das Schiedsgericht, dem Meinungsverschiedenheiten unterbreitet werden sollen, soll der Ständige Internationale Gerichtshof im Haag sein, es sei denn, daß in einem besonderen Falle die beiden Hohen Vertragschließenden Teile eine andere Vereinbarung treffen.

*) In deutscher und englischer Sprache abgeschlossen. Mit Zustimmungsgesetz vom 3. November 1927 im Reichsgesetzblatt veröffentlicht.

Laut Bekanntmachung des Reichsministers des Auswärtigen vom 10. Dezember 1927 (Reichsgesetzblatt Teil II, Nr. 55 S. 1168) hat der Austausch der Ratifikationsurkunden am 1. Dezember 1927 stattgefunden. An diesem Tage ist das Abkommen in Kraft getreten.

34.

Luftverkehrsabkommen zwischen dem Deutschen Reiche und dem Königreiche Spanien.

Vom 9. Dezember 1927

(RGBl. 1928 Teil II, Nr. 18 S. 303)*).

Artikel 23, Abs. 1 S. 2 und Abs. 2.

Mut. mut. wörtlich wie Artikel 20 Abs 2, 3 des

Luftverkehrsabkommens zwischen dem Deutschen Reiche und Großbritannien vom 3. November 1927**).

*) Mit Zustimmungsgesetz vom 31. März 1928 im Reichsgesetzblatt veröffentlicht.

Laut Bekanntmachung des Reichsministers des Auswärtigen vom 13. Juni 1928 (Reichsgesetzblatt, Teil II, Nr. 29, S. 497), am 31. Mai 1928, dem Tage des Austausches der Ratifikationsurkunden, in Kraft getreten.

**) Vgl. oben Nr. 33 Seite 296.

c) Funkentelegraphie.

35.

Internationaler Funkentelegraphenvertrag.

Vom 5. Juli 1912

(RGBl. 1913 Nr. 38 S. 373)*).

Art. 18. Bei Meinungsverschiedenheiten zwischen zwei oder mehreren vertragschließenden Regierungen über die Auslegung oder Ausführung des gegenwärtigen Vertrags oder der im Artikel 11 vorgesehenen Ausführungs-Übereinkunft kann die streitige Frage im gemeinsamen Einverständnisse der Entscheidung eines Schiedsgerichts unterworfen werden. In diesem Falle wählt jede der beteiligten Regierungen eine andere bei der Angelegenheit nicht beteiligte Regierung.

Das Schiedsgericht entscheidet nach absoluter Stimmenmehrheit.

Bei Stimmengleichheit wählen die Schiedsrichter zur Entscheidung der streitigen Frage eine andere bei der Angelegenheit gleichfalls unbeteiligte vertragschließende Regierung. Wird über diese Wahl keine Einigung erzielt, so schlägt jeder Schiedsrichter eine unbeteiligte vertragschließende Regierung vor; zwischen den vorgeschlagenen Regierungen wird gelost. Das Los wird von derjenigen Regierung gezogen, auf deren

Gebiete das im Artikel 13 vorgesehene Internationale Bureau tätig ist.

*) In französischer Sprache abgeschlossen; mit deutscher Übersetzung im Reichsgesetzblatt veröffentlicht.

Über Beitritte vgl. RGBl. 1914 S. 41; 1922 N. II S. 75; 1924 N. II S. 33; 1925 N. II S. 211; 1926 N. II S. 150; 1927 N. II S. 17.

d) Durchgangsverkehr.

36.

Statut über die Freiheit des Durchgangsverkehrs.

Vom 20. April 1921

(RGBl. 1924 Teil II, Nr. 40 S. 388)*).

Art. 13. Alle Streitfälle, die zwischen den Staaten wegen Auslegung oder Anwendung des Statuts entstehen sollten und nicht durch eine unmittelbare Verständigung beigelegt werden, sind dem Ständigen Internationalen Gerichtshof zu unterbreiten, es sei denn, daß sie auf Grund eines besonderen Übereinkommens oder einer allgemeinen Schiedsgerichtsklausel durch Schiedsspruch oder auf andere Weise geschlichtet werden.

Die Anrufung des Ständigen Internationalen Gerichtshofs erfolgt gemäß Artikel 40 seines Statuts[1]).

[1]) S. oben Nr. 2c Seite 54.

Um jedoch diese Streitfälle möglichst auf gütlichem Wege beizulegen, verpflichten sich die Vertragsstaaten, vor Einleitung eines gerichtlichen Verfahrens und vorbehaltlich der Rechte und Befugnisse des Völkerbundsrats und der Völkerbundsversammlung, diese Streitfälle zur Begutachtung der Stelle vorzulegen, die von dem Völkerbund als beratendes, fachmännisches Organ der Mitglieder in Fragen der Verkehrswege und des Durchgangsverkehrs eingesetzt werden sollte. In dringenden Fällen kann ein vorläufiger Bescheid die Anwendung einstweiliger Maßnahmen empfehlen, die insbesondere dazu dienen, dem freien Durchgangsverkehre wieder alle diejenigen Erleichterungen zu gewähren, die vor der Handlung oder vor dem Vorfall, die den Streitfall herbeiführten, bestanden haben.

*) In englischer und französischer Sprache veröffentlicht mit einer deutschen Übersetzung als Anlage zur folgenden Bekanntmachung im Reichsgesetzblatt veröffentlicht.

Bekanntmachung über den Beitritt des Deutschen Reichs zu dem am 20. April 1921 in Barcelona abgeschlossenen Übereinkommen und Statut über die Freiheit des Durchgangsverkehrs (Artikel 379 des Versailler Vertrags).

Vom 4. Oktober 1924 (RGBl. Teil II Nr. 40, S. 387).

Die Deutsche Regierung hat durch Schreiben vom 18. März 1924 an das Generalsekretariat des Völkerbundes den Beitritt des Deutschen Reichs zu dem am 20. April 1921 in Barcelona abgeschlossenen Übereinkommen und Statut über die Freiheit des Durchgangsverkehrs erklärt. Die nachstehenden Staaten haben bisher das Übereinkommen und das Statut ratifiziert und die Ratifikationsurkungen an den in Klammer vermerkten Daten im Generalsekretariat des Völkerbundes niedergelegt: Albanien (8. Oktober 1921), Bulgarien (11. Juli 1922), Großbritannien einschließlich Neufundland (2. August 1922), Indien (2. August 1922), Neuseeland (2. August 1922), Italien (5. August 1922), Dänemark (13. November 1922), Finnland (29. Januar 1923), Norwegen (4. September 1923), Rumänien (5. September 1923), Lettland (29. September 1923), Tschechoslowakei (29. Oktober 1923), Österreich (15. November 1923), Griechenland (18. Februar 1924), Japan (20. Februar 1924), Niederlande (17. April 1924), Schweiz (14. Juli 1924). Ihren Beitritt erklärt haben Siam am 29. November 1922, Palästina am 24. Januar 1924. Der Wortlaut des Übereinkommens und des Statuts wird nachstehend veröffentlicht.

Der Beitritt ist am 8. Juli 1924 wirksam geworden.

Berlin, den 4. Oktober 1924.

Der Reichsminister des Auswärtigen.
Unterschrift.

Aus dem Übereinkommen ist ein Text nicht zum Abdruck gelangt.

37.

Abkommen zwischen Deutschland, Polen und der Freien Stadt Danzig über den freien Durchgangsverkehr zwischen Ostpreußen und dem übrigen Deutschland.

Vom 21. April 1921*)
(RGBl. 1921 Nr. 83 S. 1069.)

Art. 11. Jede vertragschließende Partei hat das Recht, die Streitfälle, die sich etwa aus der Auslegung oder der Ausführung des vorliegenden Abkommens ergeben, der Entscheidung eines ständigen Schiedsgerichts zu unterbreiten, das seinen Sitz in Danzig hat und binnen einer Frist von drei Monaten nach Inkrafttreten des gegenwärtigen Abkommens gebildet sein muß[1]).

---

*) In deutscher und französischer Sprache auf Grund Art. 98 Versailler Vertrag sowie Art. 2, 6, 33 der Polnischen Danziger Konvention vom 9. November 1920 abgeschlossen, mit Zustimmungsgesetz vom 12. Juli 1921 im Reichsgesetzblatt veröffentlicht.

Gemäß Bekanntmachung des Reichsministers des Auswärtigen vom 6. Mai 1922 (RGBl. Teil II Nr. 7 S. 132) hat der Austausch der Ratifikationsurkunden am 27. April 1922 stattgefunden. Vgl. auch Berichtigung RGBl. 1921 S. 1262, sowie Zusatzabkommen vom 15. Juli 1922 (RGBl. 1923 Teil II, Nr. 49 S. 483).

Das Schiedsgericht wird über die Streitfälle nach den Bestimmungen des gegenwärtigen Abkommens und nach den allgemeinen Grundsätzen von Recht und Billigkeit entscheiden.

Das Schiedsgericht hat gegebenenfalls über die Entschädigung zu erkennen, welche die für eine Verletzung der Bestimmungen des gegenwärtigen Abkommens als verantwortlich erkannte Partei der geschädigten Partei zu leisten hat.

[1]) Geschehen.

Art. 12. Das Schiedsgericht besteht aus drei Richtern, von denen einer von Deutschland, einer von Polen und der dritte von der Freien Stadt Danzig ernannt wird, sowie einem Vorsitzenden, der durch Übereinkommen der Regierungen bestimmt wird.

Der Vorsitzende muß Angehöriger eines Staates sein, der während des Krieges 1914/19 neutral geblieben ist.

Falls eine Einigung über die Ernennung des Präsidenten nicht zustande kommt, so werden die Deutsche und die Polnische Regierung, die letztere gleichzeitig in ihrem und im Namen der Freien Stadt Danzig, S. M. den König von Norwegen bitten, diese Ernennung vorzunehmen. Gibt eine der beiden Regierungen dem förmlichen Antrag der anderen, einen solchen gemeinsamen Schritt herbeizuführen, nicht binnen zwei Wochen statt, so hat die letztere das Recht, sich allein an den König von Norwegen zu wenden, um die Ernennung eines Vorsitzenden herbeizuführen.

Jede Regierung bezeichnet einen oder mehrere Stellvertreter des von ihr ernannten Richters.

Ein Stellvertreter des Vorsitzenden wird in derselben Weise ernannt wie der Vorsitzende selbst.

Art. 13. Die Richter und ihre Stellvertreter können durch die Behörden, die sie ernannt haben, wieder abberufen werden.

Art. 14. In jeder Streitsache muß das Schiedsgericht aus dem Vorsitzenden und den beiden von den an der Sache beteiligten Regierungen ernannten Richtern bestehen.

In den Fällen, in denen es zweifelhaft sein sollte, ob neben der Deutschen die Polnische oder die Danziger Regierung beteiligt ist, und ebenso in den Fällen, in denen alle drei Regierungen beteiligt sind, entscheidet der Vorsitzende, welcher der beiden Richter, der polnische oder der Danziger, zusammen mit dem deutschen Richter zur Sitzung berufen wird.

Art. 15. Jede Regierung kann sich bei dem Schiedsgericht durch einen Sachwalter vertreten lassen. In diesem Falle sind alle für diese Regierung bestimmten Mitteilungen des Schiedsgerichts an ihren Sachwalter zu richten.

Art. 16. In dringlichen Fällen und auf Antrag einer der Parteien kann das Schiedsgericht nach ordnungsmäßiger Ladung der Gegenpartei vorläufige Maßnahmen anordnen, ohne damit seiner endgültigen Entscheidung vorzugreifen.

Wenn in dem im vorhergehenden Absatz vorgesehenen Falle einer der Richter der Einberufung des Vorsitzenden zum Schiedsgericht nicht Folge leistet, ist dieser berechtigt, die notwendigen vorläufigen Maßnahmen allein anzuordnen.

Art. 17. Wenn die Erledigung einer beim Schiedsgericht anhängigen Sache dadurch verzögert wird, daß einer der Richter sich nicht an den Arbeiten des Schiedsgerichts beteiligt und sich nicht durch seinen Stellvertreter vertreten läßt, so muß auf Antrag des anderen einberufenen Richters der Vorsitzende einen Ersatzmann für den nicht erscheinenden Richter bestellen. Dieser muß, wenn irgend möglich, einer anderen Nationalität angehören als der mit ihm tätige Richter.

Dieser Ersatzmann hat dieselben Rechte und Pflichten wie der ständige Richter. Er nimmt an den Arbeiten des Schiedsgerichts teil, bis der ständige Richter oder sein Stellvertreter sich bereit erklären, dieses zu tun.

Art. 18. Jede Regierung bezahlt die Gebührnisse des von ihr ernannten Richters, seines Stellvertreters und aller Sachwalter, die sie etwa mit ihrer Vertretung vor dem Schiedsgericht betraut haben sollte.

Die Gebührnisse des Vorsitzenden und seines Stellvertreters werden durch ein besonderes Übereinkommen zwischen den Regierungen festgesetzt und ebenso wie die allgemeinen Kosten des Schiedsgerichts zu 45% von Deutschland, zu 45% von Polen und zu 10% von der Freien Stadt Danzig bezahlt.

Art. 19. Die Mitglieder des Schiedsgerichts haben völlige Bewegungsfreiheit und unentgeltliche Fahrt auf den Eisenbahnen der vom Durchgangsverkehr berührten Gebiete.

Art. 20. Soweit das Verfahren des Schiedsgerichts nicht durch das gegenwärtige Abkommen geregelt ist, wird es durch das Schiedsgericht selbst festgesetzt.

Art. 21. Die vertragschließenden Teile verpflichten sich, die Entscheidungen und Urteile des Schiedsgerichts loyal auszuführen.

e) Eisenbahnwesen.

38.

Statut über die internationale Rechtsordnung der Eisenbahnen.

Vom 9. Dezember 1923*)
(RGBl. 1927 Teil II, Nr. 43 S. 921).

Art. 35. Entsteht zwischen zwei oder mehreren Vertragsstaaten wegen der Auslegung oder An-

---

*) In französischer und englischer Sprache abgeschlossen. Teilnehmerstaaten: Deutschland, Österreich, Belgien, Brasilien, das Britische Reich (mit Neuseeland und Indien), Bulgarien, Chile, Dänemark, die Freie Stadt Danzig, Spanien, Estland, Frankreich, Griechenland, Ungarn, Italien, Japan, Lettland, Litauen, Norwegen, die Niederlande, Polen, Portugal, Rumänien, Salvador, das Königreich der Serben, Kroaten und Slowenen, Siam, Schweden, die Schweiz, die Tschechoslowakei, Uruguay.

Beschlossen im Anschluß an Art. 379 Versailler Vertrag, auf einen Wunsch der Verkehrskonferenz von Barcelona vom 10. März 1921 sowie einer Entschließung der Konferenz von Genua vom 10. April 1922.

Unterzeichnet mit einem dazugehörigen Übereinkommen sowie einem Zeichnungsprotokoll auf der Genfer Verkehrskonferenz am 9. Dezember 1923 und am gleichen Tage von der deutschen Regierung unterzeichnet.

Mit Zustimmungsgesetz zusammen mit dem Übereinkommen und dem Zeichnungsprotokoll im Reichsgesetzblatt veröffentlicht.

Laut Bekanntmachung des Reichsministers des Auswärtigen vom 30. Januar 1928 (Reichsgesetzblatt Teil II, Nr. 4) ist auf Grund des Gesetzes vom 31. Oktober 1927, betreffend das Übereinkommen und Statut über die internationale Rechtsordnung der Eisenbahnen (RGBl. 1927 Teil II, S. 909) ist das Übereinkommen und Statut sowie das dazu gehörige Zeichnungsprotokoll ratifiziert worden. Die deutsche Ratifikationsurkunde ist am 5. Dezember 1927 dem Generalsekretär des Völkerbundes

wendung des Statuts ein Streitfall, der weder unmittelbar unter den Parteien noch auf irgendeinem anderen Wege gütlich beigelegt werden kann, so können die Parteien, bevor sie ein Schiedsgerichtsverfahren oder ein gerichtliches Verfahren herbeiführen, den Streitfall zur Begutachtung der Stelle vorlegen, die vom Völkerbund als beratendes fach-

---

übermittelt und im Archiv des Völkerbundes in Genf niedergelegt worden. Das Übereinkommen und das Zeichnungsprotokoll sind demnach gemäß Art. 6 des Übereinkommens am 5. März 1928 in Deutschland in Kraft getreten.

Außer Deutschland haben bis jetzt folgende Signatarstaaten das Übereinkommen und das Zeichnungsprotokoll ratifiziert und ihre Ratifikationsurkunden im Archiv des Völkerbundes niedergelegt:

Britisches Reich am 29. August 1924 (mit Ausnahme von Kanada, Australien, Neuseeland, Südafrikanische Union, Freistaat Irland, Indien, den Kolonien, Besitzungen oder Protektoraten und englischen Mandatsgebieten), Siam am 9. Januar 1925, Indien am 1. April 1925, Neuseeland am 1. April 1925, Rumänien am 23. Dezember 1925, Norwegen am 24. Februar 1926, Dänemark am 27. April 1926, Japan am 30. September 1926, die Schweiz am 23. Oktober 1926, Österreich am 20. Januar 1927, Schweden am 15. September 1927 und Belgien am 16. Mai 1927 unter Ausschluß von Belgisch-Kongo und dem Mandatsgebiet Ruanda-Urundi.

Beigetreten sind:

Panama am 31. Juli 1925, die Britische Regierung für Süd-Rhodesien und Neufundland am 23. April 1925 und für die folgenden Kolonien, Protektorate und Mandatsgebiete: Britisch-Guayana, Britisch-Honduras, Brunei, die verbündeten Malayischen Staaten (Perak, Sengaler, Negri Sembilan und Padang), Gambia, Goldküste, Hongkong, und für die Malayischen, dem Staatenbunde nicht angeschlossenen Staaten (Johore, Kedah, Perlis, Kelantan und Trengganu), Nigeria, Nord-Rhodesien, Nyassaland, Palästina, Sierra Leone, Straits Settlements und Tanganyikagebiet am 22. September 1925.

männisches Organ der Mitglieder des Völkerbundes in Fragen der Verkehrswege und des Durchgangsverkehrs eingesetzt sein sollte. In dringenden Fällen kann ein vorläufiger Bescheid die Anwendung einstweiliger Maßnahmen empfehlen, die insbesondere dazu dienen, dem (RGBl. sagt „den") internationalen Verkehr wieder die Erleichterungen zu gewähren, die vor der Handlung oder vor dem Vorfall, die den Streitfall herbeiführten, bestanden haben.

Kann der Streitfall nicht durch eines der im vorstehendem Absatz angegebenen Verfahren beigelegt werden, so unterbreiten ihn die Vertragstaaten einem Schiedsgericht, sofern sie nicht auf Grund einer Vereinbarung zwischen den Parteien beschlossen haben, oder beschließen, ihn bei dem Ständigen Internationalen Gerichtshof anhängig zu machen.

Art. 36. Ist die Angelegenheit dem Ständigen Internationalen Gerichtshof unterbreitet, so wird gemäß Artikel 27*) des Statuts des genannten Gerichtshofs verfahren und erkannt. Sofern die Parteien nichts anderes bestimmen, bezeichnet im Falle eines Schiedsverfahrens jede Partei einen Schiedsrichter; das dritte Mitglied des Schiedsgerichts wird von den Schiedsrichtern oder, wenn sie sich nicht einigen können, vom Völkerbundsrat gewählt, und zwar aus der Liste der Beisitzer für die im Artikel 27 des Statuts des Ständigen Internationalen Gerichtshofs angeführten Angelegenheiten der Verkehrswege und des Durchgangsverkehrs; in diesem Falle wird das dritte Mitglied gemäß den Bestimmungen im vorletzten Absatz des Artikels 4 und im ersten Absatz des Artikels 5 der Völkerbundssatzung gewählt.

Das Schiedsgericht erkennt auf Grund des von

---

*) Vgl. oben Nr. 2c, S. 61.

den Parteien im gemeinsamen Einvernehmen geschlossenen Schiedsvertrags. Haben sich die Parteien nicht einigen können, so setzt das Schiedsgericht durch einstimmige Entscheidung den Schiedsvertrag nach Prüfung der von den Parteien vorgebrachten Ansprüche fest. Wird keine Einstimmigkeit erzielt, so entscheidet der Völkerbundsrat nach den im vorhergehenden Absatz vorgesehenen Bestimmungen. Hat der Schiedsvertrag das Verfahren nicht festgesetzt, so geschieht dies durch das Schiedsgericht selbst.

Die Parteien verpflichten sich, im Verlaufe des Schiedsgerichtsverfahrens und mangels gegenteiliger Abmachungen im Schiedsvertrag jede Frage des internationalen Rechts oder jede Frage der rechtlichen Auslegung des Statuts dem Ständigen Internationalen Gerichtshof zu unterbreiten, wenn das Schiedsgericht auf Antrag einer Partei sich dahin aussprechen sollte, daß die Frage vor Schlichtung des Streitfalles gelöst werden müsse.

39.

Internationales Übereinkommen über den Eisenbahnfrachtverkehr.

Vom 23. Oktober 1924
(RGBl. 1925*) Teil II, Nr. 22 S. 183).

Artikel 57.

Zentralamt für die internationale Eisenbahnbeförderung.

§ 1. Um die Ausführung dieses Übereinkommens zu erleichtern und zu sichern, ist ein Zentralamt für die internationale Eisenbahnbeförderung**) errichtet, das die Aufgabe hat: . . .

c) Auf Verlangen der Parteien Entscheidungen über Streitigkeiten der Eisenbahnen untereinander zu treffen.

*) In französischer Sprache, „dem diplomatischen Gebrauch entsprechend“, abgeschlossen und gezeichnet (Art. 63). Ursprüngliche Teilnehmer des offenen Vertrages: Deutschland, Österreich, Belgien, Bulgarien, Dänemark, freie Stadt Danzig, Spanien, Estland, Finnland, Frankreich, Griechenland, Ungarn, Italien, Lettland, Litauen, Luxemburg, Norwegen, Niederlande, Polen, Portugal, Rumänien, Königreich der Serben, Kroaten und Slowenen, Schweden, Schweiz, Tschechoslowakei, „in Gegenwart und unter Beteiligung der (folgt Name)“ Delegierten der Regierungskommission des Saargebiets. Mit Zustimmungsgesetz vom 30. Mai 1925 nebst Protokoll im Reichsgesetzblatt veröffentlicht.

Gemäß Bekanntmachung des Reichsministers des Auswärtigen vom 16. März 1928 (RGBl. Teil II Nr. 11, S. 162) ist das Übereinkommen bisher durch das Deutsche Reich, Österreich, Belgien, Bulgarien, Dänemark, die Freie Stadt Danzig, Spanien, Finnland, Frankreich, Ungarn, Italien, Lettland, Luxemburg, Norwegen, Niederlande, Polen, Rumänien, Schweden, Schweiz, Tschechoslowakei unter Beteiligung der Vertreter der Regierungskommission des Saarbeckengebiets ratifiziert worden. Die Niederschrift über die Niederlegung ist in der Anlage zu der Bekanntmachung im Reichsgesetzblatt veröffentlicht.

Danach ist das Übereinkommen seit dem 1. Oktober 1928 in vollem Umfang für Deutschland verbindlich. Das Internationale Übereinkommen vom 14. Oktober 1890 über den Eisenbahnfrachtverkehr und seine späteren Änderungen und die Zusatzerklärung vom 20. September 1899 sind aufgehoben.

Geltung des Übereinkommens für das Fürstentum Liechtenstein, Bekanntmachung vom 8. Juni 1928 (RGBl. Teil II Nr. 30 S. 500); Estland, Bekanntmachung (RGBl. Teil II Nr. 39 S. 603).

**) Vgl. das Reglement für das Zentralamt für die internationale Eisenbahnbeförderung in Anl. VI (zu Art. 57) l. c. S. 282.

40.

Internationales Übereinkommen über den Eisenbahnen-Personen- und Gepäckverkehr.

Vom 23. Oktober 1924*) (RGBl. 1925 Teil II, Nr. 26 S. 483).

Art. 57. Wörtlich wie Artikel 57 des Internationalen Übereinkommens über den Eisenbahnfrachtverkehr.

*) In französischer Sprache, „dem diplomatischen Gebrauch entsprechend abgeschlossen und gezeichnet" (Art. 63).

Signatare des offenen Abkommens die gleichen wie die des Übereinkommens über den Eisenbahnfrachtverkehr vom 23. Oktober 1924 (oben Nr. 38, S. 307).

Mit Zustimmungsgesetz vom 12. Juni 1925 nebst Protokoll im Reichsgesetzblatt veröffentlicht.

Gemäß Bekanntmachung des Reichsministers des Auswärtigen vom 16. März 1928 (RGBl. Teil II Nr. 11, S. 161) ist das Übereinkommen und das Schlußprotokoll von denselben Signataren wie das eben genannte Abkommen über den Eisenbahnfrachtverkehr ratifiziert worden. Die Hinterlegung der Ratifikationsurkunden hat am 16. Oktober 1927 stattgefunden. Die Niederschrift hierüber ist im Reichsgesetzblatt als Anlage zu der Bekanntmachung vom 26. März 1928 veröffentlicht. Danach ist auch das Abkommen für Deutschland seit dem 1. Oktober 1928 in Kraft.

41.

Abkommen über den gegenseitigen Eisenbahnverkehr zwischen Deutschland einerseits, Polen und der Freien Stadt Danzig anderseits.

Vom 27. März 1926*) (RGBl. 1926 Teil II, Nr. 50 S. 756).

Artikel 42.

Schiedsgericht.

(1) Streitigkeiten, die sich aus diesem Abkommen oder aus den örtlichen Zusatzübereinkommen ergeben,

entscheidet ein Schiedsgericht. Es besteht aus einem von den beiderseitigen Regierungen zu ernennenden Obmann und je einem von jedem Vertragsteil zu ernennenden Schiedsrichter. Die Schiedsrichter und der Obmann sind im voraus auf ein Jahr zu benennen. Für die folgenden Jahre werden die Schiedsrichter und der Obmann jeweils vor Ablauf der Amtsdauer der bisherigen Schiedsrichter ernannt. Scheidet ein Schiedsrichter oder der Obmann aus, so ist alsbald ein neuer Schiedsrichter zu benennen oder ein neuer Obmann zu bestellen. Das Schiedsgericht tritt nur von Fall zu Fall zusammen. Können sich die Regierungen über die Person des Obmanns nicht einigen, so wird der Präsident der Schweizerischen Bundesbahnen gebeten werden, einen Fachmann seiner Nationalität zu bestimmen. Streitfragen, die sowohl den Durchgangsverkehr Ostpreußen wie den Wechselverkehr berühren, entscheidet das im Artikel 11 des Pariser Staatsvertrages vom 21. April 1921 über den freien Durchgangsverkehr zwischen Ostpreußen und dem übrigen Deutschland vorgesehene Schiedsgericht**).

(2) Werden von einem der Vertragsteile Zweifel darüber geäußert, ob das im Artikel 11 des Pariser Staatsvertrages vorgesehene Schiedsgericht zuständig ist, so entscheidet über die Zuständigkeit ausschließlich und endgültig das im Pariser Staatsvertrag vorgesehene Schiedsgericht.

(3) Jeder Vertragsteil bezahlt etwaige Gebührnisse des von ihm ernannten Schiedsrichters. Die Gebühren des Obmanns und die allgemeinen Kosten des Schiedsgerichts werden von den Parteien je zur Hälfte bezahlt.

(4) Bei Streitigkeiten, die sich aus diesem Abkommen lediglich zwischen Deutschland und der Freien Stadt Danzig ergeben, wird die Freie Stadt Danzig

einen Schiedsrichter bestellen, der an Stelle des von Polen ernannten Schiedsrichters in Tätigkeit treten wird.

(5) Über Art und Ort der Verhandlung des Schiedsgerichts entscheidet der Obmann.

*) In deutscher und polnischer Sprache abgeschlossen mit Zustimmungsgesetz vom 13. Dezember 1926 im Reichsgesetzblatt veröffentlicht.

Laut Bekanntmachung des Reichsministers des Auswärtigen vom 27. Mai 1927 (RGBl. Teil II Nr. 26, S. 431) ist das Abkommen nebst Schlußprotokoll ratifiziert worden. Der Austausch der Ratifikationsurkunden hat am 19. Mai 1927 stattgefunden.

Abkommen und Schlußprotokoll sind am 1. Juni 1927 in Kraft getreten.

**) Vgl. oben Nr. 37 Seite 300.

42.

Abkommen zwischen dem Deutschen Reiche und Frankreich über die Einrichtung der Grenzbahnhöfe.

Vom 6. Juli 1927

(RGBl. 1927 Teil II, Nr. 32 S. 469)*).

Art. 41. Vorbehaltlich der Sonderbestimmung des Artikel 12, Absatz 3, werden Streitfragen, die zwischen den vertragschließenden Teilen wegen der Auslegung und Anwendung dieses Abkommens entstehen sollten und nicht auf gütlichem Wege beigelegt werden könnten, einem Schiedsgericht unterbreitet, das wie folgt zusammengesetzt wird: Jeder Teil ernennt einen Schiedsrichter; beide Teile bestellen gemeinsam einen Obmann, der unter den Staatsangehörigen einer dritten Macht ausgewählt wird. Können sie sich nicht einigen, so wird der Präsident der Schweizerischen Eidgenossenschaft gebeten werden, ihn zu bestellen.

Vorbehaltlich anderer Vereinbarung wird das Schiedsgericht nach dem Haager Abkommen zur friedlichen Erledigung internationaler Streitfälle vom 18. Oktober 1907 verfahren, wobei ihm jeder der beiden Teile die in Artikel 23 und 75 jenes Abkommens vorgesehene Hilfe zu leisten hat**).

*) In deutscher und französischer Sprache abgeschlossen, mit Zustimmungsgesetz vom 6. Juli 1927 (l. c. S. 469) im Reichsgesetzblatt verkündet.

Ausweislich des Reichs-Gesetzbl. beim Abschluß der Drucklegung noch nicht in Kraft getreten.

**) Vgl. oben Nr. 1 Seite 1.

f) Zollsachen.

43.

Internationales Abkommen zur Vereinfachung der Zollförmlichkeiten.

Vom 3. November 1923
(RGBl. 1925, Teil II, Nr. 31 S. 673)*).

Art. 22. (1) Wenn zwischen zwei oder mehr Vertragsstaaten ein Streit über die Auslegung oder Anwendung der Bestimmungen dieses Abkommens entsteht und wenn dieser Streit weder unmittelbar zwischen den Parteien noch auf irgendeine andere Weise gütlich beigelegt werden kann, können die streitenden Parteien den Streit, bevor sie zu einem schiedsgerichtlichen oder gerichtlichen Verfahren greifen, einem technischen Organ, das der Völkerbundsrat zu diesem Zwecke bezeichnen kann, behufs gütlicher Beilegung unterbreiten. Dieses Organ soll nach Anhörung, wenn nötig, nach Herbeiführung einer Zusammenkunft der Parteien, ein Gutachten abgeben.

(2) Das von dem Organ abgegebene Gutachten soll die streitenden Parteien nicht binden, außer wenn alle

Parteien es anerkennen. Es bleibt den Parteien vielmehr freigestellt, entweder nach Einholung des Gutachtens oder an seiner Stelle jedes andere schiedsgerichtliche oder gerichtliche Verfahren nach ihrem Ermessen zu wählen, einschließlich der Anrufung des Ständigen Internationalen Gerichtshofs in allen Angelegenheiten, für die dieser nach seiner Satzung zuständig ist.

(3) Entsteht ein Streit der im Absatz 1 angegebenen Art über die Auslegung oder die Anwendung von Absatz 2 oder 3 des Artikel 4 oder des Artikel 7 dieses Abkommens, so müssen die Parteien auf den Antrag einer von ihnen den Gegenstand des Rechtsstreits dem Ständigen Internationalen Gerichtshof zur Entscheidung unterbreiten, ohne Rücksicht darauf, ob sie vorher das in Absatz 1 angegebene Verfahren angewendet haben oder nicht.

(4) Das Verfahren vor dem obengenannten Organ oder sein Gutachten zieht in keinem Falle die Aussetzung der Maßnahmen nach sich, die den Gegenstand des Rechtsstreits bilden. Das gleiche gilt für die Anrufung des Ständigen Internationalen Gerichtshofs, außer, wenn dieser nach Artikel 41 seiner Satzung anders entscheidet.

*) Das Abkommen ist in französischer und englischer Sprache abgeschlossen.

Signatare sind Deutschland, Österreich, Belgien, Brasilien, das Britische Reich (mit dem Australischen Bund, der Südafrikanischen Union, Neuseeland und Indien), Bulgarien, Chile, China, Dänemark, Ägypten, Spanien, Finnland, Frankreich, Griechenland, Ungarn, Italien, Japan, Litauen, Luxemburg, das Protektorat der Französischen Republik in Marokko, Norwegen, Paraguay, die Niederlande, Polen, Portugal, Rumänien, das Königreich der Serben, Kroaten und Slowenen, Siam, Schweden, die Schweiz, die Tschechoslowakei, Regentschaft Tunis und Uruguay.

Es ist nebst dem dazugehörigen Protokoll vom gleichen Tage mit Zustimmungsgesetz vom 23. Juli 1925 im Reichsgesetzblatt veröffentlicht worden.

Gemäß Bekanntmachung des Reichsministers des Auswärtigen vom 10. August 1925 (RGBl. Teil II Nr. 38, S. 812) ist die deutsche Ratifikationsurkunde am 1. August 1925 im Archiv des Sekretariats des Völkerbundes in Genf niedergelegt worden.

Es ist gemäß Art. 26 Abs. 1 am 27. November 1924 und für Deutschland am 30. Oktober 1925 in Kraft getreten. Die Bekanntmachung vom 10. August 1925 gibt über eine Reihe von Ratifikationen Auskunft. Vgl. ferner Bekanntmachungen RGBl. 1926 Teil II S. 136, 236, 253, 625; 1927 Teil II S. 18, 29, 83.

g) Schiffahrt.

44.

Vertrag zum Abschluß der endgültigen Donauakte.

Vom 23. Juli 1921

(RGBl. 1922 Teil I, Nr. 25 S. 287)*)

Art. 38. Die Kommission**) ist mit allen Fragen zu befassen, die sich auf die Auslegung und Anwendung dieser Akte beziehen.

Sollte ein Staat in der Lage sein, gegen eine Entscheidung der Internationalen Kommission Gründe vorzubringen, die sich auf ihre Unzuständigkeit oder auf Verletzung dieser Akte stützen, so kann er innerhalb von 6 Monaten den vom Völkerbund eingerichteten besonderen Gerichtshof anrufen. Aus jedem anderen Grunde kann der Antrag auf Schlichtung des Streitfalles nur von dem oder den territorial interessierten Staaten gestellt werden.

Weigert sich ein Staat, einem Beschluß nachzukommen, den die Kommission kraft der ihr in dieser

Akte verliehenen Befugnisse gefaßt hat, so kann der Streitfall vor den im Absatz 2 erwähnten hohen Gerichtshof unter den in dessen Satzungen vorgesehenen Bedingungen anhängig gemacht werden.

*) In französischer Sprache abgeschlossen, mit Zustimmungsgesetz vom 30. März 1922 im Teil I des Reichsgesetzblattes veröffentlicht.

Signatare sind Belgien, Frankreich, Großbritannien, Griechenland, Italien, Rumänien, das Königreich der Serben, Kroaten und Slowenen und die Tschechoslowakei. Vertreter Deutschlands, Österreichs, Bulgariens und Ungarns sind zugegen gewesen, haben mitgewirkt und hinter den eigentlichen Signataren unterzeichnet.

Laut Bekanntmachung des Reichsministers des Auswärtigen vom 20. Juli 1922 (Reichsgesetzbl. Teil II Nr. 18 S. 680) ist der Vertrag von allen Signataren einschließlich Deutschlands ratifiziert worden. Am 30. Juni 1922 ist das Protokoll über die Hinterlegung geschlossen worden

Gemäß Art. 44 Abs. 2 ist der Vertrag seit dem 1. Oktober 1922 in Kraft.

**) Gemeint ist die in Art. VIII Donauakte eingesetzte Internationale Donau-Kommission, nicht die für die Binnendonau „Seedonau" eingesetzte (Art. IV) Europäische Donau-Kommission.

45.

Elbschiffahrtsakte.

Vom 22. Februar 1922*)

RGBl. 1923 Teil II, Nr. 14 S. 183).

§ 5. Schlichtung von Streitfällen.

Art. 52. Die Internationale Elbe-**) Kommission***) befindet über alle Fragen, die sich auf die Auslegung und Anwendung des Übereinkommens beziehen.

Sollte infolge ihrer Entscheide ein Streitfall wegen Unzuständigkeit oder Verletzung des Übereinkommens entstehen, so kann jeder der Vertragsstaaten nach dem für die Schlichtung von Streitfällen vorgesehenen Verfahren den Völkerbund anrufen, nachdem die Kommission festgestellt hat, daß alle Mittel, die zu einer Verständigung führen könnten, von ihr erschöpft worden sind. Wegen aller anderen Gründe kann Antrag auf Schlichtung des Streitfalles nur von dem territorial beteiligten Staate gestellt werden.

*) In französischer Sprache in Ausführung von Art. 340 bis 345 Versailler Vertrags abgeschlossen. Teilnehmer: Deutschland zugleich im Namen der deutschen Elbestaaten, Belgien, Frankreich, Großbritannien, Tschechoslowakei. Mit Zustimmungsgesetz vom 22. März 1923 nebst dem dazugehörigen Schlußprotokoll im Reichsgesetzblatt veröffentlicht.

Laut Bekanntmachung des Reichsministers des Auswärtigen vom 10. August 1923 (RGBl. Teil II Nr. 32 S. 349) „über die Bestätigung (Ratifikation) der Elbschiffahrtsakte" ist die Akte von allen Signatarstaaten einschließlich Deutschlands bestätigt (ratifiziert) worden. Das Protokoll über die Niederlegung der Bestätigungs- (Ratifikations-)Urkunden ist am 30. Juni 1923 geschlossen worden.

Die Akte ist seit dem 1. Oktober 1923 in Kraft.

Vgl. ferner Zusatzabkommen vom 27. Januar 1923 (Ges. vom 14. Dezember 1923, RGBl. Teil II, S. 485).

**) Vgl. über die Kommission selbst Elbakte Artikel 1.

***) Vgl. Art. 340 Versailler Vertrag: „die Elbe (Labe) wird der Verwaltung eines internationalen Ausschusses unterstellt . . ."

Vgl. auch Art. 46 die Elbeakte, wonach die Internationale Elbe-Kommission als Organ der streitigen Gerichtsbarkeit wahlweise neben den Gerichten des Landes über Berufungen gegen die gemäß Art. 44 von den erstinstanzlichen Gerichten über Übertretungen von Schifffahrtspolizeiverordnungen und sonstigen die Schiffahrt betreffenden Rechtssachen gefällten Entschidungen befinden.

46.

Statut über die internationale Rechtsordnung der Seehäfen.

Beschlossen auf der Verkehrskonferenz in Genf am 9. Dezember 1923.

Von der Deutschen Regierung unterzeichnet am 27. Oktober 1924.

(RGBl. 1928 Teil II, Nr. 6 S. 32)*).

Art. 21. Unbeschadet des im zweiten Absatz des Artikels 8**) vorgesehenen Vorbehalts werden die Streitfälle, die zwischen Vertragsstaaten wegen Aus-

---

*) In englischer und französischer Sprache abgeschlossen. Signatare sind: Deutschland, Belgien, Brasilien, das Britische Reich (mit Neuseeland und Indien), Bulgarien, Chile, Dänemark, Spanien, Estland, Griechenland, Ungarn, Italien, Japan, Litauen, Norwegen, die Niederlande, das Königreich der Serben, Kroaten und Slowenen, Siam, Schweden, die Schweiz, die Tschechoslowakei und Uruguay.

Im Anschluß an Art. 23, 379 Versailler Vertrag sowie einem Beschluß der Konferenz von Genua vom 10. April 1922.

Das Statut ist zusammen mit dem gleichzeitig beschlossenen, und vom Deutschen Reiche gezeichneten Übereinkommen (Konvention) nebst Anlage und Zeichnungsprotokoll mit Zustimmungsgesetz vom 20. Februar 1928 im Reichsgesetzblatt verkündet. Nach Art. 6 des Zeichnungsprotokolls tritt das Übereinkommen erst nach Ratifikation durch fünf Staaten in Kraft, und zwar am neunzigsten Tage nach dem Eingang der fünften Ratifikationsurkunde beim Generalsekretär des Völkerbundes. In der Folge erlangt das Übereinkommen für jeden Vertragsteil Rechtswirkung 90 Tage nach dem Eingang seiner Ratifikationsurkunde oder der Bekanntgabe seines Beitritts.

Mit Bekanntmachung des Reichsministers des Auswärtigen vom 16. Juni 1928 (RGBl. Teil II Nr. 29, S. 497) ist auf Grund des Gesetzes, betreffend das Übereinkommen und Statut über die internationale Rechtsordnung der Seehäfen vom 20. Fe-

legung oder Anwendung des Statuts entstehen sollten, folgendermaßen geschlichtet:

---

bruar 1928 (RGBl. Teil II, S. 22) bekanntgemacht worden, daß das Übereinkommen und Statut sowie das dazugehörige Zeichnungsprotokoll ratifiziert worden sind. Bei der Ratifikation ist auf Grund des Art. 12 des Statuts ein Vorbehalt gemacht worden. Die deutsche Ratifikationsurkunde ist am 1. Mai 1928 dem Generalsekretär des Völkerbundes übermittelt und im Archiv des Völkerbundes in Genf niedergelegt worden. Das Übereinkommen, das Statut und das Zeichnungsprotokoll sind gemäß Art. 6 des Übereinkommens am 31. Juli 1928 in Deutschland in Kraft getreten. Aus dem Übereinkommen mit dem Zeichnungsprotokoll ist hier nichts zum Abdruck gelangt.

Außer Deutschland haben bisher folgende Signatarstaaten das Übereinkommen und das Zeichnungsprotokoll ratifiziert und ihre Ratifikationsurkunden im Archiv des Völkerbundes niedergelegt:

Belgien (unter Ausschluß von Belgisch-Kongo und dem belgischen Mandatsgebiete Ruanda-Urundi) am 16. Mai 1927, Britisches Reich (mit Ausnahme von Kanada, Australien, Neuseeland, Südafrikanische Union, Freistaat Irland, Indien, den Kolonien, Besitzungen oder Protektoraten und englischen Mandatsgebieten) am 29. August 1924, Neuseeland am 1. April 1925, Indien am 1. April 1925, Dänemark (mit Ausnahme von Grönland) am 27. April 1926, Griechenland am 24. Januar 1927, Japan am 30. September 1926, die Niederlande am 22. Februar 1928, Siam am 9. Januar 1925, Schweden am 16. September 1927, die Schweiz am 23. Oktober 1926.

Beigetreten sind:

Österreich am 20. Januar 1927, Australien am 29. Juni 1925, die Britische Regierung für Süd-Rhodesien und Neufundland am 23. April 1925, sowie für die folgenden Kolonien Protektorate und Mandatsgebiete: am 22. September 1925; Bahamas, Barbados, Bermuda, Britisch-Guyana, Britisch-Honduras, Protektorat der britannischen Salomon-Inseln Brunei, Ceylon, Cypern, Falklandinseln, Verbündete Malayenstaaten (Perak, Selangor, Negri Sembilan, Pahang, Fidschi,

Wenn der Streitfall nicht unmittelbar zwischen den Parteien oder anderweitig auf gütlichem Wege beigelegt werden kann, so können die Parteien, be-

---

Gambien, Gibraltar, Gilbert- und Ellice-Inseln, Goldküste, Grenada, Hongkong, Jamaika (mit Ausnahme der Türken-Inseln, Caicos- und Caymans-Inseln), Kenya (Ost-Afrika), Windwardinseln (Antigoa, Dominique, Montserrat, St. Christophe Nevis, Jungfrauinseln), die dem Staatenbunde nicht angeschlossenen Malayenstaaten Johore, Kedah, Perlis, Kelantan, Trengganu, ferner die Insel Mauritius, Nigeria, Palästina, Sankt Helena, Sankt Lucia, Sankt Vincent, Seychellen-Inseln, Sierra Leone, Somaliland, Straits Settlements, Tanganjika-Territorium, Tonga-Inseln Trinitas und Tobago, Sansibar, Malta (am 7. November 1925),

ferner Frankreich (unter dem Vorbehalt der Ratifikation) am 1. Dezember 1924, Niederländisch-Indien, Surinam und Curaçao am 22. Februar 1928, Panama am 31. Juli 1925.

**) Art. 8 hat folgenden Wortlaut:

Artikel 8.

Jeder Vertragsstaat behält sich die Freiheit vor, nach vorheriger Mitteilung auf diplomatischem Wege die Vergünstigung der Gleichbehandlung für alle Schiffe eines Staates vorübergehend aufzuheben, der in einem seiner Staatshoheit oder seiner Herrschaft unterstellten Seehafen die Bestimmungen des Statuts auf die Schiffe des betreffenden Vertragsstaates, deren Waren oder Reisenden tatsächlich nicht anwendet.

Falls die im vorigen Absatz vorgesehene Maßnahme Anwendung findet, haben beide Staaten, sowohl derjenige, der sie ergriffen hat, als auch der, gegen den sie gerichtet ist, das Recht, sich an den Ständigen Internationalen Gerichtshof mit einem an die Gerichtsschreiberei gerichteten Antrag zu wenden. Dieser hat darüber im summarischen Verfahren zu entscheiden.

Es steht jedoch jedem Vertragsstaat frei, im Augenblick der Unterzeichnung oder der Ratifikation des Abkommens zu erklären, daß er gegenüber allen Vertragsstaaten, welche die gleiche Erklärung abgeben, auf das Recht verzichtet, die im ersten Absatz dieses Artikels erwähnten Maßnahmen zu ergreifen.

vor sie ein Schiedsgerichtsverfahren oder ein gerichtliches Verfahren herbeiführen, den Streitfall zur Begutachtung der Stelle vorlegen, die von dem Völkerbund als beratendes fachmännisches Organ der Mitglieder des Bundes in Fragen der Verkehrswege und des Durchgangsverkehrs eingesetzt sein sollte. In dringenden Fällen kann ein vorläufiger Bescheid die Anwendung einstweiliger Maßnahmen empfehlen, die insbesondere dazu dienen, dem internationalen Verkehr wieder die Erleichterung zu gewähren, die vor der Handlung oder vor dem Vorfall, die den Streitfall herbeiführten, bestanden haben.

Kann der Streitfall nicht durch eines der im vorhergehenden Absatz angegebenen Verfahren beigelegt werden, so unterbreiten ihn die Vertragsstaaten einem Schiedsgericht, sofern sie nicht auf Grund einer Vereinbarung zwischen den Parteien beschlossen haben oder beschließen, ihn bei dem Ständigen Internationalen Gerichtshof anhängig zu machen.

Art. 22. Ist die Angelegenheit dem Ständigen Internationalen Gerichtshof unterbreitet, so wird gemäß Artikel 27 des Statuts des genannten Gerichtshofes verfahren und erkannt[1]). Sofern die Parteien nichts anderes bestimmen, bezeichnet im Falle eines Schiedsverfahrens jede Partei einen Schiedsrichter; das dritte Mitglied des Schiedsgerichts wird von den Schiedsrichtern, oder wenn sie sich nicht einigen können, vom Völkerbundsrat gewählt, und zwar aus der Liste der Beisitzer für die im Artikel 27 des Statuts des Ständigen Internationalen Gerichtshofs angeführten Angelegenheiten der Verkehrswege und des Durchgangsverkehrs; in diesem Falle wird das dritte Mitglied gemäß der Bestimmungen im vorletzten Absatz des Artikels 4 und im ersten Absatz des Artikels 5 der Völkerbundssatzung gewählt.

Das Schiedsgericht erkennt auf Grund des von den Parteien in gemeinsamem Einvernehmen geschlossenen Schiedsvertrags. Haben sich die Parteien nicht einigen können, so stellt das Schiedsgericht durch einstimmige Entscheidung den Schiedsvertrag nach Prüfung der von den Parteien vorgebrachten Ansprüche fest; wird keine Einstimmigkeit erzielt, so entscheidet der Völkerbundsrat nach den im vorhergehenden Absatz vorgesehenen Bestimmungen. Hat der Schiedsvertrag das Verfahren nicht festgelegt, so geschieht dies durch das Schiedsgericht selbst.

Die Parteien verpflichten sich, im Verlaufe des Schiedsgerichtsverfahrens und mangels gegenteiliger Abmachungen im Schiedsvertrag jede Frage des internationalen Rechts oder jede Frage der rechtlichen Auslegung des Statuts dem Ständigen Internationalen Gerichtshof zu unterbreiten, wenn das Schiedsgericht auf Antrag einer Partei sich dahin aussprechen sollte, daß die Frage vor Schlichtung des Streitfalles gelöst werden müsse.

[1]) Vgl. oben Nr. 2c Seite 54.

IV. Gesundheitswesen

47.

Sanitätsabkommen zwischen Deutschland und Lettland.

Vom 9. Juli 1926
(RGBl. 1927 Teil II, Nr. 29 S. 444)*).

Art. 34. Streitigkeiten über die Auslegung und Anwendung dieses Abkommens, die auf diplomatischem Wege nicht geschlichtet werden können, sollen einem Schiedsgerichte zur Entscheidung unterbreitet werden.

Das Schiedsgericht besteht aus 3 Mitgliedern und wird für jeden Streitfall in folgender Weise gebildet: Jede der vertragschließenden Parteien ernennt einen seiner Staatsangehörigen zum Schiedsrichter. Der Obmann wird von beiden Parteien gemeinschaftlich bezeichnet. Können sich beide Parteien über die Wahl des Obmanns nicht einigen, so wird die oberste norwegische Gesundheitsbehörde gebeten werden, einen Obmann zu bezeichnen.

*) In deutscher und lettischer Sprache abgeschlossen. Mit Zustimmungsgesetz vom 29. Juni 1927 im Reichgesetzblatt verkündet.

Laut Bekanntmachung des Reichsministers des Auswärtigen vom 8. Juli 1927 (RGBl. Teil II Nr. 31, S. 468) hat der Austausch der Ratifikationsurkunden am 6. Juli 1927 stattgefunden. Das Abkommen ist demnach gemäß Art. 35 seit dem 21. Juli 1927 in Kraft.

V. Sittlichkeit.

48.

Internationale Übereinkunft zur Bekämpfung der Verbreitung und des Vertriebs unzüchtiger Veröffentlichungen.

Vom 12. September 1923
(RGBl. 1925 Teil II, Nr. 23 S. 289)*).

Art. 15. Meinungsverschiedenheiten, die etwa über die Auslegung oder die Anwendung der Übereinkunft zwischen den Vertragsteilnehmern entstehen, sind, wenn sie nicht durch unmittelbare Verhandlungen geregelt werden können, dem Ständigen Internationalen Gerichtshof zur Entscheidung vorzulegen. Sollten Vertragsteilnehmer, zwischen denen eine Meinungsverschiedenheit entstanden ist, oder sollte einer von ihnen das Unterzeichnungsprotokoll über den Ständigen Internationalen Gerichtshof nicht unterzeichnet oder angenommen haben, so ist ihr Streitfall nach Wahl der Vertragsteilnehmer entweder dem Ständigen Internationalen Gerichtshof oder einem Schiedsgerichte zu unterbreiten.

*) In französischer und englischer Sprache abgeschlossen. Gemäß Bekanntmachung des Reichsministers des Auswärtigen vom 4. Juni 1925 (RGBl. a. a. O. S. 287) ist die deutsche Ratifikationsurkunde am 11. Mai 1925 im Archiv des Völkerbundsekretariats niedergelegt worden.

Es ist ausweislich derselben Bekanntmachung gemäß seinem Art. XI am 7. August 1924 in Kraft getreten.

Dem Reichstag hat diese Übereinkunft zur Genehmigung nicht vorgelegen.

Signatare sind: Albanien, Deutsches Reich, Österreich, Belgien, Brasilien, Großbritannien, Südafrikanische Union, Neuseeland, Britisch Indien, Irischer Freistaat, Bulgarien, China, Kolumbien, Costa Rica, Kuba, Dänemark, Spanien, Finnland, Frankreich, Griechenland, Haiti, Honduras, Ungarn, Italien, Japan, Lettland, Litauen, Luxemburg, Marokko, Panama, Niederlande, Persien, Polen, Freie Stadt Danzig, Portugal, Rumänien, Salvador, Jugoslawien, Siam, Schweiz, Tschechoslowakei, Türkei, Uruguay.

Über den Stand der Ratifikationen und Beitrittserklärungen gibt Auskunft RGBl. 1925 Nr. 23 Teil II S. 287, sowie Bekanntmachung vom 25. April 1927 RGBl. Teil II Nr. 22 S. 325. Dort sind auch Mitteilungen der deutschen Regierung über die Art und Weise der Behandlung der betreffenden Rechtshilfe-Ursachen gemacht.

VI. Arbeitsfragen.

49.

Vertrag von Versailles.

Vom 28. Juni 1919*) **)

(RGBl. 1919 Nr. 140 S. 687, spez. S. 1299.)

Art. 423. Alle Streitfragen und Schwierigkeiten aus Anlaß der Auslegung dieses Teiles des gegen-

wärtigen Vertrags und der später von den Mitgliedsstaaten gemäß diesem Teil geschlossenen Übereinkommen unterliegen der Entscheidung des ständigen Internationalen Gerichtshofs.

*) Vgl. auch das in den Art. 411 ff. ausführlich geregelte Beschwerderecht jedes Mitgliedsstaates beim Internationalen Arbeitsamt, falls er glaubt, daß ein anderes Mitglied ein von beiden Teilen auf Grund des vorstehenden Artikels ratifiziertes Übereinkommen nicht in befriedigender Weise durchführe. Dabei vgl. besonders die Bestimmungen über die Zuständigkeiten der Cour Permanente in Art. 416 ff., die Cour fungiert hier als Beschwerdeinstanz mit der Befugnis zur eventuellen Infligierung von wirtschaftlichen Strafmaßnahmen.

**) Vgl. dazu folgende für Deutschland verbindliche Arbeitsabkommen:

a) Washingtoner Übereinkunft über die Arbeitslosigkeit, angenommen von der Internationalen Arbeitsorganisation des Völkerbundes auf der allgemeinen Konferenz in Washington am 28. November 1919, veröffentlicht durch Gesetz vom 25. Mai 1925 im RGBl. 1925 Teil II, Nr. 20, S. 162. Die deutsche Ratifikationsurkunde ist am 6. Juni 1925 im Archiv des Völkerbundssekretariats in Genf hinterlegt worden, Bekanntmachung vom 30. Juli 1925 im RGBl. 1925 Teil, II Nr. 35, S. 737. Das Übereinkommen ist am 6. Juni 1925 in Kraft getreten. Wegen weiterer Ratifikationen sind ergangen die Bekanntmachungen vom 12. April 1927 im RGBl. 1927 Teil II, Nr. 20, S. 321 (Frankreich), Irischer Freistaat).

b) Internationales Übereinkommen über die Beschäftigung der Frauen vor und nach der Niederkunft, angenommen in Washington auf der Allgemeinen Konferenz der Internationalen Arbeitsorganisation des Völkerbundes am 29. November 1919, veröffentlicht durch Gesetz vom 16. Juli 1927 im RGBl. 1927 Teil II ,Nr. 34, S. 497.

Die deutsche Ratifikation ist am 31. Oktober 1927 bei dem Sekretariat des Völkerbundes eingetragen worden; das Übereinkommen ist mit diesem Tage für das Deutsche Reich in Kraft getreten, es gilt im Verkehr mit Griechenland, Rumänien, Bulgarien, Spanien, Chile, Lettland und Jugoslawien. Bekanntmachung vom 26. November 1927, RGBl. Teil II, Nr. 53, S. 1124.

c) Übereinkommen über die Stellenvermittlung für Seeleute, angenommen von der Allgemeinen Konferenz der Internationalen Arbeitsorganisation in Genua am 10. Juli 1920, veröffentlicht durch Gesetz vom 25. Mai 1925 im RGBl. 1925 Teil II, Nr. 20, S. 166. Die deutsche Ratifikationsurkunde ist am 6. Juni 1925 im Archiv des Völkerbundssekretariats in Genf hinterlegt worden, Bekanntmachung vom 30. Juli 1925 im RGBl. 1925, Teil II, Nr. 35, S. 737. Das Übereinkommen ist am 6. Juni 1925 in Kraft getreten. Wegen weiterer Ratifikationen sind ergangen die Bekanntmachungen vom 12. April 1927 im RGBl. 1927 Teil II, Nr. 20, S. 321 (Australischer Bund, Griechenland).

d) Übereinkommen über das Vereins- und Koalitionsrecht der landwirtschaftlichen Arbeiter, angenommen von der Allgemeinen Konferenz der Internationalen Arbeitsorganisation in Genf am 12. November 1921, veröffentlicht durch Gesetz vom 25. Mai 1925 im RGBl. 1925 Teil II, Nr. 20, S. 171. Die deutsche Ratifikationsurkunde ist am 6. Juni 1925 im Archiv des Völkerbundssekretariats in Genf hinterlegt worden, Bekanntmachung vom 30. Juli 1925 im RGBl. 1925 Teil II, Nr. 35, S. 738. Das Übereinkommen ist am 6. Juni 1925 in Kraft getreten.

Wegen weiterer Ratifikationen sind ergangen die Bekanntmachungen vom 12. April 1927, RGBl. 1927 Teil II Nr. 20, S. 321 (Chile, Belgien — ohne Kolonien — die Niederlande).

e) Übereinkommen über die Entschädigung der Landarbeiter bei Arbeitsunfällen, angenommen von der Allgemeinen Konferenz der Internationalen Arbeitsorganisation in Genf am 12. November 1921, veröffentlicht durch Gesetz vom 25. Mai 1925 im RGBl. 1925 Teil II, Nr. 20, S. 174. Die deutsche Ratifikationsurkunde ist am 6. Juni 1925 im Archiv des Völkerbundssekretariat in Genf hinterlegt worden, Bekanntmachung vom 30. Juli

1925 im RGBl. 1925 Teil II, Nr. 35, S. 738. Das Übereinkommen ist am 6. Juni 1925 in Kraft getreten.

Wegen weiterer Ratifikationen sind ergangen die Bekanntmachung vom 12. April 1927 im RGBl. 1927 Teil II, Nr. 20, S. 322 (Chile, die Niederlande). Vgl. ferner auch die Abänderung des Artikels 393 des Vertrags von Versailles, beschlossen von der Hauptversammlung des Internationationalen Arbeitsverbandes des Völkerbundes in Genf am 2. November 1922, veröffentlicht durch Gesetz vom 25. Mai 1925 im RGBl. 1925 Teil II, Nr. 20, S. 161. Die deutsche Ratifikationsurkunde ist am 6. Juni 1925 im Archiv des Völkerbundssekretariats in Genf hinterlegt worden; Bekanntmachung vom 30. Juli 1925 im RGBl. 1925 Teil III, Nr. 35, S. 737. Die Abänderung ist noch nicht in Kraft getreten.

Register.

SchV. = Schiedsgerichts- und Vergleichsvertrag.

VV. = Vertrag von Versailles.

A.

L.

M.

N.

R.

T.

W.

Z.

Gedruckt bei A. W. Hayn's Erben, Potsdam.

Heft 1: Staatsrecht und Politik. Rede beim Antritt des Rektorats der Friedrich-Wilhelms-Universität zu Berlin am 15. Oktober 1926 von **Heinrich Triepel**. 40 Seiten. 1927. M. 2.—.

Heft 2: Volksentscheid und Volksbegehren. Ein Beitrag zur Auslegung der Weimarer Verfassung und zur Lehre von der unmittelbaren Demokratie. Von Dr. **Carl Schmitt**, o. ö. Professor der Rechte an der Universität Bonn. 54 Seiten. 1927. M. 2.60.

Heft 3: Der Aufbau des britischen Reiches. (Der Verhandlungsbericht der Reichskonferenz von 1926.) Eingeleitet und herausgegeben von Gerichtsassessor Dr. **K. Heck**, Referent am Institut für ausländisches öffentliches Recht und Völkerrecht. 152 Seiten. 1927. M. 6.—.

Heft 4: Die Souveränität. Ein Beitrag zur Theorie des Staats- und Völkerrechts. Von Privatdozent Dr. **Hermann Heller**. 177 Seiten. 1927. M. 8.50.

Heft 5: Die Missionsfreiheit nach den Bestimmungen des geltenden Völkerrechts. Von **Theodor Grentrup**. 112 Seiten. 1927. M. 5.50.

Heft 6: Das Minoritätenproblem und seine Literatur. Kritische Einführung in die Quellen und die Literatur der europäischen Nationalitätenfrage der Nachkriegszeit, unter besonderer Berücksichtigung des völkerrechtlichen Minderheitenschutzes.
Allgemeiner Teil. Von **Jacob Robinson**, Rechtsanwalt in Kaunas (Litauen). 265 Seiten. 1928. M. 9.—.

Heft 7: Der Reichssparkommissar. Von Dr. **Karl Bilfinger**, o. ö. Professor der Rechte an der Universität Halle. 68 Seiten. 1928. M. 3.60.

Heft 8: Die völkerrechtliche Stellung der fremden Truppen im Saargebiet. Von Dr. jur. **J. M. Bumiller**, Referent am Institut für ausländisches öffentliches Recht und Völkerrecht, Berlin. 156 Seiten. 1928. M. 9.—.

Heft 9: Das Recht des Ausnahmezustands im Auslande (Frankreich, Belgien, Niederlande, Italien, England, Irland). Bearbeitet im Institut für ausländisches öffentliches Recht und Völkerrecht. 296 Seiten. 1928. M. 14.—.

Heft 10: Die Beziehungen zwischen dem Parlament und den Gerichten in England. Eine rechtsvergleichende Studie. Von **Heinrich B. Gerland**. 137 Seiten. 1928. M. 8.—.

Heft 11: Zu den Problemen des fascistischen Verfassungsrechts. Akademische Antrittsvorlesung. Von Dr. **Gerhard Leibholz**, Privatdozent an der Universität Berlin, Referent am Institut für ausländisches öffentliches Recht und Völkerrecht. 112 Seiten. 1928. M. 5.—.

Heft 12: Der deutsche und der französische Reichswirtschaftsrat. Ein Beitrag zu dem Problem der Repräsentation der Wirtschaft im Staat. Von Dr. **Friedrich Glum**, Privatdozent an der Universität Berlin, wissenschaftliches Mitglied des Instituts für ausländisches öffentliches Recht und Völkerrecht. 181 Seiten. 1929. M. 9.—.

Veröffentlichungen d. Vereinigung der deutschen Staatsrechtslehrer. Oktav.

Heft 1: Der deutsche Föderalismus. Die Diktatur des Reichspräsidenten. Referate von **Gerhard Anschütz, Karl Bilfinger, Carl Schmitt** und **Erwin Jacobi**. Verhandlungen der Tagung der deutschen Staatsrechtslehrer zu Jena am 14. und 15. April 1924. Mit Eröffnungsansprache und einer Zusammenfassung der Diskussionsreden. 146 Seiten. 1924. M. 5.—.

Heft 2: Der Schutz des öffentlichen Rechts. Die neueste Entwicklung des Gemeindeverfassungsrechts. Referate von **Walter Jellinek, Gerhard Lassar, Fritz Stier-Somlo, Ludwig von Köhler, Hans Helfritz**. Verhandlungen der Tagung der deutschen Staatsrechtslehrer zu Leipzig am 10. und 11. März 1925. Mit Eröffnungs- und Begrüßungsansprachen sowie einer Zusammenfassung der Diskussionsreden. 265 Seiten. 1925. M. 12.—.

Heft 3: Die Gleichheit vor dem Gesetz im Sinne des Artikels 109 der Reichsverfassung. Der Einfluß des Steuerrechts auf die Begriffsbildung des öffentlichen Rechts. Berichte von **Erich Kaufmann, Hans Nawiasky, Albert Hensel** und **Ottmar Bühler.** Verhandlungen der Tagung der deutschen Staatsrechtslehrer zu Münster i. W. am 29. und 30. März 1926. Mit einem Auszug aus der Aussprache. IV, 140 Seiten. 1927. M. 7.—.

Heft 4: Das Recht der freien Meinungsäußerung. — Der Begriff des Gesetzes in der Reichsverfassung. Berichte von **Karl Rothenbücher, Rudolf Smend, Hermann Heller** und **Max Wenzel.** Verhandlungen der Tagung der deutschen Staatsrechtslehrer zu München am 24. und 25. März 1927. Mit einem Auszug aus der Aussprache. 215 Seiten. 1928. M. 10.—.

Heft 5: Wesen und Entwicklung der Staatsgerichtsbarkeit. — Überprüfung von Verwaltungsakten durch die ordentlichen Gerichte. Berichte von **Heinrich Triepel, Hans Kelsen, Max Layer** und **Ernst von Hippel.** Verhandlungen der Tagung der deutschen Staatsrechtslehrer zu Wien am 23. und 24. April 1928. Mit einem Auszug aus der Aussprache. III, 238 Seiten. 1929. M. 12.—.

Die Monroedoctrin in ihren Beziehungen zur amerikanischen Diplomatie und zum Völkerrecht. Von **Herb. Kraus.** Groß-Oktav. 480 Seiten. 1913. M. 9.—.

Das deutsche Ausländerrecht. Die Bestimmungen des Reichsrechts und preußischen Landesrechts. Textausgabe mit Erläuterungen und Sachregister. Von Dr. **Werner Fraustädter,** Rechtsanwalt, und Dr. **Max Kreutzberger.** Taschenformat. 396 Seiten. 1927. (Guttentagsche Sammlung Deutscher Reichsgesetze Bd. 166.) Geb. M. 9.—.

Die Sammlung gibt zum ersten Male einen zusammenfassenden Überblick über dei Rechtsstellung der Ausländer im Deutschen Reich und in Preußen und berücksichtigt auch die außerpreußischen Länder, soweit grundsätzliche Abweichungen von den preußischen Bestimmungen bestehen. Die Erläuterungen dienen in hervorragendem Maße den Bedürfnissen der Praxis.

Deutschland unter dem Dawes-Plan. Entstehung, Rechtsgrundlagen, wirtschaftliche Wirkungen der Reparationslasten. Von Professor **Max Sering,** Universität Berlin. Oktav. VIII, 237 Seiten. 1928.
M. 10.—.

„Eine eingehende Darstellung der gesamten Reparationsfrage bringt der bekannte Agrar und Wirtschaftspolitiker. Er schildert unter weitgehendster Heranziehung der ausländischen Literatur in bisher nirgends erreichter Gründlichkeit und Klarheit Entstehung, Rechtsgrundlagen und wirtschaftliche Wirkungen der Reparationslasten." Neue Preußische (Kreuz-) Zeitung

Staatsangehörigkeit und Option im Friedensvertrag von Versailles. Von **Carl Georg Bruns.** Groß-Oktav. 71 Seiten. 1921 M. 2.—.

Zum Ruhreinbruch. Tatsachen und Dokumente. Mit 10 Abbildungen. Oktav 116 Seiten. 1923. M 1.20.

Die Pariser Völkerbundsakte nebst den Urkunden über die Pariser Verhandlungen, dem Haager Schiedsgerichtsabkommen usw. Mit einer historischen Einleitung versehen und erläutert von Dr. **Hans Wehberg,** Leiter der völkerrechtlichen Abteilung der „Deutschen Liga für Völkerbund" Zweite Auflage der „Abkommen der Haager Friedenskonferenz". Oktav. 175 Seiten. 1919.
M. 4.—.

Die vorliegende Schrift will keine erschöpfende Erläuterung bieten. Sie enthält aber außer dem Textabdruck eine gute Einführung in die Organisation der Welt und in die Grundgedanken der Pariser V.-B.-Akte, ferner eine Übersicht über die wichtigsten offiziellen und privaten V.-B. Entwürfe und über die Pariser Verhandlungen, insbesondere die deutschen Vorschläge zum V. B.

Urkunden zum Seekriegsrecht. Von Dr. **Theodor Niemeyer,** o. ö. Prof. des Internationalen Rechts an der Univ. Kiel, Geh. Justizrat. 1913. Groß-Oktav.
M. 50.—, in Halbleder M. 55.20.

Erste Abteilung. S. 1—426.
Zweite Abteilung. S. 427—1244.
Dritte Abteilung. S. 1245—1666.

Völkerrecht. Von Dr. **Theodor Niemeyer**, o. Professor an der Universität Kiel. 168 Seiten. 1923. (Sammlung Göschen Bd. 865. Geb. M. 1.50.

Inhalt: Begriff und Wesen des Völkerrechts. — Quellen des Völkerrechts. — Geschichte des Völkerrechts. — Subjekte und Objekte im Völkerrecht. — Der völkerrechtliche Verkehr. — Der Krieg.

Die völkerrechtliche Lehre des Weltkrieges. Von **Walter Schücking**, Prof. der Rechte in Marburg. Lexikon-Oktav. 239 Seiten. 1918. M. 7.—.

Der Verfasser, der zur deutschen Abordnung in Versailles gehörte, untersuchte den Weltkrieg nicht nur vom historischen und politischen Standpunkt, sondern in erster Linie vom völkerrechtlichen.

Die deutschen Weißbücher zur auswärtigen Politik 1870—1914. Geschichte und Bibliographie. Von **Johann Saß**. IX, 224 Seiten. 1928. M. 10.—, geb. M. 11.50.

Dieses Werk erschließt als erstes zusammenfassend die Entwicklung der deutschen Weißbücher im allgemeinen sowie die Entstehung der einzelnen Veröffentlichungen im besonderen, deren Drucke bibliographisch genau nachgewiesen werden. Darüber hinaus erfaßt die Darstellung in breitem Rahmen die mit der Weißbuchfrage engverknüpften Kämpfe des Reichstages um seine Beteiligung an den auswärtigen Angelegenheiten. Im Mittelpunkt steht die Persönlichkeit Bismarcks, deren ablehnende Haltung dem ganzen Problem gegenüber scharf umrissen und eingehend begründet wird. — Als Ganzes schließt dieses Werk eine wesentliche Lücke in der historisch-politischen Literatur, um so mehr, als dem Verfasser die Akten des Politischen Archivs im Auswärtigen Amt zur Verfügung standen.

Graf Benckendorffs diplomatisch. Schriftwechsel. Herausgegeben von **Benno von Siebert**. Neue, stark vermehrte Auflage der Diplomatischen Aktenstücke zur Geschichte der Ententepolitik der Vorkriegsjahre. Oktav. 3 Bände. 1928. M. 30.—, geb. M. 35.—.

Band I: 1907—1910. XV, 416 Seiten.
Band II: 1911 und 1912. XVI, 564 Seiten.
Band III: 1913 und 1914. XII, 335 Seiten.

Diplomatie und Weltkrieg. Ein politischer Führer durch die Weltkrisis 1914/1917. Von Dr. **Ernst Müller-Meiningen.** Oktav. XIX, 1315 Seiten. 1917. M. 27.—.

Die ersten Stundenschläge des Weltkrieges. Eine Zeittafel der wichtigsten Vorgänge bei Kriegsausbruch mit Hinweisen auf die einschlägigen Urkunden. Von **B. W. v. Bülow.** Oktav. VIII, 190 Seiten. 1922. M. 3.—.

„Ein wissenschaftlich aufs beste geschulter Diplomat hat sich mit dieser Veröffentlichung ein neues Verdienst um die Aufhellung der Schuldfrage erworben. Die Schrift wird zum unentbehrlichen Handwerkszeug des Zeithistorikers gehören.“
Historische Zeitschrift.

Politische Geschichte des Weltkrieges. Sein Ursprung und sein Verlauf. Von **Fr. Luckwaldt.**
I. 1890—1906: Von Bismarck zu Eduard VII. 142 Seiten. 1919. (Sammlung Göschen Bd. 790.) Geb. M. 1.50.
II. 1906—1914: Deutschland und der Dreiverband. 143 Seiten. 1922. (Sammlung Göschen Bd. 791.) Geb. M. 1.50.

„Ohne in den Fehler ermüdender Breite zu verfallen, macht der Verfasser mit wissenschaftlicher Methodik uns erst einmal die ganze Atmosphäre lebendig, aus der heraus das Urteil erwachsen konnte.“ *Danziger Neueste Nachr.*

Die letzten Etappen zum Weltkrieg. Von Dr. **Th. Schiemann,** Professor an der Universität Berlin. Oktav. IV, 352 Seiten. 1915. M. 6.—.

„Die Vorgeschichte des Weltkrieges ist in dem Buch Schiemanns meisterhaft zusammengelegt, so daß nicht nur der Politiker, sondern auch der Laie durch das Studium dieses Werkes zu einer rechten Würdigung des großen Krieges kommt.“
Rheinisch-Westfälische Zeitung.

Der Weltkrieg und der Zusammenbruch des Völkerrechts. Eine Abwehr und Anklage. Von Dr. **Ernst Müller-Meiningen.** 2 Bände. 1917. M. 12.—.

Leitfaden zur Kriegsschuldfrage. Von **Graf Max Montgelas,** Mitherausgeber der Deutschen Dokumente zum Kriegsausbruch. Oktav. IV, 208 Seiten. 1923. M. 3.—.

„Es kann unbeschadet anderer ausgezeichneter Einzeldarstellungen gesagt werden, daß dieses Buch den höchsten Anforderungen genügt Das liegt schon an der besonderen Eignung des Verfassers." *Süddeutsche Monatshefte*

Die Fälschungen des russischen Orangebuches. Der wahre Telegrammwechsel Paris—Petersburg bei Kriegsausbruch. Herausgegeben von Freiherrn **J. von Romberg.** Oktav. 48 Seiten. 1922. M. 1.—.

Die politische Korrespondenz der russischen Botschaft in Paris aus der Zeit vom 24. Juli bis zum 2 August bildet den Inhalt dieser Schrift Zahlreiche im Orangebuch enthaltene Fälschungen werden richtig gestellt, wichtige Dokumente hinzugefügt. Die Schrift räumt gründlich auf mit der Legende vom deutschen Überfall auf Frankreich.

Deutschlands und Kaiser Wilhelms II. angebliche Schuld am Ausbruch des Weltkrieges. Eine Entgegnung an Karl Kautsky. Von **Theodor Schiemann.** Oktav. 31 Seiten. 1920. M. 0.50.

Die Rolle Amerikas im Weltkriege. Ein Beitrag zur Wahrheit. In Amerika geschrieben. Von **O. Krahl.** Oktav V, 214 Seiten 1920 M. 3.—, geb. M. 4 —.

Amerikas Waffenausfuhr und Neutralität. Von **Heinrich Pohl.** Groß-Oktav. 73 Seiten. 1917. M. 1.60.

England und die Londoner Deklaration. Von **Heinrich Pohl.** Groß-Oktav. 111 Seiten. 1915. M. 1.—.

An Hand einer Zusammenstellung der wichtigsten Dokumente und einer schlichten Schilderung der entscheidenden Vorgänge klärt das Buch auch die wesentliche Frage, wie sich die Verantwortung für das Geschehene auf Wilson und seine Regierung, die amerikanische Presse und das amerikanische Volk verteilt.

Guttentagsche Sammlung

Deutscher Reichs- und Preußischer Gesetze

einschließlich

de Gruyter'sche Sammlung Deutscher Gesetze

(Handkommentare)

Systematisches Verzeichnis

Dezbr. 1928

Walter de Gruyter & Co., Berlin W 10 und Leipzig

Bürgerliches Recht

Bürgerliches Gesetzbuch

Band **Reichsgesetze:**

88/89. **Bürgerliches Gesetzb ch nebst Einführungsgesetz.** Von A. Achilles. In Verbindung mit F. André, O. Meyer, O. Strecker, K. v. Unzner herausgegeben von M. Greiff. 12. Auflage. — 1926. 24.—

84. **Sammlung kleinerer privatrechtlicher Reichsgesetze.** Von G. Müller. — 1903. 5.50

129. **Zivilrechtkriegsgesetze.** Von J. Fischer. — 1918. 1.50

116. **Kriegs-Zivil- und Finanzgesetze.** 3. Auflage. — 1915. 1.50

116 a. Desgl. Zweite Folge: Jahr 1915. — 1916. 1.20

Preußische Gesetze:

23. **Ausführungsgesetze zum Bürgerlichen Gesetzbuche.** Von P. Simèon. 3. Auflage. — 1914. 2.20

Textausgaben:

Bürgerliches Gesetzbuch nebst Einführungsgesetz. 16. Auflage. — 1928. 5.—

Schuldverhältnisse insbesondere

Reichsgesetze:

34. **Die Abzahlungsgeschäfte.** 3 Auflage von E. Wilke. — 1910. 1.20

93. **Sicherung der Bauforderungen.** Von E. Harnier. 3. Auflage. — 1912. 1.50

55. **Beschlagnahme von Lohn- und Gehaltsforderungen.** Von G. Meyer. 6. Auflage. — 1927. Mit Nachtrag 1928. 4.50

70. **Das Reichshaftpflichtgesetz.** Von G. Eger. — 1903. Vergriffen.
Als Ersatz: F. Seligsohn, **Haftpflichtgesetz.** — 1920. (Außerhalb der Sammlung.) 8.—, geb. 9.50

94. **Die Beamtenhaftpflichtgesetze des Reiches und der Länder.** Von H. Delius. 3. Auflage. — 1921. 3.20

52. **Rechte der Besitzer von Schuldverschreibungen.** Von H. Göppert. 2. Auflage von E. Trendelenburg. — 1915. 1.50

50. **Der Viehkauf (Viehgewährschaft).** Von H. Stölzle. 6. Auflage. — 1926. 15.—

90. **Das Internationale Privatrecht, Die Haager Abkommen** über. Von G. Bogeng. — 1908. 2.—
98. **Sechs Haager Abkommen über Internationales Privatrecht.** H. Dungs. — 1910. 1.50

Preußische Gesetze:

87. **Enteignung von Grundeigentum.** Von O. Meyer. 3. Auflage. — 1927. 5.50

Sachenrecht insbesondere

de Gruyter'sche Sammlung Deutscher Gesetze (Handkommentare):

Aufwert‹ngsrecht von R. Michaelis. — 1926. Mit Nachtrag 1927. 16.—

Nachtrag einzeln —.30

Reichsgesetze:

135. **Erbbaurecht.** Von H. Günther. — 1919. 2.—
42. **Grundbuchordnung.** Von O. Fischer und R. Fischer. 9. Auflage. — 1927. 5.—
156. **Mietrecht und Wohnungsmangelgesetz.** Von O. Krieg. 4. Auflage. — 1928. 10.—

Textausgaben:

Aufwertungsgesetze mit Einleitung. Von R. Michaelis. — 1925. Mit Nachtrag 1927. 1.50

Reichsmietengesetz. — 1922. —.50

Familienrecht und Erbrecht

Reichsgesetze:

45. **Entmündigungsrecht.** Von P. Koll. — 1900. 1.20
58. **Recht der unehelichen Kinder.** Von H. Jastrow. — 1901. Mit Nachtrag 1925. 1.60
47. **Deutsches Vormundschaftsrecht.** Von M. Schultzenstein und P. Köhne. 2. Auflage. — 1901. Vergriffen.
124. **Todeserklärung Kriegsverschollener.** Von J. Partsch. — 1917. 2.—
59. **Beurkundung des Personenstandes und die Eheschließung.** Von F. Fidler. 2. Auflage. — 1912. 2.30

Preußische Gesetze:

8. **Nottestamente.** Von E. Kurtz. — 1904. 1.50

Handelsrecht

Reichsgesetze:

4. **Handelsgesetzbuch** ohne Seerecht. Von F. Litthauer und A. Mosse. 17. Auflage. Von E. Heymann. — 1926. 14.—
162. **Handelsrechtl. Nebengesetze.** Von O. Schreiber. — 1926. 14.—
169. **Bank- und Börsengesetze.** Von A. Nußbaum. — 1927. 11.—
41. **Börsengesetz.** Von Th. Hemptenmacher. 3. Auflage von O. Meyer. — 1915. 3.50
26. **Münz- und Notenbankwesen.** Von R. Koch. 7. Auflage von H. Schacht. — 1925. 14.—
117. **Darlehnskassengesetz.** Von H. Salomon u. K. Bud. — 1915. 1.80
40. **Gesetz,** betr. die **Pflichten der Kaufleute bei Aufbewahrung fremder Wertpapiere (Depotgesetz).** Von F. Lusensky. 3. Auflage. — 1916. Mit Nachtrag 1924/25. 1.—
24. **Aktiengesellschaft und Kommanditgesellschaften auf Aktien.** Von H. Keyßner und H. V. Simon. 7. Auflage. In Bearbeitung.
32. **Gesellschaften mit beschränkter Haftung.** Von L. Parisius, H. Crüger und A. Crecelius. 17. Auflage. — 1926. 3.50
29. **Erwerbs- und Wirtschaftsgenossenschaften.** Von L. Parisius, H. Crüger, A. Crecelius und Fr. Citron. 19. Auflage. — 1928. 4.—
51. **Hypothekenbankgesetz.** Von H. Göppert. 2. Auflage von H. J. Seibel. — 1911. Mit Nachtrag 1926. 2.20
100. **Kaligesetz.** Von B. Boelkel. — 1910. 2.40
167. **Verordnung gegen Mißbrauch wirtschaftlicher Machtstellungen** (Kartellgesetz). Von W. Staffel. — 1927. 3.50
115. **Das vertragliche Wettbewerbsverbot (Konkurrenzklausel).** Von G. Baum. — 1914. 3.—
113. **Postscheckgesetz.** Von J. Weiland. — 1914. Mit Nachtrag 1918. Vergriffen.
113 a. **Postscheckordnung.** Von J. Weiland. — 1914. Mit Nachtrag 1918. 1.50
85. **Scheckgesetz.** Von M. Apt. Vergriffen. Neue Auflage von W. Schmidt. In Bearbeitung.
Kommentar von R. Michaelis. — 1927. (Außerhalb der Sammlung.) 16.—, geb. 18.—
5. **Wechselordnung.** Von J. Stranz und M. Stranz. 12. Auflage. — 1923. Mit Nachtrag 1926, enthaltend **Wechselstempelgesetz und Scheckgesetz.** 3.50
Nachtrag einzeln —.60

36. **Privatrechtliche Verhältnisse der Binnenschiffahrt und Flößerei.** Von E. Löwe. 6. Auflage. — 1923. 4.—
19. **Die Seegesetzgebung.** Von W. E. Knitschky. 5. Auflage von O. Rudorff. — 1913. 8.—

Preußische Gesetze:

54. **Anlegung von Sparkassenbeständen in Inhaberpapieren.** Von H. Döhring. — 1914. 2.80
21. **Handelskammern.** Von F. Lusensky. 2. Aufl. — 1909. 3.—

Textausgaben:

Handelsgesetzbuch mit **Seerecht.** 11. Auflage. — 1924. 2.60
Wechselordnung. — 1908. Mit Anhang: Wechselprozeß und Ausführungsanweisung. — 1920. —.50

Versicherungsrecht

Reichsgesetze:

62. **Private Versicherungsunternehmungen.** Von H. Koenige. 3. Auflage von H. Koenige und A. Petersen. — 1927. 20.—
83. **Versicherungsvertrag.** Von P. Hager und E. Bruck. 6. Auflage. — 1928. Im Druck.
164. **Aufwertung von Versicherungsansprüchen.** Teil I: **Lebensversicherungen.** Von L. Berliner und E. Pfaffenberger. — 1926. 6.50
164 a. Desgl. Teil II: **Sach-** (Feuer-, Glas-, Wasser- usw.) **und Transportversicherung, Unfall- und Haftpflichtversicherung.** — 1926. Mit Nachtrag 1927. 3.50
Nachtrag einzeln —.30

Gewerberecht

Reichsgesetze:

6. **Gewerbeordnung** für das Deutsche Reich nebst **Kinderschutzgesetz und Hausarbeitsgesetz.** Von Fr. Hiller und H. Luppe. 21. Auflage. — 1928. 11.—
64. **Handel mit Drogen und Giften,** Gesetzsammlung, betr. den. Von H. Sonnenfeld. 3. Auflage. — 1926. 12.—
48. **Drogen-, Gift- und Farbenhandel außerhalb der Apotheken,** Gesetze, betr. den. Von J. Broh. — 1899. 1.20

130. **Ersatzlebensmittelverordnung.** Von H. E. Wendel. — 1918. 1.50

54. **Nahrungsmittelgesetze** mit Erläuterungen. Von Georg Lebbin. 2. Auflage in zwei Bänden.
 a) I. **Lebensmittelgesetz** vom 5. Juli 1927 mit Nebengesetzen Margarine, Fleisch, Milch, Süßstoff, Essigsäure usw.). Von G. Lebbin und R. Gießner. — 1928. 8.50
 b) II. **Getränkegesetze und Getränkesteuergesetze** (Wein, Bier, Branntwein, Mineralwasser). Unter Mitarbeit von K. Kniebe. — 1926. 10.—

65. **Weingesetz.** Von G. Lebbin. 2. Auflage. — 1909. Vergriffen.

71. **Kinderarbeit in gewerblichen Betrieben.** Von H. Spangenberg. 2. Auflage. — 1904. 1.20

Preußische Gesetze:

16. **Konzessionierung gewerblicher Anlagen.** Von W. v. Rüdiger. 2. Auflage. — 1901. Vergriffen.

Textausgaben:

Gewerbeordnung, Preußische Ausführungsanweisung zur — 1904. 1.—

Arbeitsrecht

Reichsgesetze:

138 a. **Arbeiterschutz und Arbeitsrecht.** Von A. Günther. 2 Auflage. Teil I: **Arbeitszeitschutz.** Von R. Schneider und A. Günther. — 1927. 7.50

138 c. Teil II: **Schwerbeschädigtengesetz.** Von R. Schneider und A. Günther. — 1928. 8.—

138 b. **Betriebsrätegesetz.** Von A. Günther. — 1920. Vergriffen.

168. **Arbeitsgerichtsgesetz.** Von H Depène. — 1927. 3.60

74. **Die Kaufmannsgerichte.** Von M. Apt. 3. Auflage. — 1904. Vergriffen.

112. **Kaufmannsgerichtsgesetz.** Von H. Depène. — 1914. 2.60

112 a. **Kaufmanns- und Gewerbegerichtsgesetz nebst Schlichtungsordnung.** (Ergänzungsband zu Bd. 112.) Von H. Depène. — 1924. 3.50
Die Bde. 112 und 112 a enthalten zusammen den vollständigen Text des Gewerbegerichtsgesetzes.

Preußische Gesetze:

58. **Arbeitsnachweis.** Von P. Wölbling. — 1920. 1.—

Sozialpolitische Gesetze

Reichsgesetze:

106—109. **Reichsversicherungsordnung.** Von F. Caspar und A. Spielhagen. 1913-1922. 4 Bände. Komplett. 18.—

161. **Reichsversicherungsordnung.** Von K. Lippmann. — 1925. 11.—

161 a. Desgl. **Ergänzungsband**, enthaltend die neue Fassung des **Unfallversicherungsgesetzes** sowie die Änderungen der übrigen Bücher der RVO. — 1926. 4.—

161 b. Desgl. **Zweiter Ergänzungsband.** 2., vermehrte Auflage nach dem Stand vom 1. Juli 1928. — 1928. —.80

155. **Reichsknappschaftsgesetz.** Von M. Reuß und F. Hense. 2. Auflage. — 1926. Mit Nachtrag 1927. 12.—

152. **Wohlfahrtsgesetze.** Von E. Behrend und H. Stranz-Hurwitz. Teil I. — 1923. 5.—

152 a. Desgl. Teil II. — 1925. 9.—

152 und 152 a zusammen bezogen 12.—

165. **Handbuch der Arbeitslosenfürsorge.** Von H. Schmeißer. Im Druck.

160. **Fürsorgepflicht.** Von E. Sandré. — 1925. 6.—

154. **Jugendwohlfahrt und Jugendgerichtsgesetz.** Von P. Drewes und E. Sandré. 2. Auflage von P. Drewes. — 1928. 11.—

Textausgaben:

Versicherungsgesetz für Angestellte. 2. Auflage. — 1927. 2.50

Geistig-gewerblicher Rechtsschutz

Reichsgesetze:

81. **Urheberrecht an Werken der bildenden Künste und der Photographie.** Von L. Fuld. 2. Auflage. — 1926. 6.—

60. **Das Urheberrecht an Werken der Literatur und der Tonkunst.** Von O. Lindemann. 4. Auflage. — 1921. 1.80

102. **Urheberrecht an Mustern und Modellen** und Schutz von **Gebrauchsmustern.** Von J. Neuberg. — 1911. 2.40

95. Die Berner Übereinkunft über **Internationales Urheberrecht.** Von H. Dungs. — 1910. 1.—

61. **Verlagsrecht.** Von B. Marwitz. 3. Auflage. — 1922. 1.60
22. **Patentgesetz.** Von R. Lutter. 9. Auflage. — 1928. 10.—
87 a. **Das deutsche Warenzeichenrecht.** Von Freund und Magnus. 6. Auflage von Füngel und Magnus.
Teil I: **Die internationalen Verträge.** — 1924. 9.—
Teil II: **Das deutsche Recht.** In Bearbeitung.
37. **Unlauterer Wettbewerb.** Von A. Pinner und A. Elster. 8. Auflage. — 1927. 5.—

Zivilprozeß

de Gruytersche Sammlung Deutscher Gesetze (Handkommentare):

Zivilprozeßordnung. Von R. Sydow, L. Busch und W. Krantz. 19. Auflage. — 1926. 25.—

Reichsgesetze:

14. **Gerichtsverfassungsgesetz.** Von R. Sydow. Fortgeführt von L. Busch. 10. Auflage. — 1925. 6.—
15. **Das deutsche Gerichtskostengesetz.** Von R. Sydow. Fortgeführt von L. Busch und O. Krieg. 11. Auflage. 1928. 7.50
17. **Gebührenordnung für Rechtsanwälte usw.** Von R. Sydow. Fortgeführt von L. Busch und O. Krieg. 13. Auflage. In Bearbeitung.
16. **Rechtsanwaltsordnung.** Von R. Sydow. 5. Auflage von M. Jacobsohn. — 1907. Mit Nachtrag 1910. Vergriffen.
80. **Gerichtliche Registerführung.** Von O. Lindemann. — 1906. 2.40

Preußische Gesetze:

17. **Preußisches Gerichtskostengesetz.** Von P. Siméon. 8. Auflage von O. Lindemann. — 1928. 8.—
35. **Geschäftsordnung für Gerichtsvollzieher.** Von E. Exner. — 1904. 3.—

Textausgaben:

Zivilprozeßordnung mit **Gerichtsverfassungsgesetz** und **Einführungsgesetzen.** — 1924. 3.50

Freiwillige Gerichtsbarkeit

Reichsgesetze:

46. **Freiwillige Gerichtsbarkeit.** Von H. Jastrow. 7. Auflage von H. Günther. — 1928. 9.—

76. **Die Rechtshilfe im Verkehr mit den ordentlichen Gerichten.** Von A. Friedländer. — 1906. 1.50

163. **Notariatsrecht.** Von F. Szkolny und L. Kober. — 1925. 8.50

Preußische Gesetze:

4. **Gebührenordnung für Notare** vom 28. Oktober 1922. Von J. Rausnitz. 6. Auflage. — 1925. 7.—

29. **Ärztliche Ehrengerichte, das Umlagerecht und die Kassen der Ärztekammern.** Von F. Fidler. — 1901. 1.50

Textausgaben:

Freiwillige Gerichtsbarkeit. — 1920. 1.—

Konkursordnung und Zwangsvollstreckung

Reichsgesetze:

13. **Konkursordnung und Anfechtungsgesetz.** Von R. Sydow. Fortgeführt von L. Busch und O. Krieg. 14. Auflage. — 1926. Mit Nachtrag 1927, enthaltend die **Vergleichsordnung.** 10.—
Nachtrag einzeln —.80

127. **Geschäftsaufsicht zur Abwendung des Konkurses.** Von G. Klien und E. Jaeger. — 1917. Durch Nachträge ergänzt. 3.—

43. **Zwangsvollstreckung.** Von J. Krech und O. Fischer. 9. Auflage von O. Fischer. — 1922. 3.50

Textausgaben:

Konkursordnung. 2. Auflage. — 1915. Mit Nachtrag 1927. 1.50
Nachtrag einzeln —.80

Strafrecht

Reichsgesetze:

2. **Strafgesetzbuch.** Von Fr. v. Liszt und E. Delaquis. 28. Auflage von E. Kohlrausch. — 1928. 8.—
9. **Sammlung kleinerer strafrechtlicher Reichsgesetze.** Von R. H. Kriegsmann. 3. Auflage. — 1910. 4.—
53. **Reichspreßgesetz.** Von A. Born. 3. Auflage. — 1924. 4.—
133. **Reichswuchergesetzgebung.** Von Ad. Lobe. — 1918. 2.80
67. **Militärstrafgesetzbuch.** Von A. Romen und E. Rissom. 3. Auflage. — 1918. Vergriffen.
173. **Schußwaffengesetz.** Von E. Wündisch. — 1928. 5.—

Preußische Gesetze:

34. Sammlung der wichtigsten **preußischen Strafgesetze.** Von O. Lindemann. 2. Auflage. — 1912. 3.50
36. **Polizeiverordnungen in Preußen.** Von O. Lindemann. 2. Auflage. — 1912. 2.50

Textausgaben:

Strafgesetzbuch. — 1925. 3.—

Strafprozeß

de Gruytersche Sammlung Deutscher Gesetze (Handkommentare):

Strafprozeßordnung und Gerichtsverfassungsgesetz. Von A. Feisenberger. — 1926. Mit Nachtrag 1927. 17.—
Nachtrag einzeln —.80

Reichsgesetze:

12. **Strafprozeßordnung und Gerichtsverfassungsgesetz.** Von E. Kohlrausch. 21. Auflage — 1927. 7.50
158. **Strafprozeßordnung und Gerichtsverfassungsgesetz.** Alte und neue Fassung synoptisch gegenübergestellt. Von A. Feisenberger. — 1924. Mit Nachtrag 1927. 4.50
8. **Militärstrafgerichtsordnung.** Von A. Romen und E. Rissom. 2. Auflage. — 1918. 5.—
128. **Verhaftung und Aufenthaltsbeschränkung.** Von A. Romen. — 1917. 1.20
78. **Entschädigung für unschuldig erlittene Verhaftung und Bestrafung.** Von A. Romen. — 1904. 1.70

Textausgaben:

Strafprozeßordnung. 5. Auflage. — 1924. Mit Nachtrag 1927. 2.50

Öffentliches Recht

Staatsrecht

Reichsgesetze:

137. **Reichsverfassung.** Von A. Arndt. 3. Auflage. — 1927. 8.—
166. **Das deutsche Ausländerrecht.** Von W. Fraustädter und M. Kreutzberger. — 1927. 9.—
86. **Die Auslieferungsverträge des Deutschen Reiches.** Von A. Cohn. — 1908. 4.—
44. **Auswanderungswesen.** Von F. Stoerk. — 1899. 2.—
134. **Der Ostfrieden.** Von K. Strupp. — 1918. 3.—
111. **Reichs- und Staatsangehörigkeitsgesetz.** Von A. Romen. 2. Auflage. In Bearbeitung
141. **Sozialisierungsgesetze.** Von O. Reier. — 1920. 2.20
99. **Die Abkommen der Haager Friedenskonferenz.** Vergriffen. Jetzt: H. Wehberg, **Völkerbundakte.** — 1919. (Außerhalb der Sammlung.) 4.—

Preußische Gesetze:

1. **Die Verfassung des Freistaats Preußen.** Von A. Arndt. — 1921. 2.—
   Ausführlicher Kommentar von Fr. Stier-Somlo. — 1921. (Außerhalb der Sammlung.) 8.—

Textausgaben:

Verfassung des Freistaates Preußen. — 1921. —.60

Verwaltungsrecht

a) Reichsrecht

Reichsgesetze:

82. **Reichsbeamtengesetz.** Von A. Arndt. 3. Auflage. — 1923. Mit Nachtrag, enthaltend die Änderungen bis 1924. 3.50
122. **Belagerungszustand.** Von H. Bürschel. — 1916. 3.50
35. **Die Reichs-Eisenbahngesetzgebung.** Von W. Coermann. — 1895. Vergriffen.
66. **Die Eisenbahngesetzgebung.** Von W. Pietsch. 2. Auflage. — 1913. Vergriffen.
91. **Eisenbahn-Verkehrsordnung.** Von E. Blume. 4. Auflage von W. Weirauch. — 1928. 9.—

147. **Filmzensur.** Von Szczesny. — 1920. 1.50
68. **Fleischbeschaugesetz.** Von G. Lebbin und G. Baum. — 1903. 2.80
27. **Gesundheitswesen im Deutschen Reich.** — 1888. Vergriffen.
56. **Bekämpfung gemeingefährlicher Krankheiten.** Von B. Burkhardt. — 1900. 1.20
63. **Gesetzestafel des deutschen Reichsrechts.** Von H. Bruhns. 2. Auflage. — 1913. 3.—
49. **Deutsche Kolonialgesetzgebung.** Von Ph. Zorn. 2. Auflage von Sassen. — 1913. 5.—
21. **Die Konsulargesetzgebung.** Von Ph. Zorn. 3. Auflage von K. Zorn. — 1911. 4.50
75. **Konsulargerichtsbarkeit.** Von A. F. Vorwerk. — 1908. 1.60
92. **Verkehr mit Kraftfahrzeugen.** Von R. Kirchner. 4. Auflage. In Vorbereitung.
Außerhalb der Sammlung: **Der Kraftfahrzeugverkehr.** Von G. Aumer. 2. Auflage. — 1928. 4.50
119. **Kriegsleistungsgesetz.** Vergriffen.
118. **Militärhinterbliebenengesetz.** Von Reh. — 1915. 2.20
79. **Die Militärpensionsgesetze.** Von A. Romen. Vergriffen.
136. **Militärversorgungsgesetz.** Von H. Günther. — 1919. 2.30
7. **Post- und Telegraphen-Gesetzgebung.** Vergriffen.
120. **Telegraphenwegegesetz.** Von C. Wolf. — 1916. 1.—
148. **Reichsausgleichsgesetz.** Von E. Decke. — 1920. 1.50
150. **Reichsschädengesetze.** Von A. Hohenstein und W. Goldbaum. — 1922. 4.—
97. **Schutzgebietsgesetz.** Von J. Gerstmeyer. — 1910. 2.50
105. **Das Geldwesen in den deutschen Schutzgebieten.** Von W. Hintze. — 1912. 1.80
140. **Die Siedelungsgesetzgebung im Reich und in Preußen.** Von W. Holzapfel. — 1920. 3.—
125. **Vaterländischer Hilfsdienst.** 3. Auflage. — 1917. 1.—
88. **Vereinsgesetz.** Von A. Romen. 5. Auflage. In Bearbeitung.
33. **Vereins- und Versammlungsrecht.** Von E. Ball. 2. Auflage von F. Friedenthal. — 1907. 2.—
103. **Reichs-Viehseuchengesetz.** Von W. v. Hippel. 2. Auflage. — 1913. 4.—

89. **Vogelschutzgesetz.** Von L. v. Boxberger. — 1909. 1.—
69. Reichsgesetz über die **Naturalleistungen der bewaffneten Macht im Frieden.** Von W. v. Hippel. — 1903. 1.—
114. **Waffengebrauch und Festnahmerecht des Militärs.** Von A. Romen und C. Rissom. — 1914. 1.80
142. **Wirtschaftliche Demobilmachung.** Von Gg. Fischbach. — 1920. 1.—
170. **Luftrecht.** Von R. Busse. 1928. 10.—
171. **Seewasserstraßenordnung.** Von J. Sebba. — 1928. 8.50
173. **Schußwaffen und Munition.** Von E. Wündisch. — 1928. 5.—

Preußische Gesetze:

48. **Zweckverbandsgesetz für Groß-Berlin.** Von L. Brühl, K. Gorban und W. Ledermann. — 1912. 4.—

b) Landesrecht

Preußische Gesetze:

50. **Gesetz, betr. die Anlegung und Veränderung von Straßen und Plätzen in Städten und ländlichen Ortschaften.** Von O. Meyer. — 1913. 3.—
46. **Austritt aus der Landeskirche.** Von H. Caro. — 1911. 2.40
2. **Preußische Beamtengesetzgebung.** Von K. Pfafferoth. 5. Auflage. — 1916. 2.40
51. **Das preußische Disziplinargesetz für die nichtrichterlichen Beamten.** Von E. v. Dultzig. — 1914. 4.20
25. **Preußische Kommunalbeamtengesetzgebung.** Von F. Kremski. — 1901. 3.—
22. **Anstellung und Versorgung der Kommunalbeamten.** Von W. Ledermann. 2. Auflage von L. Brühl. — 1914. 2.—
26. **Diensteinkommen der Lehrer und Lehrerinnen.** Von E. Cremer. — 1900. 2.20
12. **Allgemeines Berggesetz.** Von W. Schlüter und Fr. Hense. 4. Auflage. In Vorbereitung.
47. **Feuerbestattung.** Von W. Lohmann. — 1912. 1.50
28. **Die Fürsorgeerziehung Minderjähriger.** Von P. F. Aschrott. 3. Auflage. — 1917. 2.80
31a/b. **Die preußischen Gesindeordnungen.** Zwei Bände. Von St. Gerhard. 5.50
24. **Die Hinterlegungsordnung (1879).** Von G. Bartels. 2. Auflage. — 1908. 2.—
53. **Hinterlegungsordnung** von 1913. Von R. Hagemann. — 1914. 2.20

Steuerrecht

Reichsgesetze:

143. **Reichsabgabenordnung.** Von A. Nieberl. 2. Auflage. — 1927. Mit Nachtrag 1928. 12.—
126. **Besitzsteuergesetz.** Von A. Mrozek. Vergriffen.
151. **Einkommensteuer und Körperschaftsteuer.** Von A. Hollaender. — 1926. Mit Nachtrag, enthaltend die Änderungen vom 22. Dezember 1927. 24.—
77. **Das Erbschaftssteuergesetz.** Von B. Henckel. — 1920. Vergriffen. Neue Fassung von H. Schachian. 4. Auflage. — 1926. (Außerhalb der Sammlung.) 2.50
54 b. **Nahrungsmittelgesetze** mit Erläuterungen. Von Georg Lebbin. 2. Auflage in zwei Bänden. II. **Getränkegesetze und Getränkesteuergesetze** (Wein, Bier, Branntwein, Mineralwasser). Unter Mitwirkung von K. Kniebe. — 1926. 10.—
139. **Grunderwerbsteuergesetz.** Von O. Lindemann. 2. Auflage. — 1926. Mit Nachtrag 1927. 4.—
Nachtrag einzeln —.30
159. **Industriebelastungsgesetz.** Von H. Höpker. — 1925. 4.—
121. **Direkte Kriegssteuer.** Von A. Mrozek. — 1916. 3.50
131 a. **Reichsfinanzgesetzgebung 1918.** Bd. I: **Getränkesteuern.** Von G. Mayer. — 1918. 2.50
131 b. **Reichsfinanzgesetzgebung 1918.** Bd. II: **Einkommen, Umsatz** usw. Von G. Mayer. — 1919. 1.50
149. **Reichsnotopfergesetz.** Von A. Friedmann und R. Wrzeszinsky. — 1921. 4.—
18. **Reichsstempelgesetz.** Von P. Loeck. Vergriffen. Wird durch Kapitalverkehrssteuergesetz ersetzt. Erläuterte Ausgabe in Bearbeitung.
145. **Steuer- und Kapitalflucht.** Von E. H. Meyer. 2. Auflage. — 1921. 1.60
157. **Dritte Steuernotverordnung vom 14. Februar 1924** mit den Vorschriften über **Aufwertung.** 2. Auflage unter dem Titel: **Aufwertungsrecht.** Von R. Michaelis. — 1926. Mit Nachtrag 1927. 16.—
Nachtrag einzeln —.80
132. **Umsatzsteuergesetz.** Von O. Lindemann. 4. Auflage. — 1926. 10.—
110. **Wehrbeitragsgesetz.** Von A. Fernow. 2. Auflage. — 1913. 1.60

146. **Tabaksteuergesetz.** Von Fr. Wündisch. — 1920. Mit Nachtrag 1925. 4.—
Nachtrag einzeln 1.50
78. **Zigarettensteuergesetz.** Von W. Cuno. Vergriffen.
101. **Zuwachssteuergesetz.** Von W. Cuno. Vergriffen.
153. **Zwangsanleihegesetz.** Von H. V. Simon und W. Beutner. — 1923. 8.—

Preußische Gesetze:

20. **Die preußischen Erbschaftssteuergesetze.** Von U. Hoffmann. — 1905. 3.—
13. **Ergänzungssteuergesetz.** Von A. Fernow. 5. Auflage. 1914. 3.—
11. **Gewerbesteuergesetz.** Von A. Fernow. Vergriffen.
14. **Kommunalabgabengesetz.** Von F. Adickes. 6. Auflage von Falk. — 1922. 3.50
38. **Kreis- und Provinzialabgabengesetz.** Von F. Schmidt. — 1906. 1.20
18. **Preußisches Stempelsteuergesetz.** Von P. Loeck. 10. Auflage von K. Eiffler. — 1928. 13.—
61. **Preußische Verwaltungsgebührenordnung.** Von K. Eiffler. — 1925. Mit Nachtrag 1925. 6.—
27. **Warenhaussteuer.** Von G. Strutz. — 1900. 1.20

Textausgaben:

Erbschaftsteuergesetz. Neue Fassung von H. Schachian. 4. Auflage. — 1926. 2.50
Reichssteuergesetze 1925 (Steuerüberleitungsgesetz mit Durchführungsbestimmungen — Einkommensteuer, Körperschaftssteuer, Reichsbewertungsgesetz, Vermögensteuer, Erbschaftsteuer). — 1925. 4.—
Wehrbeitrag und **Besitzsteuer.** — 1913. —.50
Zuwachssteuergesetz. — 1911. —.50
—, **Ausführungsbestimmungen.** — 1911. —.40

Kolibri 360 GmbH
Ferdinand-Jühlke-Straße 7
99095 Erfurt, Deutschland
produktsicherheit@kolibri360.de